やわらかアカデミズム・〈わかる〉シリーズ

よくわかる
障害児保育

第2版

尾崎康子・小林　真・水内豊和・阿部美穂子 編

ミネルヴァ書房

はじめに

2007年に特別支援教育が本格的に始まり，わが国の障害児教育は大きな転換期を迎えましたが，幼稚園や保育所における障害児保育もまたそれにより少なからず影響を受けることとなりました。従来，わが国の障害児保育の取り組みは，保育者の長年にわたる真摯な努力によって支えられてきましたが，当初の障害児保育は，世間の注目をあびることが少ないものでした。しかし，最近では，発達障害への関心が急速に高まるとともに，特別支援教育への転換と相まって，障害児保育への関心と興味が飛躍的に向上したことには感慨深いものがあります。このような背景のもとに，本書は，障害児保育を特別支援教育の連続の中でとらえながら，幼児教育の専門性を十分に考慮した内容となることを意図して編集されました。

特別支援教育への転換の特徴として，学校だけでなく幼稚園も特別支援教育の対象となったことがあげられます。幼稚園においても障害児への適切な対応が求められ，学校と同様に個別指導計画を立てることが望ましいとされています。これにより幼稚園における障害児教育すなわち障害児保育が，特別支援教育のスタート地点であることが正式に認められたことになります。これは保育所においても同様のことが言えます。

これまでの障害児教育やその研究の実績は，主に学校を舞台に積み重ねられてきました。大学での専門家養成も，学校教育を前提として行われ，障害児教育の研究も学校に通う児童生徒を対象とするものが大半でした。そのため，障害児教育の専門家や研究者が，幼児に対する教育や研究を行うことはあまりありませんでした。障害幼児へ対応は，主に母子保健の分野において医療関係者や心理関係者によって担われていました。また，幼稚園や保育所での障害幼児への対応は，保育の範疇において取り組まれてきたと言えましょう。

このような経過から，障害児教育の専門家が，障害児保育の領域に立ち入ることはあまりなく，障害児保育の専門書も保育や心理の観点から書かれているものが大半でした。したがって，わが国では障害児教育の専門家で幼児教育を熟知している者は大変少ないと言えますが，本書の編者は，その数少ない専門家であり，この度，是非，障害児教育と幼児教育の両方の専門性を備えた教科書を作りたいという気持ちが集約して本書が企画されました。４名の編者は，これまで障害児保育について共に議論し，共同研究を行ってきており，障害児保育へのコンセンサスが得られています。そこで，本書全体の整合性を保つためにも，なるべく編者を中心に執筆することを基本として進めました。それぞれの編著者の障害児保育への思い入れが強く，当初は頁数が大幅に増えてしまい，それを削るのに苦労したこともありましたが，ようやくここに，これまで積み上げられてきた障害児教育と幼児教育の知見をもとに，特別支援教育の新しい概念を取り入れた「障害児保育」を刊行するに至りました。本書を活用することによって，大学や短大で「障害児保育」を学ぶ学生に障害児への理解を深めてもらい，卒業後には障害児保育に対して自ら関心を持って実践してもらうことができれば，編者にとってこの上ない喜びです。また，学生だけでなく，現在保育に携わっている方々にも，障害のある子どもの理解と対応に役立ててもらえれば嬉しく思います。

なお，障害児保育が対象とする障害種類は，本来，視覚障害，聴覚障害，肢体不自由など広範囲にわたり，それらを詳細に記載すると，膨大な量になってしまいます。そのため，本書では，幼稚園や保育所に多く在籍する知的障害を含む発達障害を中心に内容を構成しましたので，読者の皆様にはご了承いただけるようお願いいたします。

最後になりましたが，本書を出版するにあたり，多大なご尽力をいただきましたミネルヴァ書房の浅井久仁人さんに心から御礼申し上げます。

2017（平成29）年12月　　編者一同

もくじ

Ⅳ　自閉症スペクトラム障害の特徴と保育での支援

Ⅴ　注意欠如・多動性障害の特徴と保育での支援

Ⅵ　学習障害の特徴と保育での支援

Ⅶ　その他の障害の特徴と保育での支援

第３部　障害児保育の体制づくり

Ⅷ　インクルーシブ保育とは

コラム

症例等名称の表記について

本書内では，発達障害に関する名称として，「知的障害」，「自閉症スペクトラム障害」，「注意欠如・多動性障害」，「学習障害」を用います。これらは，アメリカ精神医学会の診断手引であるDSM-5日本語版に表記されている正式の診断名ではありませんが，本書では，社会的に広く用いられている名称を使用することにします。

なお，以下に示すように，DSM，ICD（WHOの疾病分類），日本の行政や法律などでは，これまで様々な名称が使われてきました。これらの名称を文脈に応じて，本書で使用することがあります。

1．知的障害に関する名称

① DSM-5

知的能力障害［知的発達症／知的発達障害］（Intellectual Disability［Intellectual Developmental Disorder］）

② DSM-IVおよびDSM-IV-TR

精神遅滞（Mental Retardation）

③ ICD-10

知的障害（精神遅滞）Intellectual Disability （Mental Retardation）

④ 文部科学省「就学指導資料」(2002)

知的障害

⑤ 精神薄弱の用語の整理のための関係法律の一部を改正する法律（1998）

知的障害

2．自閉症スペクトラム障害（ASD）に関する名称

① DSM-5

・自閉スペクトラム症／自閉症スペクトラム障害（Autism Spectrum Disorder：ASD）

＊「自閉症スペクトラム症」が正式の診断名ですが，社会的に広く使われている「自閉症スペクトラム障害」が並記されています。

② DSM-IVおよびDSM-IV-TR

・広汎性発達障害（Pervasive Developmental Disorders：PDD）

・自閉性障害（Autistic Disorder）

・アスペルガー障害（Asperger's Disorder）

③ ICD-10

・広汎性発達障害（Pervasive Developmental Disorders：PDD）

・自閉症（Autism， Autistic disorder）

・アスペルガー症候群（Asperger's Syndrome）

④ 文部科学省「今後の特別支援教育の在り方について（最終報告）」(2003)
・広汎性発達障害
・自閉症（Autistic Disorder）
・高機能自閉症（High-Functioning Autism）
・アスペルガー症候群
⑤ 発達障害者支援法（2004）
・広汎性発達障害
・自閉症
・アスペルガー症候群

3．注意欠如・多動性障害（ADHD）に関する名称

① DSM-5
注意欠如・多動症／注意欠如・多動性障害（Attention-Deficit/Hyperactivity Disorder：ADHD）
＊「注意欠如・多動症」が正式の診断名ですが，社会的に広く使われている「注意欠如・多動性障害」が並記されています。
② DSM-IVおよびDSM-IV-TR
注意欠陥/多動性障害（Attention-Deficit/Hyperactivity Disorder：AD/HD）
③ ICD-10
多動性障害（hyperkinetic disorders）
④ 文部科学省「今後の特別支援教育の在り方について（最終報告）」(2003)
注意欠陥／多動性障害（Attention - Deficit／Hyperactivity Disorder：ADHD）
⑤ 発達障害者支援法（2004）
注意欠陥多動性障害
⑥ 日本精神神経学会『精神神経学用語集　改訂６版』(2008)
注意欠如・多動性障害（Attention-Deficit/Hyperactivity Disorder：ADHD）

4．学習障害（LD）に関する名称

① DSM-5
限局性学習症／限局性学習障害（Specific Learning Disorder）
② DSM-IV及びDSM-IV-TR
学習障害（Learning Disorders）
③ ICD-10
学力の特異的発達障害（Specific developmental disorders of scholastic skills）
④ 文部科学省「今後の特別支援教育の在り方について（最終報告）」(2003)
学習障害
⑤ 発達障害者支援法（2004）
学習障害

第１部　障害児保育の概論

Ⅰ　障害児保育とは何か

1　保育現場にいる障害のある子ども

1　幼稚園・保育所における障害児保育

障害児保育とは，就学前の障害をもつ子どもを保育することです[1]。障害児保育を大きくわけると，障害児を対象とした専門機関や施設で行うものと，幼稚園・保育所で行うものがあります。幼稚園・保育所における障害児保育の制度は，1974年に当時の厚生省が定めた「心身障害児通園事業実施要綱」を契機にして，「障害児保育事業の実施について」の通知が出されたことに始まります。その後，受け入れる障害児の人数は増加し，現在では，我が国の障害児保育の多くを，幼稚園・保育所が担うようになりました[2]。

特別支援[3]教育が対象とする障害の種類には，視覚障害，聴覚障害，知的障害，自閉症，肢体不自由などがあります（図Ⅰ-1）。障害児保育でもこれらの障害が対象になりますが，実際には，視覚障害，聴覚障害，肢体不自由などは障害に特化した設備が求められること，また障害が重いほど障害の専門家による援助が必要なことから，幼稚園・保育所に在籍する子どもの障害種類と範囲はある程度決まってきます。知的障害児の有病率が高いこともあり，幼稚園・保育所では，これまで知的障害児を受け入れることが多かったのですが，最近では，自閉症やその近縁の障害の子どもが増えてきました。

▷1　就学前に行う障害児への支援としては療育がある。療育については，Ⅻ-1を参照。

▷2　障害児保育の歴史については，Ⅱ-1を参照。

▷3　特別支援教育については，Ⅱ-7を参照。

2　障害児保育の対象としての発達障害

従来の障害分類に加えて，最近では発達障害という用語が用いられるようになりました。発達障害は，一般に，子どもの発達途上において特定の発達領域に生じた遅れや障害をいいますが，2005年に施行された発達障害者支援法[4]では，行政施策上の観点から，「発達障害とは，自閉症，アスペルガー症候群，その他の広汎性発達障害，学習障害，注意欠陥多動性障害，その他これに類する脳機能の障害」と定義されました。また，2007年には文部科学省からも同じ定義に従う旨の通達がなされました[5]。

2007年４月から特別支援教育が本格的に開始

▷4　発達障害支援法については，巻末資料を参照。

▷5　2007年３月にだされた文部科学省初等中等教育局特別支援教育課の通達には，学術的な発達障害と行政政策上の発達障害とは一致しないと明記されている。

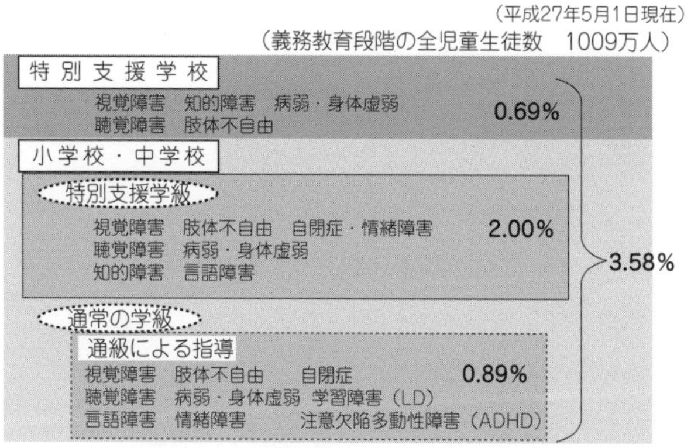

図Ⅰ-1　特別支援教育の対象の概念図

出所：文部科学省（2015）特別支援教育について　２．特別支援教育の現状

されましたが，特別支援教育の対象として，従来の特殊教育の対象から外れていた学習障害（LD），注意欠陥多動性障害（ADHD），高機能自閉症[7]等の発達障害[8]が位置づけられました（図I-1）。これらの発達障害は，何れも全般的な知的障害を伴わない障害であるため通常学級に在籍し，教育の困難さがあるにもかかわらず特別な対策が講じられてこなかった障害です。しかし，2012年に行った文部科学省の全国の学校調査では，6.5％の高率で発達障害の子どもが通常学級にいることが示されました[9]。発達障害を生得的障害ととらえると，この学校調査で示された割合は，当然乳幼児にも当てはまるものといえます。特別支援教育は，学校だけでなく幼稚園でも取り組むことが要請されており，今後は一層，保育現場における障害児への的確な対応が求められるようになります。

表I-1　主な発達障害の診断名についてDSM-ⅣとDSM-5の対応

DSM-Ⅳの診断名		DSM-5の診断名	
精神遅滞		知的能力障害群（ID）	知的能力障害
			全般的発達遅延
			特定不能の知的能力障害
広汎性発達障害（PDD）	自閉性障害	自閉スペクトラム症／自閉症スペクトラム障害（ASD）	
	アスペルガー障害		
	特定不能の広汎性発達障害（PDDNOS）		
	小児崩壊性障害		
	Rett 障害	Rett 症候群	
学習障害（LD）		限局性学習症／限局性学習障害（SLD）	
注意欠陥/多動性障害（AD/HD）		注意欠如・多動症／注意欠如・多動性障害（ADHD）	

3 発達障害の名称の変更

医学分野では，米国精神医学会の診断マニュアルであるDSMに準拠した診断名称と診断基準を用いています。最も新しいバージョンは2013年に発表されたDSM-5です。DSM-5では，それ以前のバージョンであるDSM-Ⅳから診断名称が変更されています。表I-1に主な発達障害の診断名の変更を示します。

4 幼稚園・保育所で障害児を保育することの意義

就学前に障害児保育を行うことは大変意義あることですが，一方では，乳幼児期には障害を見極めにくいことが多く，保育現場では，障害への対応に苦慮しているのが現状です。特に，知的機能の遅れがないLD，ADHD，自閉症スペクトラム障害の場合には，障害なのか，その子の個性なのか，それとも親のしつけのせいかの判断がつかない場合が多く見られます。しかし，これらの発達障害は，かつては障害の範疇でとらえてこなかったものであり，これを考えると障害の診断基準が如何に時代や社会によって操作的に設定されるものであるかがわかります。重要なのは，障害診断ばかりに囚われず，その子どもの的確な状態像を把握した対応を行うことです。保育現場でも，子どもの診断を求め，障害のレッテルを貼るだけに終わらないように注意しなければなりません。障害診断は，それ自体が目的ではなく，子どもへの支援に生かしてこそ意味があるのです。

（尾崎康子）

▶7　知的障害を伴わない自閉症を高機能自閉症と呼んでいる。

▶8　LD，ADHD，高機能自閉症を軽度発達障害と便宜的に呼ぶことがあったが，文部科学省は2007年度よりこれらを知的遅れのない発達障害として整理し，軽度発達障害という用語を使用しないことにした。

▶9　文部科学省初等中等教育局特別支援教育課（2012）通常の学級に在籍する発達障害の可能性のある特別な教育支援を必要とする児童生徒に関する調査

参考文献

石部元雄・上田征三・高橋実・柳本雄次（編）（2013）よくわかる障害児教育（第3版），ミネルヴァ書房.

小野次朗・上野一彦・藤田継道（編）（2010）よくわかる発達障害（第2版）―LD・ADHD・高機能自閉症・アスペルガー症候群．ミネルヴァ書房.

Ⅰ　障害児保育とは何か

2 障害のとらえ方の変化

1 従来の障害のとらえ方

世界保健機関（WHO）が2001年に後述する新しい健康モデルを提示するまでは，障害については国際障害分類（ICIDH）に基づく３段階のモデルが考えられていました。第１段階：生物学的な損傷（impairment），第２段階：能力低下（disability），第３段階：それによって生じる社会的不利（handicap）です（図Ⅰ-2）。

たとえば視覚障害を例にとると，眼球やレンズの形の異常，あるいは視神経の損傷などが impairment に相当します。Impairment は手術や投薬によって回復治療が可能な場合もありますし，そうでない場合もあります。こうした impairment に伴って，乱視や弱視，盲といった見る能力の障害（disability）が生じます。この disability は，その種類と程度によっては機能訓練によって能力が回復（あるいは発達）する可能性があります。見ることに関する disability があると，町中を一人で歩けない・交通機関が利用できないなど，社会参加の制限（handicap）が生じます。こうした障害観の下では，まず医学的な治療・処置があり，次に機能訓練があり，最後にバリアフリーな環境づくりを行うという段階的な支援がありました。しかし，この考え方によると，さまざまな「できなさ」の原因を障害児・者にのみ帰す「医療モデル」でありそれは不適当であるとして，かねてより当事者団体を中心に批判されていました。

▶1　World Health Organization（2001）International Classification of Functioning, Disability and Health.

2 新しい障害観：生活機能の視点から

— Impairment　機能障害
- 疾患（外傷を含む）に起因する
- 身体面の器質的損傷または機能障害
- 医療の対象

— Disability　能力低下
- Impairmentの結果として生ずる
- 日常生活や学習上の種々の困難を生ずる能力低下
- 教育・リハビリなどによって改善・克服が期待される

— Handicap　社会的不利
- Impairment，disabilityの結果として生ずる
- 健常者との間に生ずる社会生活上の不利益
- 福祉政策などによって補うことが期待される

図Ⅰ-2　従来の障害モデル

2001年に WHO は新しい考え方を示しました。それが国際生活機能分類（International Classification of Functioning：以下 ICF と略記）です。[1] ICF とは，障害者や高齢者の支援に携わる関係者が，支援を受ける人の状態像に関して共通の認識をもてるように作られました。ICF の考え方を図Ⅰ-3に示します。

ICF では，人間の生活機能を「心身機能・身体構造」「活動」「参加」という３つの次元に区分しています。生物（生命）に関する次元は「心身機能・身体構造」と表記されています。個人の生活に関する次元が「活動」です。さらに社会（人生）に対する「参加」の次元があります。

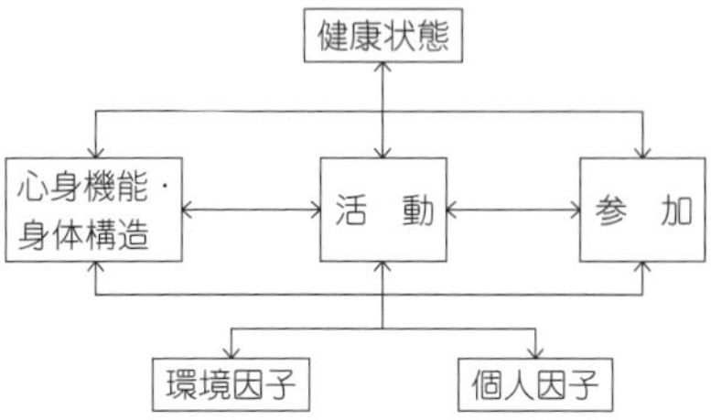

図Ⅰ-3　ICFの考え方

従来の障害観と異なり，ICFの3次元の間には「身体→活動→参加」という一方向のつながりではなく，双方向の矢印が書かれています。たとえば仮にある生活動作ができる能力をもっていたとしても，それを使わないでいると身体機能が衰えてしまいます。社会参加をする・しないという状態もまた，活動（能力）や身体機能などに影響します。つまり，障害の状態は固定的ではなく，生活の実態によって変わりうると考えるのです。

さらに特徴的なのは，個人の因子と環境の因子がこれらの背景に存在することです。個人因子で顕著なのは性格でしょう。仮に何らかの障害を有していたとしても，自分の状態像を前向きに明るく受け止めることができれば，「活動」の程度が増えたり社会参加の機会が広がります。逆に自分をマイナスにとらえてしまえば，「活動」が減少し，「参加」の機会も乏しくなります。また，家族や生活環境（バリアフリーの程度など）によっても，「活動」「参加」の程度が変わってきますし，その結果「身体機能・構造」に何らかの悪影響を及ぼす可能性もあります。障害児・者への支援とは，こうした要素を全て考慮した上で，一人ひとりに応じて個別化されるべきなのです。この新しい考え方は従前の「医療モデル」に対し「社会モデル」と言われています。

つまり障害とは，「個体」と「環境」との相互作用で顕在化するものであるといえます。今日，わが国における障害者の定義は，『身体障害，知的障害，精神障害（発達障害を含む。）その他の心身の機能の障害（以下「障害」と総称する。）がある者であって，障害及び社会的障壁により継続的に日常生活又は社会生活に相当な制限を受ける状態にあるものをいう。[2]』となっており，社会モデルに立脚したものとなっています。[3]

▶2　障害者基本法第2条平成25年6月改正

▶3　詳しくはコラム1を参照

3　ICFを活用した支援

ICFの考え方に基づき障害のある子どもの保育を考えてみましょう。自閉症スペクトラム障害だから（健康状態），聴覚の過敏性からざわざわしていて辛く（心身機能・身体構造），そのため座って先生の話を聞くことができず立ち歩き（活動），その結果みんなと同じように生活発表会の劇に参加できない（参加）というのが従来の医療モデルの考え方です。しかし，自閉症スペクトラム障害であっても，たとえばイヤーマフをつけてみる，活動の見通しをスケジュールや絵で示す，自分の椅子にマークをつけるなどの工夫でできることも増えるかもしれません。また生活発表会の劇のすべての場面・時間ではなく，本人のがんばれるところのみの参加でもよいかもしれません。このように，「○○ができない」「不具合がある」ことよりも「○○ができる」という部分に焦点を当てます。そして，その人の「参加」をいかに保障するかという観点から支援を考えることが求められます。

（水内豊和）

Ⅰ　障害児保育とは何か

3　乳幼児期における障害特性

1　乳幼児期における障害のわかりにくさ

障害の程度が重い場合には，乳幼児期早期から障害であることがわかります。また，ダウン症やてんかんなどの医学的検査で調べることのできる障害も，乳幼児期に障害があることが明らかになります。それに対して，知的機能の遅れがないLD，ADHD，自閉症スペクトラム障害（ASD）は，乳幼児健診においてもスクリーニング[1]されないことが多く，乳幼児期に障害を見極めることが難しい障害です。乳幼児期におけるこれらの発達障害のわかりにくさには，乳幼児の一般的な発達特性と発達障害に特有の障害特性が背景にあります。

▶1　乳幼児健診におけるスクリーニングとは，健診で障害の疑いのある子どもを見つけ出すことをいい，その後に行う精密検査で障害の早期発見につなげることを目的としている。

2　乳幼児期の発達障害の診断と障害特性

❍発達途上の子どもの特性

子どもは，種々の能力を獲得する発達途上にあるため，発達が晩熟であるためにできないのかそれとも障害のためにできないのかを識別することは容易ではありません。たとえば，初語の時期を調べることは障害診断の有力な資料になりますが，早熟な子どもと晩熟の子どもでは，正常範囲で６か月位の幅があります。特に男児は一般に晩熟なので，障害か否かの判断はさらに難しくなります。また，乳幼児期の子どもに見られる特徴的な行動形態が，障害との識別を難しくします。たとえば，幼児は一般に大人に比べて活発に動きまわるため，３歳児で大変よく動きまわる子どもがいるとしても，ADHDによる多動症状なのか正常範囲なのかが判別しにくいのです。

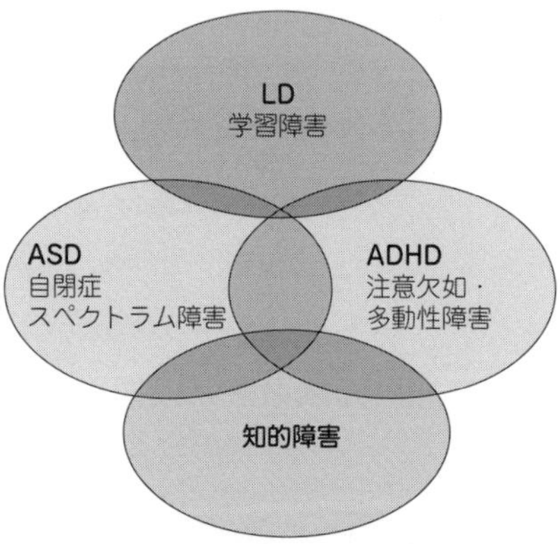

図Ⅰ-4　発達障害における障害の重複

（注）それぞれの障害が重なっているところは，障害の合併を表している。

❍障害特性の変容

障害児が抱えている障害が，脳障害などの生得的要因によるものであっても，環境要因によって二次的障害さらには三次的障害を引き起こし，障害を重度化，固着化させていくことがあります。たとえば，ASDでは，社会的コミュニケーションの障害のために養育者との対人関係が築き難く，不安な時にパニックを起こし易くなります。そして，パニックを起こすために，ますます養育者との対人関係を築きにくいという悪循環が起こり，この悪循環の構造が自閉症に特徴的な状態像を作り上げていくと考えられます。しかし，これを逆に考えれば，自閉症状を重度化しないためには，自閉症の社会的コミュニケーションの障害などに配慮した対応を心がけて，養育者との対人関係を築けばよいということになります。このように，たとえ生得的要因による障害であっても，適切な環境要因を与えれば，障害の固着化や重度化を防ぐことができると考えられます。

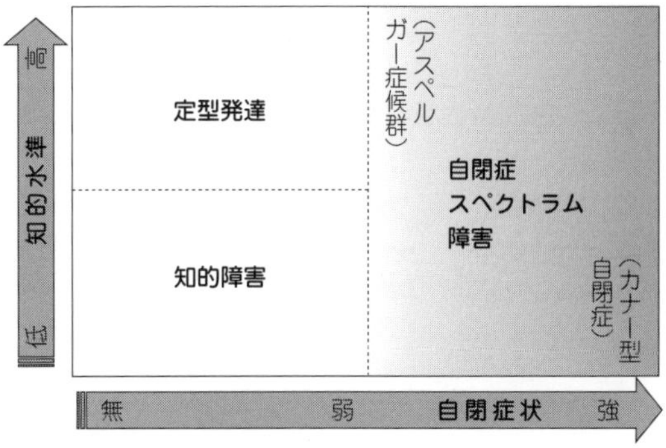

図I-5　自閉症状と知的水準のスペクトラム

発達障害の場合，成長とともに診断名が変化することがしばしば見られます。たとえば幼児期前半にASDと診断されたものが，就学時には学習障害の診断になるなどがあげられます。これには，障害のわかりにくさからくる誤診の可能性もありますが，それ以外に，適切な支援によって障害症状そのものが軽減していくことが考えられます。特に，幼児期には，発達可塑性が大きいため，適切な支援により障害症状が変化する可能性は大きいといえましょう。

❍障害の合併

発達障害では，複数の障害を合併してもっていることがしばしば見られます（図I-4）。幼児期では，それぞれの障害の見極めが難しい上に，それらが合併していると，さらにわかりにくい障害像を呈することになります。

❍自閉症状の連続性

1943年に米国のカナー（Kanner, L.）が初めて報告した自閉症の事例は，知的障害がありかつ自閉症状が重い子どもであったためカナー型自閉症と呼ばれています。一方，1944年にオーストリアのアスペルガーによって報告された事例は，自閉症状がありますが，知的障害がなくかつ言語発達に遅れがない子どもであり，アスペルガー症候群と言われています。このように，多様な自閉症状が認められることから，ウィング（Wing, 1981）やバロン－コーエン（Baron-Cohen, 1995）は，自閉症状が自閉症から定型発達まで連続性をなしていると主張し，それを自閉症スペクトラムと名付けました。その考えはDSM-5に引き継がれ，DSM-5では，DSM-IVで分類された自閉性障害やアスペルガー症候群など亜型を全て包括した自閉症スペクトラム障害という名称になりました。

DSM-5のASDにおける自閉症状の連続性を図I-5に示します。自閉症状の尺度を横軸に，知的障害の尺度を縦軸にとると，ASDと知的障害とも連続状に並べることができますが，障害診断によって便宜的に境界線を引くことになります。従って，この境界線の手前では，障害診断はされないが障害の傾向あるいは疑いのある人が沢山でてくることになります。（尾崎康子）

コラム 1

障害児・者をめぐる施策と保育における合理的配慮

1　障害者に関する法律の変遷

障害者の支援施策が始まった戦後しばらくの時代には「障害者は施設で暮らすことが幸せだ」という考えが多数を占め，障害者は本人の意志とは関係なく施設収容されるケースがほとんどでした。しかし，北欧からはじまったノーマライゼーションの流れを受け，昭和50年の『障害者の権利宣言』を契機に，障害者の基本的人権の保障が重要視されるようになり，障害者も健常者と同じように，教育や雇用などの地域生活に参加する環境や支援を整える必要があるという意識に変わっていきました。

平成５年には，それまでの『心身障害者対策基本法』が改正され，『障害者基本法』が制定されました。この法律から，身体障害者と知的障害者に加え，精神障害者も支援の対象になりました。そのことに加えて，積極的な規定を挿入し，事業主に対して雇用の安定を図るように求めました。平成16年に同法が改正され，障害者に対する差別の禁止が基本的理念として示されました。さらに平成23年における改正では，社会的障壁を「障害がある者にとって日常生活または社会生活を営む上で障壁となるような社会における事物，制度，慣行，観念その他一切のものをいう」と定義した上で，その社会的障壁を取り除くことを望むものが存在するのであれば，過重な負担にならない程度に配慮をする必要があること，つまり「合理的配慮」の提供について言及されました。

そして，これらの法律を具体化するために制定されたのが，『障害を理由とする差別の解消の推進に関する法律』（平成28年４月施行）です。この法律は，『障害者差別解消法』とも呼ばれ，「不当な差別的取扱い」を禁止し，「合理的配慮の提供」を求めています。不当な差別的取扱いの例として，「障害児の保育所への入園を拒否し，そのことについて相手が納得する説明をしないこと」や「子どもの知的障害を理由に，『親の付き添い』を入学条件とすること」などがあります。合理的配慮の例としては，「身体障害者への配慮として，スロープを設置すること」，「知的障害者への配慮として，作業の手順をわかりやすくすること」などがあります。

こういった合理的配慮を提供することにより，障害のある人もない人も共に暮らせる社会づくりを目指しています。この法律で対象となる障害者は，いわゆる障害者手帳の所持者に限られません。障害者が受ける制限は，障害のみに起因するものではなく，社会における様々な障壁と相対することによって生ずるもの，いわゆる「社会モデル」の考え方を踏まえたものだからです。つまり，困っている障害者が存在するのは，障害者自身の障害だけが原因ではなく，周囲の人の配慮や障害者を取り巻く環境にも問題があるとしているのです。そのため，障害者の人たちがより生活しやすくなるために，周囲の人々が合理的配慮を提供する必要があるのです。

また，平成17年には『発達障害者支援法』が成立し，発達障害の早期発見・早期療育に向けて，行政機関や医療機関，福祉機関，教育機関の連携，発達障害者支

表C-1-1　障害者に関する法律の変遷

年月	法律
1993（平成5）年	『心身障害者対策基本法』から『障害者基本法』に改正される。
2004（平成16）年	『障害者基本法』が改正される。
2005（平成17）年	『発達障害者支援法』が成立する。
2011（平成23）年	『障害者基本法』が改正される。
2016（平成28）年	『障害を理由とする差別の解消の推進に関する法律』が施行される。

援センターの充実などが目標として挙げられました。

こういった法律の変遷をもとに，行政機関をはじめとする機関が，障害者の人権を保障するために様々な施策を講じてきました。

2　保育における合理的配慮

それでは，幼稚園や保育所において，子どもへの合理的配慮をどのように行えばよいのでしょうか。幼稚園における事例を紹介します。

田中（2016）は，幼稚園において知的障害のない自閉スペクトラム症児への支援を行いました。対象児は，新しい場面や騒がしい場面が苦手で，その場から離れて静かな空き教室へ自ら移動することが多くありました。そこで幼稚園は，園長や担任が移動するなどして視線が届くようにしながら，対象児が落ちついて活動できるよう見守りました。その際，別の部屋に行くときには，担任に行き先を言葉で伝えることを求めましたが，それが難しかったため，言葉を使う代わりに写真カードを所定の位置に置くことで，担任に伝えるルールをつくると，対象児はそのルールを守るようになりました。このように，対象児の特性に合わせた方法を工夫することが大切です。また周囲の園児には，「○○さんは大きな音が苦手だから，そのときはお部屋を使わせてあげてね」という説明を行い，理解を求めました。このように，配慮を当たり前のこととして行う姿を子どもたちに示す必要もあるでしょう。

この事例では支援を行うとともに，PDCAサイクルを用いた支援の見直しも行い，対象児の状態に合わせた支援を提供するようにも努めました。支援を継続する中で，対象児が他の園児を気にするようになり，自分から集団に近づいていく様子が見られるようになります。今後小学校に進学するため，少しずつ集団に参加する時間を長くすることの必要性も考慮し，イヤーマフの使用を保護者に提案しました。保護者は最初，“自分の子どもだけが違うものを使用すること”に対する不安があり，決断には至りませんでした。そこで，幼稚園と保護者との間で丁寧な話し合いを行い，保護者の思いを細やかに聞き取るようにすることで，保護者が納得した上で支援を提供することができていました。

この事例からもわかるように，子どもの特性や状態に応じた支援を行うとともに，PDCAサイクルを用いた支援の見直しを行うこと，そして保護者との丁寧な話し合いの中で双方の思いを伝え合うことによって，子どもに対してより適切な合理的配慮を提供することができるでしょう。　（大井ひかる）

参考文献

二本柳覚（編著）（2016）これならわかる〈スッキリ図解〉障害者差別解消法．翔泳社．

田中裕一（2016）幼稚園等における合理的配慮の提供に当たって～合理的配慮の実施からPDCAサイクルによる見直しのプロセスと就学相談までのつながり～．初等教育資料，944，82-85．

Ⅰ　障害児保育とは何か

4 乳幼児期の発達課題と障害特性①
──愛着形成

▶1　アタッチメントともいう。

▶2　内的作業モデルとは，愛着に関する表象モデルである。安定した愛着が形成されると，自分は助けてもらえる価値ある存在であり，他者は自分の求めに応じてくれるという内的作業モデルをもつに至る。

▶3　愛着の測定方法については，XI-6 を参照。

▶4　たとえば，Fantz (1951), Johnson & Morton (1991), DeCasper & Spence (1996), Bertenthal et al. (1987) の研究がある。

1 愛着とは

ボウルビィ（Bowlby, J.）は，動物の生得的行動に関する比較行動学やフィードバック・メカニズムに基づく制御理論を参考にして，独自の愛着理論を提唱しました。愛着[1]（attachment）は，この理論において提出された概念であり，「ヒトが特定の他者（多くは養育者）との間に築く緊密な情緒的な絆」のことをいいます。

子どもは，成長の過程で，養育者を安全基地として環境を探索したり，危機的状況の時には養育者に接近や接触を求めるようになります。このように，乳幼児期早期に，養育者を安全基地とする行動レベルの愛着が形成されますが，その後，愛着は次第に表象レベルとして内在化され，内的作業モデル（Internal Working Model, IWM）[2]として存在し続けることになります。そのため，愛着は，乳幼児から成人に至る生涯発達の課題であり，各年代における愛着の質やその測定方法[3]について研究が行われています。

2 愛着関係の成り立ち

愛着が，危機的状況に遭遇した時に安全基地である養育者に接近を求める傾性を表しているならば，愛着は基本的に，子どもの資質だけを問うものではなく，接近した時に保護してくれる養育者との関係性の中で初めて成り立つものといえます。この養育者との関係性は，乳児期における子どもと養育者との相互作用の繰り返しによって築かれることが知られています。

子どもと養育者との相互交流は，生後間もなく始まりますが，乳児は，ただ養護を受ける受身的な存在ではなく，養育者に対して能動的にかかわる能力をもっており，それにより相互作用が成立することが種々の研究によって明らかにされています。たとえば，生後間もない乳児が，人の顔，声，動きに対して視線を向けることが実験的に確かめられています[4]。この場合，乳児が養育者を認識して視線を向けるわけではありませんが，養育者は子どもが自分に関心をもってくれたように感じとり，乳児に声をかけたり，抱き上げたりして，積極的にかかわりをもっていくことになります。

また，生後すぐに，乳児は泣く，微笑むなどの情動表出を行います。この微笑は，新生児微笑ともいわれ，反射的に口元がゆるむものであり，養育者に向けて微笑んだわけではありませんが，養育者は子どもが嬉しくて微笑んだととらえます。さらに，対面する大人の表情を模倣する新生児摸倣が知られています。大人が舌を出すと乳児も咄嗟に舌を出し，大人がしかめ面をすると乳児もそれに似た表情をします[5]。これも乳児は，養育者の情動を察して表情をかえているわけではありませんが，養育者には，子どもが自分の気持ちをわかってくれたように感じられます。

このように乳児は生まれながらにして様々な能力をもっており，それを能動的に発現させていくことにより，養育者は，子どもとの間に情動が通底したように感じとり，その思い込みの中で相互関係を結んでいきます[6]。その後，子どもが成長する過程で，相互交流が繰り返し行われることによって，生後早期には，養育者を認識していなかった子どもも，養育者を特別の存在としてとらえ，養育者を特定して笑いかけ，発声することが起こってきます。この子どもと養育者との相互作用を通して，概ね乳児期後半には愛着関係が成立します[7]。

以上は，子どもの能動的な能力の観点から愛着関係をみてきましたが，愛着関係が成立するには，当然のことながら，子どもに適切にかかわる養育者の資質も問われることになります。養育者が乳児の情動表出や働きかけを敏感にとらえ，それに的確に応えていく[8]ことにより，子どもと養育者との間に円滑な相互作用が行われ，安定した愛着関係が育まれていきます。また，愛着理論では，愛着対象は養育者となっていますが，近年の研究では，子どもの生活の中で持続的かつ一貫的にかかわる保育者との間に愛着関係を結ぶことの重要性が指摘されています。

3　発達障害における愛着形成の問題

知的障害の場合，情動発達の遅れに起因して，乳児期に泣きや微笑といった情動表出が乏しいことがあります。そのため子どもの泣きや微笑による要求がなければ，養育者の働きかけも少なくなるという相互作用の問題が生じますが，基本的には，知的障害は関係性の障害ではありません。一方，自閉症スペクトラム障害（ASD）の場合は，もともと対人相互交渉に問題を抱えている障害ですから，愛着関係の成立に支障が出てくることが考えられます。しかし，ASD児も根源的には愛着欲求をもっており，障害特性に合わせたかかわり方をすれば，養育者との愛着関係が成立することは可能であると考えられています[9]。また，ADHD児は多動や感情コントロールの困難さをもつため，養育者は子どもとの間に良好な関係を築くことができず，愛着が不安定化しやすいことが報告されています。したがって，乳幼児期に発達障害の親子に安定した愛着が築けるように支援することが重要な課題です。　　　　　　（尾崎康子）

▶5　たとえば，Meltzoff & Prinz (2002) *The imitative mind: Development, evolution, and brain bases.* Cambridge: Cambridge University Press. の研究がある。

▶6　このように，養育者が乳児の心的状態に目を向け，心を持った存在として扱う傾向をマインド・マインデッドネス（mind-mindedness）という。

▶7　愛着の発達過程については，コラム2を参照。

▶8　これを「敏感性の高い情緒応答性」と呼ぶ。

▶9　尾崎康子（2005）幼児期における自閉性症状に及ぼす母子支援の有効性―愛着形成と母子分離のプロセスからの検証．富山大学教育学部附属教育実践総合センター紀要，6，127-136．

参考文献

数井みゆき・遠藤利彦（編）（2005）アタッチメント―生涯にわたる絆．ミネルヴァ書房．

コラム2

愛着理論と愛着型

1　ボウルビィと愛着理論

愛着理論を提唱したボウルビィは，ケンブリッジ大学で自然科学，心理学，医学を学んだ後，ロンドン大学附属モーズレイ病院において児童精神科医として臨床活動を始めました。その後，ロンドン児童ガイダンスやタビストック・クリニック[1]での社会的不適応児に対する治療や第二次世界大戦後にWHOから要請を受けて行った戦災孤児の精神衛生を向上する研究[2]などを通して，「乳幼児と母親との人間関係が親密で継続的でしかも両者が満足と喜びに満たされているような状態が精神衛生の根本である」と考えるようになりました。当初は，この母子関係の問題を精神分析学の枠組みの中で取り上げていましたが，精神分析が子どもの精神内界ばかりを重視し，母子関係を客観的にとらえないことに疑問をもち，その当時注目されていた比較行動学に着目しました。

ローレンツ（Lorenz, K.）などによって発展した比較行動学では，カモなどの鳥の雛が生まれて初めて見た対象を後追いするという「刷り込み」の研究が行われていました。ボウルビィは，これと同様の機構をヒトにも当てはめ，ヒトの乳児は安全の対象を希求し，対象との近接関係を維持しようとする傾性が生得的に備わっていると考えました。この際の乳児にとっての対象は養育者であり，養育者は，恐れや不安が起こった時に，乳児にとって安心と安全を保障する安全基地として機能することになります。ボウルビィは，この危機的な状況に際して特定の対象との接近を求め，これを維持する傾性を愛着と呼びました。彼はその著書[3]の中で，このような狭義の意味で愛着を定義しましたが，その後，愛着を「特定の他者との間に築く緊密な情緒的な絆」と広義にとらえられるようになりました。

2　愛着の発達過程

ボウルビィは，愛着の発達過程を４つの段階に分けています。

第１段階：人物の識別を伴わない定位と発信（出生～生後12週頃）：特定の人物に限らずに，人に選好的に定位し（追視する，声の方に向くなど），人に選好的に発信する（泣く，微笑むなど）。

第２段階：特定対象に対する定位と発信（生後12週頃～６か月頃）：特定の人物すなわち養育者にはよく微笑んだり声を出したりするなど，他の人とは異なる反応をするようになる。

第３段階：特定対象への近接の維持（生後６か月頃～２，３歳頃）：養育者には選好的に発信し，近づいていくが，見知らぬ人には警戒心をもつ。養育者を安全基地として，探索するようになる。

第４段階：目標修正的な協調性形成（３歳前後～）：養育者は自分を保護し助けてくれる存在であるというイメージが内在化し，養育者への近接などの愛着行動は減少していく。

3　ストレンジ・シチュエーション法における愛着型の分類

ストレンジ・シチュエーション法（Strange Situation Procedure：SSP）は，エインスワース（Ainsworth，M.D.S.）が，生後10～20か月児を対象として愛着の個人差を測定するために考案した手続きです。ボウルビィの共同研究者であるエインスワースは，自ら行った母子関係の観察に基づいて個人差に関する愛着理論の枠組みを整理した結果，養育者への近接方略や関係スタイルに愛着の個人差が現れると考えました。危険がない時には，子どもは養育者をモニターしつつ，養育者から離れて探索活動を続けたり，他者との社会的相互作用ができますが，危険を感じるストレスフルな状況では，愛着システムが活性化し，安全基地である養育者に接近します。そこで，エインスワースは，ストレスフルな状況で子どもが養育者にどのような愛着行動をとり，どのように安全基地を利用するかが愛着の個人差の指標となると考え，実験室における母親との分離再会及び見知らぬ人との対面というストレスフルな状況を人為的に設定して愛着の個人差を調べました。具体的な手続きとしては，母親との分離／再会場面についての８つのエピソードを行い（図C-2-1），そこにおける子どもの反応を評定して愛着型を分類します。愛着型には，母親との分離に対しても悲しみを示すことのない回避型（Ａ型），分離後泣いて母親を求めるが，再会時には母親に接近・接触を求める安定型（Ｂ型），分離前も泣きが激しく近接を求めるものの母親の存在によっても気持ちの安定化を図ることができず，また再会場面では母親に抱き上げられても抵抗行動と抗議を示すアンビヴァレント型（Ｃ型），さらに母親に対して接近を求めた後に激しく回避するなど組織されていない行動をとる無秩序・無方向型（Ｄ型）[◀4]があります。安定型は，愛着が安定した型ですが，回避型，アンビヴァレント型，無秩序・無方向型は何れも不安定な愛着型です。　　　（尾崎康子）

▶１　当時，ボウルビィは，“Tavistock Clinic”，“Tavistock Institute of Human Relations”の精神分析家及び研究者であった。

▶２　WHOから要請された研究は“Maternal care and mental health”（1951）としてまとめられた。

▶３　ボウルビィの愛着理論は“Attachment and loss”（1969，1973，1980）の３部作に集大成された。
日本では，以下の３冊で出版されている。
J.ボウルビィ（著）黒田実郎ほか（訳）（1995）新版母子関係の理論　Ⅰ　愛着行動.岩崎学術出版社.
J.ボウルビィ（著）黒田実郎ほか（訳）（1995）新版母子関係の理論　Ⅱ　分離不安.岩崎学術出版社.
J.ボウルビィ（著）黒田実郎ほか（訳）（1981）新版母子関係の理論　Ⅲ　対象喪失.岩崎学術出版社.

▶４　エインスワースは，Ａ，Ｂ，Ｃの３つの型に分けたが，後にメイン（Main，M.）らにより無秩序・無方向型（Ｄ型）が追加された。

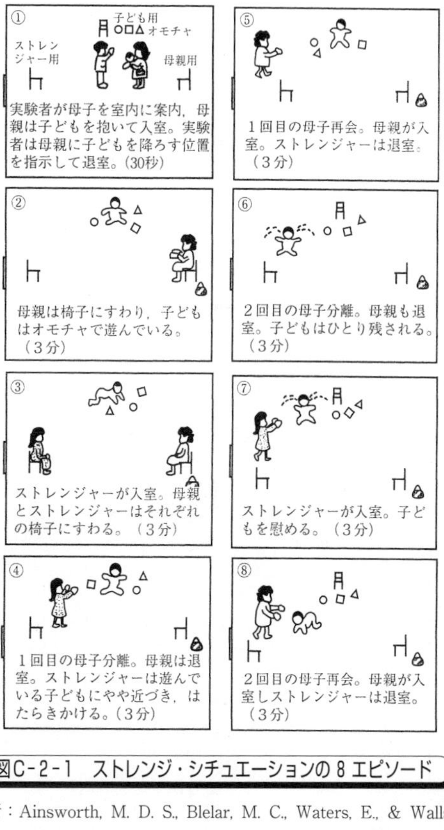

図C-2-1　ストレンジ・シチュエーションの８エピソード

出所：Ainsworth, M. D. S., Blelar, M. C., Waters, E., & Walls, S. (1978) Pattans of Attachment. Hillsdale, NJ: Lawrence Erbaumを要約.

Ⅰ　障害児保育とは何か

5 乳幼児期の発達課題と障害特性②
――運動発達

1 乳幼児期の運動発達

出生直後の新生児の身体運動は，反射や自発運動などの不随運動によって構成されており，出生してもすぐには自分の身体を自由に動かすことはできません。しかし，生後２，３か月以降徐々に随意運動が可能になり，１歳前後には自立歩行を開始するまでになります。その間の運動発達を腹臥位，仰臥位，座位，立位の体位ごとにみると，成長とともに姿勢と運動が段階を追って獲得されていくことがわかります（図Ⅰ-６）。この運動発達において，「頸のすわり」「寝返り」「一人座り」「ハイハイ」「つかまり立ち」「歩行」は，乳児期に大きな運動発達の変化として認められるものであり，これを運動発達の指標としたのがいわゆる運動マイルストーンです。子どもが幼少であるほど，運動発達は精神発達を反映しており，運動発達が極端に遅れる場合には，精神発達の遅れを疑います。

乳児が運動発達を進めていく背景には，新生児反射が徐々に抑制され，それと連動して正常姿勢反応が出現するという一連の神経系の発達があります。表Ⅰ-２に示すように[◁1]，出生直後には，脊髄性や脳幹レベルの様々な原始反射があ

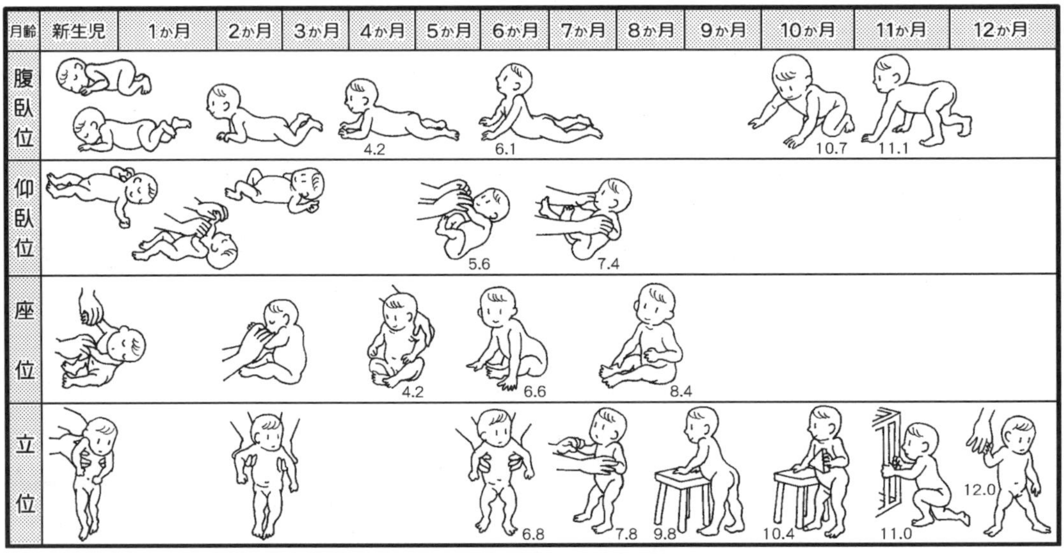

図Ⅰ-６　乳児期の運動発達

りますが，生後5，6か月頃には，上位中枢である中脳レベルの反射が優位になり，それまでの原始反射が抑制されることにより不随運動から解放され随意運動に移行していきます。さらに，生後7，8か月頃には最も上位の大脳皮質を中枢とする平衡反応が出現します。したがって，脊髄性や脳幹レベルの原始反射は，成長とともに消失するのが正常発育であり，逆に，これらの反射が残存している場合は，中枢神経系の成熟遅滞が疑われます。

表Ⅰ-2　中枢神経系成熟に伴う反射と運動の順位的発育

中枢神経系の成熟レベル	およその時期	これに相当する反射的発育レベル	その結果としての運動発育レベル
脊髄性／脳幹レベル	～生後4-6ヵ月	原始反射	腹臥位 仰臥位
中脳レベル	生後5-6ヵ月～	立ちなおり反射	這う 座る
脳皮質レベル	生後7-8ヵ月～	平衡反応	立位 歩行

出所：Fiorentino（1974）を著者が改変.

▶1　Fiorentino，M.R.（著）小池文英（訳）（1974）脳性麻痺の反射検査　第2版―早期診断と治療の手がかり．医歯薬出版.

2　運動発達の法則

出生直後には，自分の意志で自由に体を動かすことができなかった乳児も，やがて随意運動を獲得していきます。最初は，頭や体幹を大きく動かす粗大な動きに留まっていますが，その後，次第に体幹遠位を細かく動かすことが可能となっていきます。この運動発達の経過は，中枢神経系の成熟に関連しており，(1) 不随意運動から随意運動へ，(2) 頭部の運動から尾部の運動へ（cephalo-caudal），(3) 体幹近位の運動から遠位の運動へ（proximo-distal），(4) 粗大運動から微細運動へ（gross-fine）と一定の順序性をもって進行します。これは，運動発達の原則として知られています。乳児期の運動や姿勢の獲得順序も，これらの原則に従ったものです。

3　乳幼児期における微細運動の発達

運動発達の原則に従えば，上肢における運動発達は，上肢全体が動くような粗大運動に始まり，それぞれの指を巧妙に動かして実現される微細運動の獲得に至る過程であるといえます。そこで，指の微細な動きの獲得は運動発達の程度を表す重要な観点となるため，指の動きが明確に観察できる筆記具操作が調べられてきました（尾崎，2008)。そして，筆記具操作における指の動きの発現は，神経生理学的な成熟の指標となることが示唆され，筆記具操作は，神経系成熟とその障害を調べる微細運動発達の検査として有用であることが指摘されています[◀2]。また，発達障害の一つに，発達性協調運動障害があります。ASD，ADHD，LDをもつ子どもに高い確率で併存することが知られています。これまで不器用な子どもとして扱われてきた子どもですが，幼少期に適切な支援がなければ不器用さは成人まで持ち越され，それによる社会的不適応や自尊心の低下を招くことが指摘されています。そこで，幼少期に不器用さをアセスメントとして，それに応じた発達支援を行うことが求められます。　(尾崎康子)

▶2　筆記具を三面把握（親指，人差し指，中指による把握）で持ち，人差し指を微細に動かすやり方は，動的三面把握（dynamic tripod）と呼ばれており，最も巧緻な筆記具操作を可能にする。この動的三面把握は，4歳以降に獲得され，これが獲得されることが発達の指標となる。

参考文献

尾崎康子（2008）幼児の筆記具操作と描画行動の発達．風間書房.
尾崎康子編著（2018）手先が不器用な子どものための発達アセスメント．ミネルヴァ書房.

Ⅰ　障害児保育とは何か

6 乳幼児期の発達課題と障害特性③
──基本的生活習慣の確立

1 基本的生活習慣とは

基本的生活習慣とは，生理的基盤である食事・睡眠・排泄と文化的基盤である清潔・着脱などの生活で営まれる行為の総称であり（表Ⅰ-3），人間の健康と活動の土台として幼児期に身につけなければならない重要な課題です。乳児期にはまだ習得できませんが，幼児期において毎日の生活で繰り返し行うことによって身につけていきます。しかし，子どもが一人で自然に獲得できるものではなく，周囲の大人を模倣し，養育者から適切なしつけを受けることによって確立していきます。

知的障害における基本的生活習慣の確立は，定型発達の子どもよりも幾分遅れるものの，精神年齢ではなく生活年齢に相当したペースで身についていくことが報告されています[1]。これは，基本的生活習慣が如何に毎日の積み重ねが必要であるかを示しているといえます。一方，LD や ADHD では，全般的な知的発達の遅れがないものの，手先が不器用なために，衣服の着脱や箸の使い方などが上手くできないことが起こってきます。どちらの場合も，子どもに合わせてスモールステップで教えていくことが大切です[2]。

▶1　たとえば，上岡一世・井原栄二（1992）精神遅滞児の基本的生活習慣の指導─発達過程からの一考察．特殊教育学研究，29(4)，15-20．

▶2　不器用については，（Ⅵ－３）を参照．

2 乳幼児期の睡眠覚醒リズム

睡眠覚醒リズムは，胎児期後半から乳児期において中枢神経系の成熟に伴って確立されます。新生児は，１日当たりの合計約16～17時間の睡眠をとりますが，その睡眠パターンは，昼夜の区別なく２，３時間寝ては起きることの繰り返しです。その後，徐々に乳児の睡眠は夜間に集中し，夜寝て昼起きるという24時間の昼夜リズムが確立されます。この睡眠覚醒リズムは，主として脳幹や中脳の神経系に支配された現象であり，規則的な昼夜リズムを身につけるためには２歳前後までに確立する必要があるといわれています。

しかし，睡眠覚醒リズムは，環境要因や子どもの内的要因によって影響を受けることが知られています。最近は，親が夜型の生活をとっていることが多いですが，乳幼児にもその影響が及び，規則的な昼夜リズムが身につかな

表Ⅰ-３　幼児期における基本的生活習慣

領　域	内　容
食　事	規則的な食習慣，箸やスプーンなどを使って食べる
睡　眠	就寝起床の習慣，睡眠覚醒リズム
排　泄	排尿・排便の自立，トイレの使用（紙でふく，水を流す）
着　衣	衣服の着脱，履物の着脱
清　潔	入浴の習慣，体や顔を洗う，手を洗う，歯をみがく
あいさつ	食事・就寝起床・外出帰宅の際のあいさつ

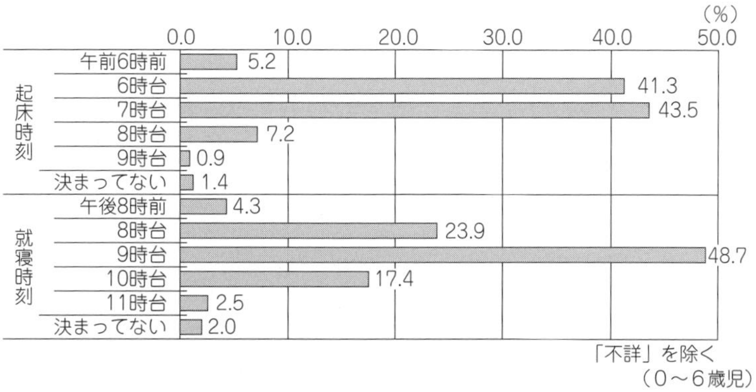

図I－7　幼児の起床時刻と就寝時刻（平日）

出所：厚生労働省平成27年度乳幼児栄養調査結果（2016）を改変.

いままに成長することが問題になっています。幼児を対象にした全国調査の結果をみると（図I－7），夜10時以降に寝る幼児が30％以上もいることがわかります。乳幼児期に規則的生活を習慣づけておかないと，成長の過程で心身の体調を崩しやすく，また不登校などの問題行動の背景にも昼夜リズムの乱れがあることが指摘されています。

一方，自閉症スペクトラム障害に睡眠覚醒リズムの障害があることが知られており，主に，就寝・起床時刻の不安定や夜間の中途覚醒，長い昼間睡眠の特徴があることが報告されています。この睡眠覚醒リズム障害は自閉症スペクトラム障害の内的要因によるものですが，現代社会の生活リズムの乱れの影響を少なからず受けて，さらに深刻化することが考えられますので，幼少期より規則正しい睡眠習慣がつけられるように十分に配慮することが大切です。

3 食生活の習慣

健康的で規則正しい生体リズムを整えるためには，規則正しい睡眠習慣をつけるとともに，食事を規則正しくとることが大切です。最近では，子どもの食生活の乱れが社会問題になっていますが，さらに就寝時間が遅いほど朝食習慣が確立していないことが報告されています（厚生労働省，2016）[3]。したがって，現代の子どもは，睡眠と食事の乱れが相乗効果となって生体リズムの乱れにつながっていることが予想されます。自閉症スペクトラム障害は，偏食など食生活に問題をもっていますが，先述した睡眠覚醒リズム障害と相俟って生体リズムが乱れることがないように食生活習慣の確立も重要な課題です。

（尾崎康子）

▶3　厚生労働省（2016）平成27年度乳幼児栄養調査.

Ⅰ　障害児保育とは何か

7 乳幼児期の発達課題と障害特性④
——言語・コミュニケーション

1 乳幼児期の言語発達

子どもは，１歳頃まで言葉を話すことはできませんが，出生後から生後10-12週頃までは，「クークー」と喉を鳴らすクーイング（cooing）や「ゴロゴロ」と聞こえるガーグリング（gurgling）といった発声をします。生後２か月頃からは，喃語（babbling）の始まりである「プ（p），ブ（b），ム（m），トゥ（t），ン（n）」といった音素が発声されるようになりますが，その後，生後６，７か月には「パー」「マー」という基準喃語や「ダダダダ」「ブブブブ」という反復喃語が発せられるようになり，生後８か月以降には，母国語に含まれる音韻中心の喃語になります。

喃語期を経て，生後10～12か月頃に初語を話すようになります。初語とは，子どもが生まれて初めて発する言葉であり，「ママ」「ブーブー」「マンマ」などということが多いです。初語と喃語との違いは，喃語では，音声が一定の事物や意味と対応していないのに対して，初語は，音声が特定の事物や意味を表している有意味語であることです。その後，１歳代前半まで，語彙数はあまり増えませんが，１歳半～２歳頃には，語彙数が急速に増加していく，いわゆる語彙爆発（vocabulary spurt）が見られます。この時期の語彙内容は，具体名詞（普通名詞と固有名詞）が中心ですが，表出語彙が100語を超えた頃から述語の占める割合が増加していきます。

構文の発達については，１歳代での初語の獲得により，一語文が使われます。一語文とは，一語で成り立つ発話ですが多様な意味を表現しています。たとえば，子どもが「マンマ」と言う場合に，「ご飯食べたい」「ご飯あったよ」「お菓子ちょうだい」など，その場に応じて異なる意味を表しています。２歳代になると，「パパ　カイシャ」のように二語をつなげて話す二語文が出現します。一語文は，文法的な意味を担っていませんが，二語文が出現すると語の文法化が発達していきます。そして，「て」「に」「を」「は」などの助詞が使えるようになると，「パパ　カイシャ　イク」「カイシャ　ニ　イク」など，二語文から三語文へと移行していきます。

言語発達は知的機能と関係しているので，知的障害があると言語発達の遅れを伴います。その際，定型発達に比べて，語彙発達の遅れと発話構造の遅れが考えられますが，これらは相互に関連しており，語彙が広がらないと統語水準も向上しないことが考えられるため，両側面から言語発達を評価することが必要です。

2 乳幼児期のコミュニケーション発達

言葉を獲得しても，コミュニケーション（communication）ができるとは限りません。それは，自閉症スペクトラム障害児をみるとよくわかります。自閉症スペクトラム障害の場合，言葉を発しても，独り言やビデオのフレーズを一方的にいうだけで，人とコミュニケーションをとることがうまくできないのです。人とのコミュニケーションをとるには，相手との間に感情，意思，情報などのやりとりを行うことが必要であり，言葉はそれらを媒介する手段にすぎません。コミュニケーションには，身振りや発声を使って行う非言語的コミュニケーションと言葉を使って行う言語的コミュニケーションがあります。近年，乳児期に非言語的コミュニケーションを十分に身につけることが，言語発達に大変重要であることが指摘されています。

コミュニケーションに関する定型発達の道筋をみると，非言語的コミュニケーションの基礎は乳児期初期からすでに始まっています。非言語的コミュニケーションができるためには，乳児期初期における人の声や顔への選好性，快・不快の情動表出が土台になっています。この時期に「人の顔をじっと注視する」「人の声の方向に視線を向けようとする」などができることが，乳児期後半の共同注意につながっていきます。また，これらの人への注視や追視は，対人的かかわりにおいても重要な要因です。これらの要因により対人相互作用が生じ，対人相互作用が生じることによって次の要因の獲得を可能にさせます。

幼児期になると言語的コミュニケーションが始まりますが，突然言葉が発現する訳ではありません。非言語的コミュニケーションにおいて，相手と情動共有して対人相互交流を十分に経験すること，そして共同注意を獲得することが，言語発達の基礎となります。共同注意は，相手の顔や視線の方向，あるいは指さしを手がかりに，相手と同じ事物を注視して注意，情動，情報を共有することです。この共同注意は，語彙獲得において重要な役割を果たしていると指摘されています。さらに，共同注意を生起しやすい子どもほど，その後の言語理解や言語表出の発達がよいと言われています。

幼児期には言葉が話せるようになりますが，前述したように語彙の増加や文法の理解が進んだだけでは円滑な言語的コミュニケーションはできません。幼児期前半には，相手の情動の読み取り，表情の理解，ジェスチャーの理解，会話ルールの基本などを身につけておくことが必要です。さらに，幼児期後半になると，言語能力だけでなく，相手の感情を推測すること，相手の意図を読み取ること，状況を理解することなどを獲得することによって，情動や意図や情報などを共有した言語的コミュニケーションが成り立ちます。　（尾崎康子）

参考文献

尾崎康子・森口佑介編（2018）発達科学ハンドブック9　社会的認知の発達科学．新曜社．

藤野博・東條吉邦編（2018）発達科学ハンドブック10　自閉症スペクトラムの発達科学．新曜社．

Ⅰ　障害児保育とは何か

8 幼児期の障害のある子どもの抱える「困り感」

1 困っているのは誰？

近頃，「困り感」[1]という言葉を耳にすることが多くなりました。これは子どもの抱える「障害」や「つまずき」を，子どもの視点から表現したものとして耳馴染みもよく，保育の生活の文脈においてどのようなことに子どもがつまずき，どのような支援が必要なのかを考える上で大切な視点です[2]。しかし，この言葉の広がりとともに，ともすれば「先生の困り感」などという誤った使い方も見受けられるようになりました。支援者たる先生が困っているとすれば，子どもはその何倍も困っていることを自覚する必要があります。

▶1　「困り感」という用語は学研の登録商標である。

▶2　佐藤暁（2004）発達障害のある子の困り感に寄り添う支援．学習研究社．

発達障害児のもつ，社会性やコミュニケーションの問題，視覚・聴覚的な理解の困難，記憶の困難，言葉の遅れや偏り，多動や注意集中の困難，不器用さは，保育の場面では，うまく指示が理解できない，クラスの中で遊びに入れない，不器用でみんなと同じ活動ができないといった問題につながりやすくなります。そんなとき保育者は，子どもの抱えている生活上のつまずきや困難さは，子どもの発達の遅れや偏りにこそ原因があるという見方をしてしまいがちです。しかし子どもからみれば，そうした状況は以下のようなものかもしれないのです。

- 状況や指示が十分にわからない。
- やろうとしているけれども，うまくできない。
- やろうと思うけれども，落ち着いて取り組めない。
- 無理やりやらされている。また活動に選択の余地がない。
- 困っているけれどもどうしてよいのか，また誰にどう言ってよいのかわからない。
- 友だちと付き合いたいけれどうまく付き合えない。
- やってもそのあとに楽しいことや大人に認められるということがない。
- 課題が難しすぎる。成功する見込みや個に応じた手だてがない。　など

保育者にとって子どもが「気になる」「困った」という状況は，実はそれ以上に子どもにとっても，わからなくてつらい状況であることを理解する必要があります。子どもの視点から，保育生活上の困難さの原因を見ていくことが求められるのです。

2 やる気を高め，「ぼくでもできた！」を幼児期から保障する支援

発達障害と診断されている小学生の中には，何か難しいことに直面したり，

表Ⅰ-4 やる気を高めるための支援方法

手立て	交流感	有能感	自己決定感	
			間接的手立て	直接的手立て
具体的支援方法	・一途にかかわりあう ・状況に応じて対応の仕方をすばやく替える ・応答する間を与える ・活動前に承認の合図を送る ・容認的に対応する ・叱責を適宜に与える	・心の拠り所を与える ・成果に対して言語的報酬を与える ・成功の原因を努力や能力に求めて称賛する ・成果に対して物質的報酬を与える ・相対評価をしない ・到達度評価・個人内評価をする	・強制・規制しない ・監視しない ・テストであるなどと仄めかさない ・学業成績に反映されるなどと仄めかさない ・締切期限を設けることは控えめにする ・競争に駆り立てることは控えめにする ・努力を求める激励は控えめにする ・物質的報酬を与えることは控えめにする ・物質的報酬を予期させることは控えめにする	・最適な課題を選択する ・選択の機会を与える ・素直な感情を承認する ・努力に対して言語的報酬を与える ・自分のペースで活動するように激励する ・自分で企画するように激励する ・自分で解決するように激励する ・潜在的な能力を理由に激励する ・活動前に教示する ・活動前に演示する ・活動中に説明する ・活動中に手助けする ・自主的な発言を受容する ・質問に即答する ・主体的な発言へと誘導する ・会話へと誘導する
交流感，有能感，自己決定感を充足させる手立て全体を通じて，以下のことに留意する。 ・複数の充足手立てを連結・連動させること　・交流感充足手立てを要として重視すること				

出所：川村（2003）より作成.

友人とのトラブル場面になると「どうせ僕はADHDだから…」といってその場を避けたりする言動が見られることがあります。基本的に全般的な知的発達に遅れのない発達障害のある子どもは，ある程度自分の障害を自覚し始めますが，同時に，適切な理解と支援がないことにより自己評価を下げてしまい，学齢期以降に2次的な問題として非行や不登校につながるケースも少なくありません。このようなことにならないよう，確定的な診断がなくとも，幼児期から，子どもの居場所を作り，認め励まし，ぼくにもできたという成功体験をもたせてあげたいものです。

川村秀忠[3]は，LD児のやる気に関する実証的な研究により，「交流感」，「有能感」，そして「自己決定感」という主要な心理的欲求を充足させるための手立てを示しています。「交流感（sense of relatedness）」とは，「自分は周囲の人と親しくかかわり合っているのだ」とか「自分は周囲の人から受容されているのだ」といった気持ちです。「有能感（sense of competence）」とは，「自分は（勉強が）できるのだ」とか「自分は周囲の人に何らかの効果を及ぼすような存在でありたい」という気持ちです。「自己決定感（sense of self-determination）」とは，「他の人にいわれて行うのではなく自分で決めて行っているのだ」といった気持ちです。こうしたやる気を高めるための具体的な支援方法を表Ⅰ-4に示します。

ここにあげた支援方法は，何も発達障害のある子どものためだけではなく，すべての幼児，児童にとっても有効なものとしてあてはまるものです。また，保育者だけでなく，家庭においても保護者が気をつけていくことが望まれます。

（水内豊和）

▶3 川村秀忠（2003）学習障害児の内発的動機づけ—その支援法略を求めて．東北大学出版会.

Ⅱ　障害児保育の仕組み

1 障害児保育のあゆみ

1 早期療育プログラムの発展

アメリカ合衆国において障害児に対する早期発見と早期対応の重要性を認識し，国家レベルで取り組みを開始したのは1960年代のことです。カーク（Kirk, S. A.）は，早期からの療育訓練による IQ 向上の例を示しています。そのころ連邦政府は，早期教育のプロジェクトへの補助金の支出を始めるとともに，1964年の経済機会法による「ヘッド・スタート計画」により，経済的に不利な地域の６歳未満の幼児に対する早期教育プログラムが開始されました。そして同法は1972年の改正によって，その中に障害幼児を含むことを義務づけました。1968年には障害児早期教育援助法（公法91-230）が制定され，各地の早期訓練プログラムへの援助が開始されることになります。1967年にはワシントン大学においてダウン症児の早期訓練プログラム[1]が，1969年にはポーテージ早期教育プログラム[2]などの開発が始まります。1979年には全米で2,000におよぶ早期訓練プロジェクトがあったといわれています。

日本では，1970年代以降，主としてアメリカ合衆国から，先述のワシントン大学プログラムやポーテージプログラムなど，早期訓練のプログラムが数多く紹介され始めます。その中には，０歳児からの訓練，いわゆる「超早期教育」プログラムと呼ばれるようなプログラムも含まれています。

現在では，個々の子どもの障害や状態に応じて，行動療法[3]，インリアル・アプローチ，感覚統合法[4]，動作法，ムーブメント教育[5]，ボイタ法，ボバース法，TEACCH プログラム[6]などが選択，使用されています。

2 日本における障害児保育の場の展開

日本で最初の公的な障害児教育が開始されたのは1878（明治11）年の京都府立の盲啞院とされています。障害のある幼児に対する教育は，遅れること1916（大正５）年であり，盲啞院の聾啞部に幼稚科が設けられ，聴覚障害児を対象に発音を主とした治療教育が開始されていました。また1926（大正15）年にはわが国初の聴覚障害児の幼稚園とされる京都聾口話幼稚園が京都盲啞保護院内に創設されました。なお幼稚部の設置が法的に認められたのは，戦後の1947（昭和22）年の「学校教育法」においてであり，盲学校・聾学校はそれぞれの子どもたちの段階に応じて幼稚園，小，中，高等学校に準ずる教育を施すことを目的

▶1　ワシントン大学で開発されたダウン症児の早期訓練プログラムは日本でも応用されている。ダウン症の特徴として，低筋緊張，関節（特に股関節）可動域が大きいこと，膝の屈伸が苦手なことなどがあげられる。加えて咀嚼をはじめとする口腔器官の機能の発達が遅れ，理解言語に比して表出言語の遅れや構音障害が見られる。早期療育では，その特徴を踏まえて指導することにより，発達が全体的に早くなっている。たとえば，早期療育を受けなかったダウン症児では始歩が３歳頃だったのに比して，療育を受けたダウン症児の始歩は２歳頃と早くなった。また，早期から摂食指導を丁寧に行うことで，口腔機能の発達が促され，咀嚼や嚥下が改善され，理解言語・表出言語の発達も促された。

▶2　ポーテージ早期教育プログラムは，日本版も作成され，幼児期の発達支援に用いられている。詳しくは Ⅻ-2 参照。

▶3　行動療法を基にした積極的行動支援アプローチについて，詳しくは Ⅻ-5 参照。

▶4　感覚統合法について，詳しくは Ⅻ-3 参照。

▶5　ムーブメント教育について，詳しくは Ⅻ-4 参照。

とする，と規程されました。このように，盲学校と聾学校（現在の視覚障害特別支援学校ならびに聴覚障害特別支援学校）の幼稚部は，早くから整備され，在籍率も高く，また3歳未満児に対しても「教育相談」の名称で指導・助言が行われるなどの教育的機能を果たしてきました。

このように障害幼児の教育においては，盲学校と聾学校の幼稚部は早くから比較的整備されたものの，養護学校幼稚部の整備はきわめて遅れており，また特別支援教育[7]に転換した現在においても十分ではありません。そのため，知的障害児や肢体不自由児の場合，乳児期の療育における福祉機関の比重は大きく，特に養護学校義務制が始まる1979年以降，障害のある学齢児は施設ではなく学校に通学するようになったこともあり，肢体不自由児通園施設，知的障害児通園施設，自閉症児施設など，障害児施設は，障害のある乳幼児の療育における中心的役割を果たしてきました。

加えてノーマライゼーション[8]やインクルージョン[9]などの考え方の浸透とともに，とりわけ軽度や中度の障害児は，幼稚園や保育所で保育を受ける実態も多くなってきました。1974（昭和49）年に当時の厚生省は「障害児保育事業実施要綱」を定め，保育所における障害児保育が制度化されました。また同年，障害児を受け入れる私立幼稚園に対しても助成が開始されます。これ以降，障害のある子どもの受け入れが全国的に広く実施されるようになったため平成15年度より一般財源化し，平成19年度からは特別児童不要手当支給対象児だけでなく軽度の障害児も対象としてきました。そして平成27年度より施行した子ども・子育て支援新制度においては，①障害のある児童等の独別な支援が必要な子どもを受け入れ，地域関係機関との連携や，相談対応等を行う場場合に，地域の療育支援を補助する者を保育所，幼稚園，認定子ども園（以下，保育所・幼稚園等等）に配置，②新設される地域型保育事業について，障害のある児童を受け入れた場合に特別な支援が必要な児童2人に対し保育士1人の配置を行うこととしています。また障害のある児童を受け入れるにあたりバリアフリーのための改修等を行う事業や，障害児保育を担当する保育士の資質向上を図るための研修を実施しています。

2013（平成25）年度の統計によれば，明確な障害のある子ども（特別児童不要手当支給対象児）を保育している保育所は7,422園で1万1,529人に及んでいます（内閣府，2015[10]）。それに加えて，障害が明確ではない「気になる子ども」も増えてきており，今後も障害のある，あるいはその疑いのある子どもを受け入れる保育所・幼稚園等の数，ならびに保育を受ける子どもの数ともに増加傾向を示すことが予想されます。

（水内豊和）

▶6 TEACCH プログラムについて，詳しくは Ⅻ-10 参照。

▶7 これまでの障害の種類や程度に応じて特別な教育を行う特殊教育とは異なり，子どもの特別な教育的ニーズに応じた教育を行うのが特別支援教育。学校教育法の改正に伴い平成19年度より本格実施された。学齢期のみならず幼児期や高等学校段階までも含む。詳しくは Ⅱ-7 参照。

▶8 ノーマライゼーション（normalization）は1960年代に北欧諸国から始まった社会福祉をめぐる社会理念の一つ。障害者や高齢者といった社会的弱者とされる人々と健常者とは，お互いが特別に区別されることなく，社会生活を共にするのが正常なことであり，本来の望ましい姿であるとする考え方。

▶9 それまで障害児を可能な限り通常の学級や学校において教育することを「メインストリーミング（mainstreaming）」あるいは「インテグレーション（integration）」と呼ばれていたが，1990年代以降，特にアメリカ合衆国において障害児と健常児，特殊教育と通常教育という二元論そのものを廃し，包括的な保育システムの中で子どもの特別なニーズへの対応を考えるという一元論に立脚したのが「インクルージョン（inclusion）」という考え方とその実践。ただし日本では障害児と健常児を同じ時間，同じ場所で保育することを「統合保育」と称することが多い。本書では「インクルーシブ保育」と称する。

▶10 内閣府（2015）障害者白書.

Ⅱ　障害児保育の仕組み

2 障害児保育の制度と形態

1 障害児保育の制度

障害児の幼児期の保育は，今日，幼稚園，保育所，認定こども園，児童発達支援センター，そして特別支援学校の幼稚部など，様々な機関で行われています（表Ⅱ-１）。なかでも幼児期は，ノーマライゼーションの理念に基づく統合保育の広がりを背景として，障害のある子どもの多くが，幼稚園，保育所，認定こども園で保育を受けることが多くなっています（表Ⅱ-２，表Ⅱ-３）。

さらに，身近な地域で質の高い保育を受けるために，通所利用の障害児に対する支援に加えて，家族を対象とした「相談支援事業」や，専門家が保育所等を訪問して必要な支援を行う「保育所等訪問支援」などの支援体制や制度の充実もすすめられてきています。

2 幼稚園と保育所における障害幼児の保育

幼稚園とは「義務教育及びその後の教育の基礎を培うものとして，幼児を保育し，幼児の健やかな成長のために適当な環境を与えて，その心身の発達を助長することを目的とする（学校教育法第22条）」学校です。また保育所は「保育を必要とする子どもの保育を行い，その健全な心身の発達を図ることを目的とする児童福祉施設であり，入所する子どもの最善の利益を考慮し，その福祉を積極的に増進することに最もふさわしい生活の場でなければならない（保育所保育指針第１章総則）」ことを目的とした保育施設です。このように，幼稚園・保育所ともに，適切な環境の下で幼児を保育し，心身の発達をねらいとする点で共通しています。また，保育所保育指針における３歳児以上の記述は，幼稚園教育要領に準じた示し方となっています。平成26年に策定された幼保連携型認定こども園教育・保育要領においても，５領域に関するねらい及び内容等が示されており，いずれの施設に通う子どもについても，同等の内容での教育活動が確保されることが示されています。

障害児の保育形態を図Ⅱ-１に示します。1970年代には障害のある幼児を一般の保育所で受け入れているといっても，実際には特別な保育室を設け，そこで健常児とは別の保育を受けるという形態をとっているところも少なくありませんでした。今日では，障害のない幼児集団の中で数名の障害のある幼児を一緒に保育するという形態（図Ⅱ-１の「狭義の統合保育」に相当）が一般的となっ

表Ⅱ－1　障害のある幼児の保育・教育機関

機　関	概　要
保育所 （児童福祉法第39条）	障害のある幼児のうち集団保育が可能で日々通所できるものが対象。健常児との統合保育を通じて基本的生活習慣や遊び，言葉や運動動作などの指導を行い，望ましい未来の力をつくり出す基礎を培うことを目的としている。
児童発達支援センター （児童福祉法第43条）	〈福祉型児童発達支援センター〉 地域の障害のある児童が通所し，日常生活における基本的動作の指導，自活に必要な知識や技能の付与または集団生活への適応のための訓練を行う。 〈医療型児童発達支援センター〉 上肢，下肢または体幹の機能障害のある児童が通所し，訓練や治療，自立のための援助を行う。
児童発達支援事業 （児童福祉法第6条）	小集団活動を通じ，コミュニケーション能力や社会性の向上を支援する
認定こども園 （児童福祉法第39条２） （就学前の子どもに関する教育，保育等の総合的な提供の推進に関する法律第2条）	教育・保育を一体的に行う施設で，いわば幼稚園と保育所の両方の良さを併せ持っている施設。保護者が働いているいないにかかわらず受け入れて，教育・保育を一体的に行う機能と，相談活動や親子の集いの場の提供などを行う機能を備えている。
幼稚園 （学校教育法第22条，第81条）	原則として満３歳から小学校入学までの，比較的軽度の障害のある幼児が対象。基本的には健常幼児との統合保育によって，集団生活をとおして生きる力の基礎を育成するとともに全体的な発達を促すことを目的とし，健康，人間関係，環境，言葉，表現などの発達領域を総合的に考慮した教育活動を行っている。
特別支援学校幼稚部 （学校教育法第72条，第76条２）	原則的には満３歳から小学校入学までの，それぞれの特別支援学校が対応する障害の種類に応じた幼児が対象。 幼稚園教育に準じた教育を行い，幼児期に期待される諸領域の発達を総合的に促進させるとともに，障害による生活上の困難を克服し自立を図るために必要な知識技能を授けることを目的としている。

表Ⅱ－2　在宅の身体障害児（未就学）の活動の場（複数回答）

幼稚園	保育所	通園施設	障害児通園事業	自宅	その他
16.4%	32.8	11.5	3.3	34.4	1.6

資料：厚生労働省「身体障害児・者実態調査」（平成13年）.

表Ⅱ－3　在宅の知的障害児（未就学）の活動の場

幼稚園	保育所	通園施設	障害児通園事業	自宅	その他
7.7%	16.0	29.8	2.2	35.9	8.3

資料：厚生労働省「知的障害児（者）基礎調査」（平成17年）.

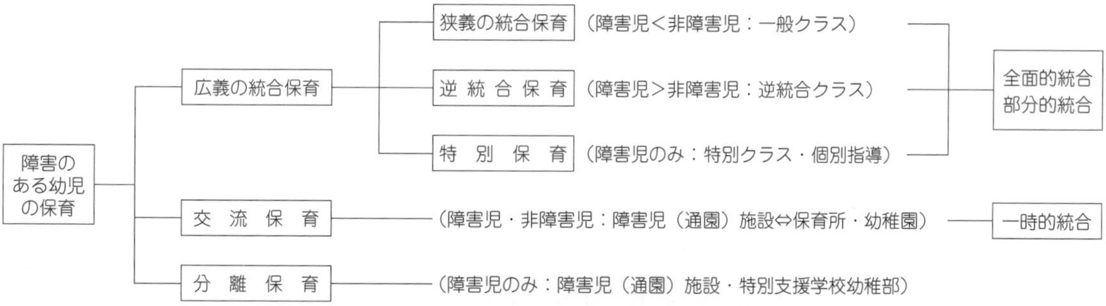

図Ⅱ－1　障害のある幼児の保育形態

出所：園山繁樹（1994）障害幼児の統合保育をめぐる課題―状況要因の分析．特殊教育学研究，32(3)，57-68.

ており，幼稚園や保育所のクラスで加配の保育者のサポートを得ながら保育を受けています。また，特別支援学校の幼稚部などでは，近隣の幼稚園と積極的に交流保育を行っています。このように，障害のある子どもが生まれ育ち将来自立生活を行う地域との関係を，小さい時から育むことはとても重要です。

（和田充紀）

Ⅱ　障害児保育の仕組み

3　障害児保育に関する専門性

1　障害児保育にかかわる専門職とは

障害のある幼児は，児童福祉法を根拠とした児童福祉施設ならびに，学校教育法を根拠とした学校において保育・教育を受けます。障害児にかかわる児童福祉施設[1]としては，保育所，幼保連携型認定こども園[2]，児童発達支援センター，などがあります。また学校としては，幼稚園，特別支援学校の幼稚部がありま す。こうした障害児保育の場では，子どもの成長発達を支援するために，保育士，幼稚園教諭，保育教諭，特別支援学校教諭，施設指導員，看護師，心理職，理学療法士（PT），作業療法士（OT），言語聴覚士（ST），医療従事者など，さまざまな専門職が協働しています。

❍保 育 士

児童福祉法第18条の４において，保育士は「専門的知識及び技術をもって，児童の保育及び児童の保護者に対する保育に関する指導を行うことを業とする者」と定められています。つまり保育士の資格を有するものは，保育所だけではなく，先述した児童福祉施設において保育士として勤務することが可能です。しかしそれだけに，保育士は，子どもの発達に関してはもちろんのこと，障害の早期発見から就学へという道筋，保護者への対応とカウンセリングマインドなどについての幅広い知識と理解が求められます。

❍幼稚園教諭

幼稚園教諭も，保育所保育士と同様に，障害児の保育に携わる上での専門性の向上が求められています。2002年に文部科学省は，幼稚園教員の養成，採用，研修等の在り方について提言した「幼稚園教員の資質向上について―自ら学ぶ幼稚園教員のために（報告）」を示しています。その幼稚園教員に求められる専門性の中で，特別な教育的配慮を要する幼児に対応する力として，「三歳児や満三歳に達し幼稚園に入園した時点で幼児は，家庭での経験の差や個人差が大きい時期であり，初めての集団生活の場において，発達の側面から一人一人への対応がとりわけ必要となる。障害のある幼児については，障害の種類や程度等の対応に関して必要な専門的知識や技能を習得する必要がある。外国籍の幼児については，文化や言葉の相違を理解した上で，子どもとその保護者とともに生活していくという姿勢が必要である。」と述べています。

▶１　児童福祉法第７条に定める児童福祉施設には，助産施設，乳児院，母子生活支援施設，保育所，幼保連携型認定こども園，児童厚生施設，児童養護施設，障害児入所施設，児童発達支援センター，児童心理治療施設，児童自立支援施設及び児童家庭支援センターがある。

▶２　平成24年８月，「就学前の子どもに関する教育，保育等の総合的な提供の推進に関する法律の一部を改正する法律」により，「学校及び児童福祉施設としての法的位置づけを持つ単一の施設」として，「幼保連携型認定こども園」が創設された。

❍保育教諭

「幼保連携型認定こども園」は学校教育と保育を一体的に提供する施設です。そのため，配置される職員としては「幼稚園教諭免許状」と「保育士資格」の両方の免許・資格を有する「保育教諭」が位置づけられています。保育教諭にも，保育と教育を一体的に行う技能に加えて保護者からの相談への対応力，特別な教育的配慮を要する幼児に対応する高い専門性が求められます。

❍多様化する専門性

幼稚園や保育所，認定こども園などでは，確定的な診断がないものの，保育現場において発達などに「気になる子」が増えてきているといわれます。こうした特別な支援や配慮の必要な子どもを理解し適切な支援を行えるよう，常に自己研鑽をする姿勢が重要です。特殊教育から特別支援教育への転換[3]に伴い，乳幼児期からの一貫して適切な教育的支援が求められており，その意味からも幼児期からのていねいなかかわりと学校へのなめらかな接続を念頭とした，障害児のライフコース[4]を考慮した保育のあり方が保育者には要求されます。

▷3　詳しくはⅡ－7参照。

▷4　詳しくはⅡ－4参照。

2　専門職の協働：児童発達支援センターの例

表Ⅱ－4　児童発達支援センターの一日

	月 〜 金	火・金
8：30〜9：45	バ ス 教 室	
〜10：30	登園・朝のあいさつ お や つ・排 泄	
10：30〜11：30	自由遊び・交流保育 グループ・個別課題活動	スイミングセラピー
12：00〜13：00	昼食 歯磨き・排泄	スイミングセラピー
13：00〜14：00	自由遊び・グループ指導	昼食 排泄 歯磨き
14：30〜18：00	降園準備・帰りの集い 降園・バス教室	

ある児童発達支援センターでは，心や身体に発達の遅れが心配される子どもたちに早期に療育を行い，その中で子どもたちの情緒の安定，身辺の自立，運動発達，生活習慣の確立，集団参加の意欲を促し，将来社会の一員として自立していくことができるよう支援しています。

この施設では保育士が中心となって，表Ⅱ－4に示すような日課に従い，自由遊びを通したプレイセラピー，食事や排泄，衣服の着脱など生活訓練を行います。専門の研修を受けた指導員からポーテージ早期教育プログラム[5]による指導も行われています。また，一人ひとりの目的に応じて，PT，OT，ST による機能訓練が取り入れられています。看護師も常駐し，健康指導を行っています。

▷5　詳しくはⅫ－2参照。

また，隣接する保育所の園児と，園庭やプレイルームで一緒に遊んだり，お互いの行事に参加したりする交流保育を行っています。そのために施設と保育所のスタッフは日ごろから互いに理解を深めあっています。

さらに，保育所等訪問支援事業では，この施設の障害児保育の専門性を有する保育士が，発達障害支援コーディネーターとして，地域の保育所の巡回相談にあたったり，障害児の保護者の育児相談に応じたりしています。このように，障害児の保育にあたっては，さまざまな専門家が協働するとともに，保育士は単に子どもの発達支援だけではなく，巡回相談や保護者支援のような業務に対応できる専門性が求められているのです。

（和田充紀）

Ⅱ　障害児保育の仕組み

4 障害児とライフコース

1 障害児のライフコースとは

結論からいえば,「障害児のたどるライフコース」という決まったものがあるわけではありません。なぜならば，その人が生きている時代，国，文化，経済的状況，教育制度などが異なるからです。また，そうした中,「この子は大人になっても意思疎通は困難で，就労などできないだろう」などと保護者や支援者が決めつけることは，あってはならないことです。それでは，保育者は，自分が担当する幼児期の時代のみ責任をもって保育にあたればよいか，というとそうではありません。障害のある子どもをもった保護者の苦しみを受け止め，ともに子どもを育てる協力者となり，子どもの将来の自立と社会参加を願って発達を促進し，そして来るべき就学へとつなげていくことが求められるのです。その意味で，様々な可能性を含む障害児のライフコースを地域のリソースの実状とともに最低限知っておくことは大変重要です。

2 誕生から幼児期

今日「発達」とは「受胎から死ぬまでに至る，心身の構造や機能が量的にも，質的にも連続的に変容していく過程」ととらえられます。個体が発生し，発達していく過程において，さまざまな心身障害が起こってきます。知的障害児を例にとってみると，障害発生の時期と原因にはさまざまなものがあります。出生前の原因としては①遺伝，②染色体異常，③胎芽・胎児期の問題（奇形，感染症，中毒症）があります。出生前だけでなく，周産期や出生後の原因にもさまざまなものがあります[1]。染色体異常が原因の代表的なものとしてはダウン症があげられます。しかし，知的障害と診断のある人のうち，明確な原因が判明しているのはわずかに４分の１程度といわれています。ダウン症は生後間もなくわかりますが，一方で知的障害を伴う自閉症児は，３歳前後まで確定診断がつかないこともあります。一概に知的障害といってもさまざまで，障害告知の時期が遅ければ保護者の障害受容の程度も異なります。ダウン症児と自閉症児の対応が一様ではないように，保護者との連携の仕方も子どもの障害によっては一様ではないのです。

乳幼児健康診査[2]を受け，各種専門機関の相談や療育を経て，保育所や幼稚園に入園する子どももいれば障害児の通園施設に通う子どももいます。年長の10

▶１　詳しくは コラム5 を参照。

▶２　詳しくは Ⅱ－5 を参照。

月からは就学時健康診断[3]に基づいて，就学先が決定します。

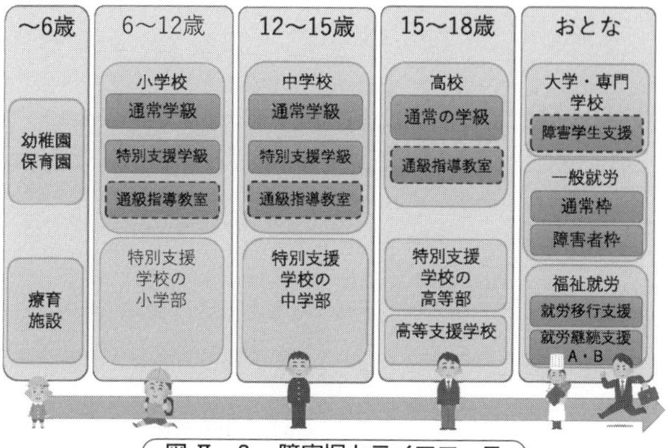

図Ⅱ-2 障害児とライフコース

3 小中学校期

障害のある子どもは，特別支援学校，特別支援学級，通級指導教室などで学校生活を送ります。また全般的な知的発達に遅れのない発達障害児は通常の学級に在籍することもめずらしくありません。特別支援教育は，障害のある子どもの教育的ニーズに応じた適切な指導や必要な支援を行う教育です。どの学校種においても「特別支援教育コーディネーター」という役目の教員がおり，「個別の教育支援計画」ならびに「個別の指導計画」に基づく教育が行われます。[4]

4 高校・大学期

小中学校期と異なり高校以降は義務教育ではありません。今日ではほとんどすべての特別支援学校には高等部が設置されており，地域の中学校を卒業後，特別支援学校の高等部に進学するケースが多く見られます。また発達障害児の中には高校入試に合格し一般の高校に進学，さらに大学に入学することもあります。

5 就労・地域生活

学校卒業後の就職形態には，企業などへの一般就労と，就労移行支援事業所や就労継続支援事業所などでの軽作業に従事する福祉（的）就労とがあります。また一般就労には障害者手帳[5]を取得し，障害者雇用の枠内で支援を受けながら就労する形態もあります。障害基礎年金を受給したり，障害者自立支援法に基づく各種支援サービスを利用しながら自宅やグループホームなどの地域，あるいは入所施設で生活を送ります。

6 ライフコースを理解するために

近年，障害者本人が執筆した手記が数多く出版されるようになりました。自閉症者のテンプル・グランディン氏[6]やドナ・ウィリアムズ氏[7]の自叙伝はよく知られています。また日本の障害者の方やその家族の手記もあります。ダウン症の子が女子大学に進学するまでを保護者がつづった『走り来れよ，吾娘よ』[8]や，アスペルガー症候群の人のユニークな内面世界を教えてくれる当事者の手による『自閉っ子，こういう風にできてます！』[9]などは，ぜひとも読んでおきたい本の一つです。

（水内豊和）

▶3 就学時健康診断
詳しくは Ⅱ-6 を参照。

▶4 詳しくは Ⅱ-7 を参照。

▶5 障害者手帳
障害者手帳には，身体障害者に交付される「身体障害者手帳」，知的障害者に交付される「療育手帳」，精神障害者に交付される「精神障害者保健福祉手帳」の3種類がある。

▶6 テンプル グランディン，マーガレット M スカリアーノ（1994）我，自閉症に生まれて．学習研究社．

▶7 ドナ ウィリアムズ（2000）自閉症だったわたしへ．新潮社．

▶8 岩元甦子・岩元昭雄（1998）走り来れよ，吾娘よ—夢紡ぐダウン症児は女子大生．かもがわ出版．

▶9 ニキリンコ・藤家寛子（2004）自閉っ子，こういう風にできてます！．花風社．

Ⅱ　障害児保育の仕組み

5 乳幼児健康診査と早期発見

1 乳幼児健診の概要

❍早期発見の必要性

日本では現在，母子保健法に基づき４ヵ月児健康診査（以下健診），１歳６ヵ月健診，３歳児健診という乳幼児の発達をチェックする早期発見システムが整備されています。このほかにも，独自の健診を実施している自治体もあります。これらは，発達の遅れや偏りを早期に発見し，適切な早期対応につなげることが目的とされています。

４ヵ月健診では全般的な発達の遅れがないか，脳性まひのような障害がないかを中心に検討します。次いで１歳６ヵ月および３歳の時点で，発達の領域ごとに遅れや偏りがないかを調べていきます。本書で中心的に取り扱うLD，ADHD，自閉症スペクトラム障害などの発達障害があるかどうかを把握する上でもこの時期の健診は重要です。

❍１歳６ヵ月健診

１歳６ヵ月頃といえば，赤ちゃんだった子どもが，歯も生えそろい，食事らしい食事をするようになったり，一人で転ばずに歩けたり，意味のある言葉を単語で話し始めたりする時期です。１歳６ヵ月健診は，満１歳半になる前後の月に行います。市町村から該当者全員に通知され，多くの市町村では保健所・保健センターで実施されます。健診の内容としては，身体計測，内科健診，歯科健診，保健指導（歯科・栄養）のほか，子育てや子どもの発達に関する個別相談・心理相談などが行われます。LDやADHDがこの時期の健診でチェックできることはほとんどありませんが，自閉症スペクトラム障害については，言葉の遅れやコミュニケーションの取りづらさなどが指摘されることがあります。遊びの偏りや不器用[1]さがないかどうかも大事な観点となります。

▶１「不器用」については コラム８ を参照。

❍３歳児健診

３歳児はからだの成長とともに心の発達・社会的な活動がめざましく，また，自我の確立とともに基本的な生活習慣が身につくようになる時期です。したがってこの時期の健診では，集団生活をするのに必要な社会性や言語・運動面などの発達をみます。健診の内容としては，身体測定，生活習慣，言語発達，社会性の発達，視力・聴力の状態の把握が行われます。また個別相談も行われ，発達の遅れや偏りがみられるときには保健師によるフォローアップや療育センターや言葉の教室といった早期療育の専門機関を紹介されることがあります。

この時期では，言語によるコミュニケーションの発達，多動や集中困難，こだわりなどに注目します。知的な遅れを伴う自閉症スペクトラム障害の場合，この時期ぐらいに特徴が顕在化することが多く，確定診断に至ります。しかしADHDや知的な遅れを伴わない自閉症スペクトラム障害などの発達障害については，3歳児健診を問題なく通過してしまうことも少なくありません。

2 乳幼児健診の動向

2005年4月に発達障害者支援法[1]が施行され，発達障害者の心理機能の適切な発達及び円滑な社会生活の促進のために，発達障害の症状の発現後できるだけ早期に発達支援を行うことが特に重要であることに鑑み，発達障害を早期に発見し，発達支援を行うことに関する国及び地方公共団体の責務が明らかにされました。これに伴い市町村においては発達障害の早期発見に関する健診について，大きく2つの方法で対応しようとしています。それは，①これまでの1歳6ヵ月児健診ならびに3歳児健診における発達障害スクリーニング機能の強化と，②子どもがより発達障害の特徴が顕著になる5歳の時点で改めて健診を行う「5歳児健診[2]」を新たに実施することです。

たとえば富山県では平成20年度より，発達障害のスクリーニングを狙いとして，1歳6ヵ月児健診ならびに3歳児健診時の問診票に，表Ⅱ－5に示すような項目を新規に追加しました。その一方，3歳児健診の時点で，異常なく通過している子どもが，就学前後に発達障害とようやく気付かれることも少なくありません。そこで最近では，5歳児健診の重要性が指摘されてきており，自治体によってはすでに導入されているところもあります。　（水内豊和）

▶1　巻末資料参照

▶2　コラム3参照

表Ⅱ－5　富山県の健診スクリーニング項目より（一部抜粋）

1歳6ヵ月児健診	3歳児健診
手にご飯粒などがつくことを，極端に嫌がりますか。※	周囲の状況に関係なく，CMなどを，そのままの言葉で繰り返し言うことがありますか。※
意味のある単語をいくつか話しますか（ワンワン，パパ，ママなど）。	「これなあに」などと尋ねることがありますか。
お子さんの方から指さしをして，「あれ見て」というしぐさをしますか。	スーパーや公園で，手を離すとどこへ行くか心配になることがありますか。※
なついている人が部屋から出ていくと，その後を追おうとしますか。	電車やマークなどをよく知っていて，「すごい」と思うようなことがありますか。※
抱っこされるのが好きですか。	扇風機や乾燥機など，回るものを飽きずにじっと見ていることがありますか。※
これまでに人見知りをしたことがありますか。	つま先立ちで歩くことが頻繁に見られますか。または過去にめだった時期がありましたか。※
顔の前で手をひらひらさせたり，指の間からのぞいたりすることがありますか。※	顔の前で手をひらひらさせたり，指の間からのぞいたりしますか。※
「高い高い」や「いないいないばぁ」などを喜びますか。	同じ年代の子と遊ぶことは好きですか。
おもちゃを横に並べて遊ぶことが好きですか。※	周囲の音を嫌がって耳をふさぐことが頻繁に見られますか。※
音に敏感だと思うことがありますか（耳をふさぐ等）。※	横目でじっと見ていることがありますか。※

※はそれが「ある」と要注意な項目。その他は「ない」と要注意な項目。

Ⅱ　障害児保育の仕組み

6 就学時の健康診断と就学相談

1 就学時の健康診断

小学校への就学を予定している子どもは，全員が学齢簿に登録され，「就学時の健康診断」を受診します。これは，法律[1]に基づいて行われるものです。

この健診の目的は，子どもの健康状態を把握し保健上の助言を行うとともに，特別な教育的ニーズを持つ子どもの状態を把握し，より適切な教育を行うことができるようにするものです。

「就学時の健康診断」は各市町村の教育委員会が実施します。実施要領が事前に通知されますので，保護者が付き添って受診します。多くの場合，10月から11月にかけて，就学予定校区の小学校で行われます。

健診内容は，以下の７点です。

①　栄養状態　②　脊柱及び胸郭の疾病及び異常の有無　③　視力及び聴力

④　眼の疾病及び異常の有無　⑤　耳鼻咽頭疾患及び皮膚疾患の有無

⑥　歯及び口腔の疾病及び異常の有無　⑦　その他の疾病及び異常の有無[2]

就学時の健康診断の結果，何らかの障害がある，またはその疑いがあると考えられる子どもについては，図Ⅱ-３に示す流れに沿って，適切な就学の場が検討されます。

▶１　学校安全保健法，学校保健安全法施行令，学校保健安全法施行規則

▶２　学校安全保健法施行規則によれば，その他の疾病及び異常の有無は，知能及び呼吸器，循環器，消化器，神経系等について検査するとされている。

▶３　特別支援学校の対象となる障害の程度については，学校教育法施行令第22条の３に表Ⅱ-６のとおり示されている。

2 特別な教育的ニーズのある子どものための就学先

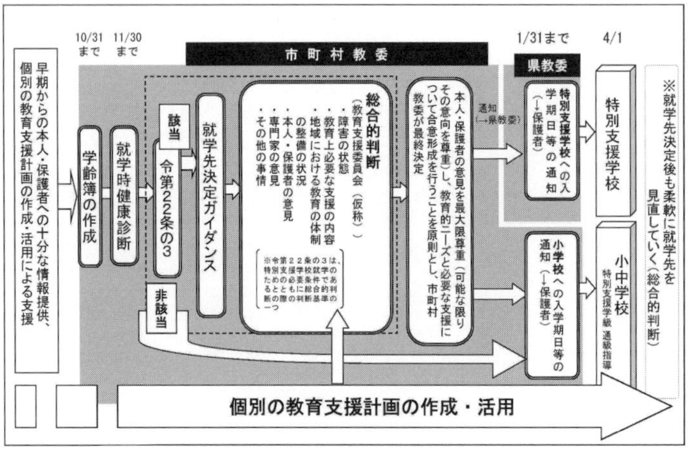

図Ⅱ-３　就学手続きの流れ

出所：文部科学省ホームページ.

子どもの障害の程度や発達の実態などに応じて，様々な就学先の選択肢が準備されています。

「特別支援学校」は，視覚障害，聴覚障害，知的障害，肢体不自由，病弱（身体虚弱を含む）のある子どものために設置された学校です[3]。多くの場合，小，中，高等部が設置されており，長期的視野に立った教育が行われています。

「特別支援学級」は，小・中・高等学校等において，障害のある子ども

表Ⅱ－6　学校教育法施行令第22条の3　就学基準

区　分	障害の特徴
視覚障害者	両眼の視力がおおむね0.3未満のもの又は視力以外の視機能障害が高度のもののうち，拡大鏡等の使用によっても通常の文字，図形等の視覚による認識が不可能又は著しく困難な程度のもの
聴覚障害者	両耳の聴力レベルがおおむね60デシベル以上のもののうち，補聴器等の使用によっても通常の話声を解することが不可能又は著しく困難な程度のもの
知的障害者	①知的発達の遅滞があり，他人との意思疎通が困難で日常生活を営むのに頻繁に援助を必要とする程度のもの，②知的発達の遅滞の程度が前号に掲げる程度に達しないもののうち，社会生活への適応が著しく困難なもの
肢体不自由者	①肢体不自由の状態が補装具の使用によっても歩行，筆記等日常生活における基本的な動作が不可能又は困難な程度のもの，②肢体不自由の状態が前号に掲げる程度に達しないもののうち，常時の医学的観察指導を必要とする程度のもの
病弱者	①慢性の呼吸器疾患，腎臓疾患及び神経疾患，悪性新生物その他の疾患の状態が継続して医療又は生活規制を必要とする程度のもの，②身体虚弱の状態が継続して生活規制を必要とする程度のもの

備考　※視力の測定は，万国式試視力表によるものとし，屈折異常があるものについては，矯正視力によって測定する。
※聴力の測定は，日本工業規格によるオージオメータによる。

が必要な支援を日常的に受けられるように設置される学級です。知的障害，肢体不自由，身体虚弱，弱視，難聴，言語障害，情緒障害，自閉症スペクトラム障害などの障害のある子どものための学級があります。

「通級による指導」は，特別な教育的ニーズのある子どもが，通常の学級に在籍しながら，週に数時間，別の教室に通って，専任の教員からそのニーズに対応した内容を学ぶ仕組みです。対象となる障害は様々ですが，中でも自閉症スペクトラム障害，選択性緘黙などの情緒障害，学習障害，注意欠如・多動性障害などの発達障害のある子どもを対象とすることが示されています[4]。

3　就学相談

就学先の決定にあたっては，障害の程度だけによらず，「保護者及び教育学，医学，心理学その他の障害のある児童生徒等の就学に関する専門的知識を有する者の意見を聴く[5]」ことが法律で示されています。さらに，「市町村教育委員会が，本人・保護者に対し十分情報提供をしつつ，本人・保護者の意見を最大限尊重し，本人・保護者と市町村教育委員会，学校等が教育的ニーズと必要な支援について合意形成を行うことを原則とする[6]」とされています。

そのため，入学間際になってからではなく，早期から保護者に対し就学に関する情報をこまめに提供し，様々な専門機関を活用して適切な就学先の選択ができるための継続的な相談を行います。また，各学校の説明会や体験入学会などを活用して，実際の学習の様子や教師の動きを見て確かめるとともに，疑問や不安を直接相談して解決するようにします。子どもの利益を最優先にする視点から総合的に判断することが重要です[7]。（阿部美穂子）

▶4　「学校教育法施行規則」第140条，及び，「通級による指導の対象とすることが適当な自閉症者，情緒障害者，学習障害者又は注意欠陥多動性障害者に該当する児童生徒について（通知）」（平成18年３月文部科学省）に示されている。

▶5　「学校教育法施行令」第18条の２

▶6　「学校教育法施行令の一部改正について（通知）」平成25年文部科学省

▶7　平成25年の学校教育法施行令の改正では，中央教育審議会初等中等教育分科会報告（「共生社会の形成に向けたインクルーシブ教育システムの構築のための特別支援教育の推進」）等を踏まえ，市町村の教育委員会は，就学予定者のうち就学基準に該当する児童生徒について，その者の障害の状態，その者の教育上必要な支援の内容，地域における教育の体制の整備の状況，保護者及び専門家の意見等を勘案して，総合的な観点から就学先を決定する仕組みを創設することとされている。

Ⅱ　障害児保育の仕組み

7　障害児保育の課題

1　インクルーシブ保育（統合保育）に関する課題

障害のある子どもが地域の保育所や幼稚園で保育を受けるインクルーシブ保育（統合保育）が多くなってきています。しかし，障害のある子どもの保育にあたって，保育者は，さまざまな困難さや悩みをかかえているようです[1]。たとえば，太田（1997）がインクルーシブ保育を担当する保育者に対して行った質問紙調査では，「統合保育が障害児によい場合，悪い場合の判断が困難」「障害児にとって適切な指導法とは何かがわからない」「他の専門機関ほどに障害児の治療や指導ができない」「障害児自身が幼稚園を楽しいと感じているのか疑問である」「他の子どもに目が届かなくなることがある」「行事の時にどうしたらよいかわからなくなる」，などの苦慮している姿が見受けられました。

また明らかな障害の診断名がないものの，保育の中で「気になる」子が増えてきているといわれています。保育者が自分のこれまでの保育経験に照らして何かしら「気になる」と感じる気づきは確かなことも多く，その子が学校にあがってから，発達障害と診断されることもあります。ただその反面，「一人でいることが好きなようだからきっとこの子は自閉症スペクトラム障害だ」といった不確かな見立てや思い込みによって，本来あったはずの子どもの発達の芽をつんでしまうという危険性も指摘されています。

このような，障害のある，あるいはその疑いのある子どもが在籍する保育場面で保育者が抱く困難さや不安感は，保育者一人ひとりの資質や経験が向上するだけで解決するものではありません。インクルーシブ保育には表Ⅱ-7に示すようにさまざまな要因が影響しています。その中でも，園山・由岐中[2]はインクルーシブ保育の実施上の問題として，①一般に障害のない子どものための保育方法や保育内容が行われることが多く，そのために障害のある子どもにとって必ずしも十分な保育環境となっていないこと，②担当保育者についても，保育者養成校で障害のある子どもについての保育に関する知識や技術を習得する機会は少なく，そのために

▶1　太田俊己（1997）統合保育の課題―保育所・幼稚園の立場から．保健の科学，39(10)，684-688．
中村哲雄（2003）障害幼児の統合保育上の課題―保育士へのアンケート調査結果より．障害児教育実践センター紀要，５，67-76．

▶2　園山繁樹・由岐中佳代子（2000）保育所における障害児保育の実施状況と支援体制の検討―療育のある統合保育に向けての課題．社会福祉学，41(1)，61-70．

表Ⅱ-7　インクルーシブ保育に影響する要因

要因の階層	要因（内容）
第３層 保育所・幼稚園を取り巻く状況	理念的要因（ノーマライゼーション，インクルージョンなど） 制度的要因（国や自治体の制度，巡回相談や研修制度など）
第２層 保育場面を取り巻く園内の状況	体制的要因（全園体制，定期的カンファレンスなど） 物理的環境要因（園舎の構造など） 保育活動の要因（障害のある幼児が参加しやすい保育内容など）
第１層 保育場面の状況	障害のある幼児の要因（障害の程度，行動特徴，人数など） 障害のない幼児の要因（関わり方，態度，人数など） 保育者の要因（知識，熱意，経験など）

出所：園山・由岐中（2000）．

インクルーシブ保育の実践に困難を訴えたり，試行錯誤的な状況にあったりすることも少なくない，ということを指摘しています。「ノーマリゼーションの進展とあいまって統合保育が推進されるようになったとはいっても，現場の保育者が頼りにできる方法論がみつからない[3]」という状況に対し，インクルーシブ保育実践の内容，方法の検討が求められています。

▶3 園山繁樹（1996）統合保育の方法論―相互行動的アプローチ．相川書房．

2 学校段階への接続の課題

2009年の保育所保育指針改訂により，保育要録の記入・小学校への送付が義務づけられました。遊びを通した発達の促進が中心の保育所・幼稚園と，教科学習が中心の小学校とでは，生活面・学習面・活動面において大きな違いがあり，就学直後は，障害の有無に関わらず，「小１プロブレム」などと称されるように，生活文脈の違いに戸惑う幼児が少なくありません。特に障害のある幼児の場合は戸惑いが大きいため，円滑に学校生活をスタートさせるためには，保育所・幼稚園と小学校とのていねいな連携や移行が望まれます。そのため，就学時には，幼児の実態や取り巻く環境，適切な支援など就学前の情報についての確実な引継は大きな意味をもちます。

和田・水内（2016）[4]は，就学前の引継時における，保育所と特別支援学校の双方が必要だと感じている情報には，基本情報，生育歴，家庭および保護者の状況，保護者の思いや考え，好きな遊び，本人の興味・関心，子どもの苦手や得意な具体的活動，日常生活における実態，実態に応じた支援内容と支援方法，集団場面や新規場面における課題と支援内容，他機関との連携，があることを明らかにしています。これらの内容が適切に保育要録をもとにした引継資料に記載され，確実に共有される情報となるためには，保育所と特別支援学校が互いに「伝えたい情報」「把握したい情報」について理解するとともに，引継資料の内容や様式についての整備と検討が必要でしょう。また，引継の時期に関しては，就学前の引継はもちろん，就学後の連携を含めた，形式的な単発の引継ではなく複数回の連携が望まれます。引継のあり方としては，就学前には引継資料をもとに情報共有を行い，就学後に実際の児童の様子をもとに学校生活について話し合うなど，入学後の継続的あるいは定期的な連携と，新旧担当者同士の連携も必要となります。そして，一方的な情報伝達に終わるのではなく，双方が子どもの実態を知り得た上で効果的な支援内容や方法についての情報を交換し合う双方向の情報伝達が情報共有につながると考えられます。

（成田 泉）

▶4 和田充紀・水内豊和（2016）障害のある幼児の就学時における引継と連携のあり方―保育所と知的障害特別支援学校への質問紙調査から―．とやま発達支援学年報，７，29-39.

コラム3

乳幼児健診の動向

1　乳幼児健診におけるM-CHATの活用

1歳6か月児健診や3歳児健診といった乳幼児健診では，子どもの疾患や障害，自閉症スペクトラム障害といった発達障害などを早期に発見し，適切な早期対応につなげることを目的としています。

近年，自閉症スペクトラム障害の早期発見のためのアセスメントツールとして，厚生労働省の推奨するM-CHAT（乳幼児期自閉症チェックリスト修正版：乳幼児の社会性の発達をみるための23項目からなる質問紙）が広く知られてきており，健診の際にM-CHATを活用している市区町村も少なくありません。

M-CHATは，全23項目から成り，各項目に対して，はい・いいえで答える親記入式の質問紙です◁1。質問項目は，共同注意（Ⅳ-3 60頁参照）について問う項目（「17. あなたが見ているモノを，お子さんも一緒に見ますか？」），模倣について問う項目（「5. あなたのすることをまねしますか？」），対人的関心について問う項目（「2. 他の子どもに興味がありますか？」）などから成り，1歳前後に獲得されることが重要な社会的行動を中心に確認することができます。また，質問項目には，自閉症スペクトラム障害の子どもに見られる特異的な行動について問う項目（「11. ある種の音に，とくに過敏に反応して不機嫌になりますか？」，「18. 顔の近くで指をひらひら動かすなどの変わった癖がありますか？」）も含まれているため，このM-CHATは自閉症スペクトラム障害の子どものスクリーニングを行う際の有効なツールであると考えられています。

このM-CHATは1歳6か月以上の子どもであれば有効なため，早期に自閉症スペクトラム障害の子どもを発見し，早期対応につなげることが可能なツールです。しかし，このM-CHATはスクリーニングする際に活用されるツールであって，自閉症スペクトラム障害の診断を確定させるためのものではありません。そのため，M-CHATの結果から自閉症スペクトラム障害のハイリスク児と考えられた場合でも，それだけで「自閉症スペクトラム障害である」と決めつけるのではなく，実際の子どもの行動観察や，保護者からの聞き取りなどもしっかりと行った上で，適切な支援や療育につなげることが大切です。M-CHATが決して保護者を傷つけるツールにならないよう，慎重に活用することが支援者には求められます。

2　5歳児健診

2005年に発達障害者支援法（巻末資料参照）が施行され，市区町村が母子保健法に規定する健診を行うにあたり，自閉症スペクトラム障害といった発達障害のある子どもの早期発見を行うことと，適切な早期支援につなげることが求められています。しかし，3歳児までの健診においては，集団行動や社会性の問題は発見されにくく，発達の個人差も大きいため，特に知的障害を伴わない自閉症スペクトラム障害を発見することが難しい場合があります。また，学習障害（LD）については，障害に起因する行動上の特徴が顕在化するのは，学齢期ということも多く，その発見と適切な対応が遅れると学校不適応や社会不適応といった二次障害へと進展する危険性もあります。

このような状況の中，近年，１歳６か月健診や３歳児健診に加えて５歳児健診を実施する市区町村が増えてきています。ほとんどの５歳児は保育所，幼稚園で集団生活を受けているため，それまで明らかにならなかった社会性などの発達上の問題が明らかになります。[2] ５歳の時点でそれらを発見し，就学前に適切な支援につなげることがこの５歳児健診の目的です。

５歳児健診の内容については，自治体によって実施方法が異なるため，ここでは鳥取県を例に示します。健診児の年齢は，健診後の対応や就学への準備期間をとるために，５歳～５歳６か月を目安に行っています。健診の日時等は，個別に案内を郵送しますが，保育所や幼稚園から受診を勧めることも多く，鳥取県では受診率が各市町村とも90％を超えています。鳥取県に限らず，ほとんどの５歳児健診では，担当保育士に同席してもらい，保育所や幼稚園の状況を聞き取ります。

５歳児健診の構成員は，医師，保健師，看護師，歯科衛生士が基本となり，市町村により心理士や保育士，小学校教諭，主任児童委員，眼科医，事務員などが加わります。健診当日は，受付，問診，身体計測・視力検査，医師による診察，歯科相談，栄養相談，保健師・心理士・保育士などとの個別相談，その後にカンファレンスとなっています。

問診は，あらかじめ郵送した問診用紙に保護者が記載してきた事項を確認します。問診項目のうち，とりわけ自閉症スペクトラム障害のスクリーニングに関係する部分を表C-3-1に示します。

また，医師による診察では，会話（理解と表出），構音，動作の模倣，協調運動（片足立ち，ケンケンなど），概念（ものの用途，左右，ジャンケン，しりとりなど），行動制御（たとえば「いいよ」と言うまで目をつむってもらうなど）の６領域と，「うし」「いぬ」「さる」などの簡単なひらがなの文字の読みについてみています。この他に，自治体によっては，集団遊びをする時間を設け，行動や社会性でつまずきや偏りがないかをチェックする場合もあります。

表Ｃ-３-１　５歳児健診の問診票（一部抜粋）

今の状態について，はい，いいえ，不明に○印をつけてください。

① スキップができる
② ブランコがこげる
③ 片足でケンケンができる
④ お手本を見て四角が書ける
⑤ 大便が一人でできる
⑥ ボタンのかけはずしができる
⑦ 集団で遊べる
⑧ 家族に言って遊びに行ける
⑨ ジャンケンの勝敗がわかる
⑩ 自分の名前が読める
⑪ 発音がはっきりしている
⑫ 自分の左右がわかる

自閉症スペクトラム障害といった発達障害の早期発見と適切な早期対応が求められている今，この５歳児健診における取り組みは，発達障害のスクリーニングのために有効であるといえるでしょう。しかし，発見された場合に，家族にどのように伝えるか，就学までにどのような支援を行うのか，学校教育への移行をどのように図るのかなど，解決すべき課題も少なくありません。また，子ども本人に対する直接的な支援のみならず，子どもをとりまく家族や周囲の人々に対する支援についても，今後どのような形で行うべきなのかを考えていく必要があります。　（成田　泉）

▶１　稲田尚子・神尾陽子（2008）自閉症スペクトラム障害の早期診断へのM-CHATの活用．小児科臨床，61，2435-2439.
▶２　下泉秀夫（2011）５歳児健診における発達障害への気づきと連携．母子保健情報，63，38-44.

第 2 部　障害の特徴と保育の実際

Ⅲ　知的障害の特徴と保育での支援

1　知的障害のとらえ方（DSM-5とAAIDDの基準から）

1　知的障害とは

知的障害は，医学的には知的能力障害（または知的発達症，あるいは知的発達障害ともいう）という診断名がつけられています。日本の知的障害者福祉法[1]の中には，知的障害とは何かという定義が述べられていません。そこで，医学的な定義（DSM-5[2]）とアメリカ知的障害・発達障害学会（American Association of Intellectual and Developmental Disorders：以下AAIDDと略記）の定義[3]に基づいて，知的障害を説明します。その定義はどちらも，知的能力の顕著な遅れと，日常生活における適応行動の欠如という２つの観点を総合して判断することになっています。そして，少なくとも18歳以前にこれらの症状が発症していることが必要です。図Ⅲ-１は，全国調査で回答のあった幼稚園（208か所）と保育所（164か所）に在籍する障害児の内訳です[4]。幼稚園では情緒障害（現在の広汎性発達障害を含む）が比較的多いのですが，保育所では知的障害児が最も多く在籍しています。したがって，知的障害の特徴を正しく知ることはとても大切です。

2　知的能力とは

AAIDDの定義によれば，知的能力は次のような心の能力を指しています。それは，推論，計画，問題解決，抽象的な思考，複雑な理念を理解すること，速く学ぶこと，経験から学ぶことです。知的能力は一般に，標準化された個別式の知能検査で測定されます[5]。

知的能力が顕著に低い状態とは，従来は知能指数（IQ）をもとに判断していました。しかしDSM-5では，AAIDDの考え方を取り入れて，概念的領域・社会的領域・実用的領域の生活実態に合わせて軽度・中等度・重度・最重度の判断をすることになりました。IQはあくまで参考値です。

幼児期であれば，軽度の子どもは概念や実用的領域は年齢に比べ

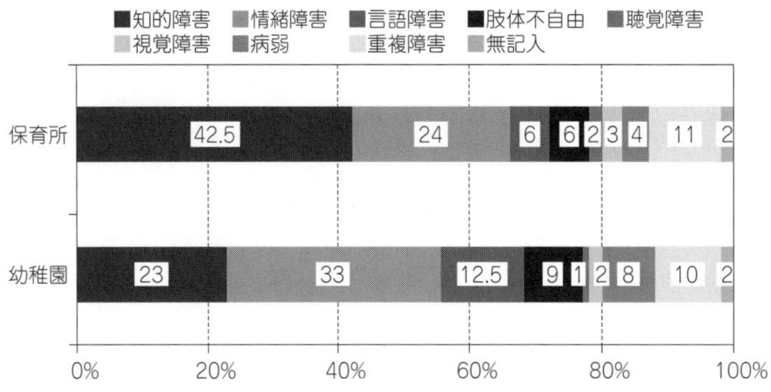

図Ⅲ-１　幼稚園・保育所に在籍する障害児の内訳

出所：猪平（2005）より作成．

▶1　知的障害者福祉法（制定：昭和35年３月31日，最終改正：平成28年６月３日）

▶2　DSM-5とは，アメリカ精神医学会が作成した「精神疾患の診断・統計マニュアル」の第５版の略称である。これらの中で，従来は「小児期に発症する障害」と呼ばれていたものが神経発達症（または神経発達障害）群と名称が変更になり，脳機能の発達の障害であることが明示された。この中には知的能力障害，コミュニケーション症，注意欠如・多動症，自閉症スペクトラム障害，限局性学習症などが含まれている。

アメリカ精神医学会 2013（日本版は2014）DSM-5 精神疾患の診断・統計マニュアル　医学書院

てそれほど遅れていなくても，社会的領域が未熟なケースがあります。中等度の障害では，各領域が年齢相応の発達よりも遅れており，支援が必要です。重度・最重度の障害の場合には，継続的な支援が必要です。

3 適応行動とは

適応行動とは，日常生活で人々がうまく生きていくために学んだ概念的スキル，社会的スキル，身辺処理や生活に必要なスキルを指します。適応行動に制約があると，日常生活に支障が生じます。その結果，自分を取り巻く環境に適応する能力が影響を受けます。アメリカ合衆国では，適応行動を調べるための尺度（Adaptive Behavior Scale：ABS）が標準化されていて，適応行動の制約の程度を得点化することができます。この適応行動尺度において(a)概念的スキル，社会的スキル，日常生活実践的スキルの少なくとも１つが平均値よりも２標準偏差下回るか，(b)３つの得点の合計が平均値よりも２標準偏差下回ることのどちらかに当てはまれば，適応行動の障害と見なされます。

AAIDDは，前身のアメリカ精神薄弱者協会（AAMD）だったころから，適応行動のレベルを評価する尺度を開発し，標準化してきました。現在，日本で標準化されているのはVineland-Ⅱ適応行動尺度ですが，インタビュー形式で実施するため，専門的な心理学の研修が必要です[6]。

ただし，幼児を対象としたいくつかの発達検査では，認知・言語能力の他に，移動運動や手指の操作，日常生活習慣などを調べることができます。そして，これらの領域ごとに発達指数を算出できるので，知的能力の遅れの他に，適応行動の遅れをある程度把握することができます[7]。

AAIDDが提示した適応行動の例には，次のようなものがあります。

・概念的スキル：受容言語と表出言語，読み書き，金銭感覚，方向感覚
・社会的スキル：対人的スキル，責任感，自尊心，規則や法を守ること，被害の回避（だまされないこと）
・日常生活のスキル：食べる，装う，移動する，排泄といった日々の生活の個人の活動，食事の支度・薬の服用・電話の使用・金銭の管理・交通機関の利用・掃除などの道具の利用，安全な環境を保つこと，職業のスキル

こうした領域と内容について，どのような支援がどの程度必要かを個別に判断して，支援のプランを立てる必要があります。従来は障害の程度を，軽度・中等度・重度・最重度と判定して，固定的にとらえていました。しかし新しい障害観（ICF）の下では，それぞれの領域について支援の必要性を評価し，支援プランを一人ひとりに応じて個別化していくのです[8]。　（小林　真）

▶3　AAIDD（編）太田俊己・金子健・原仁・湯汲英史・沼田千妤子（訳）知的障害：定義，分類および支援体系　第11版　日本発達障害福祉連盟

▶4　猪平眞理（2005）幼稚園と保育所における障害乳幼児の実態．日本保育学会第58回大会発表論文集，p.918．のデータをもとに作成。

▶5　知能検査についてはⅪ－5を参照。

▶6　Sparrow ほか（著）辻井正次・村上隆（監修）Vineland-Ⅱ適応行動尺度　日本文化科学社

▶7　発達検査についてはⅪ－6を参照。

▶8　ICFについてはⅠ－2を参照。

コラム4

医学的に見た知的障害（精神遅滞）

知的・発達障害の診断にあたって日本の医療現場でもっとも多く使用されている基準は世界保健機関WHOの「国際疾病分類（ICD）」とアメリカ精神医学会の「精神障害の診断と統計の手引き（DSM）」です。精神遅滞（mental retardation）という用語は従来，医学的な診断名として使用されていましたが，差別的な意味合いを持つとの意見からDSM-5（2013年5月改定）より知的能力障害（intellectual disability）を採用しています。「国際疾病分類（ICD）」の改訂版であるICD-11（2018年）では知的発達症（disorders of intellectual development）とされました。

❍知的障害の原因

知的障害（精神遅滞）は脳形態・機能に影響を与えるさまざまな要因が原因となります。起こった時期で分類した原因を表で示します。しかし，知的障害（精神遅滞）の原因はすべてが分かっているわけではなく，特に軽度知的障害（精神遅滞）では原因が判明するのは50％以下とされています。

❍知的障害の診断

診断は上記「国際疾病分類（ICD）」,「精神障害の診断と統計の手引き（DSM）」に基づいて行われます。DSM-5では①標準化された知能検査によって確かめられた知的機能の欠陥（おおよそIQ 70以下），②適応機能の欠陥による日常生活機能の限定，③発達期の間（おおよそ18歳未満）に生じる，という3つの基準を満たすかによって診断されます。そのため検査は知能検査（ウェクスラー式知能検査や田中ビネーなど）が中心になります。そして，新版S-M社会生活能力検査，Vineland-II適応行動尺度などで生活能力を評価します。それ以外に知的障害の原因となる疾患を診断するために血液検査や尿検査，染色体検査，画像検査（頭部CTやMRI検査）などが必要に応じて行われます。また，知的障害では10～30％にてんかんの合併が認められるため，脳波検査が行われることがあります。

❍知的障害の重症度

知的障害は重症度により軽度（IQレベル50～55からおおよそ70：知的障害の約80％），中等度（IQレベル35～40から50～55：約10％），重度（IQレベル20～25から35～40：約3～4％），最重度IQレベル20～25以下：約1～2％）に分類されます。軽度では幼小児期にはあまり問題が目立たず，高年齢になるまで知的障害の診断がなされないこともあります。学習面では支援がなければ身につけることは困難ですが，日常生活動作は自立できることが多いです。そして適切な援助があれば成人期にはいくらかの支援の下，独立して地域社会の中で生活し，就労することが可能です。中等度では学習面は一般的に小学校低学年を超えることは難しいですが，適切な指導により日常生活動作は身につけることが可能です。長期間の指導や支援が必要となることが多いですが，ある程度の仕事を行うことも可能です。重度では単純な会話によるコミュニケーションは可能となりますが，文字を読む，数の理解は困難です。日常生活でも多くの援助が必要となりますが，十分に整った環境の中での単純な作業や仕事は可能です。最重度ではコミュニケーションや運動能力の制限が大きく，日常生活のほとんどに援助が必要となります。このように程度によりある程度の見通しをたてることができるため，幼小児期には将来の状態を予想しながら教育的支援を考えていくことが重要です。

表C-4-1　知的障害の原因

1．出生前要因
染色体異常症：Down症候群，13トリソミー，18トリソミー，脆弱X症候群など
奇形症候群：Prader-Willi症候群，Williams症候群，Sotos症候群など
脳形成障害：小頭症，滑脳症，皮質形成異常など
先天代謝異常：ミトコンドリア病，フェニルケトン尿症，ガラクトース血症など
神経変性疾患：副腎白質ジストロフィー，Pelizaeus-Merzbacher病など
内分泌疾患：甲状腺機能低下症など
神経筋疾患：福山型先天性筋ジストロフィー，先天性ミオパチーなど
神経皮膚症候群：結節性硬化症，Sturfe-Weber症候群など
子宮内感染：先天性風疹症候群，サイトメガロウイルス感染症など
2．周産期要因
胎内環境異常：胎盤機能不全，早産，多胎，胎児アルコール症候群など
新生児期：低酸素性虚血性脳症，頭蓋内出血，核黄疸など
3．出生後要因
頭部外傷：脳挫傷，頭蓋内出血，脳梗塞など
感染症：急性脳症，細菌性髄膜炎，脳膿瘍など
事故：溺水，窒息，一酸化炭素中毒など
けいれん，てんかん重積など
養育，社会的要因：虐待，社会生活からの隔離，低文化的な生活など
4．原因不明

出所：河村（2016）.

知的障害の治療

治療に関しては，ごく一部（先天代謝異常の一部：フェニルケトン尿症など，甲状腺機能低下症など）を除き，知的障害そのものを改善させる根本的な治療法はまだありません。医療的には日常生活動作を獲得するための作業療法，運動発達促進のための理学療法，言語発達促進のための言語聴覚療法がリハビリテーションとして行われます。知的障害そのものに対する薬物治療の適応はありませんが，知的障害では精神障害や行動異常を伴いやすく，また環境への不適応から不登校や心身症に発展することもあるため抗精神病薬などの薬物療法が必要となることがあります。

かかわるときに重要なこと

知的障害児の対応で最も重要な点は，その児の発達段階，能力に合った日常生活訓練，教育的支援を行うことです。その児の発達段階，能力を大きく超えた課題や訓練では能力を伸ばすことができないだけでなく，課題・訓練を行うことの苦痛から不適応を起こし，逃避行動やパニック，自傷行為，攻撃的な行動といった二次障害につながる可能性があることに十分注意する必要があります。一方で障害があるからといって，周囲の人が日常生活のすべて手伝ってしまうような環境では本来持っている能力も伸ばすことができなくなります。その児の本来持っている力を十分に伸ばすために，いま行っている課題や訓練，支援などが適正で必要なものなのか，常に振り返りながら改善していく姿勢が大切と考えます。（宮　一志）

参考文献

James C. Harris. (2013) New Terminology for Mental Retardation in DSM-5 and ICD-11. Curr Opin Psychiatry.

河村由生．(2016) 小児疾患診療のための病態生理　3　改訂第5版　発達障害，心身症，精神疾患知的障害（精神遅滞）．小児内科．

Ⅲ　知的障害の特徴と保育での支援

2 知的障害児の認知の特徴

知的障害児は，抽象的な事柄を理解したり判断したりするのが苦手です。なぜこうした苦手さが生じるのか，認知面（情報処理のしかた）の特徴から考えてみましょう。

1 必要な情報に注意を向けることの困難さ

「注意」とは，ある特定のものや事柄に意識を向け，そこに焦点を当て，集中する働きのことです。認知心理学の中では，注意は受動的注意と能動的注意の２つに分けられます。受動的注意というのは，物音がしたらその方向を振り向く行為のように，外部からの刺激によって注意を向けることを指します。これに対して能動的注意とは，自分からある事物に意図的に注意を向ける行為です。特に選択的注意とは，周囲にある様々な刺激の中からある特定のものを選んで，そこに注意を焦点化する働きを指します。

私たちは日常生活において，その場に必要だと思われるものだけに注意を向けて，それ以外の情報は捨てることによって適応的な生活を営んでいます。つまり，自分の目的に応じて背景となる様々な情報の中から必要な情報だけを切り取って認識する行為です。図Ⅲ-２に示すように，意図的に集中する働きは前頭葉（特に前頭前野と呼ばれる部位）の意志の活動によっています。

ところが知的障害児は，多くの刺激に同時に注意を払うことができず，焦点を当てられる範囲が狭いのです。[◁1] したがって，焦点を当てた範囲の中に必要な情報がなければ，その刺激は認識されないことになります。画面の中に映した刺激を探す実験によれば，知的障害児は刺激を見つけ出したときに発生するはずの脳波が見られなかったり，脳波の出現が遅れたりすることが示されています。[◁2] こうした実験から，知的障害児は選択的に注意を向けることが苦手だということがわかります。

▶1　喜多尾哲（1998）知的障害児の学習過程と注意．堅田明義・梅谷忠勇（編著）知的障害児の発達と認知・行動．田研出版，pp.66-76.
▶2　尾崎久記（1998）知的障害児の注意．堅田明義・梅谷忠勇（編著）知的障害児の発達と認知・行動．田研出版，pp.3-35.

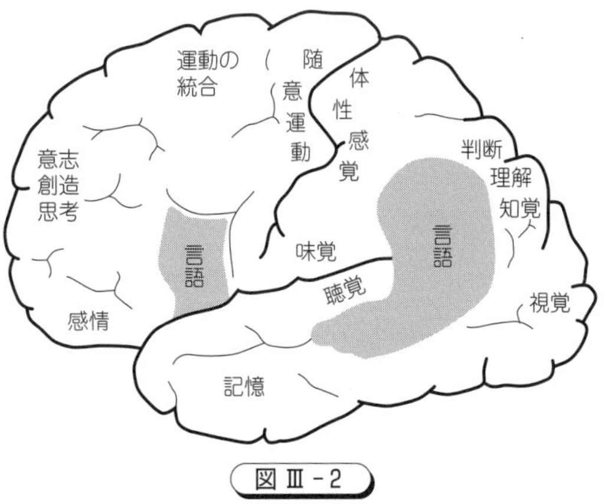

図Ⅲ-２

出所：小林繁・熊倉鴻之助・黒田洋一郎・畠中寛（1997）絵とき脳と神経の科学．オーム社より改変．

2 ワーキングメモリの容量の少なさ

私たちは，目や耳から情報が入ってきたときに，それを一時的に記憶領域に保存して，過去に記憶していた他の情報と照合しながら，意味を理解したり，判断を行います。ところが知的障害児は必要な情報にうまく焦点を当てられたとしても，その刺激に注意を向ける持続時間が短く，情報を溜めておけるメモリがあまり大きくありません。

したがって，たくさんの情報が次々に入力されると，情報が抜け落ちてしまうことがよくあります。図Ⅲ-3に示すように，情報を記憶するメカニズムは，視覚・聴覚的な情報をそのまま一時蓄えておく感覚貯蔵庫（感覚記憶），その中から必要な情報を抜き出して溜めておく短期記憶，知識となって長期間保存される長期記憶の3つに分けられます[3]。ただ最近は，情報を溜めておく短期記憶と，判断したり情報を加工するためのワーキングメモリ（作業記憶または作動記憶ともいう）は同じものだと考えられています[4]。知的障害児の場合は，このワーキングメモリの容量が少ないので，たくさんの情報を溜めておいたり，素早く判断したり情報を加工することが苦手なのだと考えられています。

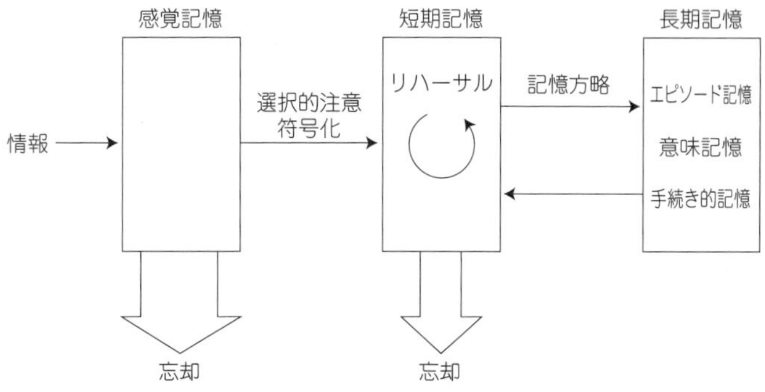

図Ⅲ-3　記憶のしくみ

出所：松村（1998）より引用.

▶3　松村多美恵（1998）知的障害児の記憶—構造・制御．堅田明義・梅谷忠勇（編著）知的障害児の発達と認知・行動．田研出版，p.77．より引用。

▶4　ワーキングメモリについては Ⅴ-3 の注3を参照。

3 意味を理解することの困難さ

たとえば私たちが「りんご」という言葉を聞いたとしましょう。私たちの脳は，耳から入ってきた音が「リ」と「ン」と「ゴ」からなることを素早く察知し，さらにそれが「リンゴ」という果物であり，色や形や味を思い浮かべたり，あるいは「秋」という季節を連想したりします。まず，耳から入ってきた音がどんな要素からなっているのかを分解して音そのものを把握します。そして，そこから「りんご」の意味を考えます。もしも目から「りんご」という文字情報が入ってきたときには，文字の形を把握して，それが「り」と「ん」と「ご」であることを把握します。多くの人は文字を分析した後で，記憶の中に貯蔵されている「り」「ん」「ご」という音と対応させます。そこから「りんご」という意味を理解するのです[5]。

ところが知的障害児の場合には，先に述べたようにワーキングメモリが小さいために，溜めておける情報量が少なく，処理のスピードも遅くなります。形態・音韻のレベルから意味処理に進めないうちに，周囲から次々と新しい情報が入力されてきます。そこで，相手の言った言葉のうち，音は把握できても意味が理解できないことがよくあります。そのため，集団に向かって言葉をかけただけでは，情報が伝わらないことがしばしば生じます。こうした認知の特徴をよく知らないと，知的障害児に余計な負荷をかけてしまったり，意味が理解できていない障害児を叱ってしまうことになります。　（小林　真）

▶5　耳から入ってきた音がどんな音であるかを認識することを音韻処理，目から入ってきた文字や絵がどのような線・色・模様からなっているかを認識することを形態処理という。さらに，音や絵の意味を理解することを意味処理という。文字を覚えたての幼児が，絵本の文字を1文字ずつ拾い読みしている場面を思い浮かべて欲しい。この段階の幼児は，形態処理と音韻処理でワーキングメモリを使いきってしまうので，一見「本を読んでいる」ように見えても，意味を理解していないことがしばしば見られる。知的障害児は，周りの子どもたちが意味処理をできるようになっても，形態処理や音韻処理から意味処理に進めないことが多い。

Ⅲ　知的障害の特徴と保育での支援

3 知的障害児の特徴を踏まえた支援
——コミュニケーションのポイント

Ⅲ－２で述べたように，知的障害児は抽象的思考や判断につまずくことがありますが，それは認知的な特性に由来しています。Ⅲ－２で述べたように，知的障害児は，必要な情報に注意を向けることが苦手で，かつ，たくさんの情報を素早く処理することが苦手です。その結果，周りの人々が発信する文字や音声の意味を正しく理解できないのです。知的障害児のもつこうした特徴を理解した上で，正しく情報が伝わるようにコミュニケーションの仕方を工夫する必要があります。

1 情報に注意を向けやすくすること

たくさんの情報に一度に注意を向けて，その中から必要な情報だけを取り込むことが苦手な知的障害に対しては，必要な情報だけをはっきりと目や耳から入力する必要があります。言葉をかけるときには，だらだらと長い話をするのではなく，要点だけを簡潔に伝えなければなりません。健常児ならば，先生の話の全体を聞きながら，必要な情報だけに注意を向けて理解してくれるかもしれません。しかし知的障害の子どもは，たくさんの情報が入ってくると，あとの方の情報は処理しきれません。言葉で指示をする際には，まず子どもが先生の方に注意を向けているかどうかを確認して，要点だけを簡潔に話すことが大切です。

また視覚的な情報を提示するときにも，たくさんの情報を同時に見せてはいけません。絵や写真を見せて説明するときには，どの部分に注目すればよいかを明示しなければなりません。必要な部分を指さしたり丸で囲んだりして，焦点を当てるべき部分をはっきりさせた方が伝わりやすいでしょう。もちろんそのときには，子どもが先生の示した情報に注目しているかどうかをきちんと確認しておく必要があります。

2 意味をわかりやすく伝えること

知的障害児とのコミュニケーションでは，なるべく意味の理解を促すような情報の提示が必要です。そこで，身振り言語（サイン言語）や，絵・マークなど（シンボル言語）を用いて，なるべく素早く意味が伝わるように心がける必要があります。サイン言語の例としては，障害児によく用いられているマカトン法[◁1]や，ベビーサイン（図Ⅲ-４）があります[◁2]。ベビーサインでは，たとえば「飲み

▷１　**マカトン法**
マカトン法とは，イギリスで1972年に聴覚障害と知的障害を併せもっている子どものために開発された，サイン言語の体系である。マカトンとは，開発に携わった３人の名前の一部をつなげたものである。一般の手話とは異なり，周りの大人が話す言葉全てを手の形や動きで表現するのではなく，言葉の中核部分だけを表現するものである。これは，手の動きが苦手な子どもでも表現しやすくするためである。詳しくは日本マカトン協会（〒176-0063　東京都練馬区東大泉7-12-16　旭出学園教育研究所内　FAX 03-3922-9781）へ問い合わせて欲しい。

▷２　**ベビーサイン**
リンダ・アクレドロ＆スーザン・グッドウィン（著）たきざわあき（編訳）(2001) ベビーサイン―まだ話せない赤ちゃんと話す方法．径書房，p.64より引用。

物」を日常の中でいつも行う動作で表現することができます。「イヌ」であれば，鳴き声と動作で表すこともできます。実は言葉を発する前の赤ちゃんや，2～3語文を話すことができない1歳児でも，こうしたサイン言語を用いることでかなり複雑なコミュニケーションができることが知られています。

図Ⅲ－4　ベビーサインの例

出所：アレクドロ＆グッドウィン（2001）.

シンボル言語の例としては，イラストや写真があります。図Ⅲ－5は，言語発達が不十分な幼児の療育場面で用いられた写真カードです[3]。また，意味を表すために作られたシンボルマークも用いられます。たとえばトイレの男女別を表すマークや，非常口を示すマークなどは，一般に使われているシンボル言語です。絵によって意味を表すこうしたマークはピクトグラムと呼ばれています。図Ⅲ－6に示したピクトグラムは，知的障害児や自閉症児のコミュニケーション指導用に開発された，専用のピクトグラムです（日本版PIC[4]）。白黒のモノトーンで書かれたシンボル言語は，写真に比べると余計な情報が省かれており，一定のルールに基づいて名詞・動詞・形容詞・副詞などが体系的に描かれています。こうしたシンボルを使い慣れると，障害の重い子どもとの間でもかなりスムーズにコミュニケーションができます。

このように動作や絵・写真・マークなどを用いて，すぐに意味が通じるような環境を整えておくと，知的障害児との意思の疎通がスムーズに進みます。最近はデジタルカメラで撮影した画像を，パソコンに取り込んで必要なサイズに加工し，こうしたカードを作れるようになりました。汚損しないようにラミネート加工すれば，かなり長い間使用することができます[5]。　（小林　真）

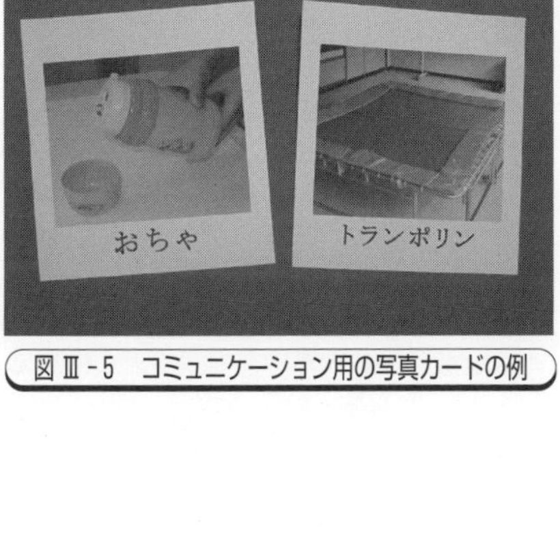

図Ⅲ－5　コミュニケーション用の写真カードの例

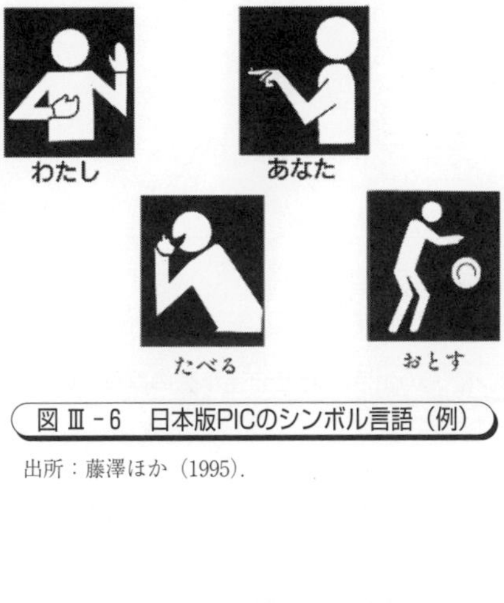

図Ⅲ－6　日本版PICのシンボル言語（例）

出所：藤澤ほか（1995）.

▶3　このカードは約7cm四方の大きさで，プレイルームの中で子どもとコミュニケーションをとるために使用した。初めに4種類ほどのカード（トランポリン，ボール，おもちゃの鍵盤楽器，ミニカー）を並べ，子どもが偶然手を触れた玩具をこちらが提示して，それで遊ぶことを繰り返した。すると子どもは「カードを取るとそのおもちゃで遊べる」というルールを理解し，自分のやりたい遊びを伝えてくるようになってきた。また，子どもが疲れたときに母親がお茶を飲ませているのを見て，「お茶」のカードも新たに作った。すると子どもは，疲れたときには自分からお茶のカードを選ぶようになった。言葉をまだ獲得していない幼児でも，見て意味がわかる情報を提示すればコミュニケーションが成立する。

▶4　藤澤和子・井上智義・清水寛之・高橋雅延（1995）視覚シンボルによるコミュニケーション―日本版PIC. ブレーン出版，実践用具（図版集）より引用。

▶5　ラミネートして保存性をよくした上で，カードの裏側にマグネットシートを貼っておくと，容易に貼ったりはがしたりできる。ホワイトボードをいくつかの区画に区切っておけば，保育者から指示を伝える場合と，子どもが要求を伝える場合を分けて貼ることが可能である。インクジェットプリンタで直接印刷できるマグネットシートもあるので，環境や子どもに応じて使いやすいカードを工夫してほしい。

Ⅲ　知的障害の特徴と保育での支援

4 ダウン症児の特徴と支援のポイント

ダウン症（Down syndrome）は，1866年に医師ダウン（Down, J. L. H.）によって報告された染色体異常による障害です。身体の各部に小奇形が生じるため，特有の顔貌と体格をしています。軽度～重度の知的障害を伴い，低身長，短い指，筋緊張の低さなどの特徴をもっています。また，心臓にも小奇形があるため，疲れやすかったり激しい運動が苦手な人もいます。感染症や種々の疾患にかかりやすいことにも留意が必要です。

1 ダウン症の原因

ダウン症の発生率は，母親の出産年齢が高くなるほど上昇することが知られています。ダウン症の原因は21番目の常染色体が３本あることに由来しています。染色体が３本あることをトリソミーというので，21-トリソミーと呼びます。ヒトの染色体は，普通は常染色体が22対，性染色体が１対の計46本あります。ところが21-トリソミーの場合には全部で47本の染色体が存在します。その他に，３本目の第21染色体が他の染色体に癒着した転座型や，トリソミーの細胞と正常な細胞が混在するモザイク型などがあります。

▶1　発達年齢については，XI－6（発達検査）を参照。

2 ダウン症児の発達の特徴

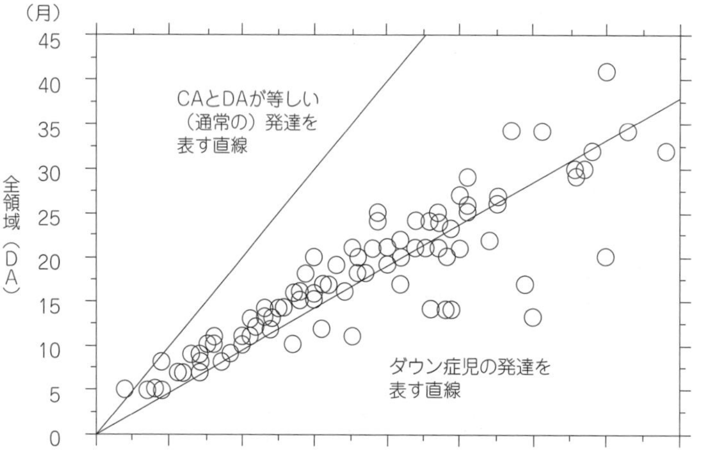

図Ⅲ－7　ダウン症児の生活年齢と発達年齢の関係

出所：三上伸・稲川典子・原由利子（1996）新盤K式発達検査に見るダウン症児の発達．日本特殊教育学会第34回大会発表論文集，p.162の図を一部改変．

図Ⅲ－7は療育機関に通うダウン症の幼児に継続的に発達検査を実施したデータです。横軸が生活年齢（CA），縦軸が総合的な発達年齢（DA）を表しています。[1] ほとんどの子どもが暦年齢の上昇と共に発達年齢が順調に伸びています。図の左側の直線は，CA＝DAを表す直線で，通常の子どもたちの発達の様子を表しています。右側の傾きの緩やかな直線がダウン症児の発達を表しています。ダウン症児は健常児に比べると発達がゆっくりではありますが，年齢と共に着実に成長していることが見てとれます。

3 ダウン症児への医学的なケア

先に述べたように，ダウン症児は染色体の異常のために，身体の様々な部分に小奇形が生じます。たとえば眼球が他の子どもよりも小さいために，一見遠視に見えますが，目に入る光の量が少ないために弱視になりやすいケースがあります。また，目のレンズに歪みが生じると乱視になってしまいます。[2] 耳に関しても同様で，軽い難聴を発症していたり，中耳炎で耳に水がたまってしまったりすることがあります（滲出性中耳炎[3]）。滲出性中耳炎になると，中耳に溜まった水のために音がよく伝わらず，放置しておくと軽い難聴の状態になります。そこで，なるべく早く専門医の下で視覚や聴覚の検査を受け，眼鏡や補聴器などを着用したり，中耳の水を抜く治療を受けたりする必要があります。

知的障害児は，もともと情報に対する選択的注意が弱く，情報処理の速度も遅いことが特徴です。[4] それに加えて，ダウン症児は弱視／乱視や難聴が重なっているケースが多く見られます。すると，目や耳から外部からの情報が正しく入ってこないために，情報を理解することがとても困難になります。眼鏡や補聴器の装着，中耳炎の治療を行うと，外部から入ってくる刺激がはっきりします。そのことによって，言語発達が促進され，落ち着きが増し，適応的な行動が増えていくのです。

▶2　釣井ひとみ・角田祥子・佐島毅（1996）発達障害児の屈折スクリーニング．日本特殊教育学会第34回大会発表論文集，170-171.

▶3　高倉めぐみ・佐島毅（1996）ティンパノメトリによる発達障害乳幼児の聴覚スクリーニングの試み．日本特殊教育学会第34回大会発表論文集，172-173

▶4　知的障害児の認知の特徴についてはⅢ－2を参照。

4 ダウン症児の保護者へのケア

ダウン症児は心臓疾患，内臓部のヘルニアなどのために，新生児や乳児の段階で手術が必要なケースも少なくありません。手術のために赤ちゃんが新生児集中治療室（NICU）に入院すると，親はとても不安になります。超低出生体重児の場合もそうですが，誕生直後に子どもがNICUに入院してしまうと，わが子との間に愛着を感じることができず，親としての人格発達がスムーズにいかない場合もあります。手術を終えたとしても，身体面での弱さを抱えているので，子どもの健康管理はとても大変です。[5]

そこで，保護者に対する支援も重要になってきます。たとえば1990年以前に生まれたダウン症児の母親と，1991年以降に生まれたダウン症児の母親を比較した調査では，1991年以降に生まれた子どもの母親の方が，ダウン症の告知を受けた際に早期療育の重要性やその効果について説明を受けていたそうです。[6] このように近年は，生後の早い段階で手術を受けたダウン症児の保護者に対して，医療機関・保健機関・児童福祉機関が連携しながら，様々な支援体制作りが試みられています。ダウン症児を育てるためには，早期の療育や健康相談など，長期にわたるサポートが必要なのです。[7]

（小林　真）

▶5　田中拡・仁尾正記・佐藤智行・大井龍司（2007）低位鎖肛・心奇形・巨大上腹壁ヘルニアを合併したダウン症候群の１例．日本小児科学会誌，**43**(3)，584.

▶6　藤永保・品川玲子・渡辺千歳・荻原美文・佐々木丈夫・堀敦（2005）ダウン症児の早期療育と母親の養育態度．発達心理学研究，**16**，81-91.

▶7　保護者への支援についてはⅩを参照。

Ⅲ　知的障害の特徴と保育での支援

5　基本的生活習慣の確立

基本的な生活習慣の確立は障害児を育てる上で不可欠です[1]。生活習慣の確立と健康管理によって，障害児の発達が促進されることもあります[2]。もちろん子どもの状態像によっては，完全な自立ではなく，いくつかの領域で一時的な支援や継続的な支援などが必要なケースもあるでしょう。しかし身の回りのことを自分で処理することは，社会参加に欠かせない適応行動です。基本的な生活習慣を身につけることによって，社会参加の程度が大きくなるからです。そして，家庭生活や保育現場で基本的生活習慣が身につくと，情緒的な安定が図られていきます。したがって，乳幼児期から基本的な生活習慣を確立することは，子どものQOL（Quality of Life）を高めるために欠かせません[3]。

▶1　基本的生活習慣については［Ⅰ-6］を参照。

▶2　堀江重信（1987）障害児の医療と療育―臨床小児科医のカルテより．青木書店．

▶3　基本的生活習慣を確立することについては［Ⅻ-1］を参照。

1　乳幼児期の生活の重要性

基本的な生活習慣を身につけることは，子どもが「自分でできた」という達成感を味わい，子どもの自尊心を成長させるために欠かせません。そのためには，たとえば睡眠の習慣や食事の習慣を「できる―できない」という2分法で評価するのではなく，一つの習慣が完成するためにはどんな小さな行動があるかを考える必要があります。健常な子どもであれば一気に身につけられるような習慣でも，知的障害児にとっては小さな階段を1段ずつ上っていかなければならない場合がたくさんあります。

このように小さな段階に分けて指導していく考え方を，スモールステップの原理といいます。そして，小さなステップが一つ達成されるたびに，ほめたりその成果を記録しておく必要があります。図Ⅲ-8は，特別支援学校の小学部で給食指導の際に用いた手順カードです[4]。そして，一つクリアするごとに日課表にシールをはったり花丸を書いたり，あるいは頑張ったことを示すカードを貯めていくなど，記録にはいろいろなやり方があります。目に見えるような記録を残していくと，子どもはステップをクリアできたかどうか自分で理解するようになります。初めのうちは，表にシール

▶4　藤原義博（監修）武藏博文・小林真（編）富山大学教育学部附属養護学校（著）（2004）個性を生かす支援ツール―知的障害のバリアフリーへの挑戦．明治図書，p.78より作成。

〈給食準備カード〉

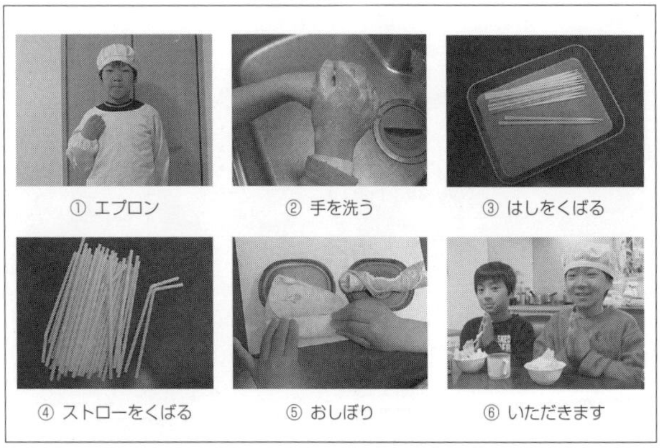

※実際には写真を1枚ずつラミネート加工しためくり式のカードにしてある。

図Ⅲ-8　手順カードの例

をはったりカードを貯めていても，あまり喜ばないかも知れません。しかし記録がたくさん貯まってくると，次第にその記録が自分の誇りになります。そして，日々の達成感を積み重ねることで，基本的な自信（自尊心）が育ってきます。[5]

2 長い目で見た支援プラン

知的障害児を保育する場合に，数日～数週間といった期間では目に見えるような変化が現れないかも知れません。少なくとも，数か月から1年くらいの期間で，保育のねらいや方法を立案する必要があります。

たとえば食事の支援を考える際に頭を悩ませるのは，偏食の問題です。知的障害児や発達障害児は，好き嫌いが激しく，苦手な食べ物はなかなか受け付けようとしません。しかし，偏食のせいで栄養のバランスが偏りがちだからといって，無理に矯正しようとすると，かえって食事の場面が嫌悪的になってしまいます。長い目で見ながら，少しずつ自分の力で食事をとったり，料理を選んで自分で盛ったりするなど，主体的に食事をとる習慣を身につけていくことが必要です。子どもが成長してから，自分の健康を管理するためにも，主体的な摂食の習慣を確立することはとても大切です。

排泄の習慣も，本人の生理的な欲求に寄り添いながら長い目で確立していく必要があります。初めから排泄を予告できる子どもはいませんから，子ども一人ひとりの排泄のタイミングを見計らって，時間を決めてトイレで排泄する習慣をつけていくことが必要です。その際に「シッコ」という言葉をかけたり，手や指で下腹部を指すサイン言語を用いたりしながら，排泄の合図を保育者に伝える習慣を形成していきます。仮に失敗したとしても，トイレに連れて行ってそこできれいに後始末をすることで，トイレに行くと気持ちがよくなるという経験をたくさん積むことが必要です。そうすることで，たとえば排泄に失敗した後でも「センセイ，シーシー」と教えたり，濡れて不快になった下着を自分で脱ごうとしたりするなど，自立に向けた動きが見られるようになります。

衣服の着脱や清潔の習慣も同様に，長い目で，少しずつ自立を促してください。特に，気温の変化に応じて服を調節し，汗をかいたら自発的に拭く，着替えるといった環境への適応能力を育てることは，幼児期にはなかなか難しいと思います。知的障害児は，必要な情報に注意を向けることが苦手なことを思い出してください。特に，気温の変化や，自分の発汗などに自分から注目することは難しいでしょう。そこで，気象や体調などを判断するためのシンボルを利用して，“今日は天気がよいから帽子をかぶろう”，“汗をかいたからよく拭いて，水（お茶）を飲もう”といった生活習慣を育てて欲しいと思います（図Ⅲ－9）。[6]　（小林　真）

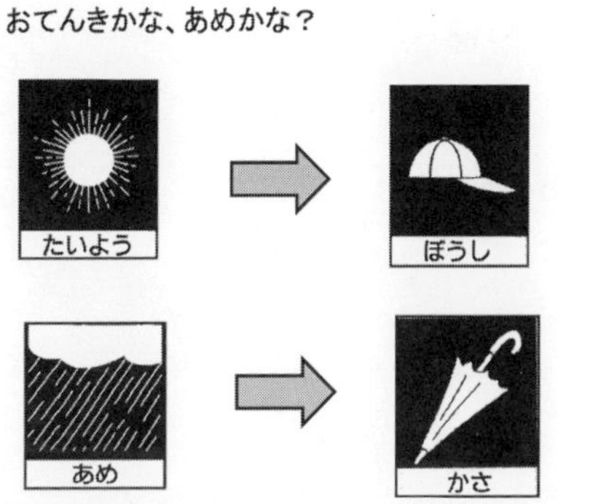

図Ⅲ－9　シンボル言語による服装・持ち物の確認（例）

出所：藤澤ほか（1995）に基づいて作成．

▶5　日課表やチャレンジカードなどを使用することになれていない子どもは，初めはシールやカードが貯まっても喜ばないかもしれない。しかし，たとえば1か月毎日頑張って20枚以上のカードが貯まるなどしてポイントがある程度の数になると，自分の努力の成果をはっきりと感じるようになる。すると，次第にシールやカードを貯めることが励みになってくる。自分には○○ができる，自分は他の人の役に立っているといった感覚が積み重なって，自尊心が形成されていく。シール等の使用法については前掲書（藤原義博（監修）「個性を生かす支援ツール」）のp.107を参照されたい。

▶6　藤澤和子ほか（1995）視覚シンボルによるコミュニケーション―日本版PIC．ブレーン出版（Ⅲ－3の注4に同じ）

Ⅲ　知的障害の特徴と保育での支援

6 保育現場における支援

知的障害児を受け入れた保育現場では，どのような支援が必要でしょうか。いくつかの幼稚園や保育園の実践を参考に，支援のあり方を考えてみましょう。

1 注意を向ける力／記憶容量の弱さへの支援

Ⅲ－２で述べたように，知的障害児は必要な情報に注意を向けることが苦手だったり，たくさんの情報を記憶することが苦手だったりします。そのため，必要な情報を簡潔に，はっきりと伝えていくことが必要です。先生の言葉かけは短く，必要な事柄を順序よく伝えるようにしてください。

軽い知的障害のあるＡ君は，大学の相談機関に定期的に通っていました。Ａ君はたくさんの情報の中から必要な情報を見つけ出すことが苦手です。横断歩道を渡るときに，「信号はいま何色？」とＡ君に尋ねました。Ａ君は「あお」と答えました。しかし目の前の信号は赤です。Ａ君は自分の正面にある歩行者用の信号ではなく，交差する道路の信号機を見ていたのです。Ａ君は「青は進め，黄色は注意，赤は止まれ」という知識はもっています。しかし見るべき信号を間違えれば，交通事故に遭ってしまいます。交差点にはたくさんの信号機があります。たくさんある信号機の中で，どこに注目すればよいかがＡ君にはわからなかったのです。こうした実態を受けて，療育機関の指導員は交差点の模型をつくり，ミニカーと人形を使ってどの信号を見ればよいかを子どもと一緒に考える機会をもちました（図Ⅲ-10）[1]。このように，大人が当然できるはずと思っていることが，知的障害のある幼児には理解できない場合が多いのです。

▶1　Ａ君の指導の経過については，小林真（1993）軽度精神遅滞児に対する交通安全の指導―コーチングによる道路横断スキルの形成．日本行動療法学会第19回大会発表論文集，116-117．で報告した。

2 意味理解を促すための支援

Ａ君の話を続けます。知的障害の特徴として，Ａ君も言語の意味を理解するのが苦手でした。４歳児クラスのある日，園外保育に行くときに保育士さんが交通安全についての注意をしました。「道路を渡るときは，右を見て，左を見て，もう１回右を見て，手をあげて渡りましょう」と説明したあと，子どもたちにも「道路を渡るときは…」と復唱させました。Ａ君も正しく復唱することができました。ところがＡ君は，実際に道を渡るときに歩道の端で止まらずに，そのまま道路に降りてしまいました。そばにいた先生があわててＡ君を止めました。先生の「道路

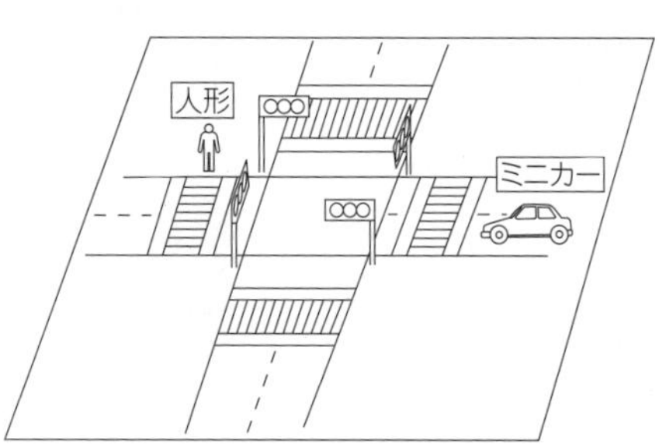

図Ⅲ-10　指導に用いた交差点の模型

を渡るときは…」という言葉は，具体的に何を指していたのでしょうか。A君には「道路を渡るとき＝歩道の端で止まって待っているとき」という暗黙の前提が伝わっていなかったのです。

そこで療育機関の指導員は，実際に子どもと道路を歩きながら歩道の端の縁石を指さして「ここで止まるんだよ」と教えました。先生の指示を子どもたちが正しく復唱できても，その意味が正確に子どもに伝わっているとは限りません。知的障害のある子どもに対しては，もっと詳しく，具体的な指示が必要なのです。それも，実際に体験しながらその場で一つひとつ指導する必要があります。

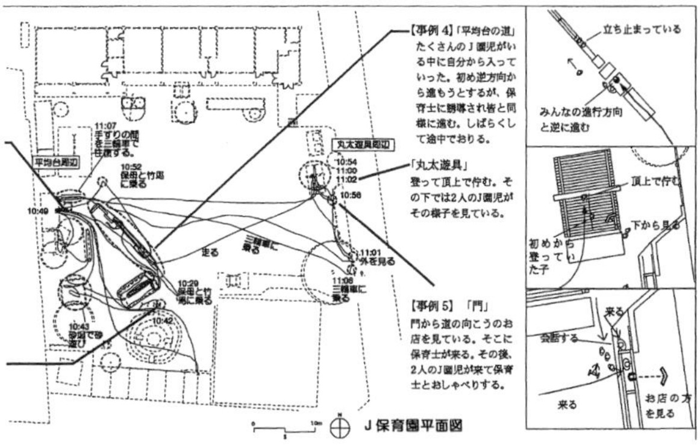

図Ⅲ-11　交流先の保育園の平面図

出所：岩下（2001）より.

3 他児とのかかわりを保障する支援

知的障害児は，人とかかわる力や振り遊び・ごっこ遊びなどの想像的な遊びのレベルなどによって，他の子どもとのかかわり方が異なります。統合保育では，知的障害児が他の子どもとかかわれる機会を保障する必要があります。

ある療育機関では，通園している子どもを午前中に他の保育園に連れて行き，交流保育を続けています。そこで，園庭のどのような場面で障害児と健常児が出会うのかを観察しました。[2] 知的障害児と健常児の出会いが生じる場面にはいくつかのパターンがあります。たとえばブランコやすべり台では，順番を待つだけで他の遊びへは発展しないようでした。一度に参加できる人数が限られており，活動が限定されている固定遊具では，自発的な交流をもつことは難しいようです。

しかし図Ⅲ-11に示すように，園庭の平均台周辺では障害児と健常児の交流が生まれました。初めに障害児が逆方向から進もうとしたので，他の子どもたちが驚きました。保育士が対象児を誘導してみんなの列の中に入れた際に，健常児との間で身体接触や会話が生じました。たくさんの子どもが同時に遊ぶことができ，子どもたちで作ったルールが存在する遊び場面では，子ども同士の接触の機会が生まれます。そして，子どもの遊び方に合わせて一緒にルールを話し合ったり，知的障害児の思いを保育者が他の子どもに伝えることを続けていくと，子ども同士のかかわりの機会が保障されます。

また，室内のままごとコーナーや積木のコーナー，屋外では砂場などのように，制作遊びとごっこ遊びが同時に展開できる場は，知的障害児と他児の交流を保障するのによい場面です。

（小林　真）

▶2　岩下将務（2001）遊び環境における障害児と健常児が居合わす場面の考察．日本建築学会計画系論文集，**540**，119-124.

Ⅲ　知的障害の特徴と保育での支援

7 個別配慮や小集団を利用した発達支援
——遊びを通して

幼稚園や保育所に在籍しているのは，主に軽度から中度の知的障害児でしょう。また，知的に境界級の子どもたちもかなりいると思われます。こうした子どもへの発達支援では，運動発達・認知／言語発達・社会性の発達をバランスよく取り入れる必要があります。また，市町村の保健福祉センターや児童発達支援センターの通園部門デイケアプログラムで行う小集団の療育場面でも，全般的な発達支援が行われます。そのために，様々な遊び活動が重要視されています。ただ，大人から見れば発達支援のプログラムであったとしても，子どもが楽しんで主体的に活動に取り組まなければ，保育や療育は長続きしません。子どもの興味・関心や，発達のレベルに合わせて遊びのメニューを考え，運動遊びやごっこ遊びの体験メニューを用意することが大切です。

1 身体づくり・動きづくりの遊び

粗大運動が苦手な知的障害児は，体を動かして基本的な動作のパターンを身につける必要があります。それは身辺処理や，危険を回避する能力の向上につながっていきます。しかし子どもは，単純で苦痛を伴うような機能訓練には参加したがりません。やはり楽しく遊びながら，身体機能を育てていく必要があります。先生が楽しそうにお手本（モデル）になって動物や乗り物を表現したり，音楽やリズムに合わせて跳んだり転がったりするなど，楽しみながら体の動きを作っていくことが大切です（図Ⅲ-12）[1]。動物や乗り物になったつもりで体を動かすという行為は，想像的な活動（表象的思考）を育てることにもつながります。ですから，身体づくり・動きづくりでありながら，知的能力を育てる活動にもなっているのです。

▷１　白石豊・広瀬仁美（2003）どの子ものびる運動神経（幼児編）—幼児期の運動100選．かもがわ出版，p.27.

2 知的能力とコミュニケーションを育てるごっこ遊び

ある療育機関で５歳の知的障害児とごっこ遊びをした事例が報告されています。その事例では，療育担当の保育者が段ボールで作ったレジ機・おもちゃのお金・各種の商品・レジ袋・買い物カゴなどを用意して，お店屋さん（スーパー）ごっこをしました[2]。

▷２　宮崎眞・岡田佳世美・水村和子（1996）ごっこ遊び場面における重度精神遅滞児のコミュニケーション行動の指導—同じテーマの遊びへの般化の検討．特殊教育学研究，33，79-85.

初めのうちは，買い物ごっこというストーリーが理解できなかったために，対象児はレジ機をいじったり，品物を袋に入れるなどの単純な行動しかしませんでした。そこで保育者がお客さん役になって，「レジを通してください」「○

○を袋に入れてください」「いくらですか？」などと質問をして，店員役の人がとるべき行動を暗に伝えながら遊びました。次に，店員とお客を交代して遊びました。

さらに買った品物でままごと（たとえばカレー作り）の遊びに発展させました。保育者は「ご飯を作ろう」と声をかけて，「タマネギ切って」「これを洗って」などと調理の過程を一緒に楽しみました。こうした一連の遊びを数回にわたって続けるうちに，1語文だった子どもの発話が2～3語文に変わってきました。また大人のセリフにはなかった言葉も聞かれるようになりました。子どもはストーリーや状況設定を自分なりに考え，役割を演じたり会話をすることを楽しむように変わっていったのです。

図Ⅲ-12　運動遊び

なぜこのような変化が見られたのでしょうか。ごっこ遊びというのは，目の前にない事柄を思い浮かべて，想像の世界を楽しむ活動です。つまり，ごっこ遊びを楽しむために必要な，表象的な思考力が育ったと考えられます。[3]

たとえば「ご飯を作ろう」と声をかけたときには，調理行為はまだ始まっていません。ですから，これからするはずの調理を想像して，使う材料や手順を思い浮かべなければ遊べません。料理ができあがって「ご飯できたよ」「おいしかったね」などの会話をするときには，すでに終わってしまった行為を思い起こして，その内容について言葉で表現します。つまり，ごっこの最中は視覚＋動作イメージという表象を用いて遊んでいますが，調理の前後で会話をするときには，言語という抽象度がより高い表象を用いて考えていたのです。

このように，ごっこ遊びを通じて会話を楽しむということは，コミュニケーションの練習であり，かつ表象的な思考の練習でもあるのです。ですから，様々なごっこ遊びを子どもと一緒に行い，そこで会話を楽しむことは，知的能力と社会性（対人スキル）を育てるためにとてもよい活動だといえます。

保育場面や療育場面で，特に大きなトラブルを起こさない知的障害児は，ついつい放っておかれることがあります。しかし子どものちょっとした行動を見逃さず，保育者が子どもに寄り添ってイメージを共有したりそれを言語化するすることで，考える力を育てることができます。そして，そのイメージを他の子どもたちと共有することで，一緒にごっこ遊びを展開することが望ましいのです。ごっこ遊びの展開ができるようになれば，保育や療育の場面が大切な発達支援の場になるでしょう。　（小林　真）

▶3　表象とは，「目の前にない事物を思い浮かべる」行為のことである。頭の中に浮かんだ映像的なイメージは，動作や言葉によって表現することができる。言葉が使えるようになると，先生や友だちに自分の考えていることを伝えることが容易になる。したがって，映像や動作による表象よりも，言語という表象の方が使い勝手がよいといえる。子どもの言語能力が発達するにつれ，考える手段と伝える手段として言語を活用するようになっていく。

参考文献

長崎勤・佐竹真次・宮崎眞・関戸英紀（1998）個別教育計画のためのスクリプトによるコミュニケーション指導—障害児との豊かな関わりづくりを目指して．川島書店．

Ⅳ　自閉症スペクトラム障害の特徴と保育での支援

1 自閉症スペクトラム障害のとらえ方

1 自閉症スペクトラム障害（Autism Spectrum Disorder, ASD）とは

自閉症スペクトラム障害は，対人関係や会話等の社会的コミュニケーションでの困難を特徴とします。さらに，常同的反復的な言動や行動パターン，限定し固執した興味，感覚過敏や過度な緊張等により生活での問題が生じる障害です。

自閉症状は発達の早期から現れます。症状の程度が軽く，生活での困難が目立たない子から，知的障害や言語発達の遅れが併存し，多様な症状がみられ，生活の多くの場面で特別な支援を要する子まで様々です。

また，こうした症状は生活環境の影響を受けます。対人関係や会話等の社会的コミュニケーションは周囲との関係で成立するので，活動参加の仕方や属する集団の対応によって違いが生じます。

児童・思春期以降，家庭や学校等で不適応を繰り返し，心理的精神的な二次障害を引き起こすことがあります。引きこもりや不登校，不安，抑うつ症状等がひどくなり，本来の障害よりも大きな問題となってしまうのです。

2 自閉症スペクトラム障害に共通する特徴

DSM-5[◁1]の「自閉症スペクトラム障害」の診断基準をもとに，共通する特徴を表Ⅳ-１にまとめます。

社会的コミュニケーションでの持続的な障害では，人とかかわる上での多様な問題が指摘されます。自らかかわりを持つことが少なく，かかわりを持って

▶１　DSM-5：精神疾患の診断・統計マニュアル（Diagnostic and Statistical Manual of Mental Disorders, DSM）の第５版。アメリカ精神医学会が定めた精神疾患を診断する際の指針。2013年に第５版が公刊された。日本精神神経学会より日本語訳がでている。

表Ⅳ-１　自閉症スペクトラム障害に共通する特徴

社会的コミュニケーションおよび対人的相互交流の持続的な障害
１）対人的・情緒的な相互関係の障害
２）対人的交流での非言語的コミュニケーション行動の障害
３）年齢相応の仲間関係を発展させ，維持し，理解することの障害
限定された反復的な様式での行動，興味および活動（以下の２つ以上の特徴を示す）
１）常同的で反復的な運動動作や物の使用，話し方（オウム返し，独特の言い回し）
２）同一性への固執，習慣への頑ななこだわり，儀式的な言語・非言語的行動パターン
３）強い執着や没頭を伴う通常でない極めて限定的で固定化された興味
４）感覚刺激への過敏あるいは鈍感。環境の感覚的側面への通常でない関心
・症状の重症度を特定する。知的障害や言語発達の遅れが併存するかによっても異なる。 ・症状は発達早期から現れる。後になって明らかになる場合もある。 ・症状は社会生活や就業を含む日常生活の機能を制限し損なうものである。

出典：日本精神神経学会（監修），高橋三郎・大野裕（監訳）（2014）DSM-5精神疾患の診断・統計マニュアル．医学書院．

も一方的であり，感情を共有する，会話を交わす等の相互性に欠けます。人とかかわるために視線や表情，身振り，声の抑揚等の非言語的表現を効果的に使えません。友だちと一緒に遊ぶ，ごっこ遊びのような想像性のある活動は苦手です。相手の反応を予想してやりとりを続けることも難しいです。

限定された反復的な様式での行動，興味および活動では，行動，言葉，興味，感覚にわたる広い範囲での異質性が指摘されます。体を揺らしたり，手をひらひらしたり，物を巧みに動かしたりします。オウム返し（エコラリア[2]）やその子を知る人にしかわからない独特の言い回しを使います。一般的に遊びに使わない物を，普通ではない遊び方で，長時間にわたり没頭します。決まった場所やルートで決まった手順で行うことを強く求めます。限られた話題について事細かく膨大な情報を収集したりします。特定の音や感触を拒絶する，物の匂いを嗅ぐ，光や回転する物に熱中する等の感じ方の違いを見せます。

こうした特徴の程度（重症度）を評価することが大切です。日常生活でどの程度の困難さがあるのか，支援を必要とするのかということです。知的障害や言語発達の遅れを伴うかによっても，支援の程度や仕方が変わってきます。

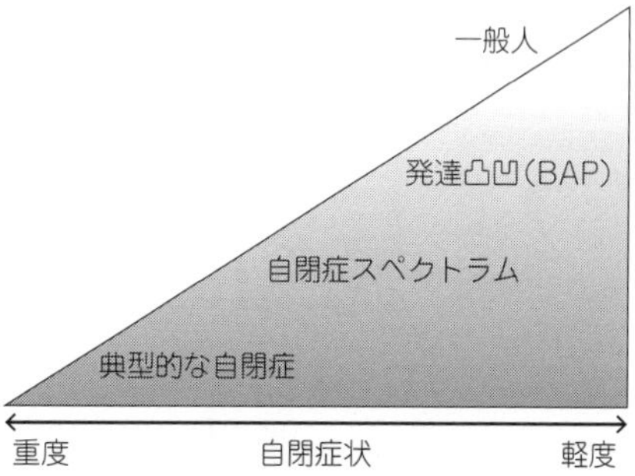

図Ⅳ－1　自閉症スペクトラム障害

出典：杉山登志郎（2011）発達障害のいま．講談社現代新書．

3　自閉症スペクトラム障害に至るまでの経緯

アメリカの精神科医カナー（Kanner, L.）が1943年に症例報告して以来，自閉症のとらえ方は様々な変遷を経てきました。イギリスの精神科医ウイング（Wing, L.）は1981年に，カナーの症例の条件を満たしませんが，社会性や対人関係に困難を示す子どもをアスペルガー症候群[3]として紹介しました。

こうして，自閉症は，単一の疾患ではなく，いくつかの類型・サブカテゴリーがあると考えられるようになりました。DSM-5の前身であるDSM-Ⅳ-TR（2000）では，自閉性障害（カナー型自閉症），レット障害，小児期崩壊性障害，アスペルガー症候群等を合わせて，広汎性発達障害（Pervasive Developmental Disorders，PDD）と総称しました。

しかし近年の研究では，類型の間の違いが明確でないこと，むしろ，いずれの類型にもはっきりと属さない人が多数いることがわかってきました。そこで，DSM-5（2013）及びICD-11（2022[4]）では，類型・カテゴリー的な視点から，連続体・スペクトラムという考え方への転換が図られたのです（図Ⅳ－1）。スペクトラムとは連続して変わっていくという意味です。自閉症状が明確で重症な人から，症状が部分的に見られる人，発達に凸凹が見られる人まで，その特徴と程度に様々な違いがあるととらえるのです。　（武藏博文）

▶2　エコラリア：言われたことをその場で復唱する「即時性エコラリア」と，後になって繰り返す「遅延性エコラリア」がある。遅延性では，テレビのコマーシャル，アニメやゲームのセリフ等のこともある。

▶3　アスペルガー症候群：オーストリアの小児科医アスペルガー（Asperger, H.）が1944年に，知的障害や言語障害がないのに，コミュニケーションや興味に特異性をもつ症例を報告した。後に，ウイング（Wing, L.）が，その論文を再発表し，それ以来，広く知られるようになった。

▶4　ICD-11：国際疾病分類（International Statistical Classification of Diseases and Related Health Problems）の第11版。世界保健機関（WHO）が作成している疾病に関する国際的な分類基準。第11版は，2019年5月に世界保健機関の総会で承認され，2022年1月に発効した。

参考文献

高橋三郎（監訳）（2016）DSM-5セレクションズ神経発達症群．医学書院．

日本自閉症スペクトラム学会（編）（2012）自閉症スペクトラム辞典．教育出版．

杉山登志郎（2011）発達障害のいま．講談社現代新書．

Ⅳ　自閉症スペクトラム障害の特徴と保育での支援

2 自閉症スペクトラム障害児の認知の特徴

1 認知発達での質的な偏り

○視覚的パターンで物事をとらえる力

自閉症児は，外界から得た情報の活用に不一致を示すことがあります[1]。とくに，目から得た情報と耳から得た情報に大きな違いが生じます。両方の情報を同時に使う場面，たとえば，話し手の目線や表情を追いながら，話しを聞きとる等で苦労したりします。

また，相手の話しの中から，必要な情報をうまく聞き取って理解することが苦手であったりします。言葉で繰り返し説明されるほど，わからなくなり混乱を起こすことがしばしばあります。

その一方で，視覚的パターンとして物事をとらえる傾向がみられます。物事を絵や映像としてとらえたり，色や形のパターン，文字や数字の配列として覚えたりして再現するのです。聞いた言葉を，頭の中で文字列に置き換えて，理解している場合もあります[2]。

○細部に対するすぐれた注意力

自閉症児は，物事の一部分だけに注意を向けがちです。ある部分だけに注意が過剰に集中[3]して，そこに長く固着してしまい，注意を他に移したり，全体にまんべんなく注意を向けたりすることに困難があります。これをシングルフォーカスといいます。

そのため，毎日の生活で，見通しを持って行動することにつまずきます。指示されたことはできますが，1つのことに留まって切り替えられずに，次にすることを見失ない，進めないでいることがあります[4]。

全体よりも部分を切り離してとらえることが強みといえます。物の物理的な特徴，色彩，形体，材質，音感等の違いを認識することにすぐれていたりします。細部や部分，細かな事実の集まりとして，物事を理解しているのです。

○情報を統合して認識する力の弱さ

自閉症児は成長しても，周りの出来事や人同士の関係を推測して意味づけたり，人の話や文章の内容を理解して判断したりすることが難しいです。イギリスの発達心理学者フリス（Frith, U.）は，得られた情報を統合して，文脈や全体像を把握するのに，かなりの時間を要し，しかも不均衡があるとして，自閉症児の認知の特徴は，求心性統合（central coherence[5]）の弱さにあると指摘しまし

▶1　クロスモーダル障害：異なる感覚領域（たとえば，視覚や聴覚，触覚等）から得た情報をうまく統合して利用することに特有の困難を示す。

▶2　目で考える：高機能自閉症者グランディン（Gradin, T.）は，「絵にして考える」「相手の言葉が文になって見える」というように，視覚が優先し，言葉は第2言語と述べている。参照：グランディン，T.（著）カニングハム久子（訳）（1997）自閉症の才能開発―自閉症と天才をつなぐ環．学習研究社．

▶3　過集中：ある固執している事柄に高い集中力を発揮する。時間や場所，相手にかまわず，熱中し続け，他のことに切り替えることが困難である。過集中の後に，何事にも集中できない虚脱感を示し，これらを繰り返すことが多い。

▶4　実行機能障害：自分の活動をうまくコントロールできない。活動とは，「注意」と「思考」をもとに「行動」することをいう。必要に応じて注意を切り替えて，計画を立てて実行に移すことに困難がある。

▶5　求心性統合：人に備わる基本的な認知機能の一つ。時間や物事に関係や関連を見いだして，一つの意味のある全体・まとまりとしてとらえようとする。

た。

世の中が様々な出来事であふれて，脈絡もなく移っていくようにみえ，全体のつながりや関連がつかめずに混乱します。普通なら誰も気にしない些細な違いが気になって，違っていることに困惑します。環境をわかりやすく整えて，不要な刺激を少なくする工夫が大切です。

2 言語発達・理解と自己コントロールでのつまずき

❍言語発達の遅れと代替コミュニケーション

自閉症児の中には，知的障害や言語発達の遅れを伴い，話し言葉が乏しく，自分から話しだすことがほとんどない子がいます。自分の思いや感情，欲求を伝えるのに，かんしゃくを起こしたり，自傷や乱暴な行為におよんだりすることがあります。言葉で話す代わりに，問題を起こすことで，周りの注意を引いて，自分の要求を通そうとするのです。

言葉によるコミュニケーションが難しければ，ジェスチャーやサイン，絵カードやVOCA[6]等の代替手段，パソコンによる文字入力といった，言葉に代わり，その子が利用可能なコミュニケーション方法を工夫して習得を促します。その子が伝えたいこと，要求したいこと，動機づけを高めることを探ることも大切です。

❍言語的知識・記憶と理解のずれ・話の通じにくさ

自閉症児の中には，言語的な知識に秀で，様々なことを暗唱し，大人のような言葉づかいをする子がいます。尋問するかのように質問攻めにして，他の人の言うことが正確でないと，いちいちそれを指摘したりします。

その一方で，会話の際に，話し手の表情や声の調子等の変化で，言葉の意味することが変わるのに気づけません[7]。前提となる文脈や社会的な立場により，相手の話すことが変わることがわかりません。ジョークや皮肉，暗示的表現やたとえ話が通じずに，真に受けます。そのため，空気が読めない子，融通の利かない子とみられてしまいます。

❍自己コントロール能力の弱さ

幼児後期となり内言語[8]が芽生えてくると，集団や社会の規範を学びつつ，自分で自分の行動をコントロールするようになります。自閉症児は，こうした点でも偏りや弱さを示します。

自分独自の考えや判断で行動し，それが周囲と異なっているという意識が希薄です。自分のしたことを適切に自己評価して，自分に合った目標を考えたり，うまく行うためにやり方を工夫したりすることに失敗します。また，自分の考えや判断をまとめて決めきれずに，周りの言動に左右され，言われるがままに行動してしまう子もいます。

（武藏博文）

▶6　VOCA：音声出力会話補助具（Voice Output Communication Aid）。いくつかあるボタンから選んで押すと，あらかじめ吹き込んでおいた音声が出力されるもの。

▶7　言外の意味，会話の含み：表面的に交わされる言葉とは異なる意図が潜んでいる。語用論では，言葉の意味は，言葉本来の意味に加えて，コミュニケーションの状況やコンテクスト（文脈，脈絡）により決まる。

▶8　内言語：考え事や黙読しているとき，声に出さずに，心の中で用いられる言葉。言語発達と関係し，幼児前期には内言語が芽ばえる。幼児後期になると，声に出さずに考えたり，自分の行動を抑制したりするのに用いるようになる。

参考文献

グランディン，T.，パネク，R.（著），中尾ゆかり（訳）（2014）自閉症の脳を読み解く．NHK出版．

フリス，U.（著），神尾陽子・華園　力（訳）（2012）ウタ・フリスの自閉症入門．中央法規出版．

バロン＝コーエン，S.（著），水野薫・鳥居深雪・岡田智（訳）（2011）自閉症スペクトラム入門．中央法規出版．

Ⅳ　自閉症スペクトラム障害の特徴と保育での支援

3 自閉症スペクトラム障害児の社会性や行動の特徴

1 人としての基本的なつながりの危うさ

○感覚刺激に対する異常な感じ方

自閉症児は，予測できない物音や特定の音を極度に嫌がったり，光の変化や回転する物に強く引きつけられたりします。肌に触れる物，食べるものに過剰に反応し，頑固に拒否したりします。匂いの記憶が鮮明で，物や人の匂いをかぐことに夢中になったりします。

周りにとって何でもない感覚刺激に，苛立ちや不安を感じて，耳をふさいで閉じこもったり，その場から逃げ出したりします。その一方で，無関心で，全く感じていないかのように振る舞うこともあります[1]。感覚刺激への異常の程度が，自閉症児が情緒的安定を保って生活することに大きく影響します。

▶1　感覚調節の異常：音，触感，視覚，匂いや痛み等の一つまたは複数の感覚刺激において，通常よりはるかに強烈（敏感）に，または微弱（鈍感）に知覚される。

○共同注意の欠如と視点取得の失敗

外界を探索するときに，指さしや視線を向ける等の非言語的表現により，乳幼児と親・養育者が互いの注意を共有することを共同注意（ジョイント・アテンション，joint attention）といいます。それにより，喜び等の感情や外界の情報を相手と活発にやりとりし合います。自閉症児の多くは，こうした共同注意を自ら始めることがなく，繰り返し行うこともありません。安定した関係の中で，周囲の出来事を理解する仕方を学ぶ，最初の段階でつまずきます。

保育等で集団活動に参加し出すと，自分と他児との違いに気づき，他者の立場からどのように見えるかを想像するようになります。これを視点取得（perspective taking）といいます。その時々に変化する相手の様子を読み取って，相手の感情や意図を理解していくのです。自閉症児は他者の感情体験に気づいて，それに反応したり，より公正な見方，他者や仲間の立場から物事をとらえたりすることがなかなか育ちません。

2 相手の行動・感情の理解と対応での特有さ

○心の理論の未成熟

成長して大きくなっても，身近な相手がどのような思考・信念，欲求や嗜好，意図をもって行動するのかをうまく推測することができません。イギリスの発達心理学者バロン＝コーエン（Baron-Cohen, S.）らは「誤った信念」課題[2]という心理学の実験をいくつも考案し，自閉症児は「心の理論（theory of mind）」[3]の獲

▶2　「誤った信念」課題：4～10歳ぐらいまでの子どもを対象に，イラストや人形を使って行う。自分は知っているが，それを知らない他者はどう行動するのかを問う。サリーとアン課題，スマーティ課題，ジョンとメリー課題等がある。コラム5参照。

▶3　心の理論：心の理論については，コラム5参照。

得に問題があると考えました。健常な4歳児，ダウン症児が相手の行動を予測できるのに，自閉症児は自分中心の判断で行動し，適切といえない理由づけをして，それを当然のことと思っているのです。

❍感情的交流・共感性[4]の不全

こうしたつまずきは，周囲との感情的交流でも生じます。自閉症児は，他の人の感情に対して関心が低く，気づこうとしません。相手が感情をあらわにすると，困惑・混乱して極度の苦痛に感じることもあります。また，喜びや信頼，心配，驚き等の対人的な感情表現があって当然という場面で，それに乏しいです。感情の表現がごくわずかで，的確さに欠けるために，相手に誤解を与えます。逆に，相手の些細なことにストレスをため，苛立ちを感じ激情して，感情を爆発させることがあります。

▶4　共感性：相手の感情や気持ちを理解する，それに対して適切な感情をもって反応を示す。

3　限定された反復的な様式での行動，興味および活動

❍常同的で反復的な行動，一部に熱中・没頭した行動

全身を揺らす，手や指先を奇妙に動かす等の反復運動，頭をたたく，手を噛む，飛び跳ねる等の自己刺激行動・自傷行為を繰り返したりします。成長するにつれて，回数や時間，強さが増し，生活に支障をきたすこともあります。また，生活で使う物やおもちゃの一部分だけに注意を向けて，熱中した行動を示します（目の前でひもをくるくるひねる，おもちゃの一部だけをぐるぐる回す等）。興奮した状態となり，自分の世界に没入してしまいます。

❍興味・社会的関心[5]の異質性

通常の子が興味を抱く物とは異なった対象を強迫的に集めたりします（たとえば，団子虫のような昆虫，ドングリの殻斗，電球・点灯管，古新聞紙・雑誌，シャンプーの容器等）。通常の遊び方や程度を超えて没頭します（ビデオの同じ部分を繰り返し見る，おもちゃをすべて一列に並べる等）。特定の話題について膨大な情報（カレンダーの曜日，電車の時刻表，電化製品の型番，プロ野球の勝敗等）を暗記し，一方的に「講義」して繰り返し質問することがあります。

こうした独特の興味・関心が集団での保育や教育に際して大きな妨げとなることがあります。自分が興味・関心のないことには反応せず，学ぼうとしません。関心事以外のことを強いられると，苦痛に感じて拒絶したりします。

❍生活習慣での頑ななこだわりと儀式的行動[6]

自閉症児は，毎日の生活で場所やルート，日課や手順，周りの人の行為にまでこだわりを示すことがあります。変化に抵抗して，かんしゃくを起こします。周りの人にも手順を守るように強要し，何度もやり直しを求めます。

相手の何でもない行動の違いに苦痛を感じ，その後のかかわりを拒否することがあります。ちょっとした日課や場所の変更に不安を高め，その後に不安が生じた活動や場所を拒んだりします。

（武藏博文）

▶5　社会的関心：通常，同じぐらいの年齢の子どもであれば，同様に興味や関心を抱く事柄。

▶6　儀式的行動：本来の活動を行う前に，その活動とは何ら関係がないが，一定の手順に従った一連の行動を必ず行う。

参考文献

栢植雅義（監修），藤野博（著）（2016）発達障害のある子の社会性とコミュニケーションの支援．金子書房．

東田直樹（2014）跳びはねる思考：会話のできない自閉症の僕が考えていること．イースト・プレス．

アトウッド，T.（著），内山登紀夫・八木由里子（訳）（2012）アトウッド博士の自閉症スペクトラム障害の子どもの理解と支援．明石書店．

Ⅳ　自閉症スペクトラム障害の特徴と保育での支援

4 自閉症スペクトラム障害児と二次障害

1 なぜ二次障害を被るのか

自閉症スペクトラム障害であるとわかっていても，子どもが起こしている行動が，その障害から生じていると理解されにくいのです。甘やかしによる不適切な養育や，本人のやる気のなさととらえられてしまうことがあります。[1]

自閉症状が軽くても，学校園での集団活動に馴染むのは難しいことです。小さい頃から，仲間に入れない疎外体験や，集団活動での混乱や不安をくりかえして，孤立感を強くし，自尊感情を低くします。

こうした不理解や困難に加えて，大人からの叱責，周囲からのいじめ，生活や学習での思いもしない失敗経験等が重なって，二次障害のきっかけとなります。さらにそれが事態をますます悪くして悪循環を起こしていくのです。

2 幼児期から児童前期：教室での問題，チック，自傷，身体症状，生活習慣

幼児期から児童前期は，自閉症状に起因する問題への対応が中心となり，二次障害については見過ごされがちです。学校園での集団活動そのものに，かなりのストレスを抱え，参加するために多大なエネルギーを使い，へとへとになっていることがあります。離席，飛び出し，泣き叫び，物投げ，けんか等の教室での問題行動は，二次障害のサインとしても，注意が必要です。

強いまばたきや頭を振る等のチック症状，それが運動性チックと音声チックを伴ったトゥーレット症[2]に発展する場合があります。抜毛[3]，指噛み，頭叩き等の自傷的な行為，痛みや吐き気・下痢等の自覚的身体症状[4]が生じることもあります。偏食や食べ吐き，トイレ拒否，昼夜逆転，夜間徘徊，夜驚・悪夢等の生活習慣にかかわる問題として現れることも多いです。

3 児童後期から思春期：孤立，引きこもり，うつ，反抗，自殺念慮

第二次性徴をむかえて，精神面で安定を欠く時期です。学校等での対人関係が固定し，対人的トラブル，いじめ，孤立が繰り返されやすいです。人を避けて，引きこもりや不登校となることもあります。家庭や学校での不適応状態が強まるに従い，気分を下げすぎて，抑うつ症状[5]を示すことがあります。

大人に対して反抗的な態度が強まる場合があります。他人に絶えず文句をつけ，暴言を吐いて，たたく・蹴る等の暴力行為におよぶのです。さらに，侮辱さ

▶1　目の前で起きる行動からの誤解：たとえば，「パニックを起こしていたのに，終わった途端にケロッとしているのはどういうことだ。」「大人びてもっともらしく話すのだから，普通にすることぐらいできるはずだ。」

▶2　トゥーレット症：運動性チックに加え，音声チックが1年以上続く。チックとは体の一部が不随意に動くこと。緊張すると起こりやすい。音声チックは，咳払いや大声，暴言汚言のようにエスカレートすることがある。

▶3　抜毛：正常な毛を引き抜くことを繰り返し，頭部に脱毛斑が現れる。本人が自覚せずに，無意識のうちに抜いていることもある。円形脱毛症と思っていたら，実は抜毛であったというケースも多い。

▶4　身体表現性障害：痛みや吐き気等の自覚的な身体症状があり，日常生活や学校生活への参加等を妨げられる。それを説明するような身体疾患等は認められない。心理的精神的要因によるとされる。

▶5　自閉症スペクトラムとうつ症状： 感覚過敏や気分の変調をおこし，その様子がうつ症状に似て見える場合もある。自閉症スペクトラムに起因する問題か，二次障害としてうつ病性障害かの鑑別診断が重要である。

れた，不当な扱いを受けたと不平を訴え続けます。[6]

自殺念慮[7]が芽生える場合もあります。死や自殺について語ったり，リストカット等を繰り返すケースもあります。

4 青年期：落ち着きを取り戻せるか？

早期から治療や相談を継続し，その時々に合った支援を得ることにより，問題を乗り越えて，落ち着きを取り戻すことが多いです。しかしながら，就労や社会生活で失敗を繰り返すと，再び，二次障害が助長されます。[8]周囲から孤立した引きこもり生活，様々な不適応行動と関係する強迫症状，破壊行為等を伴った暴力的興奮，確固とした自分がないために解離性障害や自我同一性障害，さらには反社会的行動や犯罪行為におよぶこともあります。

5 二次障害に対応するには

多くの二次障害は，小学校中高学年ぐらいから深刻化します。実際は，幼児期の頃から始まり，長く積み重なってきたものと考えるべきです。

休養することが大事です。場合によっては，学校や家庭の環境を変えることが必要です。「みんなと一緒にいさせたい」「本人も一緒にいたいと言っている」といったことが，対応を遅らせることになります。

精神的な症状には，薬物療法[9]が効果をあげる場合が多いです。発達障害について相談や治療のできる専門の医療機関にかかることです。保護者と一緒に，子育てや保育の際のアドバイスを得る目的でまず受診をしてみましょう。

行動的な問題には，叱ったり，怒こったりする，その場限りの対応では効果がありません。行動の機能的アセスメントにより仮説を立て，支援目標を明確にした上で，計画的に支援を実行するアプローチ[10]が必要です。

具体的には，まずストレスや不安という心理的な面へ対応します。本人がどんなときにストレスや不安を感じるのかを知り，本人がリラックスできる方法をみつけて練習するようにさせます。不安を起こす場面・予期する場面で，リラックス反応を使って，ストレスや不安が低減することを実感させます。[11]

次に，問題行動の代わりとなる，より望ましい対処の仕方を本人と考えます。たとえば，相手の注意をうまく引く方法，困ったときに助けを求める方法，自分の思いをうまく伝える方法等です。

問題行動を起こさずに，代わりとなる望ましい行動がうまく行えるように練習します。適応的な行動が行いやすいように環境を整えたり，きっかけとなる手がかりを用意したり，行動の結果として，実際に望ましい結果が得られることを体験させます。こうした練習や体験を重ねることで，問題への対処を学んでいきます。

（武藏博文）

▶6　反抗挑戦的な言動：自閉症スペクトラム障害の本来の症状ではないが，負の経験と障害の特性から，反抗的言動が強まることがある。「悪意」「故意」に行っている意識は低い。

▶7　自殺念慮・行為：思春期の頃から，自殺行為や未遂を起こすケースがあり，強い手段（首つり，薬大量服用，飛び降り，飛び込み等）で実行にいたることがある。

▶8　就労及び生活支援：障害のある人が，能力と適性に応じた職を得て，地域で自立した生活を送ることができるように，地域ごとに就業・生活の支援事業がなされている。

▶9　薬物療法：コラム7 参照

▶10　応用行動分析アプローチ：Ⅶ－5 参照

▶11　ストレス・不安と問題行動への対応：ストレスや不安に拮抗するリラックスや自己主張による対応と，問題行動の修正および適応行動の形成と定着を並行して進めることが必要である。

参考文献

栃植雅義（監修），小野昌彦（著）（2017）発達障害のある子／ない子の学校適応・不登校対応．金子書房．

宮尾益知（監修），谷和樹（編）（2014）医師と教師が発達障害の子どもたちを変化させた．学芸みらい社．

グレイ，C.（著），服巻智子（訳）（2008）発達障害といじめ“いじめに立ち向かう”10の解決策．クリエイツかもがわ．

Ⅳ　自閉症スペクトラム障害の特徴と保育での支援

5 自閉症スペクトラム障害児の特徴を踏まえた支援のポイント

1 支援の考え方：生活する力のパワーアップ

支援の目的は，子どもが毎日を前向きに生活することです。皆と同じようにして，逸脱せずに一緒にいれば，よいわけではありません。

子どものもつ力を十分に発揮することを目指します。子どものできることを伸ばし，自分からすすんで取り組むようにさせましょう。できないことは，子どもの強みを生かしつつ，周囲の支援や援助手段を用いて補います。できないことばかりを求めると，意欲の低下や劣等感を強めてしまいます。

2 支援の仕組み：皆で取り組む支援

家庭，学校園，地域で共通した支援の仕組みをもつことが大切です。そうすることで，子どもが力を発揮しやすくなるからです。

そのために，子どもの特性や好みを理解して，必要な支援をしてくれる個別の支援者を確保します。生活するのに助けとなり，自ら行う力を高める援助手段・支援ツール[1]を準備します。それにより，本人にとって，支援を受けやすい社会環境を実現していきます。

3 支援の方法：自閉症スペクトラム障害の特性をふまえた支援

❍意欲を高めるための認めて褒める仕組み

自閉症児は，気分を乱しやすく，物事を達成した意識に乏しく，習熟するのに十分なだけ認められることも少ないです。まず，認めて褒められる仕組みをつくることが大切です。

(a)子どものできること・できそうなことから，目標を定めます。(b)子どもが行えたら認めて褒めることに加えて，本人にわかる形で記録に残します。(c)行うごとに記録をつけて貯めます。(d)貯まった記録を見返して，子どもの頑張りを繰り返し褒めます。(e)多くの人に褒めてもらいましょう[2]。

図Ⅳ-２に示した「チャレンジ日記」は，子どもが家庭や学校園で取り組んだことに，シールを貼って記録をし，褒め合ったものです。

褒められたことを，次のチャレンジにつなげて，好循環をつくりましょう。日記を振り返り，自分を見直すことで，自己コントロール力を育てます。

▶１　援助手段・支援ツールの利点：子どもの長所を生かして，自ら行える力を高められる。「○○という手段を△△に使えば，わかります」という具合に，多くの人に支援に参加してもらえる。子どもとのつながりを実感できる。

▶２　トークン・システム：トークンとはごほうび（強化刺激）と交換できる代わりの物。目標とする行動（生活での課題，お手伝い，運動等）をすると，その場でトークン（シールやスタンプ等）が当たる。その後に子ども本来のごほうび(バックアップ強化刺激)に交換するというやり方。社会的な強化の機会が増える。子どもが自ら行う意欲を高める。

▶３　自助具：生活の中で助けとなり，子どもが自分で扱うことのできる補助具。たとえば，我々でも，目や耳が遠ければ，めがねや補聴器を使うように，子どもの日常生活，運動，遊び，

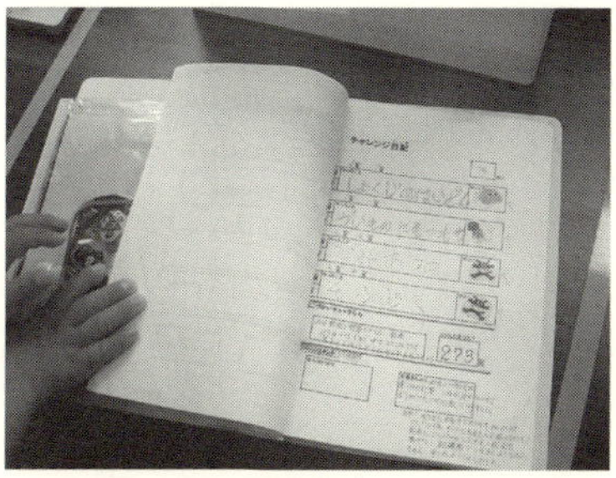

図Ⅳ－2　チャレンジ日記

図Ⅳ－3　フープとびなわ

❍効率的に行うための自助具[3]の工夫

自閉症児は，関心のないことは不得手で，決めた手順でしか行えないことが多いです。自分で様々に使いこなせる自助具を工夫することが大切です。

自助具は，(a)行動の手順や動作を単純で簡単にするもの，(b)子どもが見てわかり，手に持って使いやすいもの，(c)目的とする行動を行いやすく，動きやすくするものです。人とのやりとりや，時間感覚，場所の移動に役立てることもできます。子どもが自ら使えるように，段階的な援助[4]をしていきます。

図Ⅳ－3に示した「フープとびなわ」は，フープの回旋とその場跳びの関係がわかりやすく，なわとび運動を体得するのに役立ちます。

行動をスムーズに効率よく行うことを身につけましょう。1つの自助具をいろいろに活用して，状況に応じて対応することの構えを育てます。

❍見通しをもって行うための視覚支援

自閉症児は，目からの情報に強いですが，時間の見通し，出来事を把握するのが苦手で，相手とのやりとりも続きません。そこで，課題分析[5]を行い，視覚的な優位を生かし，自分で手がかりを確かめながら行うことを支援します。

手がかりは，(a)日課や活動スケジュールの見通しをよくして，(b)物事の手順・順序や加減を視覚的に説明するものです。(c)いつでも見て確認できるようにし，(d)困ったときは，見直して，行うことを再確認します。手がかりには，実物，絵や写真，記号や文字等の子どもがわかるものを使います。

図Ⅳ－4に示した「日課スケジュール表」は，ポイントと順序を絵入りで示し，生活に見通しをもつことに役立ちます。

子どもが自ら確かめて，理解の未熟や偏りを修正する習慣をつけましょう。手がかりを参照して，手順だけでなく，社会的な常識，相手の考え，物事の意味等を理解する力も向上させます。

紹介した支援法のいくつかを組み合わせてトータルな支援を，支援者同士が協同して行うことが大切です。手がかりを参照し，自助具を操作して，認め合う関係を深めていくということです。

（武藏博文）

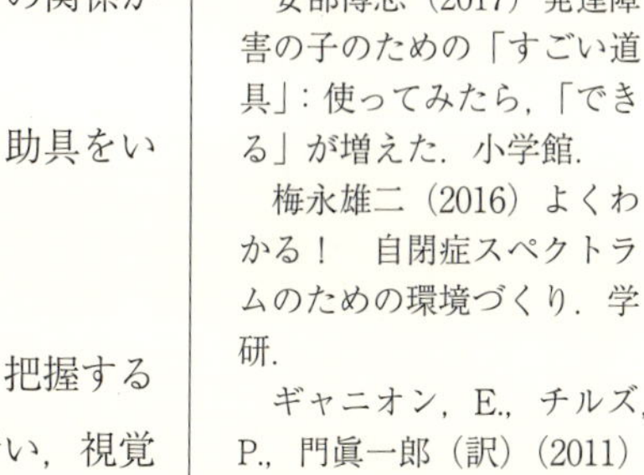

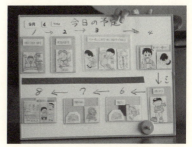

図Ⅳ－4　日課スケジュール表

学習等で補助となる道具。

▶4　段階的な援助：子どもが自助具を使いこなし，行動を続けていくために，順序立てて援助をしていくことが大切である。a）言葉による指示やヒント。b）身振りや指さしなどのジェスチャー。c）支援者，同年齢の子あるいはビデオ等による見本の提示。d）支援者が子どもの体に手を添えて行う身体的ガイダンス。

▶5　課題分析：課題をやさしく単純な単位にして，行う順に従って整理すること。子どもにあった手がかりを作成するための方法。手順のどの部分でつまずいていて，手直しすればよいかがわかる。

参考文献

安部博志（2017）発達障害の子のための「すごい道具」：使ってみたら，「できる」が増えた．小学館．

梅永雄二（2016）よくわかる！　自閉症スペクトラムのための環境づくり．学研．

ギャニオン，E.，チルズ，P.，門眞一郎（訳）（2011）パワーカード　アスペルガー症候群や自閉症の子どもの意欲を高める視覚的支援法．明石書店．

武藏博文・高畑庄蔵（2006）発達障害のある子とお母さん・先生のための思いっきり支援ツール．エンパワメント研究所．

Ⅳ　自閉症スペクトラム障害の特徴と保育での支援

6 保育現場における支援

1 言葉かけしても聞いてくれないＡくん
──スケジュール・手順表とチャレンジ日記の導入

自閉症児には，大人の言葉を聞かずに，指示しても注意しても，避けて逃げてしまう子がいます。園での生活の流れに従わず，自分勝手な行動に没頭します。そのため，どうにも手に負えないと思われがちです。

Ａ君は登園してくると，ホールの時計，廊下の掲示を見て回り，職員室へ入り込み，新聞紙のチラシを散らかします。保育者は，いつも後を追いかけ回す毎日でした。

そこで，教室の隅に机を置いて，図Ⅳ-5のようなホワイトボードに朝の予定を貼って示すようにしました。登園したら，そのコーナーへ連れて行き，ボードを示して指示をします。Ａ君は文字や数字に関心があったので，このスケジュール表には，すぐに慣れた様子でした。

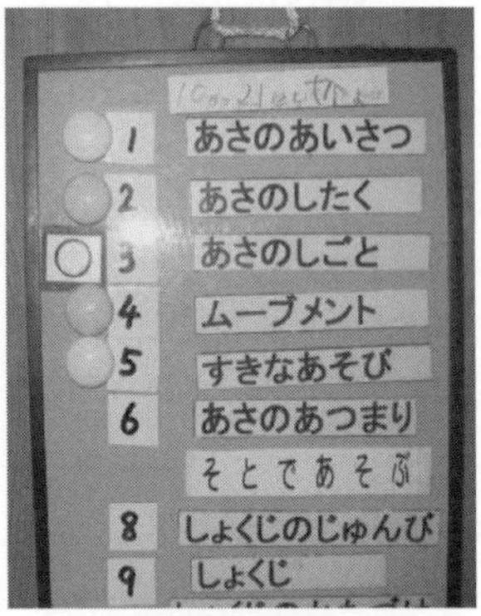

図Ⅳ-5

文字や数字が読めるからといって，書いてあることを行えるわけではありません。ボードで内容を確認したら，保育者と一緒に行うようにしました。途中で逸れそうになったら，ボードのところまで連れて行き，「いまは○○よ」と再度，確認しました。言葉だけで言うよりも，納得できるようでした。

「あさのしたく」は，荷物をしまったりかけたり，いくつものことをします。そこで，スケジュール表に加えて，この部分だけ，図Ⅳ-6のような手順表を作り，一つ終わるごとに「おわり」を貼るように促しました。繰り返すうちに，終わったら貼ることがわかり，自分から進んで行うようになりました。

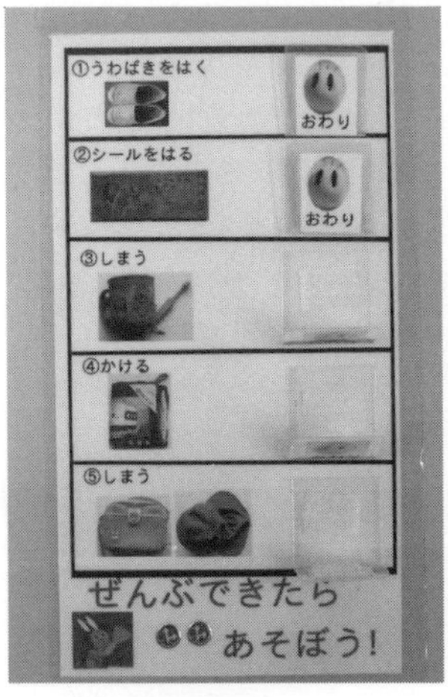

図Ⅳ-6

図Ⅳ-7

活動に参加できたら，褒めるようにしていましたが，言葉では伝わっていない感じでした。そこで，図Ⅳ-7のようなチャレンジ日記にも取り組むことにしました。Ａ君は字が書けないので，保育者や保護者が記録を書いて，Ａ君に示します。励ましのコメントも書きます。最初は，ほとんど興味を示さなかったのですが，園や家庭で褒められるうちに，日記が貯まっていくのを楽しみにする様子が見られました。

2 自分勝手に思いこんでトラブルを起こすBさん
――コミック会話[1]と選択ボードによる支援

自閉症児には，話ができても一方的なかかわりであったり，自分の思いを通そうとしてトラブルばかり，という積極型の子もいます。

Bさんは，遊び時間に，相手のことはお構いなしに追いかけ回し，自分勝手な遊びを始めて，引き戻されてはかんしゃくを起こしていました。

そこで，図Ⅳ－8のように，相手の気持ちや言葉を絵に描いて説明し，そのときの話し方を提案して，保育者と一緒に相手の園児に話すようにしました。図Ⅳ－9のように，今できる遊びから選んで，保育者に許可を求め，OKをもらってから遊ぶことにしました。

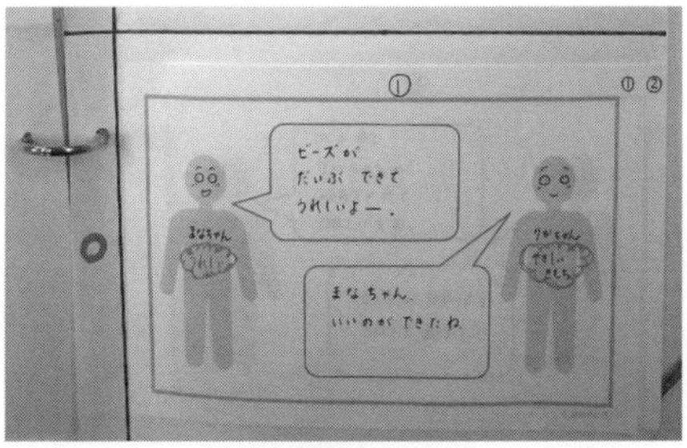

図Ⅳ－8

図Ⅳ－9

3 突然に大声を出して暴れ出すCくん
――感情のコントロールを高める指導

自閉症児は，感覚や知覚が乱れやすく，活動の途中で興奮しだし，感情を爆発させることがあります。自分の感情の状態にも気づけないようです。

Cくんは，自閉症スペクトラム障害という診断を受けていますが，普段はおとなしく，目立たない子です。設定保育で，周囲の子どもたちの話し声や歌声，活動中の物音（たとえば，CDラジカセの音楽，机やいすを動かす音）が苦手です。

そこで，図Ⅳ－10のような気分の段階表を使う練習をしました。周りで友だちの声がしても，「たのしい」「ふつう」を指すこともありました。園庭の遊具が風でゆれる音が「うるさい，耳がいたい」と感じることもわかりました。周囲の物音が気になりだしたら，自分でどのくらいかを指し示し，イヤーマフ[2]を使ったり，休憩したいと助けを求めたりするようにさせました。

（武藏博文）

図Ⅳ－10

▷1　コミック会話：Ⅻ－8参照。

▷2　イヤーマフ：本来は，工事現場や空港などで騒音を遮断するために使うもの。周囲の物音，子どもの高い声などをカットするが，近くの人の声は聞こえるようにできている。一般的なヘッドホン形のほか，子ども用もある。

参考文献

井上雅彦，小笠原恵，平澤紀子（2013）８つの視点でうまくいく！発達障害のある子のABAケーススタディ：アセスメントからアプローチへつなぐコツ．中央法規出版．

平澤紀子（2010）応用行動分析学から学ぶ：子ども観察力＆支援力養成ガイド．学研．

梅永雄二，井上雅彦（編著），武藏博文，渡部匡隆，坂井聡，服巻繁（2010）自閉症支援の最前線：さまざまなアプローチ．エンパワメント研究所．

ケーゲル，L. K.，ラゼブニック，C.（著）中野良顯（監修），八坂ありさ（訳）（2005）自閉症を克服する：行動分析で子どもの人生が変わる．NHK出版．

Ⅳ　自閉症スペクトラム障害の特徴と保育での支援

7 個別配慮や小集団を利用した保育

1 保育現場での個別配慮

自閉症児が起こしそうな困難に対し，前もって対処の方法を考えて，保育者の間で備えておきます。大きな問題になる前に，予防的な対応を行っていくのがポイントです。

❍変化や変更に備える

日課に見通しがもてるようにします。変化に備える第一歩です。いつ，どこで，誰と，何を使って，どのように行うのかをはっきりさせます。言葉だけでなく，絵や写真，文字等を使って，スケジュール表や手順表に示します。

日課の変更は最小限に，段階を追って進めます。スケジュール表や手順表で，どこが変わったのかを示します。ささいな変更も前もって伝えて納得させます。期待されること，取り組むべき課題をわかるようにし，初めての人や場所，活動，未知の物事への不安は前もって慣らして和らげておきます。

❍人とのかかわりを促して練習する

友だちとのかかわりを仲介し，かかわるように繰り返し励まします。あいさつ，相手の注意の引き方，相手への応じ方等を教えて，いろいろな場面で練習します。相手を侮辱したり，困らせたり，無遠慮であったら，よくない点を説明して納得させ，どのように行動したらよいのかを練習します。当たり前の決まりやルールも，教えられてはじめて，判断力が向上します。

❍集中力の不足を補って，課題に取り組む力を育てる

教室内の物の配置や区画等を工夫します。床や机に印をつけ，行う場所をはっきりさせます。注意が逸れるものが目につかないようにします。

課題は小分けにして与えます。進み具合をチェックし，達成の程度をフィードバックして，その後にどのようにするのかを方向づけします。視覚的な説明を補足し，手がかりを工夫して，課題を見ればわかるように構成します。時間を決め，時間内に終えたことを褒めます。課題は，確実に終えられて，子どもが結果にたどりつけるようにします。満足感が得られるものにし，不安を起こさないように注意します。

❍感情を爆発させないで済む方法を練習する

共感的で寛容な態度で，感情的な言い方をしないで接します。子どもが理解でき，頑張れる範囲で取り組む課題や時間を考えます。指導をする人とは別に，

子どもを理解するサポーター役をおくのも一つの方法です。

子どもが感情を爆発させないで済む方法を，子ども本人と一緒に，あるいは支援者同士で知恵を出し合って考えましょう。その方法を，普段から約束して，練習しておきます。

2 小集団を利用した保育

自閉症児をメンバーに加えた小集団での活動を，複数の保育者で協同して行います。小集団活動を通じ，生活や学習に適応する子どもの行動を育てます。

活動内容には，遊具を使ったり音楽に合わせてのリトミック運動，色紙，粘土，積木，絵具等を使った図画工作，朝の会のような集まり活動，おやつづくり，屋外で動植物に触れる自然体験等，様々なものを取り入れます。

❍活動に従事することを積極的に励ます

子どもが行うように活動の様子を例示し，大人が手をかけなくても，参加できるように手がかりを配置します。活動から逸れないように，ちょっとした参加でも認めて褒めます。リードをとる保育者の指示に従うこと，集団での活動に参加することで，子どもに好ましい結果が得られるようにします。

❍問題を起こす前に，子どもから修正させる

子どもが誤りや逸脱を起こしそうなときは，「どうしたの？」とシグナルを送り，適切な行動が何かを示し，気づいて直すようにし向けます。そして，どのような結果になるかを見届けます。誤りを正すときは，てきぱきと，子どもの誤りや逸脱への注意を最小限にして行います。

集団の中で，ひどい混乱やパニックを起こさないように気をつけます。その場を離れて，気分を転換する方法をあらかじめ決めておきます。子どもががまんしきれなくなったら，意思表示をさせてから，離れて休息を取らせます。

❍グループの決まりやルールに従う行動をつくる

活動の中で期待されている行動を思い出すように促します。不要な待ち時間がないように気をつけて，行う活動ははっきりとさせます。

決まりやルールに従う行動を常に強調します。子どもたちに対して，よい行動とそうではない行動，それぞれの結果がわかるように教えます。認めて褒められる機会，逆に誤りや規則違反の結果が，いつでもすべての子どもたちに共通であることを強調します。

❍小集団以外での活動を計画して実行する

毎日の生活の様々な場面で，どのような行動が期待されているかを教えます。園での実際の保育場面を想定し，そこでの活動に参加するための行動を小集団の中で練習して，実際の場面で実行する計画をたてます。子どもが実行する過程を常にフォローします。特に最初は，失敗やつまずきを起こさないように注意します。

（武藏博文）

参考文献

藤原義博，武藏博文（監修），香川大学教育学部附属特別支援学校（著）(2016) 特別支援教育のための分かって動けて学び合う授業デザイン．ジアース教育新社.

小笠原　恵（2016）発達が気になる子のやる気を引きだす指導法：応用行動分析（ABA）にもとづく適応行動の身につけ方．中央法規出版.

つみきの会（編），藤坂龍司，松井絵理子（2015）イラストでわかる ABA 実践マニュアル：発達障害の子のやる気を引き出す行動療法．合同出版.

リッチマン，S.（著），井上雅彦，奥田健次（監訳），テーラー幸恵（訳）(2015) 自閉症スペクトラムへの ABA 入門：親と教師のためのガイド．東京書籍.

コラム5

心の理論（theory of mind）の発達と幼児期における支援

1　心の理論とは

心の理論とは，「いろいろな心の状態を区別したり，心の働きや性質を理解したりする知識や認知的な枠組み」のことをさします。日頃，私たちは「あの人はきっとこう思っているはずだ」，「もし自分があの人だったら…」などと相手の心を読んで行動したり，相手の立場になって考えたりしながら生活をしています。しかし，そうはいっても他者の心はもちろん目で見て分かるものではないため，他者の心を理解する時，その人が置かれている状況や行動を見て，その人の心を推測するしか方法はありません。また，他者の心を理解するためには，①心には，思う・考える・信じるなどの様々な働き（心的機能）があること，②一人ひとりに心が1つあること，③自分の心の働きと他者の心の働きは違っていること，という３つの点を正しく理解できていなければなりません。これらの理解ができるようになるのは，だいたい４歳ごろといわれており，その時にはじめて「心の理論を獲得した」とみなします。

心の理論についてはこれまで数多くの研究がされてきました。代表的な研究は，プレマックとウッドラフ（Premack & Woodruff）のチンパンジーの知性に関する研究です[◁1]。この研究によれば，自己および他者の目的・意図・知識・信念・思考・疑念・推測・ふり・好みなどの内容が理解できた時，その動物または人間は「心の理論」をもつと考えられます。この研究の結果から，チンパンジーも実験者の心の動きを推測できることが明らかになりました。

2　心の理論課題

心の理論を獲得しているかどうかは，「誤信念課題」と呼ばれる特定のテスト課題によってある程度評価することができます。誤信念課題にはいくつか種類がありますが，ここでは，バロン-コーエン（Baron-Cohen, S.）らが考案した「サリーアン課題[◁2]」について紹介します。図C－5－1は，日本語版のサリーアン課題です。サリーとアンというのは物語の登場人物で，ここではいずみさんとひかるさんに変えられています。「いずみさんは人形をかごにしまってから外に出かけました。いずみさんが出かけている間に，ひかるさんが人形をかごから箱に移してしまいました。そこに帰ってきたいずみさんは人形がどこにあると思いますか？」を尋ねる問題です。この課題では，自分は正解を知っているけれど，相手は知らないという条件下で，他者の考えを正しく推測できるかどうかの能力を調べています。４歳ごろになると，「人（ここではいずみさん）が現実とは異なる誤った信念をもつ場合があり，それに基づいて行動する」ということを理解できるようになります[◁3]。

3　幼児期と心の理論

子どもが幼稚園・保育園に通うようになると，養育者だけではなく，仲間や保育者とかかわることが増え，それによって子どもの他者理解が促されるため[◁3]，園での保育者のかかわりが子どもの他者理解を促す上で重要な意味をもつと考えられます。また，これまでの研究では，心の理論が発達している子どもほど，感情理解も発達している傾向にあることが確認されています[◁4]。では，保育者は，子どもの心の理論の発達や他者理解の発達を支えるために，子どもに対してどのようなかかわりやサポートをおこなえばいいのでしょうか。これについて，たとえば，年少児クラスで，おもちゃの取り合いのケンカが起こった場面を想定して考えてみましょう。このようなケンカは，まだ心の理論を獲得していない（相手の立場にたって物事を考えることができない）けれど，意図の言及（「～したい」「～するつもりだ」）ができる子ども同士の間で，自分と相手の考えや意図がずれることがきっかけでよく起こります。このような時，保育者は気持ちを代弁して相手の子どもに伝えたり，「Aちゃんはすぐに積み木で遊びたかったんだね。けどBちゃんは，ずっと積み木の順番待ちをしていたんだって。」などと，自分の意図と相手の意図が必ずしも一致しないことを丁寧に伝えたりしていくことが大切です。また，たとえば，その時の状況を表すイラストを見せながら，「もしAちゃんがこの絵のように，お友だちに『あっちいけ！』って言われたらどんな気持ちになるかな？」と，保育者が相手の子どもの気持ちや置かれている状況について子どもに説明することなども，子どもの他者理解を促す上で重要なかかわりだといえるでしょう。

（成田　泉）

1　いずみさんがお人形であそんだ後，それをかごにの中へしまって部屋を出ました。

2　いずみさんがいない間に，ひかるさんがやってきて，かごからお人形を出して遊びました。

3　ひかるさんはお人形であそんだ後，それをはこの中にしまって出ていきました。

4　いずみさんが，もう一度お人形であそぼうと思ってやってきました。
「いずみさんは，お人形がどこにあると思っていますか」

図C－5－1　サリーとアンの課題

▶1　Premack, D. & Woodruff, G. (1978) Does the chimpanzee have a theory of mind? *The Behavioral and Brain Science*, 1, 515-526.

▶2　Wellman, H. M., Cross, D., & Watson, J. (2001) Meta-analysis of theory-of-mind Development：The truth about false belief. *Child Development*, 72, 655-684.

▶3　平林秀美（2015）心の理論の発達と他者の感情理解：養育者，仲間，保育者とのかかわりから（特集 他者のこころの理解と発達）．発達，36(144)，21-26.

▶4　森野美央（2005）幼児期における心の理論発達の個人差，感情理解発達の個人差，及び仲間との相互作用の関連．発達心理学研究，16(1)，36-45.

コラム6

偏食とその支援

1　自閉症スペクトラム障害の子どもにみられる感覚過敏

ある特定の音を嫌がって耳を塞いだり，特定の服ばかりを着たがったり，爪切りや耳かきを嫌がったり…。自閉症スペクトラム障害の特徴の1つとして，音，光，匂い，味，皮膚感覚などの刺激をとても強く感じてしまう症状，すなわち，感覚に対する過敏さ（感覚過敏）があげられます。感覚過敏とは，上述したような特定の刺激を過剰に受け取ってしまう状態のことをさします。一方，感覚過敏とは反対に，刺激に対しての反応が低くなる状態のことは感覚鈍麻といわれています（例えば，転んでけがをしても痛みに気が付かない）。感覚過敏や感覚鈍麻は，その程度にもよりますが，日常生活に大きな支障をきたすこともあります。感覚過敏や感覚鈍麻の原因については，はっきりとは分かっていませんが，中枢神経系における感覚情報処理の問題によるのではないかと考えられています。このような感覚の異常は，見た目では分かりにくく，周囲にはなかなか理解されにくいものであるため，周囲の人からは「好き嫌いが激しい」「わがまま」と捉えられてしまうことも少なくありません。

2　偏食について

感覚過敏の中でもとりわけ味や匂いに対する過敏さが要因となることで「偏食」となる子どもがいます。偏食の要因には，上述したような味や匂いに対する感覚過敏の他にも，「黒いものがダメ」などの特有のこだわり，「形が変わると同じものと認識できない」といった認知の問題，咀嚼・嚥下の問題など，様々な要因が複雑に関与しているといわれています。[1] また，食べ物そのものではなく「フォークやスプーン，食器の感覚が嫌」というように，食器が口に触れる感覚を苦手とする子どももいるため，[2] 子どもによって偏食の要因やその状態は様々です。幼児期の自閉症スペクトラム障害の幼児をもつ母親を対象とした調査によると，半数以上の母親が子どもの食べ方に何らかの問題を抱えていると言われるように，[3] 偏食を含めた食事についての困難さは，母親にとってとても大きな負担となっていると考えられます。

偏食は文字通り「食事の偏り」のことを言いますが，偏食による栄養面の偏りから，体調不良や病気に罹患した子どもに関する報告（自閉症スペクトラム障害の男児が2歳から8歳まで，白米とイオン飲料しか摂取しなかったことから，ヨード欠乏性甲状腺機能低下症をきたした事例[4]など）もあり，偏食はその子どもの健康状態に影響を与える場合もあります。偏食による体調不良や病気への罹患を防ぐためにも，偏食のある子どもに対して，幼児期は特に，家庭や幼稚園，保育所における適切な指導や支援が求められます。

3　偏食に対する支援

では，偏食のある子どもに対して，支援者にはどのような支援が求められるのでしょうか。先述のように，偏食には様々な要因が考えられるため，まずは，「その子どもの偏食の要因となっているものは何か」を検討した上で，その子どもにあった支援を考える必要があります。偏食のある子どもの中には，「白ごはんなら食べられるけれど，ふりかけがかかっているごはんは食べられない」「野菜一つひとつは好きだけれど，野菜炒めは食べられない」というように，味が混ざることが苦手な子どももいます。そのような子どもへの支援として，食べ物の味が混ざらないような工夫があげられます。たとえば，おかずの味が混ざらないように，仕切りのあるお皿を使ってみたり，カレーライスのカレーとライスを別々のお皿にしてみたりするなど，食べ物そのものを変えるのではなく，食べ方を変えることも支援の１つです。また，銀のお皿やスプーンの匂い，口にあたる感覚が苦手という子どもに対しては，それらをプラスチック製のものに変えてみるなど，食器類を変えるという工夫も考えられるでしょう。

偏食の要因は様々であり，それに対する支援も様々ですが，何より，偏食のある子どもが「食べてみようかな」と思えたり，「食べることが楽しい」と感じたりできるような支援が大切です。そのためにも，「最初は一口だけ食べることから始める」といったように，スモールステップで食べる量を増やしたり，「苦手なものを食べたら好きなものを食べられる」といったように，ご褒美を与えて見通しを持たせたりすることも，偏食に対する支援の１つです。反対に，「食べられるようになる」ことだけを目標において，強制的に食べさせようとすると，かえって子どもの偏食を強めてしまうこと[◁2]もあります。子どもが食事に対して抵抗感をもたないようにするためにも，決して無理やり食べさせようとしないこと，少しでも食べることができたら褒めること，子どもが達成感を感じられるように食事に見通しを持たせることなどが大切です。

（東　泉）

▶1　宮崎愛弓・立山清美・矢野寿代・平尾和久・日垣一男（2014）自閉症スペクトラム障がい児の食嗜好の要因と偏食への対応に関する探索的研究．作業療法，33(2)，124-136.

▶2　徳田克己・水野智美・西舘有紗・西村実穂・安心院朗子（2013）極度の偏食傾向を示す自閉症児に対する食指導の在り方に関する研究．食に関する助成研究調査報告書，26，95-107.

▶3　篠崎昌子（2007）自閉症スペクトラム児の幼児期における摂食・嚥下の問題（第１報）食べ方に関する問題．日本摂食・嚥下リハリハビリテーション学会雑誌，11(1)，42-51.

▶4　後藤元秀・山本幸代・石井雅宏・齋藤玲子・荒木俊介・久保和泰・川越倫子・河田泰定・楠原浩一（2012）長期間の偏食によりヨード欠乏性甲状腺機能低下症を来たした自閉症スペクトラムの１例．日本小児科学会雑誌，116(12)，1875-1879.

V　注意欠如・多動性障害の特徴と保育での支援

1 注意欠如・多動性障害のとらえ方（DSM-5の基準から）

1 注意欠如・多動性障害とは

発達障害者支援法を初めとする日本の法令では，「注意欠陥多動性障害」と表記されていますが，医学的には「注意欠如・多動症（または注意欠如・多動性障害)」と書かれています[1]。注意欠如・多動性障害（以下 ADHD と略記）の概念は様々な過程を経て現在の形ができました。しかし国際的に見ると大きく２つの考え方があります。

2 アメリカ精神医学会の考え方

一つの考え方は，アメリカ精神医学会が2013年に出版した診断マニュアル（DSM-5）によるものです。そこでは「不注意」と「多動性―衝動性」という症状が同年代の子どもよりも顕著に見られる障害として定義されています。症状の詳細は表V-1に示してあります。特に12歳以前からこれらの症状が見られること，家庭と学校など複数の場面で見られることが判断の基準になります[2]。

このうち，不注意の症状だけが顕著に見られるものを不注意優勢に存在と呼びます。不注意優勢の子どもは，動き回ったり勝手な行動をとることは少なく，行動上の問題は見られませんが，先生や友だちの話に集中できなかったり，頭の中で活動の手順を組み立てるのが苦手なために，集団生活の中では様々なつまずきが見られます。

また，多動性と衝動性が顕著に見られるのに，不注意の症状はほとんどない子どもたちもいます。たとえば，先生が話をしているときに下を向いていたり，もじもじ動いていたり，手いたずらをしていたりします。きっと話を聞いていないのだろうと思って，先生が「今，何の話をしているところですか」と尋ねると，きちんと答えられる子どもがたまにいます。こうした子どもたちは多動性・衝動性優勢に存在と呼ばれます。

それから，最も多いのが両方の症状を併せもっている，混合して存在と呼ばれる子どもたちです。

3 WHO の考え方

世界保健機関（WHO）が1992年に発表した精神および行動の

▶1　2014年６月に日本精神神経学会は「注意欠如／多動性障害」から「注意欠如・多動症」と表記を改めた。しかし法令上は注意欠陥多動性障害という用語が用いられている。本書では略称である ADHD を用いる。

▶2　American Psychiatric Association (2013) *Diagnositic and Statistical Manual of Mental Disorders.* FIFTH edition Text Revision.（アメリカ精神医学会（著）高橋三郎・大野裕（監訳）(2014) DSM-5 DSM-5精神疾患の診断・統計マニュアル　医学書院.

表V-1　ADHDの特徴

〈不注意の症状（例）〉
課題や遊びで注意を持続することが困難
話しかけられたときに聞いていない様子
指示に従えない，課題を完了できない（反抗しているためではない）
活動を順序立てるのが苦手
必要なものをしばしば紛失する
外からの刺激で容易に注意がそれる
〈多動性および衝動性の症状（例）〉
そわそわ，もじもじする
座らなければならない場面で席を離れる
じっとしていない，勢いよく行動する
しゃべりすぎる
質問が終わる前に答えてしまう
順番を待てない
じゃまをする（横から干渉する）

出所：DSM-5より作成.

障害に関する分類基準の第10版（ICD-10）には，注意欠陥多動性障害（ADHD）という診断名はありません。その代わり多動性障害（Hyperkinetic Disorder）という障害が記載されています。その基準には“早期の発症・著しい不注意と…（中略）調節不良な多動がいつまでも持続していることによって特徴づけられる”と記されています。つまり，注意の障害と多動の両方を満たした場合に「多動性障害」と見なされるのです。これはADHDでいえば「混合して存在」に相当します。逆に言えば，ADHDの不注意優勢に存在する子どもや多動性―衝動性優性に存在する子どもを認めないのがICD-10の基準です。[3]

しかし現実には，不注意だけが顕著な子どもはかなりいますし，多動性―衝動性だけが顕著な子どもも若干は存在します。その意味では，ADHDという概念の方が多くの子どもを対象にしており，一人ひとりの子どもの特徴を丁寧に把握するという立場からは，ADHDの考え方を正しく理解していた方が，保育・教育に役立つといえます。

4　ADHDと判断する際の留意点

家庭で虐待を受けて育った子どもたちは，集団の中で落ち着きがなかったり，先生の話に集中できないことがよくあります。また，些細なことでカッとなりやすいので，それを“衝動性”の症状と勘違いして，被虐待児をADHDと判断してしまう危険性があります。ですから，保育者は子どもの様子や環境を丁寧に把握する必要があるのです。もちろん，ADHD児が虐待やそれに近い養育環境で育った場合には，両方の影響が子どもの行動上の問題に強く表れてくることもあります。

また，知的障害のある子どもはもともと注意を向けることが苦手です。[4]保育者からの指示を正しく理解できていない場合には，勝手な行動をとってしまうことがよくあります。さらに，自閉症スペクトラム障害（ASD）の子どもたちは，自分の興味のない事柄には全く集中できないことがよくあります。[5]逆に，自分の好きな刺激に対しては周りの状況をわきまえずに突進していくなど，多動性－衝動性の特徴を示す子どもも数多くいます。[6]したがって，不注意や多動性－衝動性が，知的障害やASDに起因していることも多いのです。これらの障害と純粋なADHDを見極める目も保育者には必要になってきます。

ADHDだと思っていた子どもが実際にはASDであった場合は，単に言って聞かせるだけの指導では効果がありません。集団生活のルールやコミュニケーションのしかたを視覚的に教える必要があります。　（小林　真）

▶3　World Health Organization（1992）The ICD-10: Mental and Behavioural Disorders.（WHO　融道男・中根允文・小見山実（監訳）（1993）ICD-10　精神および行動の障害―臨床記述と診断ガイドライン―　医学書院．WHOが1992年に国際疾病分類第10版（Internal Classification of Disease 10: ICD-10）を作成した当時，DSMではDSM-Ⅲ-R（1987）という古い版が使用されていた。そこでは「注意欠陥多動障害」と呼ばれており，現在のように「不注意」と「多動性―衝動性」という症状に分ける考え方はなかった。現在は改訂版（ICD-11）の作成に向けた作業が進行中でありDSMを意識した補足説明が加えられている。

▶4　知的障害児の認知の特徴についてはⅢ－2参照。

▶5　自閉症スペクトラム障害の子どもたちの特徴についてはⅣ－2参照。

▶6　高梨靖子・岡野高明・宮下伯容・石川大道・板垣俊太郎・根上慎平・増子博文・丹羽真一（2004）成人におけるADD, ADHDの診断と検査―治療のための診断と検査―精神科治療学，**19**，443-450．この論文は成人のADHDの診断について述べたものである。しかし，幼児期から小学校低学年の頃にADHDと診断された子どもが，青年期を迎えてアスペルガー症候群に診断変更となったケースは少なくない。

V　注意欠如・多動性障害の特徴と保育での支援

2 注意欠如・多動性障害児の認知の特徴

ADHD 児の多くが抱える，不注意という特徴は，どうして現れるのか，それにより日常生活にどんな支障を来すのかについて考えてみましょう。

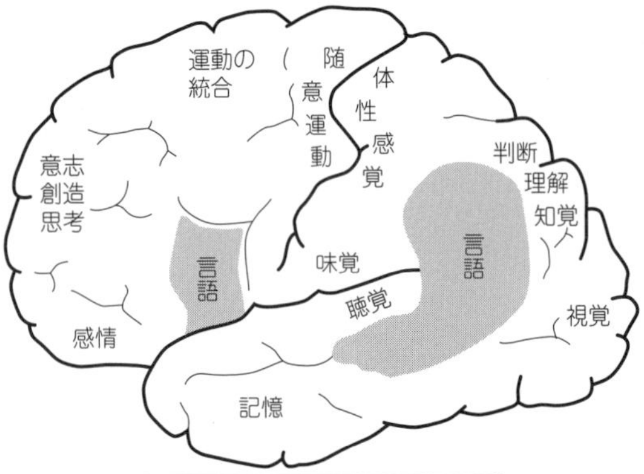

図Ⅴ－１　脳の主なはたらき

出所：小林繁・熊倉鴻之助・黒田洋一郎・畠中寛（1997）絵とき脳と神経の科学．オーム社．より改変

1 不注意の原因

ADHD の脳の働きについては，かなり解明されてきました。図Ⅴ－１を見ると，大脳の前頭葉が「意思」の働きをもっていることがわかります。より正確にいえば前頭前野と呼ばれる部分がうまく働かないために，意志をもって集中したり我慢したりする力が弱いのが ADHD の特徴です。この部分は，ドーパミンと呼ばれる物質が細胞どうしの間を行き来して電気信号を伝えています。その働きが十分でないと，集中力を持続することができなかったり，たくさんの情報を参照しながら活動計画を立てることが困難だったりします。[1] 複雑な情報の中から活動計画を立てて，それを実行する脳の働きを，実行機能と呼んでいます。ADHD 児は，自分の状態をモニターしながら正しく実行機能を働かせることが苦手なのです。

ADHD 児の不注意の症状にはもう一つの特徴があります。何か１つのことに集中してしまうと，周囲の情報をキャッチできなくなる過剰集中の傾向があるのです。すると，目先の１つか２つの情報しか頭に入っていないので，総合的な判断が下せなくなります。結果的には人の話を聞いていない（上の空）という状態になります。

▶１　ADHD 児の脳については，神経伝達物質の働きの不全だけでなく，脳の構造そのものが健常児と異なっているという報告がある。大村（2008）は脳の構造・機能に関する研究を詳しく展望しているが，たとえば集中したり我慢する際の中枢である前頭前野の一部分が健常児より小さいという報告がある。また，行動の計画・実行に関与するといわれる大脳基底核の一部が小さいという報告もある。大脳基底核には，ドーパミンを伝達に用いる神経が集まっているので，ドーパミンの働きを補助する薬物療法が効果的だといわれている。さらに，小脳の構造に差違があるという報告もあり，今後の脳に関する解明が待たれる。

2 不注意の具体的な特徴

遊びや何かの活動に取り組み始めたときに，多くの子どもたちは10～15分くらいは集中することができます。しかし ADHD 児はほんの数分（時には２～３分）しか集中することができません。今の活動に飽きてしまうと，すぐ次の活動に気持ちが移ってしまいます。そのときには，前にやっていた活動のことはほとんど頭の中から追い払われています。気持ちはもう次のことに移っているので，我慢して以前の活動に頭を切り換えてその活動の後始末をするのは ADHD 児にとってはかなり困難なことです。そこで，やりっ放し，出しっぱなしという事態が生じてしまいます。こんなときには，親や先生の話をもう聞いていません。頭の中は次のことでいっぱいなのです。

今度は片付け場面を考えてみましょう。遊びや学習でいろいろな道具（あるいはおもちゃ）を使っていたとします。それを片付けるときには，“片付ける”という行為に集中しているので，“次に使うときのこと”は全く頭の中にありません。たいていの子どもたちは次に使うときのことを考えて，使いやすいように整理して片付けようとするでしょう。しかしADHD児は先の計画を立てることが苦手で，目先のことに集中してしまっています。ですから，とりあえず様々な道具を次々に道具箱やおもちゃ箱に詰め込んでいくのです。すると，次に使いたいときになって，肝心のおもちゃや道具が見つからないといった事態が生じます。必死になって探しているときには，今度は“その道具を探す”ことに集中しているので，それ以外の道具やおもちゃは散らかしっぱなしになります。そしてさらに“その次に必要な道具やおもちゃ”がどこかに紛れてしまうのです。このように，過剰な集中と計画性のなさによって，いつも必要な物が見つからないのがADHD児なのです。

3 不注意からくる日常生活上の困難さ：他者とのトラブル

不注意のあるADHD児は，１つのことに過剰に集中してしまうことがよくあります。こうした特徴をもっていると，本人が困るだけでなく，周りの人にも迷惑をかけてしまいます。そのために，ADHD児は親や先生から叱られたり，周りの友だちからも敬遠されたりすることが多くなります。

Ａ君は昼食が終わって片付ける際に，残飯の載ったお盆を落としてしまいました。“叱られる”と思ったＡ君はとっさに逃げ出しましたが，そのときにそばにいたＢさんの足を踏んでしまったのです。Ａ君の頭の中は“逃げる”ことでいっぱいで，友だちの足を踏んだことには全く気づいていませんでした。保護者や保育者は，人の足を踏んだことぐらい気づくはずだ，と考えるでしょう。しかし逃げることに過剰集中していたＡ君は，自分の足の裏の感触（友だちの足を踏んだこと）には全く気づいていませんでした。Ｂさんが腹を立てて，戻ってきたＡ君に向かって「謝れ！」と怒鳴ったのですが，Ａ君は踏んでいないと言い張ります。このときには先生が，Ａ君の気持ちを受け止めながら「Ａ君はうっかりして気がつかなかったかも知れないけれど，Ｂさんは足を踏まれて痛かったんだよ。わざとじゃないけど，謝ろうね」と声をかけました。しばらくなだめているうちにＡ君は徐々に落ち着き，謝ることができたのは10分近くたってからでした。もしADHDの特徴を知らない先生だったら，「何で謝らないのか」とＡ君を叱っていたでしょう。あるいは「踏んでない」と言い張るＡ君を嘘つきだと責めたかもしれません。不注意のあるADHD児にはこうしたトラブルがよく見られます。◁2

（小林　真）

▶2　不注意の傾向が強い子どもは，うっかりミスをしばしば起こす。たとえば外に行こうと夢中になっているときには，靴を左右逆にはいたり，服の襟が内側に折れていたりしても気づかないなど，ちょっとしたミスを頻発する。そのたびに叱られたり，友だちにからかわれたりすると，次第に先生や友だちを信じられなくなっていく。こうしたことの積み重ねで二次障害が発症する。周りの子どもたちは先生の行動をよく見ているので，保育者はADHD児のうっかりミスを叱責するのではなく，受容的にかかわるモデルになってほしい。そして，周りの子どもたちにもADHD児の良い点を伝えていく必要がある。

V　注意欠如・多動性障害の特徴と保育での支援

3 注意欠如・多動性障害児の行動の特徴

ADHD 児の多くは，多動性—衝動性という特徴を抱えています。どうして多動性—衝動性の症状が現れるのか，多動性—衝動性の症状によって日常生活にどんな支障を来すのか，といった問題について考えてみましょう。

1 多動性—衝動性の原因

V－2の側注で触れたように，ADHD 児は前頭葉や大脳基底核という部分の働きが弱いため，自分の行動を調整することが苦手です。すると「○○をしたい」あるいは「××なんかやりたくない」といった感情が生じたときに，これをうまく制御することができません。図V－2を見てみましょう[1]。人間の脳は，大きく分けると3層構造からなっています。感情を司る部分を大脳辺縁系と呼び，その前方に扁桃体（扁桃核ともいう）という神経の固まりがあります。扁桃体は「好き—嫌い」「恐れ」といった感情を生む部分です。これらの感情は人間を突き動かす力をもっています。好きという感情が生まれれば，人間は好きな対象に近づこうとします。嫌いな対象があれば，そこから逃げるかあるいは消去しようとします。恐れならばそこから逃げようとするでしょう。図V－2の扁桃体の部分に“自動車のアクセルのようなもの”と書いてあるのは，扁桃体が行動を動機づける中枢だからです。

▶1　平山諭（2001）ADHD を救う愛の環境コントロール．ブレーン出版，p.41より引用。

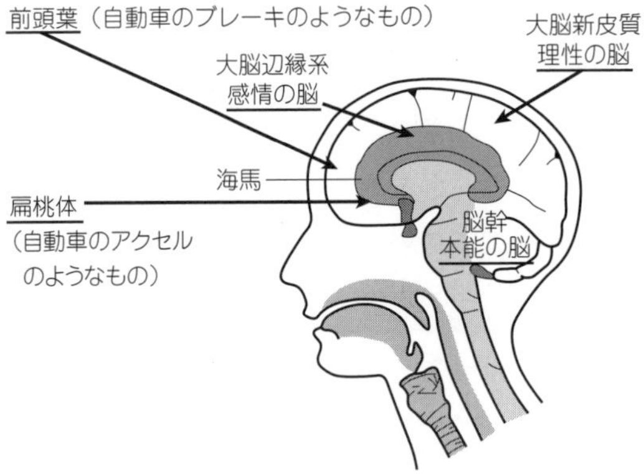

図V－2　行動を起こす脳の働き

出所：平山（2001）．

こうした動機が生まれたときに，それをどのように表現するか，高度な判断を行っているのが前頭葉（前頭前野）です。“自動車のブレーキのようなもの”と書かれていますが，ブレーキをかけるだけでなく，その場にあったやり方で行動する，いわばハンドルを切る働きもしています。このように，その場にふさわしい行動を計画し，実行し，調整する働きを実行機能と呼びます。行動を実行するためには，目や耳から入ってきた情報と過去に記憶していた情報を合わせて判断し，体を動かすプログラムを作らなければなりません。こうした複雑な処理をする部分をワーキングメモリと呼び，前頭葉の第46野と呼ばれる部分にワーキングメモリがあると考えられています（図

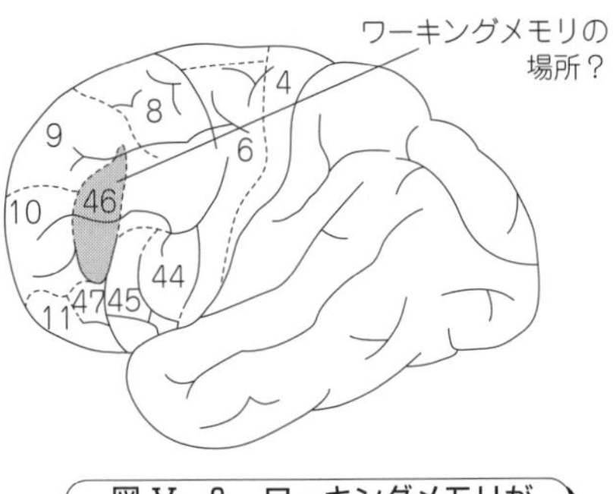

図V－3　ワーキングメモリが推定される場所

出所：竹内（2003）．

V-3）[2]。この部分がうまく働かないと，その場にふさわしい行動をとることができず，好き・嫌い・恐れなどの感情がダイレクトに表現されてしまうのです[3]。

2 多動性－衝動性の具体的な特徴

多動性の特徴はじっとしていられないことです。衝動性の特徴は待てないことです。多動性というと，席を立ち歩く・騒ぐなどの激しい行動をイメージする人が多いでしょう。しかし多動性の特徴は，こうした激しい行動ばかりではありません。きちんと椅子に座っていても，手足をもじもじ動かしている子どもがいます。あるいは上体を揺らしたり姿勢が崩れたりする子どももいるでしょう。きちんと座っていても，目の前にある道具や材料をいじるのが止められない子どももいます。こうした細かな動きも全て多動性の現れなのです。

中には実際に動いたりはしないけれども，動きたい気持ちと懸命に戦っている子どもがいます。静かに座っていても，心の中では動きたい衝動を懸命にこらえています。“身体の動きを抑える”ことに過剰集中してしまうと，結果的には先生の話を聞いていなかったり，周りの状況が見えなくなったりして，不注意と同じ状態になってしまいます。

衝動性は，思った瞬間に行動してしまうという形で現れます。衝動性の高い子どもは，興味を引かれるものを見つけた瞬間にそちらに向かって走り出します。また，先生が「触ってはいけません」と注意する前に触ってしまいます。先生が新しい素材や道具を見せて，その使い方を説明しようとしても，説明よりも前に（勝手に）いじってしまうのです。その時に力の加減がうまく制御できなければ，破いたり壊したりしてしまうかも知れません。

衝動性のある子どもは，嫌だ・恐いと思った瞬間に逃げ出してしまうこともよくあります。V－2で紹介したA君も，お盆を落としたとたんに“叱られる＝恐れ”という感情に突き動かされて，突然走り去ってしまいました。年齢が低いうちは，自分の衝動性を制御することが難しいのです。

3 多動性―衝動性から来る日常生活上の困難さ

保育現場では，待たなければならない場面がよくあります。多動性―衝動性のある子どもは，ただ待つだけという場面はとても苦手です。そこで手いたずらをしたり，周りの子どもにちょっかいを出したりして嫌がられてしまいます。ただ我慢するのではなく，何のために我慢するのか，どれくらい我慢するのかといった見通しをもたせるだけでも，子どもの不安や嫌悪感はかなり和らぎます。また，多少の手いたずらは大目に見てあげないと子どもにとっては苦しいかも知れません。支援についてはV－4で述べますが，多動性―衝動性のある子どもは，お手伝いという名目で何らかの役割を与え，動いてもよい場面を作った方が活動の流れに乗りやすくなります。　（小林　真）

▶2　竹内薫（2003）脳のからくり．中経出版．p.38より引用

▶3　ワーキングメモリとは，作業記憶（または作動記憶）と訳されている。以前は短期記憶と呼ばれていたが，現代では短期記憶はワーキングメモリの一部として扱われている。ワーキングメモリには耳から入力された音声の情報を保持する働き（音韻ループ）と，目から入力された画像の情報を保持する働き（視空間スケッチパッド）がある。
コンピュータのメインメモリ（CPU）を思い浮かべて欲しい。CPU では，入力された情報とハードディスクに記憶されている情報の照合や，ワープロや表計算のプログラムを実行してディスプレイやプリンタに出力するための情報処理を行っている。CPU の容量が小さかったり処理速度が遅かったりすると，大量の情報を処理する際にはとても時間がかかってしまう。もし画像データのように情報量が多い場合には，フリーズしてしまうかも知れない。したがって，ワーキングメモリの大きさや情報処理の速度は人間の行動にとってとても重要なのである。

V　注意欠如・多動性障害の特徴と保育での支援

4 注意欠如・多動性障害児の特徴を踏まえた支援のポイント

ADHD児は，不注意と多動性－衝動性という特徴をもっています。そこで，子どもが示すそれぞれの特性に応じて，保育場面での支援を考える必要があります。

1 ADHDの特徴を正しく理解する

まずADHDは発達障害であり，特に脳の機能障害であることを保育者どうしで共通理解を図る必要があります[1]。つまり，先生の話をきちんと聞いていなかったり体が動いたりしてしまうのは，親のしつけのせいではありません。それから，わがままな性格や怠け者のせいでもありません。とにかく，脳の働き方が他の子どもと違うために，集中したり我慢をしたり，いろいろなことにまんべんなく注意を払うのが苦手なのです。ですから，家庭でもっと生活習慣や集団行動を厳しく指導するように伝えても，問題の解決にはなりません。また，保育場面で「何度言ったらわかるの！」と叱責しても，子どもの状態は変わりません。むやみに注意することは避けるべきです。

▶1　DSM-5では，ADHDは行動障害の一種ではなく，神経発達症群（発達障害）であることが明記された。

2 不注意に対する支援

不注意のあるADHD児は，先生が子どもたちに一斉に話しかけたときに，指示を聞いていないことがよくあります。また，ワーキングメモリが十分に働かない場合には，たとえ話を聞いていたとしても，情報が抜け落ちてしまうかも知れません。またADHD児の中には，学習障害（LD）を併せもっている子どもがかなりの割合で見られます。聞き取る力が弱い子どもは指示を聞き間違えてしまうかも知れません。また，形や空間の理解が弱い子どもは，行く場所がわからなくなって右往左往するかも知れません。こうした不注意の特徴を踏まえると，次のような支援が有効です。

表V－2は小学校の先生がクラスの中ですぐにできる支援としてあげたものです[2]。これを見ると，子どもの名前を呼んで注意を引きつけたり，先生のそばで目が届くところに対象児を座らせたりするなど，子どもが集中しやすい環境を作っていることがわかります。これらの支援のいく

▶2　玉木宗久・海津亜希子・佐藤克敏（2007）通常の学級におけるインストラクショナル・アダプテーションの実施可能性―小学校学級担任の見解．LD研究，**16**(1)，62-72.

表V－2　小学校の教師がすぐできると考えている支援

授業で使うノート…必要な物だけを机上に用意させる
名前を呼んだり…注意を引きつける
約束事が守れたり…すぐに誉める
板書の書式を決めておく
グループを編成する際にはメンバーに留意する
当たり前のことで…言葉で誉める
子どもが話そう…補ったりする
教師のそばの座席…工夫をする
何についての作文か…予告しておく
守るべきルールを子どもと相談して決める

出所：玉木ほか（2007）.

つかは，保育現場でも使用できると思われます。

次に，ADHD 児のワーキングメモリが小さいことを考えると，たくさんの情報をだらだらと垂れ流し式にしゃべることはよくありません。健常な子どもたちならば，先生の話の中から余計な部分を切り捨てて，必要な情報だけを抜き出すことができます。しかし ADHD 児は，たくさんの情報を俯瞰して必要な部分にだけ注意を向けるのは困難です。ですから，指示をするときには，言葉をよく選んで，整理した情報を簡潔に伝えるように心がけてください。

さらに，不注意のための聞き漏らしや，聞き取る力が弱い子どもたちのためには，見てわかる情報を利用することも一つの方法です。必要に応じて写真やイラストなどを貼っておくと，言われたことを忘れたときでも，掲示物を見れば何をすべきかがわかります[3]。いちいち先生に聞きに来なくても，自分で確認することができます。知的障害児や自閉症児に対しても視覚的な支援は有効ですが，ADHD 児にも有効なのです。

▶3　視覚的な支援については，III－3 や IV－5 を参照。

3 多動性－衝動性に対する支援

勝手に動いてしまう ADHD 児は，善悪の判断ができないわけではありません。口頭で言って聞かせても，毎回注意するだけに終わってしまいます。そして，こうした経験が積み重なると，だんだん叱られることに慣れてしまいます。というより，本当は認めてもらいたいのに褒められる機会がほとんどないので，わざといたずらをしたり勝手な行動をしたりして，親や先生の注目を得ようとすることがしばしば生じます[4]。子どもは叱られるのを覚悟で逸脱していますから，叱っても効果がないどころか，かえって問題行動が繰り返される羽目に陥ってしまいます。

▶4　問題行動の機能については VIII－4 を参照。

ADHD 児は，24時間／365日の間常に多動で勝手な行動をしているわけではありません。よく子どもを観察していると，初めのうちはきちんと活動に取り組んでいることが多いのです。ところが保育者は，多動な子どもが静かに活動しているときには，ホッとしてそのまま通り過ぎてしまいます。すると，先生が目を離した隙にトラブルが起こります。保育者は，子どもがやる気をもって活動に取り組み始めたまさにその瞬間に，たくさん子どもを褒めてください。嬉しいとき，達成感を感じたときには，脳の中にドーパミンが分泌されます。もともとドーパミンの働きが悪いのが ADHD ですから，たくさん褒めることが必要です。また，突発的に動き出したり，スピードや力のコントロールができなかったりする子どもに対しては，保育者がそばで見守りながら，「そうっとできるかな？」「ゆっくり，やってみようね」などと声をかけて，声に合わせながら行動を制御する練習を積み重ねることも大切です。　（小林　真）

V　注意欠如・多動性障害の特徴と保育での支援

5 保育現場における支援

保育現場では，不注意よりも多動性－衝動性の方が目立つので，不注意優勢に存在する子どもは「気になる子」として取り上げられることが多くありません。しかしADHDには「不注意」と「多動性－衝動性」の症状があるので，それぞれに対して適切な支援をすることが必要です。特に6歳未満の子どもには薬物療法が適用できないため[1]，日常生活の中で支援を工夫していくことが保育現場に求められています。そして，保育現場での支援を家庭につなげていくことも大切です[2]。

▶1　薬物療法については コラム7 を参照。

▶2　ADHD児は家庭でも叱られることが多いため，二次障害を防ぐためには保育現場と家庭が一貫して子どもを肯定的に評価することが必要である。保育現場で子どもに対して行った工夫を，家庭でも行えるように連携を採って欲しい。

1 不注意への支援

不注意だけが顕著な子どもは，特別な支援を受けられないまま放っておかれることが多くなってしまいます。しかし不注意の子どもも，集団生活で様々な困り感[3]を感じています。そこで適切な支援によって困り感を減らすことができれば，その支援を小学校につなげていくことができます。

▶3　「困り感」は，学習研究社の登録商標。

不注意の状態像の一つは，適切な事物に注意を向けられない，あるいは新しい刺激に次々と注意が逸れてしまうために一つの事物に集中できない状態です。次々と注意が移る（注意の転導性）が見られる場合には，できるだけ余計な刺激を遮断する必要があります。しかし保育現場では，環境を完全にコントロールすることができません。こうした場合の支援は，一斉に説明をした後でもう一度個別に声をかけることです。不注意の傾向が強い子どもでも，1対1の場面であれば目の前の刺激に集中しやすいからです。

不注意の状態像のもう一つは，集中力が長く続かずにすぐ飽きてしまう状態です。飽きてしまった場合には少し休憩をとって集中力が回復するのを待つ必要があります。あるいは，次々に新しい刺激を提示することで，飽きさせないというやり方もあります。以下に，集中力の回復を待った事例と，新しい刺激を次々提示した事例を紹介します。

集中力の回復を待った事例　A君は，お絵かきやパズルなどの遊びに取り組んでいるときに，ふらふらと立ち歩いてしまうことがありました。席を立つ行動それ自体は多動性の症状ですが，その背景には集中力が途切れやすいという不注意の問題がありました。A君は窓の外をぼーっと眺めて，しばらくすると席に戻ってきます。ぼーっとしている間に話しかけてもほとんど反応がないのですが，気分転換ができるとそのうちに戻ってきます。その際には，席を離れたことを注意するのではなく，気持ちを切り替えて戻ってきたことを褒める必要があります。自分なりの気分転換の方法を自覚できるようになると，無断で離席するのではなく「ちょっと休んできます」と断ってから気分転換にいくようになります。これなら周りの子どもたちも受け入れてくれるでしょう。

このように，気分転換のために離席することをクラスの中で認めるためには，周りの子どもにもA君の状態をわかってもらう必要があります。しかしはっきりと障害の診断がついていない場合には，保育者が勝手にA君の障害を子どもたちに説明するわけにはいきません。そこで，子どもに受け入れられやすい説明のしかたが求められます。次に紹介する例は，小学校1年生の先生がクラスの子どもたちに行った説明です。しかし話し方を工夫すれば幼児にも伝わるでしょう。

『みんなは，心の中に「怒りんぼのオニ」とか「あー疲れたというオニ」がいるかな。でもみんなは悪いオニをやっつけて，先生の話をちゃんと聞けるんだよね。A君の心の中にいるオニはとっても強いから，ときどきA君は負けてしまって，「あー疲れた」って思ってしまうんだって。疲れたときにA君はちょっと休んで，オニを退治に行ってくるんだよ。みんなもA君が休みに行ったら，早くオニを退治して戻って来られるように，応援してあげてね。』

このように，離席するA君を悪者扱いするのではなく，気分転換をして活動に戻ってくることを応援してあげて欲しいと子どもたちに伝えました。そうすれば，戻ってきたときにA君をみんなが温かく迎えることができるでしょう。ADHDの子どもは，一斉の活動から外れてしまうことが多いので，本人への関わりだけでなく，クラス全体を受容的な雰囲気にすることが大切です。もちろんその際に，先生の話や目の前の活動に集中できている子どもを賞賛することを忘れてはいけません。

新しい刺激を提示した事例　B君は不注意と多動性－衝動性の両方が見られる子どもです。月に3～4回児童発達支援センターに通い，感覚統合の訓練を受けています。ある土曜日，みんなで遠足に出かけたときのことです。公園で遊んだ帰りにB君は「疲れた」「歩きたくない」「おんぶ」という発言を繰り返しました。そこで，先生や支援ボランティアとして参加していた学生は，B君の注意が次々と移り変わることを積極的に利用することにしました。たとえば「あそこの池にさっき大きな魚がいたよね」「あ，ここにキノコがあった」「ほら，出口が見えてきたよ」など，帰り道の途中にある刺激に注意が向くようにかかわりました。するとB君は，新しい物を見たくなって走り出すほどでした。このようにB君の気持ちを次々に切り替えることで，駐車場まで歩き通すことができました。もちろん「頑張って最後まで歩けたね」「さすがB君！」などと，B君の努力を賞賛したことはいうまでもありません。

このように，自発的に気分転換することを促したり，新しい目標を次々に示すことによってやる気を持続させたりするかかわりは，特別な準備を必要としません。保育者のちょっとした工夫次第で可能なかかわりです。不注意の問題は，周囲のわずかな工夫で解決できることが多いのです。

2 多動性－衝動性と問題行動への支援

図Ｖ－４は，ある幼稚園におけるADHDの男児（Ｃ君）の攻撃行動の変化を示したものです。この幼稚園では，非常勤の心理職が在籍しており，気になる子どもの実態把握や事例検討会（ケースカンファレンス）に力を入れています。[4]

▶４　野呂文行（2000）他害行動を示したADHD幼児への支援―統合保育幼稚園での実践．小林重雄（編）行動障害の理解と援助．コレール社．PP.141-154.

図Ｖ－５に示したように，保育記録に記載された担任の気づきを専門職員が管理し，子どもの観察や必要に応じて心理検査を行い，全職員で毎週１回のカンファレンスを開催しています。このような体制で運営できる幼稚園・保育所は少ないと思いますが，少なくとも巡回相談員に定期的に来てもらいながら，職員でのカンファレンスを行うことは可能だと思います。

Ｃ君の実態を把握したところ，多動性と攻撃行動が顕著に見られたのは６・７月でした。どうやら攻撃行動の背景には，気温や湿度が高いといった不快な気象条件と，体調の悪さが重なっているようでした。[5] こうした背景の上に，園内での不快なできごとがあると，カッとなって攻撃行動が生じているという様子が見えてきました。そこで，まず家庭に対しては十分に休養を取るように依頼し，園内では自分の気持ちを言葉で表現するようにコミュニケーションの指導を心がけました。多動性－衝動性の高い子どもは，不快な感情が生じたときにそれを前頭前野で抑制することが苦手です。そこで，攻撃行動を抑制して適切な行動をとること，つまり言葉で自分の気持ちを表現して相手との関係を調整できるようになれば，攻撃行動は減少すると思われます。この幼稚園では，図Ｖ－６に示すように，背景にある要因を減らすこととコミュニケーションの指導を続けました。その結果，攻撃行動が減少しました。

▶５　問題行動には背景となる要因（セッティング事象）があることが多い。セッティング事象については XII－5 を参照。

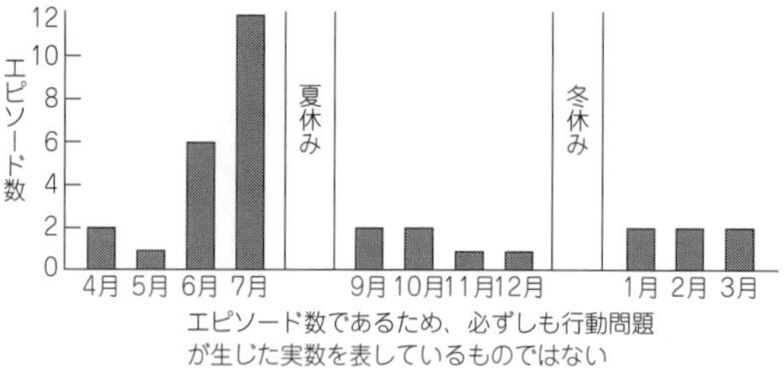

図Ｖ－４　ADHD児の問題行動の変化

出所：野呂（2000）p.144より引用.

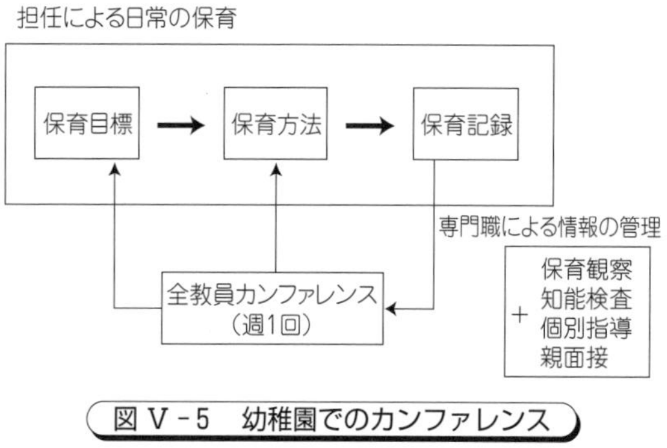

図Ｖ－５　幼稚園でのカンファレンス

出所：野呂（2000）p.148より引用.

またある保育所には，次々に興味が移り変わって遊びが持続しない，仲間集団から外れてしまう４歳の女児（Ｄちゃん）がいました。Ｄちゃんは友だちに興味を示さないわけではありません。遠くから友だちの遊びを眺めていたり，活動のしかたを工夫したりすれば友だちと協力することもできます。巡回相談員が行動観察と発達検査に基づいて，およそ１歳くらいの発達の遅れと，注意の転導性・極端な多動性があることを指摘しました。[6]

職員全体のカンファレンスの中で，基本的生活習慣については，個別にじっくりとかかわってきたけれども，人間関係については十分なかかわりができていなかったことが明らかになりました。担任とDちゃんがままごとをしていると，他の子どもたちが寄ってきます。その中の月齢の低い子どもとDちゃんは気が合うようでした。こうして，少しずつDちゃんと周りの子どもとのかかわりが増えていきました。このように，生活習慣や決まった活動への参加だけでなく，人間関係の構築の支援も大切です。

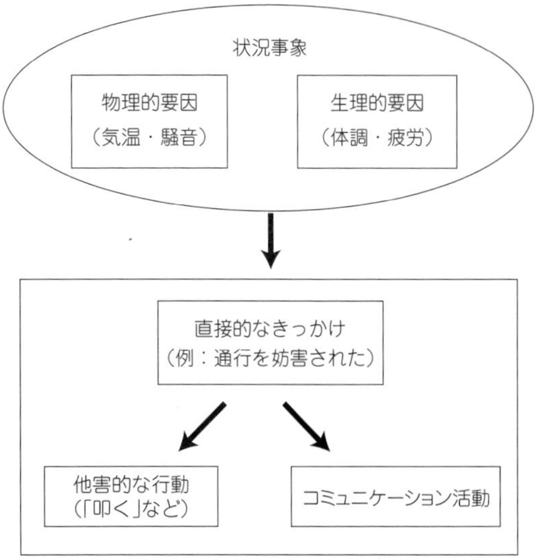

図Ｖ－６　問題行動の分析

出所：野呂（2001）p.152より引用.

3 家庭との連携

多動性―衝動性のある子どもの保護者の多くは，育てにくさを感じています。ある母親は，子どもが動けるようになってからが大変だったと述べています。ハイハイのスピードが速いのでついていけない（突発的に動き出す），高いところに登ったり見知らぬところへ平気で出歩いてしまう，身体バランスが悪いので転んでケガだらけになっている，といった状態だったそうです。[7] 学習障害を併せもったADHDであると診断されるまでは，母親の養育態度が不十分であると指摘され続けてきたといいます。つまり，発達障害のことを正しく知らない保育者や周りの保護者たちは，不注意や多動性－衝動性の原因を親のしつけに帰してしまうのです。

困っている保護者とどのように連携すればよいでしょうか。まず，子どもの状態を正しく見極めて，保護者のしつけのせいにしないことが大切です。育てにくい子どもと格闘して疲れ切っている保護者を受容し，子育ての労を十分ねぎらってください。そして，保護者との信頼関係が形成されてきたら，具体的に子どもとどのようにかかわるか，保護者との間で話し合いをもちましょう。ペアレント・トレーニングのところでも触れますが，ただ「良いところを褒めましょう」という説明では，どの行動をいつどのように褒めればよいのかが伝わりません。[8]

まず，困った行動はどんなときに生じるのか，注目してほしいのか，新しい刺激に惹かれたのか，今やっていることが嫌で逃げ出したのか，といった行動の具体的な意味を考える必要があります。[9] そしてADHD児の苦手なところを十分に理解した上で，その子なりに頑張っている点を（大人から見たら不十分な状態であっても）即時に褒めることが必要です。特に「〇〇してはいけません」という指示よりも，「△△するとうまくいくよ」という伝え方をして，子どもが△△を実行したら必ず褒めるかかわり方を家庭と共有しましょう。（小林　真）

▶6　芹沢清音（2006）多動で社会性が未熟な子どもの集団参加を支援した巡回相談．発達，**107**，11-17.

▶7　楠本伸枝（2004）就学までの困難な子育てと周囲の無理解― ADHD&LDと向き合って…―．発達，**97**，23-26.

▶8　ペアレントトレーニングについては，X－5を参照。

▶9　問題行動のとらえ方についてはⅧ－3を参照。

V　注意欠如・多動性障害の特徴と保育での支援

6 ADHD と二次障害

1 二次障害とは

発達障害のある子どもは，青年期に至るまでに様々な困惑感を体験します。こうした困惑感が周囲の人々のサポートによって軽くなると，子どもは他者への信頼感を抱くようになります。また，自分は周りの人から大切にされていると実感することにより，自分を肯定的にとらえることができます。このように周りの人に支えられながら，自分はいろいろなことができるという自己有用感を獲得し，基本的な自己肯定感（自尊感情）をもつことができれば，様々なつまずきを抱えた自分をまるごとそのまま認められるようになり，自己受容感が育っていきます。

しかし，育つ環境が厳しい場合には，子どもは周りの人を信頼したり，自分を受容したりすることができないまま成長してきます。すると，青年期の入り口にさしかかる頃に様々な心の病理的問題が発生します。子どもが生まれつき有している発達障害を一次障害と呼びます。そして，発達障害のある子どもたちが苦しみながら成長し，結果的に様々な精神病理を抱えるようになったとき，後から生じた精神病理を二次障害と呼びます。二次障害の現れ方は人によって様々ですが，その中核には，他者への不信感と，自分を大切にできない・自分を愛せない・自分を認められないという自尊感情の欠如が存在しています。

2 ADHD 児の二次障害

以前は，ADHD は「注意欠陥及び破壊的行動障害」という重篤な行動障害の１グループとされていました。そして，ADHD 児のうち約20％が反抗挑戦性障害（現：反抗挑発症）に移行し，その30％が行為障害（現：素行症）に至るとされていました。[1]

しかし現在の DSM-5では，ADHD は発達障害（神経発達症群）に含められることになり，行動障害とは別のグループであるという認識が一般的になりました。[2]

しかし ADHD 児はその特性から，叱責を受けたり仲間から阻害されたりして，二次障害を起こすことがよくあります。ADHD の子どもは，規則を守るために必要な脳の機能がゆっくりと発達します。そのため，同年代の子どものように，周囲の要求に合わせることは難しいと考えられます。[3]

▶1　DSM-5（初出の部分を参照）

▶2　杉山登志郎（2000）発達障害の豊かな世界．評論社．

▶3　マーク・セリコウィッツ（著）中根晃／山田佐登留（訳）ADHD の子どもたち　2000年，金剛出版

こうした子どもたちが虐待や強い叱責を受け続けたり，いじめの被害に遭ったりすると，自尊感情の低下や人間不信に陥ったりします。ADHD は行動障害の原因ではなく，周囲の環境に問題があると考えられます。顕著な行動問題を起こさない ADHD 児もたくさんいるのです。

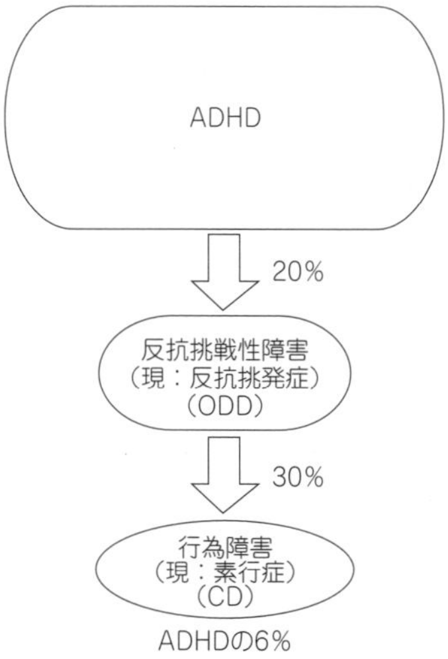

図Ⅴ－7 ADHDから行動障害へ

出所：杉山（2000）をもとに作成.

3 二次障害が生じる原因

ADHD の子どもは，うっかりミスや，落ち着きがないために叱られることが多くなります。他者に迷惑をかけても，他のことに夢中になっていてまったく気づかないことも少なくありません。たとえば，走り回って遊んでいるときに，人にぶつかったり足を踏んだりしても，本人はそのことを意識していない場合があります。本人は悪いことをしたという自覚がないのに，親や先生から叱られたり，周りの友だちから責められたりすると，「周りはいつも自分のことを悪者にする」という被害者意識をもつようになります。その結果，「自分は悪い子だ，だめな子だ」という感情が定着し，周囲に対する反発心が増長します。他者から十分に受容される経験がないと，共感性も育っていきません。

こうした二次障害を防ぐためには，小さい頃から褒められ，受容される体験が不可欠です。また，自分が誰かの役に立っているという実感をもつことも大切です。ルールを守り，みんなのために行動することを教えるには，ソーシャルスキル・トレーニングが有効です[◁5]。そして，集団の中で認められる機会を増やすことで，健全な自尊感情と他者への信頼感を育てることが大切です。

（小林　真）

▶4 藤岡淳子（2001）非行少年の加害と被害―非行心理臨床の現場から．誠信書房。

▶5 ソーシャルスキル・トレーニングについては XII－6 を参照。またソーシャルスキルを教える方法として，ソーシャルストーリーやコミック会話などの技法があり，これらについては XII－7，XII－8 を参照。

コラム7

注意欠如・多動性障害（ADHD）と薬物療法

❍注意欠如・多動性障害（ADHD）の原因

注意欠如・多動性障害（ADHD）では，脳の前頭前野（実行機能：順序だてて行動したり，行動を抑制したりする），側坐核（報酬系：より多くの報酬を得るために待つ），小脳（時間調節機能：タイミングなど時間の感覚）の働きが低下していることが原因と考えられています。これらの脳の領域には神経伝達物質であるドパミンやノルアドレナリンを利用している神経経路が多く存在します。そして，ドパミンは実行機能と報酬系に，ノルアドレナリンは実行機能と小脳機能に関わっていることが分かっています。これらのことから，脳内のドパミン，ノルアドレナリンの濃度を増加させてADHDの症状を改善させる治療薬が考えられます。現在，日本ではドパミン，ノルアドレナリン濃度を上昇させるメチルフェニデート徐放製剤（コンサータ®），ノルアドレナリンの濃度を上昇させるアトモキセチン（ストラテラ®）が治療薬として承認されています。また2017年５月には前頭前野の神経細胞のα2Aアドレナリン受容体を刺激して前頭前野の機能を高める薬剤グアンファシン（インチュニブ®）が新しく承認されました。これらの薬剤は多くのADHDの不注意症状，多動・衝動性症状を改善させることができます。

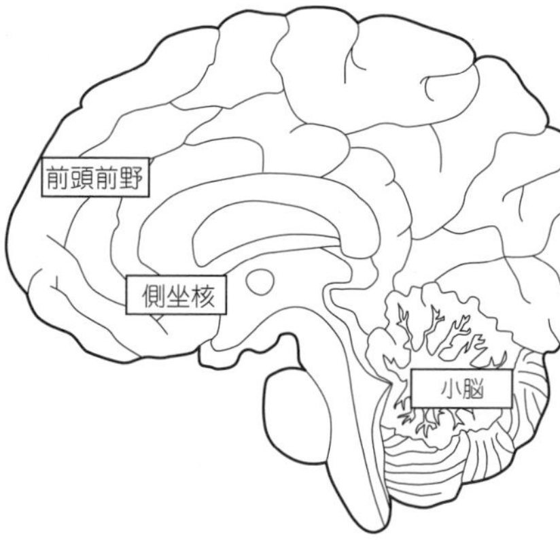

図C-7-1　ADHDの原因

出所：筆者作成

❍注意欠如・多動性障害（ADHD）の治療

ADHDの治療は環境調整（気が散りやすいものを片付けるなど），保護者・教師の関わり方支援，本人への行動療法（ソーシャルスキルトレーニングなど）から開始することが基本です。しかし，これらの対応を一定の期間行っても改善が得られない，もしくはADHDの程度が重度（不登校や攻撃的な言動が伴うなど）であった場合はタイミングが遅くならないように薬物療法も検討する必要があります。メチルフェニデート徐放製剤，アトモキセチンは効果に差がないとされているため，作用・副作用の特徴から適する薬剤を開始します。

●メチルフェニデート徐放製剤（コンサータ®）

〔作用機序〕 ドパミン・ノルアドレナリントランスポーターを阻害してシナプス内のドパミン・ノルアドレナリン濃度を上昇させる

〔対　象〕 ６歳以上のADHDの不注意，多動・衝動性症状

〔効果時間〕 朝１回の内服で約12時間

〔副作用〕 食欲不振，不眠，頭痛など

〔特　徴〕

・効果が出るのが早いため，必要な日（学校に行く日など）だけ内服するという使い方ができる

・効果が切れる夕方から夜にかけて反動で多動が強くなったり，意欲がなくなったりすることがある

・副作用で続けられなくなるのは多くが食欲不振

・チックを悪化させることがある

●アトモキセチン（ストラテラ®）

〔作用機序〕 ノルアドレナリントランスポーターを阻害してシナプス内のノルアドレナリン濃度を上昇させる

〔対　象〕 6歳以上のADHDの不注意，多動・衝動性症状

〔効果時間〕 1日2回の内服で24時間効果が持続

〔副作用〕 食欲不振，傾眠，倦怠感など

〔特　徴〕

・効果が出るまで4週間から8週間かかるため，継続して内服する必要がある

・効果が持続するため反動がない

・副作用で続けられなくなることは少ない

❍いつまで薬物療法を続けるか

基本的には薬物療法が開始された場合，ADHD症状が残っている間は継続します。飲み忘れた日や休薬日に症状の悪化がなければ中止を考えていく時期となります。一般的には思春期後期（中学生～高校生）までは続けていくことが多いです。薬物療法を中止すると症状が悪化し，生活に影響が出るようであれば成人になっても続ける場合があります。

❍メチルフェニデートの依存

コンサータ®の成分であるメチルフェニデートは麻薬であるコカインと同じような働きを持ち，依存リスクがあります。別の製剤であるリタリン®は不正使用による乱用が問題となったことがありました。これはメチルフェニデートが急速に血液中に吸収されることで，脳内のドパミン濃度を急上昇させて多幸感を引き起こすためです。メチルフェニデート徐放製剤であるコンサータ®は内服した後，ゆっくり体に吸収されるために依存が起こらないように改良されています。

アメリカではADHDの子どもたちが治療や適切な対応をされなかった場合，成人になるまでに17～45%がアルコール依存に，9～30%が薬物（麻薬など）依存になると報告されています。副作用や依存を必要以上に怖がらず，上手に薬物療法を利用することがADHDの子どもたちのよりよい将来につながると考えられます。

❍ADHDの治療・支援にあたって

ADHDの不注意や多動・衝動性といった症状は年齢とともに軽減し，本人の対応力も向上していきます。そのため，問題となるのは不注意や多動・衝動性といった症状そのものではなく，不注意や多動・衝動性によって引き起こされる嫌な・つらい体験になります。これらの嫌な・つらい体験を繰り返すことによって自己肯定感，自己効力感が低下し，不登校や攻撃的な言動，社会不適応を起こしていきます。ADHDの治療・支援とは環境調整，保護者・教師の関わり方支援，本人への行動療法，薬物療法などにより，その児の嫌な・つらい体験を減らすことといってもいいかもしれません。

（宮　一志）

参考文献

齊藤万比古．注意欠如・多動症―ADHD―の診断・治療ガイドライン第4版．じほう．(2017)

VI　学習障害の特徴と保育での支援

1 学習障害のとらえ方

▶1　1999年に出された文部省（現文部科学省）の「学習障害及びこれに類似する学習上の困難を有する児童生徒の指導方法に関する調査研究協力者会議　最終報告」によれば，「学習障害とは，基本的には全般的な知的発達に遅れはないが，聞く，話す，読む，書く，計算する又は推論する能力のうち特定のものの習得と使用に著しい困難を示す様々な状態を指すものである。学習障害は，その原因として，中枢神経系に何らかの機能障害があると推定されるが，視覚障害，聴覚障害，知的障害，情緒障害などの障害や，環境的な要因が直接の原因となるものではない。」と定義される。

1 学習障害とは

学習障害（Learning Disabilities: LD[1]）とは，全般的な知的能力には大きな遅れはありませんが，聞く，話す，読む，書く，計算する，推論するなどの，学習に必要な基本的な能力のうち，一部に困難がある状態を指します[2]。LDは，その名称から「お勉強に関する問題だから幼児期には関係ないこと」と誤解している保育者をみかけますが，これは誤りです。LDは，ADHDや自閉症スペクトラム障害などと同じく，原因として脳の機能障害が推定される発達障害の一つです。したがって，その障害に起因する特性は生涯にわたりますし，幼児期から様々な特徴がみられます。

2 LDの子どもの幼児期の特徴

LDの子どもが幼児期に示す特徴として，保育現場では以下のような問題がみられます。またその背景には，LDの子どもの抱える認知（ものごとの理解の仕方）面の困難が影響しています。したがって保育者には，できないことへの注目だけでなくその理由まで考えて子どもを理解する姿勢が求められます。

- **相手の話が理解できない**…聞いてはいますが言われていることがすぐに飲み込めず，理解できていないようにみえます。聞きかえすことも多くなります。
- **「待ってて」という指示を「立ってて」などのように聞き間違える**…音の小さなまとまり（音素）で理解することが苦手なために聞き間違えてしまいます。
- **2つ以上の指示を出すと順番がわからなくなってしまう**…記憶する容量が大きくなく，また記憶したことを思い出す作業が苦手なため，困ってしまいます。
- **話したい気持ちはあるものの筋道立てて話すことが困難でうまく話せない**…うまく話そうという気持ちが先立って失敗してしまいます。またこのようなときに早く話すことを急かされると人前で話すことを嫌がるようになります。
- **他児やものとよくぶつかる**…人やものとの距離感がつかめなかったり，相手の動きが予測できなかったりすることがその背景にあります。
- **集団で移動するときなどについて行けなかったり列にうまくならんだりできない**…上記同様，前後や左右の感覚（空間認知）がわかりにくいことに起因しています。
- **はさみがうまく使えない**…はさみの開閉の動作がぎこちなかったり，はさみの切る動きに合わせて紙を動かすことが難しいケースがあります。また，どこまで切ればよいのかという見通しがもてないために切れないこともあります。
- **言葉の発達に問題がある**…同年齢の子どもに比べて幼児音（「さかな」を「たかな」など）が目立ったり，知っている語彙が少ないことがあります。

このように，小学校に上がり，教科学習を始めるために必要となる基本的な能力に関係して様々な困難を示すことがわかります。また特に幼児期には不器用さを示す子どもも少なくありません。[3]

なお，子どもによって抱えている困難さの種類や程度は異なりますし，上記の項目に該当するものがあるからといってすぐにLDであるとは言い切れません。診断は保護者からの成育歴などの情報，行動観察や心理検査の結果を総合的にふまえて，あくまで医療機関が行います。

3 幼児期のLDの診断について

保育所や幼稚園において，全般的にみるとそれほど発達には問題がみられないにもかかわらず，多動や言葉の遅れを主訴とする「ちょっと気になる子ども」と表現されるような子どもが増えてきています。そしてその中にはLDを疑われる子どもも含まれています。実際，学齢期においてLDを診断された子どもについて，その幼児期の様子を振り返ってみたとき，言葉の遅れ，多動，対人関係の問題，不器用さなどがみられることが明らかになってきています。したがって特にアメリカ合衆国ではLDを早期に発見し，早期からの適切な教育的介入が実施されています。

しかし，わが国では早期にLDと診断評価することに性急ではありません。そのひとつの理由としては，この時期の子どもの示す状態像の特徴が発達の振幅内であることが少なくないということや，多動や不器用さといった行動特徴は，知的障害，自閉症スペクトラム障害，ADHDなどの子どもにも，幼児期には多くみられるため，LDという確定診断がしにくいということがあります。

さらには，ラベリング（labeling）による弊害が挙げられます。LDに限らず，保育者が子どもの抱える問題をなんらかの障害のせいだとする考え方をしてしまうと，それ以降，保育者が子どもに対して抱く期待を低くする傾向があることが指摘されています。そして保育者は子どもの長所に目を向ける代わりに，弱点や短所ばかりが気になり，その影響で子どもは，本来もっているはずの潜在的能力が発揮できないのです。[4] 実際に保育者の，「この子はLDでは？」という過剰な見方が，子どもに対する期待を低め，本当はひとりでできることでも手伝ってしまったり，経験する機会をまったく与えないといった残念な対応になることも見受けられます。

他の発達障害と同様，子どもがLDかどうかということよりも，保育場面で困っていることは何かに気づき，さりげない援助をして自信をもたせることを大事にしましょう。（水内豊和）

なお，医学的診断基準であるDSM-5では，限局性学習障害/限局性学習症となり，読む，書く，計算する，の3つの領域において著しい困難さをさす状態の障害を示すが，ここではより広汎な文部科学省による「学習障害」という名称とその教育的定義を用いることにする。

▶2 もしすべての領域において困難さを有していると，それは全般的発達遅滞であり，知的障害と診断されるであろうケースである。

▶3 VI-3 参照。

▶4 保育者が幼児期からLDとラベリングすることについては，以下の論文のように批判的見解が示されている。
Haring, K.A, et al.(1992) Labeling preschoolers as learning disabled -Acautionary position-. Topics in Early Childhood Special Education, 12(2), 151-73.

Ⅵ　学習障害の特徴と保育での支援

2 学習障害児の認知の特徴

LDは，認知能力の著しいアンバランスや偏りによる基礎的な学習面の障害であり（図Ⅵ-１），それに加えて様々な特徴をあわせもっている場合が多いものです。ここでは主として幼児期にみられるLDの特徴を以下に取り上げます。

❍記憶の問題

何か月も同じ場所にあるにもかかわらずあらためて聞かれると自分が毎日使っているベッドが部屋のどちら側にあるのか，窓がどこにあるのかが思い出せないといった長期記憶と想起に関すること，「はさみとのりと折り紙をもって遊戯室に行きます」といったいくつかの簡単な指示を覚えられないといった短期記憶にかかわることが挙げられます。

❍聴覚的理解や視覚的理解の問題

生活や学習に大きな影響を与える感覚上の問題として，聴覚と視覚の問題があります。日常生活の中で言葉による指示で行動できないけれども視覚的な手かがりがあれば理解できる子ども，あるいは言葉の表出が難しい子どもの中にはLDが疑われるケースがあります。また一方で，形，向き，遠近，大小，図地の判別[1]など，視覚的な認知に困難さがあるケースもみられます。こうした感覚上の問題は，情報処理能力の偏りを引き起こす原因ともなり，学齢期における学力の習得を困難にする主要な原因となります。

▶１　認識の対象となる形が「図」，その背景となる部分が「地」である。視覚的な図と地の弁別が困難だと，黒板に書いてある字が認識しづらかったり，図形の重なりが理解できないなどの問題として現れる。

❍言葉の遅れや偏り

言葉の遅れや偏りはほかの発達障害にも共通してみられることですが，LDの場合，言葉の出始めが遅い，あるいは出てきても単語が増えない，文になかなかならない，文法的におかしな言葉の使い方をいつまでもするというような特徴があります。また，言葉の理解は十分にできているのに，話すこと（表出）との間にアンバランスがあるケースも少なくありません。なかにはうまく話せない自分を自覚し，ぶつぶつと話そうとする内容をひとりごとのように何度も練習（リハーサル）してからでないと話せないような子どももいます。

❍活動水準の偏り（多動，注意集中困難など）

これはLDにはよくみられる特徴であり，身体の動きが多く，落ち着きがなく，注意集中できないなど，集団生活の中で行動の統制がとれない動きをするものです。LDにADHDが合併している頻度は高く，30〜50％ともいわれます。ただし身体的な動きの多さは幼児期にふつうにみられる行動でもあるため一概に多動だからLDであるとはいえません。

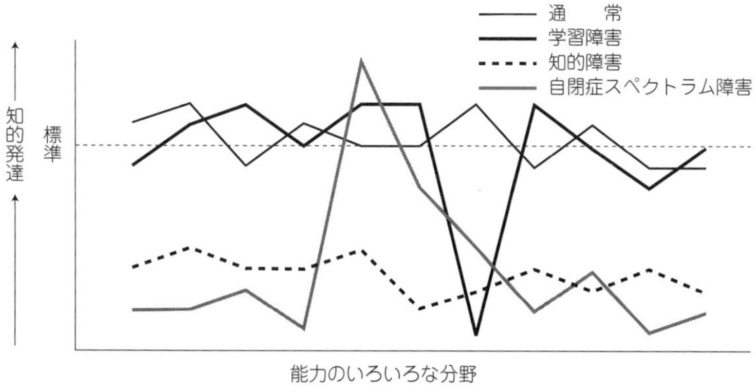

図Ⅵ－1　学習障害等の知的発達に関するモデル図

出所：尾崎洋一郎・草野和子・中村敦・池田英俊（2000）学習障害（LD）及びその周辺の子どもたち―特性に対する対応を考える．同成社．

❍運動能力の遅れ（不器用）

一般に，運動能力は粗大運動から微細運動へと分化していきます。LD の幼児期にみられる運動面での困難さとして，幼児期前半では，歩き方がリズミカルでない，転びやすいなどの全身運動のぎこちなさが目につき，幼児期後半では，はさみの使い方にも稚拙さがみられたりページがめくれなかったりといった手先の不器用さが目立ってきます。さらにビーズにひもを通すような遊びや迷路を鉛筆でたどるような遊びは「目と手の協応」が求められますが，こうした遊びに困難を示す子どもが存在します。

❍対人的な社会的スキルの問題

自閉症スペクトラム障害の子どもの抱える問題の中でもとりわけ大きいのが社会性の面での障害ですが，LD の場合も行動面や認知面の偏りからくる二次的問題としての社会的スキルの不足や使用の誤りがあります。友だちとうまく遊べない，ひとり遊びが多い，ルールを理解できず守れない，集団生活が苦手といった特徴がみられることがあります。

以上のように，行動特徴を6つに分類して述べてきましたが，実際には，それぞれが相互に関連し合っているものであり，また子どもにこうした特徴がみられるからといって必ずしも LD という診断ができるものではありません。

LD は，従来からの障害概念からはなかなか把握しにくいものであり，保育者からは単に扱いにくい子どもとしてとらえられ，適切な対応なされないまま見過ごされる例も少なくないと考えられます。こうした事態を避けるためにも，保育者側の LD に対する意識の向上が求められます。　（水内豊和）

Ⅵ　学習障害の特徴と保育での支援

3 学習障害児と不器用

1 不器用とは何か

国語辞典で「不器用」という言葉を引くと，⑴手先が器用でないこと。ぶきっちょ。⑵物事の処理のへたなこと。⑶道理にはずれていること。卑劣なこと。とあります。一般的に不器用という言葉はこのようにいろいろな意味に用いられています。特に運動領域以外では，要領が悪いとか気が利かないというように認知機能のまずさの意味や，人づきあいが下手，話下手，というような対人関係やコミュニケーションに問題がある場合にも使われます。「恋愛が不器用」とか「不器用な生き方」という⑵の用例が一般的です。

運動領域においてはどうでしょう。⑴の意味では「手先」が「器用」でないこととありますが，実際の保育場面では，色紙を折ったりはさみで切ったりものをつまんだりといった手先の細かい動き（微細運動）だけではなく，なわとびを飛んだり平均台を渡ったりといった体全体の動き（粗大運動）の悪さに関しても用いられることがあります。また，「器用」と「不器用」とを分ける境界はなんでしょう。筋力，速度，精度（ぬり絵がはみ出さずにうまくぬれるなど），効率といった運動の「量的」な視点から不器用さを議論することもできます。さらには，たとえ「量的」に同じ結果を示していても，動き方に無駄が多い，醜い，ぎこちないなどの「質的」側面でも不器用ということがあります。このように運動領域に限ってみても「不器用」という用語が意味する状態は，使う人によって同じとは限らないあいまいなものなのです。◁1

▶1　1994年に国際的呼称である「発達性協調運動障害（DCD）」という概念が定められた。また，DSM-5において，LD などの他の発達障害との診断名の併記が認められるようになった。詳しくは コラム８ 参照。

2 LD と不器用との合併について

ここでは，知的発達の遅れや身体障害を伴わないにもかかわらず粗大運動や微細運動の習得とその使用に著しい困難さを示すことを，「不器用」と呼ぶとしましょう。不器用だと，日常生活に必要な遊びや活動だけではなく，運動はもちろん，字を書く，絵を描く，工作をする，楽器を演奏するなどの学習活動にも支障をきたします。これは教科でいえば国語，音楽，技術，家庭，図工などになります。このように著しい不器用さのある子どもは必然的に LD を伴います。

しかし， Ⅵ－２ でみたように，LD の子どもの特徴として不器用さがあげられます。一般的に社会的重要度から，LD にこのような不器用が伴う症例のみが注目され，不器用さがそれ自体で問題とされることは，欧米に比して特にわが国では少なく，LDの特徴の一つとしてみなされることが多いです。発達障害の国際的な診断基準となっているDSM-5においてもLDと不器用さを主訴とする発達障害であるDCD[2]との併存を認めていますが，DCDのみの診断名をもつ子どもは，わが国では現在，発達障害全体の中でわずかでしかありません。

▶2 コラム8参照。

3 不器用さへの対応

欧米では，著しい身体的不器用さのある子どもについて，早期に発見し，個に応じた早期介入が行われていますが，わが国においてはそもそも不器用さを判別するような検査[3]は開発されていません。しかし不器用さは幼児期においても様々な場面で観察可能な問題です。また不器用さに子ども本人が気づくことで他者と比較し，人前で失敗することを避けることから様々な遊びや活動を嫌がり，ひいては自己肯定感を下げてしまうことのないよう，支援者のかかわりが重要となります。そして不器用は学齢期以降の学習にも影響します。

▶3 代表的なものに，1992年にヘンダーソンとサグデン（Henderson & Sugden, 1992）によって開発されたMovement Assessment Battery for Children（MABC）がある。現在，この改訂版であるMABC Ⅱがわが国でも標準化作業が進められており間も無く出版される予定である。

4 保育の中での不器用の子どもへの支援

このようにLDの子どもには，不器用さを抱えていることがあります。たとえば，はさみを使って紙を切るのが苦手な子は，①はさみを持つ手の動作がぎこちない，②はさみの切る動きに合わせて紙を動かすことが難しい，③どこまで切ればよいのか見通しがもてずに適当に切ってしまう，などの問題がみられます。このような子どもには保育者が難しい部分を切ってあげて簡単なところのみ子どもに切らせたり，紙の切る部分にわかりやすく線を引いたり印をつけるなどの支援が必要です。

また，着替えができないという子どもの中には，自分の体の位置関係の理解（ボディーイメージといいます）ができていないこともあります。上着を着るとき，自分の手は服のどの部分に通したらいいのかなどがわかりにくいのです。服の前後や左右，裏表がわかるように，たとえば前を意味する目印として前側のすそに刺繍を付けておくなどの支援が必要かもしれません。また日ごろから，「右の手で左の足首をつかんでごらん」などと自分の体の部位を意識できるような遊びをとり入れることもいいでしょう。（水内豊和）

VI　学習障害の特徴と保育での支援

4 学習障害児の特徴を踏まえた支援

1 LD のサブタイプ

最近ではそれほど LD をサブタイプに分けて支援を考えるということは少なくなりましたが，それでも特に幼児期においては，生活上の困難さをもたらすつまずきがどこにあるかをとらえる上で，以下のようなとらえ方は参考になります。

言語性 LD　他の能力に比べて，文字や文章，数字といった言語性情報の入出力に関する能力が低いのが特徴です。言葉の理解と表現に特に困難があります。医学分野では，この読む，書く，算数の領域の困難に限って LD としていることからもわかるように，LD の特徴の本態といえます。

非言語性 LD　出生以降，体得され発達していく対人関係を築く能力，状況を理解する能力といった非言語性コミュニケーション（身振りや視線の意味を理解するなども入ります）や，時間概念，空間概念などの非言語性情報の入出力に関する困難さを示すタイプです。物や文字の形を把握することが難しかったり，不器用だったりする子どもが含まれます。

注意・記憶型 LD　注意，記憶に関連した能力の落ち込みがみられるものです。注意力に問題があると，記憶にも影響が出てきます。覚えていることが難しいために理解ができなかったり，処理能力が低かったりします。

包括型 LD　聴覚や視覚の認知，注意の問題といった，ある特定の領域にのみ問題がみられるのではなく，いずれかの問題が部分的に混在しているタイプです。

2 特性を踏まえた支援とは

上記のようなサブタイプに子どもを分類することは，**保育において必要なことではありません**。しかし，気になる子どもについて，単に「気になる」というかかわり手側の主観的，概括的な理解ではなく，上記のような特性を理解した上で，どうしてできないのだろうか？という原因まで思いをめぐらせながら子どもとかかわることは大事です。

たとえば，言語性 LD タイプの子どもは，耳で聴いて理解するような聴覚的認知の弱さからくる話し言葉の遅れや言語指示理解の悪さをもっています。さらに注意・記憶面の弱さもあると，集団の中での一斉指示を理解して行動することは困難です。このような子どもには「早くしなさい」とか「がんばれ」という漠然とした言い方ではなく，今何をすればよいかがわかる具体的援助が必要です。全体への声かけで動けないときには「今からおやつです。手を洗いましょう」などと言葉かけしたり，友だちと一緒に遊びたそうにしているときには「『入れて』というんだよ」などと具体的な指示を与えることが必要です。

図Ⅵ－2　LDの中学生の「b」と「d」の書き誤り

非言語性LDタイプの子どもの中には，物は見えているのに形や方向を理解することに困難さがある子どもがいます。たとえばお絵かきをしてみると，5歳の子どもであっても閉じた○（まる）が描けない子どもがいます。健常の子どもにも幼児期に字を左右反転して書くことはありますが，LDの子どもは中学生になっても書き誤るケースがあります（図Ⅵ－2）。また，はさみをうまく使えない，三輪車がこげないなどの協調運動に不器用さを示す子どももいます。このような子どもには，作業しやすいように道具に工夫をしたり，その子の手や足を支えながらその子どもが実際に体験できるように運動を支援するなどの配慮が必要です。はさみ一つとっても，左利き専用のもの，バネが付いていてはさみの開閉動作が容易なもの，保育者が手を添えて一緒に切ることを体験できるよう，持ち手が二人分ついているものなど様々にあります。また，切る部分に意識を向けやすいように線を引くだけでも難易度が少なくなります。

注意・記憶面での弱さをもつ子は，何よりも注意喚起に工夫が必要です。「今から2つ大事なお話をするよ」とか，「大事なことを小さな声で話すからみんな聞いてね」など，意識を向ける工夫は有効です。またこのタイプの子どもはADHDを合併しているケースも少なくありません。「指示されたのにじっとできない」「自分をコントロールできない」「注意がすぐにそれて集中できない」といった行動をとってしまう子どもには，感情的に叱るのではなく，とるべき行動をメモに書いた言葉や絵カードなどを提示しながらわかりやすく端的に説明しましょう。またふだんから，少しのことでも褒めたり，保育者がいつもあなた（子ども）を気にとめているよというメッセージを言葉やしぐさで伝えたりすることが重要です。

3　学び方の違う子どもたち

LDの子どもたちは，全般的な発達の遅れではなく，学習の基礎的な能力の一部に偏りや習得の困難さがみられます。このような子どもが保育現場に存在することをしっかり理解しておかないと，単に聞き分けのない子，よく見ていない子などと努力不足や家庭でのしつけ不足とみなされてしまいかねません。LDの子どもは最近一部の研究者からは「Learning Differences」と例えて表現されることもあるように，「学べない」のではなく「学び方が違う」子どもであるという考え方で理解し，支援を考える必要があります。　（水内豊和）

VI　学習障害の特徴と保育での支援

5 保育現場における支援

1 保育の中でLDの子どもの抱える困難さとその支援

ここでは保育場面においてLDの子どもによくみられる問題とその対応について考えてみます。

○朝の準備や給食の配膳の手順など毎日同じことを繰り返しているのに身につかないことへの支援

給食を食べたあとのかたづけでは，おさらやおぼんを返して，机をふきんで拭いて，歯磨きをして…。たとえ毎日決まった手順であってもきちんと理解することが難しい子どももいます。しなければいけないことは何だったか，またその順番はどうだったかが思い出せないのです。このような情報の記憶や整理に問題のある子どもには，することが順番に書かれた手順表を子どもの見やすいところに用意してあげるとよいでしょう（図VI－3）。また，物を置いたり，片付けたりする場所を何度言葉で説明してもわからない子どもがいます。たとえば，「はさみは上から３番目の棚にあるよ」と伝えても理解できません。物の位置関係を理解する力の弱い子どもには，言葉ではなく，「はさみ」の絵を棚に貼るなど視覚的にわかりやすくする必要があります。

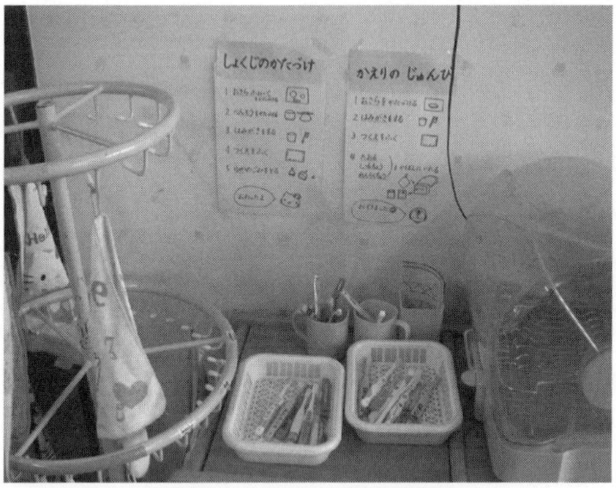

図VI－3　保育室の手順表図

○２つ以上の指示を出すと理解できないことへの支援

「今日はプールなので，これからトイレに行って，水着に着替えて，タオルを持って，テラスに並びましょう」といった，いくつもの指示を一度に言われると理解できない子どもがいます。ともすれば，できないと「しっかり聞いていないからよ」などと言われてしまいます。しかし，LDの子どもの中には，聞いて理解をすることや記憶することに困難を抱える子どもがいます。このような子どもがいる場合，一度に多くの指示を出すことは控えるか，活動を絵や写真で示したり，字のわかる子どもであれば手順を書いて示しましょう。また全員に指示を出したあとで，対象の子どもに個別にもう一度言ってあげるのもいいでしょう。

うまく会話ができないことへの支援

のちにLDと診断される子どもの中には，健診などで言葉の遅れが指摘されることがあります。また幼児語（「さかな」が「たかな」,「テレビ」が「ティエビ」など）が残ることがあります。また，言いたいことがあるのに，適切な語の想起がなかなかできない子どももいます。こうした言葉の問題を抱える子どもは，保育者や友だちと話をしたり，自分の意見を伝えることが苦手です。保育者は，「みんな，○○ちゃんがお話しするから静かに聞いてね」などと子どもが話をしやすい環境を作り，また「○○ちゃんはそのとき何をしたのかな？」などと子どもの言葉を適宜さりげなく引き出してあげるといいでしょう。「はやく言ってよ」とか「聞こえないよ」などといわれると，人前で話すことを嫌がるようになってしまいます。

2 二次的な問題の予防―学齢期の事例から考える―

図Ⅵ－4は，小学校3年生で通常学級に在籍するLD児が筆者の研究室のホワイトボードに書いた字です。「もっとあそびたいのです。」と言いながら書いたのですが，小さい「っ」が抜けています。「で」は最初書き忘れ，後から指摘されてあわてて追加したもののまったく正しくないところに挿入しています。この子は，読み書きに困難があり，学校の授業にはほとんどついていけていません。また特別な支援や配慮も無く，授業中はノートもとらずただうつむいて座っているだけ，という状況でした。しかし大学で個別指導を受ける中で，自分がやればできることを実感でき，このように人に字を書いてみせる，ということをするようにもなりました。実はこの子は幼児期から迷子になったり，閉じた○が描けないといった空間認知の問題を示していました。

LDの子どもは小学校に上がり学年が進むとともに学習面の遅れが顕在化し拡大してきますが，学習面のアプローチ以前に，まずは基本的ですが，がんばっていることを見つけて褒める，活動に選択肢を与え強制しない，人前で失敗するような機会は減らす，クラスの中に自分の居場所や活動を作る，といったことが大切になります。これは学校生活に嫌気をさして不登校やひきこもりといった二次的な問題を引き起こさないためにも，ぜひとも幼児期から取り組みたいことです。（水内豊和）

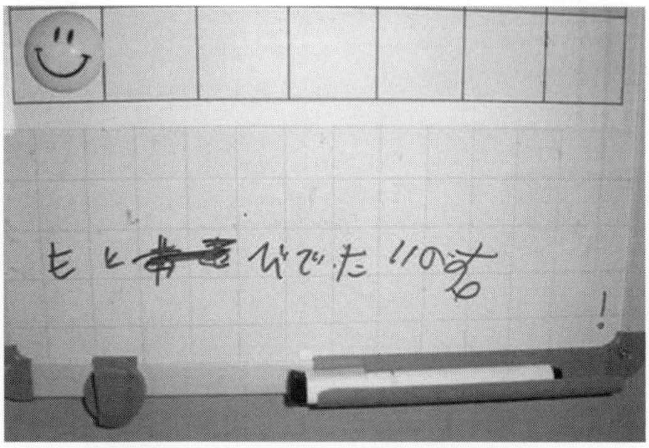

図Ⅵ－4 小学3年生のLD児の書字

Ⅵ　学習障害の特徴と保育での支援

6 保育者の理解と保育の中での個別配慮

1 保育の中で気になるＴくん

Ｔくんは保育所の年中児です。保育者として２年目のＳ先生は，あるとき障害児保育の研修会でLDについて学んで以降，自分の担任するクラスのＴくんのことがLDではないかと思い始めていました。そして10月のはじめ，思い切って特別支援教育を専門とする大学の先生に相談しました。

Ｓ先生からの情報では，Ｔくんは給食時の配膳の順番や登降園の準備はまったく覚えておらず，毎日繰り返し伝えているけどまったく一人でできない，また，自分の興味のないことにはまったく関心を示さないということでした。こうしたＴくんの示すコミュニケーション上の問題がＳ先生には「ちょっと気になる」ということのようです。

2 保育の経過

❍Ｔくんが「気になる」存在になってきた時期（年中児10月～11月）

担任のＳ先生や園長先生からお話をうかがうと，「夏が終わり，最近になってクラスがまとまってきたことで，それまで気づかなかったＴくんのことが気になりだしました」ということでした。つまり，クラス全体がある程度落ち着いてきて，Ｓ先生が個々の子どもにしっかり目が向けられる余裕ができてくるとともに，Ｔくんの「気になる」部分が顕在化してきたというのです。さらに，Ｓ先生は，担任としての思いがＴくんに伝わらないことに焦りを感じており，それゆえ，Ｔくんが他の子どもと比べてクラスの規律に沿ったことができないことが気になる原因のようでした。

❍Ｔくんの「気になる」部分に保育者があせる時期（年中児11月～12月）

大学の専門家の先生は，週に１回保育所に行き，子どもの行動観察とアドバイスをしていました。Ｔくんは依然，登降園の手順などの日常の保育で繰り返される行動ができず，個別にＳ先生が指示をしてもわからないことがよくありました。またかみ合わないやりとりも多く，クラスの規範を守れないことに対してＳ先生が注意をしても，Ｔくんはなぜ叱られているのかというまわりの状況やＳ先生の意図を理解できていないような様子もみられました。

【エピソード１】（年中児11月）
午睡の時間，Ｔくんは布団から出て，積み木で遊ぶ。Ｓ先生が何度も注意したが布団にもどろうとせず，他児も気になって眠れない。
Ｓ先生：「Ｔちゃん，眠れないなら，私に布団貸して。私寝るから。Ｔちゃん先生やってよ。Ｔちゃんがうるさいから，仕事ができないのよ。私の替わりにしてくれるの。」
Ｔくん：「うん。いいよー。」
Ｓ先生：「そう，じゃあＨちゃんが眠りにくそうだから，足もんであげてね。それから連絡帳，みんなの見てひとこと書いてね。２時から他の先生と話し合いだからよく聞いといてね。」
Ｔくん：「うん（椅子に座り鉛筆を持ち，連絡帳を見るしぐさ）。」

このようなコミュニケーション面での困難について，依然としてＳ先生がＴくんにどうかかわればよいか苦慮していました。したがって大学の先生は，行動観察や知能検査などのアセスメントを実施し，その結果からわかるＴくんの生活上の困難さの原因と保育の上でのアドバイスをＳ先生と主任の先生に伝えました。具体的には，聴覚的刺激に注意を向け，弁別する能力が弱いこと，併せて記憶の能力も低いこともあり，そのために言語的指示が伝わりにくい状態にあるので，「お集まり」の際Ｓ先生の近くに座らせる，全体に伝える指示は，あとでＴくんに一つずつ繰り返してするといった，個別的でていねいなかかわり方を提案しました。

❍「気になる」程度が変化してきた時期（年中児12月～３月）

Ｔくんが「お集まり」時に立ち歩いたり，Ｓ先生の意図した指示がとおらなかったりすることは依然みられるものの，Ｓ先生は，以前のような厳しく叱るだけという対応はせず，Ｔくんの行動を見守りその意味を考えるようにしているようでした。また，「お集まり」時には毎回ＴくんがＳ先生の話を集中して聞けるように，隣に座らせるようにしていました。さらに，クラス全体に伝えることは，再度，Ｔくんの目を見ながら１対１で指示を繰り返していました。

【エピソード２】（年中児３月）
Ｓ先生：「あれから言われたように，『お集まり』の時にはかならず，右隣に座らせるんですよ。そうすると，以前よりも指示が聞きやすいようですし，フラフラ立ち歩く瞬間に引き戻せるんです。」

大学の先生のアドバイスは，Ｔくんの行動変容にというよりも，Ｓ先生のＴくんのとらえ方やかかわり方に少なからず余裕を与えたようです。

❍Ｔくんが「気になる」存在ではなくなってきた時期（年長児４月～10月）

Ｔくんは年長になり，Ｓ先生も持ち上がって担任をすることになりました。年長時当初は，新年中児が入ったことでＳ先生は再びクラスをまとめるのに必死のようでした。ところがＳ先生の多忙さをよそに，Ｔくんは以前に引き続き，その成長に変容を見せつつありました。年長の10月の時，４月からのＴくんの様子の変化ついてＳ先生は以下のようにとらえていました。

【エピソード３】（年長児10月）
Ｓ先生：「４月ごろから，自分が年長になれたことがうれしくて，張り切って登園してくるんですよ。絵本もよく見て，集まりにも（Ｓ先生の）隣でなくても参加できるようになりました。片付けや集まりの途中，ふざけてできないことも時々あるけど，特に目立って気になることはなくなってきています。かかわりによる変化というよりも，本児自身が育ったように感じるんですよ。今ではＴくんは全然気にならないです。それよりもむしろＴくんのすごいところとか，よいところがみえるようになったんですよ。（私も）子どもの見方について余裕ができたし，保育に対して自信がわいてきたんです。」

年長になり，Ｔくんがコミュニケーションがとれるように成長したことにＳ先生は非常に喜びを表すとともに，Ｓ先生自身も子どもとともに成長できたことを実感しています。Ｔくんにみられる２年間の変化について，園長も，Ｔくんが年中当初に比べ，「年長の自覚が出てきてしっかりしてきて」おり，「Ｓ先生も子どもと一緒に育ってきた」と述べています。

3　保育者の子どもの「みかた」と支援

Ｔくんは診断名こそ現時点ではありませんが，やはり何らかの発達障害が疑われる子どもです。ただし，この事例からは子どもを支援する「保育者の子どもの見方」しだいで「保育者は子どもの味方」になるということ，そして，個に応じた支援があれば発達障害が疑われる子どもも「できた」という成功体験を重ねてその子なりに成長できることの重要性が示されます。

また，子どもの実態把握や支援においては，保育者ひとりで悩まずに，園内の職員で共通理解をもつこと，そして積極的に専門機関（巡回相談員や特別支援学校など）を活用することも大事です。

4　どの子にもわかりやすい配慮や工夫を

日々の保育の場面のうち，お集まりなどの設定保育の場面をビデオに撮って見返してみましょう。すると，保育者はもちろん身振りや手振り，表情や声色など様々なコミュニケーションの手段を使ってはいますが，その中でも「言葉」による指示がけに多くは依存して，活動や遊びが展開していることがよくわかります。そうすると，聴覚的認知や注意の弱い子どもには，保育場面は生活しにくいところになってしまいます。このことに気づいただけでも，保育者は明日からの保育において，言葉だけの指示を減らそうとか，図示したり身振りを取り入れたりして話をしようというように，かかわり方を見直すことができます。子どものいろいろな局面での「できなさ」を子どもの「障害」にのみ原因帰属させるだけの見方では，いくらいい指導方法を勉強しても，また専門家によるアドバイスを受けたとしても，効果的な支援につながらないのです。

ここでは，保育者が陥りやすい「言葉がけ」について，みてみましょう。

⑴ 通常暗黙的によく用いられている，やる気を高めようとする保育者の言葉がけ

「よく見なさい，よく見ないからできないのですよ」

「できた人からおやつにしましょう」「がんばってる？」

「○君だけだよ，できてないのは」

これらの言葉は，保育者は子どもにがんばってほしいから用いるのでしょうが，特にLDを含めた発達障害の子どもは，保育所でも家庭でもできない，わからないという経験を他の子ども以上に経験しています。ですから，がんばっているのに難しい子どもにとってはやる気を高めることにはつながらず，むしろ自尊心を低下させてしまうだけです。

⑵ 漠然としていて，答えることが限定しにくい質問

「今日のおやつはどうでしたか？」「みなさん，夏休みはどうしますか？」

一番簡単な質問のしかたは，「おやつはおいしかった？」というような「はい」「いいえ」で答えられるものです。上記のような言葉がけでは具体的にどう答えてよいのかがわかりにくいのです。「いつ」「どこで」「だれが」「なにを」がわかるような問いかけをするように心がけましょう。

⑶ 場面や状況に依存する会話

「はさみある？」

「わたしはたぬきにするけれど，あなたはきつねでいい？」

気になる子が，紙飛行機を作っていて，先生は少し羽に切り込みを入れたらよく飛ぶのを教えてあげようとして，「はさみある？」と聞いてます。これは「はさみをもっていたら出してごらん」という意味で使ったわけですが，気になる子は「はさみ，あるよ」といってそのまま黙々と折り続けています。場面や文脈を理解するということはとりわけ発達障害が疑われるような子どもには難しいことです。学齢期以上になって，なぐさめようとして使った「ばかだなあ，次にがんばればいいんだよ」といった言葉にキレてしまう，ということもよくあります。言葉のもつ意味は場面や文脈により変化することが理解できず一義的な意味しかもちえない子どももいるのです。

特に，保育者が，クラス全員に対して発する言葉は，きちんと気になる子どもにも伝わったか，常によく考えましょう。あとで，その子のそばに行き復唱して確認することも必要かもしれません。そして，わかりにくい言葉はできるだけ用いず，ていねいな説明を心がけるようにしましょう。（水内豊和）

コラム8

発達性協調運動障害（DCD）

全般的な発達に遅れが見られないにもかかわらず，はさみが使えなかったり，三輪車が上手にこげなかったりと，体の動きが不器用な子どもがいます。このような子どもたちの中には，発達障害のひとつである，「発達性協調運動障害」のある子どもが存在します。

1　発達性協調運動障害（DCD）とは

発達性協調運動障害（Developmental Coordination Disorder：DCD）とは，アメリカ精神医学会の示すDSM-5に基づく診断名です。その特徴として，協調運動技能の獲得や遂行が，その人の生活年齢や技能の学習およびその機会に応じて期待されるものよりも明らかに劣っており，その困難さは視覚障害や知的障害によってはうまく説明されないことがあります。例えば，物をよく落としたり，物にぶつかったりするなどの不器用さや，はさみを使ったり（微細運動），体を大きく動かす遊びをしたり（粗大運動）する運動技能の遂行に遅さや不正確さが見られる場合があります（表C－8－1）。このような症状は，発達段階早期である幼児期から始まり，学齢期で顕著となります。有病率は，5～11歳の子どもで5～6％とされており，保育所の20人クラスに，1～2人が在籍することになり，決して少ない数とは言えません。幼児期の場合，服のボタンをはめることができない，折り紙が折れない，またはそれらの遂行に時間がかかることがあり，日常生活や遊びの中で困りを感じることが多いです。またDSM-5からは，発達性協調運動障害と，自閉症スペクトラム障害やADHDなどの発達障害との診断の併記が可能となりました。

表C－8－1　各時期における不器用さを示す特徴

時期	特徴（保護者からの主訴）
乳児期	・ものに手を伸ばさない ・ものを握れない ・おもちゃで遊ばない
幼児期前期 （1歳前後～3歳頃）	・よく転ぶ ・ジャンプができない ・階段が上がれない ・歩き方がうまくならない ・遊具で遊べない ・スプーンを使えない ・ストローで飲めない ・自分で食事を食べない
幼児期後期 （3歳以降～6歳頃）	・発音が悪い ・はさみが使えない ・絵がかけない ・のりをうまく使えない ・折り紙が折れない ・うがいができない ・ボタンがはめられない ・水道の蛇口がひねれない ・体操，遊戯がへた ・やることが遅い
学齢期以降	・体育，図工，家庭科が苦手 ・楽器が演奏できない ・字が書けない ・時計が読めない ・絵がへた ・図形が苦手 ・計算が不得意 ・運動ができない ・時間内にできない ・ぞうきんがしぼれない

出所：石川道子（1999）小児科領域からのアプローチ．辻井正次・宮原資英（編）子どもの不器用さ―その影響と発達的援助．ブレーン出版，pp.143-158をもとに作成．

2　発達性協調運動障害と２次障害

これまでの先行研究の中で，発達性協調運動障害と２次障害との関連が指摘されています。幼児期の子どもは，遊びや日常生活動作を通して，協調運動のスキルを獲得するだけではなく，物事に取り組む楽しさを感じたり，自信をつけたりします。しかし，発達性協調運動障害のある子どもは，運動技能の獲得や遂行に困難があるだけではなく，失敗経験を積み重ねる中で，物事に取り組む意欲や自尊感情が低下する危険性があります。幼児期において自己肯定感が低くなってしまった子どもたちは，学齢期に入り，体育科の授業や定規・コンパスを使う算数科の授業などの学校生活のさまざまな場面で，積極的に取り組むことができなかったり，自分の苦手なことを他者と比較したりして，ますます運動嫌いや自尊心の低下に陥ってしまいます。そうした２次障害を防ぐためにも，幼児期における適切な支援が必要となるのです。

3　発達性協調運動障害のある子どもへの支援

不器用さや協調運動の遂行における困難が見られる子どもに対しては，訓練だけではなく，日常生活や遊びの中でも，十分に子どもの発達を支援することができます。支援を行う際に留意する点として，ここでは以下の４つを示します。

１つ目に，子どもの得意な能力や興味を活用することです。例えば，うまく折り紙が折れない子どもに対して，視覚的な手がかりから情報を得ることが得意な場合には，折るところにあらかじめ鉛筆で線を引いたり，重ね合わせるところに好きなキャラクターのマークをつけたり，実際に折り紙を用いて，折り方の工程を示したもの（図Ｃ-８-１）を用意したりすることなどが有効です。「苦手なことはあるけれど，こんな工夫をするとできるようになる」ことを子どもに伝え，できたら褒める，一緒に喜ぶということが保育者に求められます。このように，保育場面でのかかわりとしては，子どもの主体性を大切にして，子どもが楽しみながら運動をできるようにする支援が必要となります。

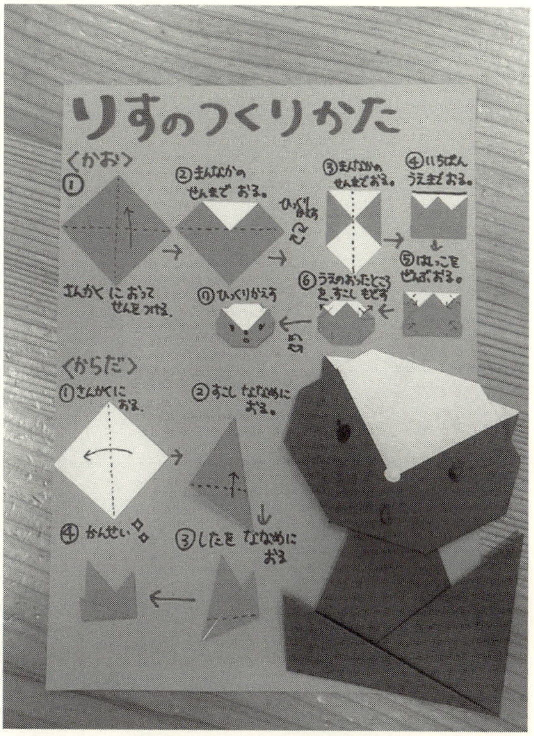

図Ｃ-８-１　折り紙の工程

２つ目に，個に応じた予行演習を保障することです。小学校の体育科では，運動のできなさが本人や周囲の人にわかりやすいです。保育園での運動会や設定遊びも同様で，自尊感情の低下といった２次障害の拡大につながりかねません。そのため，集団での運動場面の前に意図的な介入を遊びの中に取り入れる必要があります。例えば，リレーの活動を行う前にバトンを使った遊びを取り入れ，道具に慣れる経験ができるようにしたり，しっぽとりゲームを通して“ねらいを定めてものを取る”ことにより，バトンの受け渡しの練習をしたりすることで，本番での成功体験を保障する必要があります。

3つ目に，子どもの成長や意欲を認めることです。集団での運動場面においては，運動が得意な子どもがついつい注目されがちになってしまいます。そのことが，運動に困難がある子どもの自尊感情をさらに低めてしまうかもしれません。そのため，集団での活動においては，様々な子どもに目を向け，その子どもができたことや頑張っていることを褒めることにより，子どもが嬉しい・楽しい体験で終えることができる支援が必要でしょう。

4つ目に，運動遊びに対する意欲を高めたり，達成感を味わったりできる工夫をすることです。すべての子どもが活躍できる遊びを行うために，様々な役割を作ったり，子どもに選択肢を与えたりすること，そして既存のルールに捉われることなく，必要に応じて遊びのルールを変更することが求められます。

また，協調運動の遂行度に困難がある背景として，発達性協調運動障害以外の要因も考えられます。例えば，ADHDの子どもの場合，集中の困難さから，説明を聞き逃したり，活動中に別のことに気を取られてしまったりして，活動の遂行ができないことがあります。また，口頭のみの説明では理解することが難しい子どもの場合，実際に保育者がモデルを示すなど，視

覚的に説明することが有効です。子どもの行動が本人のどのような特性によるものなのかを見極める必要があるでしょう。

また，家庭や幼稚園・保育所，学校でできる，基礎的な運動スキルを高めるトレーニングや，日常生活スキルを身につける工夫などについて書かれている書籍[1]がありますので，そういったものを参考にすると良いかもしれません。　（羽柴ひかる）

参考文献

渋谷郁子（2008）幼児における協調運動の遂行度と保育者からみた行動的問題との関連．特殊教育学研究，46(1)，1-9.

伏江寿々花・水内豊和（2015）保育者からみた保育場面における子どもの不器用さ―自閉症スペクトラム障害の子どもを中心に―．体育の科学，65(12)，913-917.

伏江寿々花・水内豊和（2016）幼児の運動場面における遊びを通した支援：身体的不器用さや運動嫌いを回避・軽減するために．特別支援教育コーディネーター研究，12，29-34.

▶1　リサ・A・カーツ（著）七木田敦・増田貴人・澤江幸則（監訳）泉流星（訳）（2012）不器用さがある発達障害の子どもたちの運動スキルの支援のためのガイドブック―自閉症スペクトラム障害・注意欠陥多動性障害・発達性協調運動障害を中心に―．東京書籍．

Ⅶ　その他の障害の特徴と保育での支援

1 視覚障害児の特徴

1 視覚に障害があるとは

視覚障害とは，目でものを見る機能（視機能）が永続的に低下している状態です。視力だけでなく，視野や色覚，光の程度を感じ取る順応，両眼視，調節，眼球運動ほか，いろいろな機能が含まれます。治療やめがねなどの使用で視機能が通常の程度に改善する場合は，視覚障害とはいいません。法律では，視力と視野の値によって視覚障害の有無と程度が決められています。[1]

視覚障害の状態は，特に生活や学習において視覚を活用できるかどうかという観点から，「盲」と「弱視」の２つに大別されます。「盲」とは，視覚の活用が困難で，学習には主に点字を使用し，触覚や聴覚など視覚以外の感覚からの情報を活用する必要のある状態です。「弱視」とは，めがねなどで矯正しても視力が0.3未満で，文字の拡大や，コントラストをつけるなど環境を工夫することによって，主に普通の文字を用いて学習ができ，視覚情報を活用して日常生活の活動ができる状態をいいます。見える範囲が限られる，視野障害がある場合もあります。その場合，どの部分がどの程度欠けているかによって，見え方も大きく変わります。このように，医療機関と連携しながら，子ども一人ひとりの見え方の状態をできるだけ的確に把握する必要があります。

2 視覚障害はなぜ起こるのか

目（眼球）の構造は図Ⅶ-１にようになっています。見たい対象に当たった光が反射して目に入ると，まず角膜，次に水晶体を通って折れ曲がり，目の奥の網膜に集まり，像を結びます。そのとき，光の量を加減するのが虹彩，ピントを合わせるために水晶体の厚みを調整するのが毛様体です。網膜に映った情報は電気信号となって視神経を通り，大脳の視覚中枢に届いて処理されます。視覚障害は，この過程のいずれかがうまく機能しない場合に起こります。

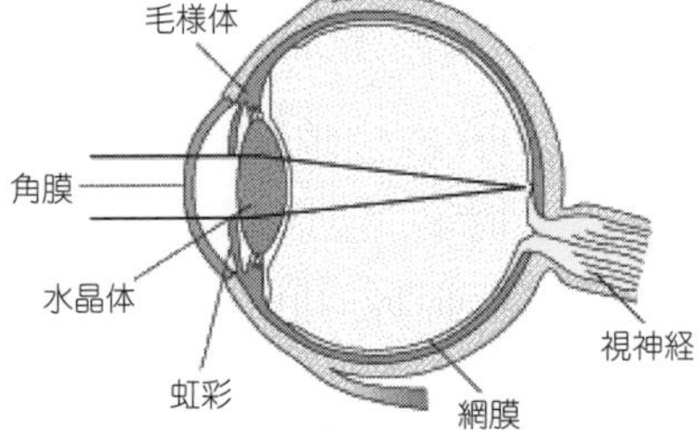

図Ⅶ-１　ものが見える仕組み

視覚障害の原因疾患は様々ですが，特に子どもに多い病気には，未熟児網膜症，[2] 視神経萎縮，[3] 先天（性）白内障，[4] 小眼球，[5] 先天（性）緑内障[6]等があります。

▶１　厚生労働省「身体障害者福祉法」では，視覚障害の範囲を
①両眼の視力がそれぞれ0.1以下のもの
②１眼の視力が0.02以下，他眼の視力が0.6以下のもの
③両眼の視野がそれぞれ10度以内のもの
④両眼による視野の２分の１以上が欠けているもの
と定めている。
また，学校教育法施行令の第22条の３では，特別支援学校で教育を受ける視覚障害者の障害の程度として，「両眼の視力がおおむね0.3未満のもの又は視力以外の視機能障害が高度のもののうち，拡大鏡等の使用によっても通常の文字，図形等の視覚による認識が不可能又は著しく困難な程度のもの」としている。

▶２　未熟児の目に異常な網膜の血管が増殖する。打撲や衝撃をさけ，網膜剝離の予防に配慮する必要がある。

▶３　視神経に萎縮や変性が起こる病気。見えやすい部分の視野を活用するようにし，似た色の図などにはっきりした境界線を付ける，まぶしさを軽減するためのサングラスを装用するなどの配慮が必要。

▶４　本来透明なはずの水晶体が濁ってしまう病気。

▶５　眼球が発育不全で小さい状態。欠損部位によって様々な視機能の問題が起こる。

3 視覚障害児にみられる発達上の困難さ

○周囲の環境を把握することが難しく，自発的な行動が制限されてしまう

自分から遊ぼうとしなかったり，同じ遊びを繰り返したりしている様子がみられることがあります。周りの状況がわからないと，興味関心や意欲をもつ機会は少なくなります。その結果，過去にうまくいったことのある，限られた活動だけを繰り返し行うことが多くなってしまうのです。また，対象を確認しにくいので，どのように働きかけたらよいのか混乱し，不安になることもあるでしょう。こうして，行動が制限され，社会経験が乏しくなりがちです。

○視覚情報が得られず，言葉の概念や知識の獲得に影響を受けてしまう

意味を十分理解するだけの情報が足りないまま，その言葉を覚えてしまうことがあります。その結果，知っている言葉の内容が偏っていたり，難しい言葉を使っていても，語音の印象に興味をもって使っているだけだったりします。◁7 また，周りが，子どもが意味をわかっていると思いこんで話していたら，行き違いが起こることもあります。対人関係においても，場の雰囲気や相手の表情を視覚から読み取ることが難しいので，その言葉が使われるべき背景を理解せずに不適切に使ってしまったり，コミュニケーションがうまくいかなくなったりすることもあります。このことは，人とかかわる意欲を低下させ，人間関係を限られたものにしてしまう可能性も含んでいます。

○見て模倣することが難しいため，動作や技術の習得に援助を必要とする

移動だけでなく，日常生活動作や，絵画，造形などの創作動作，体操や運動など動作全般にわたり，個別的な援助と安全にかかわる配慮を必要とします。実際に適切にできたかどうかを自分で見て確認することができないので，やり方を個別に教えてもらうだけでなく，周りからの意図的なフィードバックが必要になります。このため，動作の習得に時間がかかることに併せ，指示や援助を待つことになりがちで，自発性や積極性に影響する可能性もあります。

これらの発達上の困難さは，いずれも周囲の適切な支援によって予防したり，改善したりできるものです。早期からの支援と対応が求められます。

4 視覚障害があることに気づきにくい子どもの行動特徴

障害の程度が軽度である場合，見えにくさに周囲が気づかず，子どもが苦しんでいることがあります。その子どもにとっては見えにくいのが当たり前の状態なので，子ども自身も気づいていなかったり，見えにくさを感じてもどう説明してよいかわからなかったりするからです。視覚に何らかの問題がある場合，いくつか特徴的な行動がみられることがあります。◁8 丁寧な行動観察を行い，実態を把握した上で，専門機関とも連携し，なるべく早く，実態に応じた適切な支援につなげることが求められます。

（阿部美穂子）

▶6　目の中のリンパ液の循環が何らかの原因で阻害され，眼圧が高くなり発症する病気。発見が遅れると失明に至る。眼圧を上げないように長時間のうつむき姿勢等を避けることや，打撲や衝撃などを避け，網膜剝離や水晶体の脱臼を防ぐ配慮が必要。

▶7　現実的実体の裏付けがない音声だけの言語は「バーバリズム（verbalism）」と呼ばれ，視覚障害児はその傾向が強いとされる。

▶8　たとえば，
・本やものを見るとき，顔を極端に近づけたり，傾けたりする。また，頭を動かしたり，まっすぐ見ようとしないことがある。
・よく人やものにぶつかったり，つまずいたりする。段差で動きが慎重になる。
・外に出るとまぶしがる。外での活動が苦手である。
・薄暗い場所では，動きが慎重になる。夜道等をこわがる。
・物を探すのに時間がかかったり，見失ったりする。
・ボールを追いかけたりパスを受け取ったりすることが苦手である。
等がある。（福岡教育センター研究紀要・手引き書第150号「初めて特別支援教育に携わる先生のための手引」より抜粋，一部改変）

参考文献

大倉滋之（編）千田耕基（監修）（2008）発達と障害を考える本10　ふしぎだね!?　視覚障害のおともだち．ミネルヴァ書房．

芝田裕一（2015）視覚障害児・者の理解と支援（新版）．北大路書房．

Ⅶ　その他の障害の特徴と保育での支援

2 視覚障害児の保育

1 基本的な考え方

視覚障害児の支援にとって最も必要なのは，視覚から入るはずの情報をできる限り保障することです。そのためには，残されている視覚からの情報はもちろん，触覚，聴覚などあらゆる感覚を総合的に活用することができるような環境設定の工夫と支援が必要になります。

視覚からの情報が不十分だと，自ら環境に働きかける自発的な行動が育ちにくいことが懸念されます。そのため，見通しや興味関心をもてる，わかりやすい環境を準備することが必要です。また，できない側面を改善するばかりでなく，好きなことや得意な力に目を向け，意欲を引き出す支援がとても大切です。

2 視覚を活用する

弱視児の場合，視覚の活用能力を高める支援が重要です。そのため，一人ひとりの見え方に応じた見やすい条件を整える必要があります。

○小さいものや細かい部分が見えにくいので，大きく，見やすくします。必要な部分をその場で大きく書き出すだけでも有効です。「拡大読書器」（図Ⅶ-２）や「弱視レンズ」（図Ⅶ-３）などの機器を使う方法もあります。また，絵本などを子どもの見え方に応じて拡大して作成してくれるボランティアも利用できます。

○大きいものは全体像がとらえにくいので，全体が視野内に入るよう，縮小します。その際，全体と部分の関係をつかむことができるようにします。

○境界や輪郭をはっきりさせ，見せたいもののコントラストを強くします。白地に黒い文字よりも，黒地に白い文字の方が見やすい場合もあります。

○情報が多すぎると，どれが重要かわからず混乱してしまいます。余分な情報は思い切ってカットし，見せたいところだけを強調するようにします。

○目に入る光の量を加減することが難しいので，部屋の明るさ調整が必要です。見え方によって，明るい方がよい場合，暗い方がよい場合があります。また，効率よく視覚情報を取り入れる方法を獲得させる必要があります。

○全体を見てから，細かい部分を見て，全体と部分の関係をつかむようにさせ，特に重要な情報がどの部分にあったのかを確認します。

○広いものや大きいものを見るときは，始点を決めて，順にたどるようにし

図Ⅶ-２　拡大読書器

カメラで見たいものや読みたい本を写し，拡大して直接ディスプレイに映し出す機器。自分の見やすい大きさに調節することができる。

出所：http://www.neitz.co.jp/wp/wp-content/uploads/2014/02/img_140101_02.jpg　株式会社ナイツ HP より。

図Ⅶ-３　弱視レンズ

近いものを見るためのルーペと遠いものを見るための単眼鏡などがある。写真はルーペの例。

て漏らさず見て，全体の配置や構成を頭に入れるようにさせます。

○本などは，行をとばさないように，指で押さえながらゆっくり視線を動かして見るようにさせます。

見ることを強制するやり方ではなく，子ども自身が「見てみたい，見ることが楽しい」と感じ，見る意欲を高めるような工夫が必要です。また，必要に応じて補助具[1]などを進んで活用しようとする態度を身につけさせたいものです。

▶1　各種補助具については，日本点字図書館，日本ライトハウス情報文化センターなどのホームページに詳しく紹介されているので，参照のこと。また，近隣の視覚障害特別支援学校（旧盲学校）に相談すると，実際に見学，体験することができる。

3 触覚を活用する

視覚障害児は触覚の活用能力が高いと思われがちですが幼児の場合，必ずしもそうとは限りません。意図的に触覚を活用できるための支援が必要です。

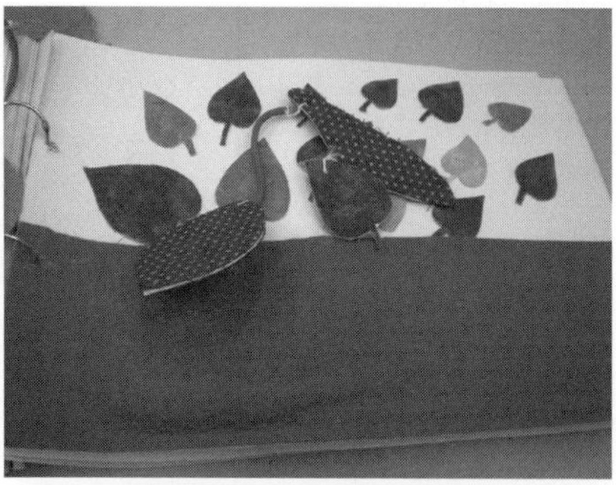

図Ⅶ－4　さわる絵本の例

○さわると音がでたり，変化が起こったりするおもちゃや，さわる絵本（図Ⅶ－4）など，さわることを楽しめるような環境を豊富に準備することで，子どもは意欲的に触覚からの情報を活用しようとし，手の使い方も上達していきます[2]。

○「同じ—違う」から始め，「堅い—柔らかい」「すべすべ—ざらざら」のように，触覚情報を区別・分類し，名前を付けて弁別力を高めます。

○手を動かしてさわることのできる空間（触空間）について，手前，向こう，右，左などの位置関係を理解させ，空間のイメージがもてるようにします。また，自分の体を基準に上下前後左右の空間関係を理解できるようにします。そして，さらに他の人やものの上下前後左右など，自分以外を基準とした位置関係についても広げていきます[3]。

○空間を効率よく探索する手や身体の動かし方が身につくようにします。おもちゃ探しゲームなどを取り入れ，最初は子どもが移動しなくても手が届く広さから，徐々に体を動かして移動しながら探せるようにします。

○対象物の形状や大きさ，材質，また使い方などを触覚を通して把握し，その特徴を整理し，概念形成をはかります。このとき，全体をまんべんなくさわったり，全体と部分の関係を理解できるようにさわったりなど，情報を取り入れやすいさわり方ができるように支援することが大切です。

▶2　視覚障害児がさわって遊べるおもちゃや絵本などの情報，また感覚の活用能力を伸ばす多様な活動について，京都ライトハウス内「視覚支援あいあい教室」で相談に乗ってくれる。また，近隣の視覚障害特別支援学校（旧盲学校）に相談することもできる。

▶3　時計の文字盤の配置を活用した「クロックポジション」により，食器の位置を知らせる方法がある。本人から見て奥側を12時，手前側を6時，右を3時，左を9時として説明する。

4 聴覚を活用する

環境が出す音や子ども自身が出す音を活用することができるようにします。

○生活の中で聞こえる様々な音が何を表しているのかをできるだけ直接触ったり，見たりしながら確認し，概念形成に役立つようにします。音を出しているものの名前だけでなく，それが危険なのか，安全なのか，どのような状況を示す音なのかについても知ることができるようにします。

○いつも決まった場所から聞こえる音は，自分の居場所を確認したり，移動の際，自分が音に近づいているのか，それとも離れているのかを聞き取って，その位置を確認したりするのに役立ちます。活動の際は，基準となる音源を決めてそれを手かがりに移動できる環境を設定するとよいでしょう。

5 基本的生活習慣を育てるための支援

着替えや鞄の片付け，排泄，食事など生活の多くの動作について，最初は一つひとつ手を取って教える必要があります。その際大切なのは，子どもが一人でできるようになるために，①何を手かがりに，②どのような手順で行うのがよいか，③その際，使うものや環境をどう工夫したらわかりやすいかを考えることです。たとえば着替えの際，服のどの部分を持つようにしたら裏返しにならずに脱げるか，着るときには服のどの部分で裏表や前後を確認させたらよいかなど，子どもが手がかりをつかめるように教えます。必要があれば，目印となる飾りボタンを付けて，前後がわかるための工夫をしてもよいでしょう。同様に，下駄箱，ロッカーや机の位置，トイレや手洗いの場所にも，見やすい，または触れてわかる印を付けることで，自分で確認できるようにします。食事は自分の使う食器の範囲がわかりやすいようにお盆にのせ，各食器の配置をお盆の中で確認します。食器は重心が低く，倒れにくいものを使うのがよいでしょう。子どもが食器を持つ際は，お盆の縁からゆっくり手を伸ばして触れるように誘導します。スプーンや箸も他の子ども同様，スモールステップで使えるように支援します。基本的生活習慣を身につけさせるための原則は，子どもの力と保育者の援助を足すと，常にちょうど100％になるようにすることです。子どもが自分で手がかりを使ってできることを徐々に増やしながら，最終的には最低限の援助でやりとげることができるよう，継続的な取り組みが求められます。◁4

▶4　基本的生活習慣の支援方法及び乳幼児期の生活全般にわたる支援方法については，国立特別支援教育総合研究所教育相談情報提供システム「視覚障害のある子どものQ&A」を参照されたい。http://forum.nise.go.jp/soudan-db/htdocs/index.php?page_id=31

6 身体・運動能力を育てるための支援

まず，子どもが安心して体を動かして遊べる手がかりのある環境や遊具を準備することです。運動の際は，保育者が手をつなぐだけでなく，一人で安全に動ける範囲を知らせる音源，足で触れてわかる手がかりや，かけっこのゴールを示す音など，空間の位置を知る手かがりを用意します。音の出るボールを使えば，ボールを投げるだけでなく受けとったり拾ったりする活動もできるでしょう。また，どのように体を動かせばよいのかをわかりやすく教えることも必要になります。たとえば手をどれくらいどのように伸ばせばうまく投げられるのか，どのように跳べばいいのかなど，触れたり，見たりしてわかる目安を設定することもよいでしょう。トンネルくぐりや跳び箱，マット，平均台，ボール運動，水泳，スキー，スケートなど，やり方を工夫さえすれば，保育の中で視覚に障害があるためできない運動はほとんどありません。安全なグランドでは，自転車を乗り回すこともできるようになります。

7 コミュニケーション，対人能力を育てるための支援

視覚障害児は，周りの人の様子を見て判断することが難しいので，自分から積極的に人に働きかけることができにくいのです。ですから，コミュニケーションの困難さは，本人だけでなく，周りの子どもや大人側の問題として，とらえるべきでしょう。「こっち」「あっち」等の言い方や，何を話題にしているのかわからない話し方は視覚障害児を混乱させ，その結果，子どもは，話題についていけなかったり，とんちんかんな反応をしてしまったりします。また，相手の状況が見て取れないので，相手と協力したり，タイミング良く伝えたりすることが難しく，かかわろうとした子どもとの関係がぎくしゃくしたりします。こうして対人関係の失敗経験を積むことになるのです。

まず，子どもが自分に話しかけられていることがわかるように，名前を呼んでから話す，話す側が名前を名乗ってから話す，何の話題かを先に言うなど，保育者は子どもが情報を整理しやすいように言葉を選ぶ必要があるでしょう。周りの子どもは，保育者の話し方や情報提供の仕方，援助の様子を見て，視覚障害児との適切なコミュニケーション方法を学んでいきます。こうして，わかりやすく，安心して人とかかわることのできるコミュニケーション環境が整うならば，視覚障害児自身の自発的な人とのかかわりを促進できると考えられます。[5]

8 専門機関との連携

これまで述べてきたように，視覚障害児は，感覚の活用をベースに置きながら，身辺処理能力や，運動能力，コミュニケーション，対人能力など様々な視点からの支援を必要としています。支援にあたっては，特に見え方や目の保護の観点から，医療・保健機関との連携が大切です。[6]具体的な支援については，視覚障害特別支援学校（旧盲学校）が実態把握から支援の方法，保護者との連携など多面にわたる相談に応じてくれます。このように，多職種の支援者との連携が，より適切な保育の実現につながります。

（阿部美穂子）

▷5　視覚障害児の教育に関する基本的な考え方については，以下を参照のこと。文部科学省（2010）すべての視覚障害児の学びを支える視覚障害教育の在り方に関する提言。中教審「特別支援教育の在り方に関する特別委員会第８回配布資料」4-2。

▷6　医療機関には，視機能を高めるための訓練を専門に行う，視能訓練士がいるので，特に弱視児の見え方について，連携して支援を進めることが効果的である。

参考文献

香川邦生ほか（2016）五訂版視覚障害教育に携わる方のために．慶應義塾大学出版会．

青柳まゆみほか（2015）視覚障害教育入門―改訂版―．ジアース教育新社．

Ⅶ　その他の障害の特徴と保育での支援

3 聴覚障害児の特徴

1 聴覚障害とは

聴覚障害とは外耳から大脳の聴覚中枢までの聴覚機能に何らかの損傷が起き，聞こえに障害がある状態のことです。伝音難聴は外耳（耳介，外耳道）から中耳（鼓膜，耳小骨），内耳に伝わるまでの過程に障害があり，伝達される音は小さくなりますが歪みはありません。一般的に医学的治療で回復の可能性が高く，聴力レベルは70dB 以下のことが多いようです。

感音難聴は物理的な振動である信号が神経の信号に変換される部分（蝸牛）と，それ以降の信号の伝達・処理に関する部分（神経路，中枢処理機構）に障害があり，音が小さくなるだけでなく音そのものに歪みが生じます。医学的治療で回復の可能性は低く，聴力レベルは70dB 以上のことが多いようです。

聞こえの程度とはどれくらいの大きさの音であれば聞くことができるかということで，オージオメータ[1]によって測定します。健聴の人の聞こえ初めの音の大きさを０ dB として，数字が大きくなればなるほど聞こえは厳しくなり，聴力レベル40dB 程度で補聴器が必要となります。WHO（世界保健機関）の聴力障害程度の分類では，25dB までを正常，26～40dB を軽度，41～55dB を中等度，56～70dB を準重度，71～90dB を重度，最重度を91dB 以上としています。ささやき声や新聞をめくる音は約20～39dB，普通の会話の声は約60dB，せみの鳴き声や大声の会話は約80dB，工場や電車の中は約90～100dB で，120dB を超える音は不快感や耳の痛みを感じます。

聴覚障害によって生ずる困難さは聴力レベルだけで決まるのではなく，障害の発見の時期，補聴器等の装用の時期，その後の教育の有無などによります。

2 補聴器と人工内耳

聴覚障害の発見は，聴力が厳しい場合は早い時期に家族の呼びかけや大きな音に反応しないことで，軽中度の場合は保育園や幼稚園などの集団の場で気づくことが多いようです。その後，医療機関での聴性脳幹検査（ABR）[2]等によって聴覚障害と診断され，ほとんどの乳幼児は補聴器を装用します。補聴器とは音を増幅して蝸牛に伝え，有毛細胞を興奮させて音声情報を聴神経に伝えるものです。補聴器の種類には耳かけ型，耳あな型，ポケット型等があり，最近はデジタル補聴器やFM 補聴器[3]も幼児に使われています。

▶1　オージオメータ：受話器による個々人の聴力を測定する機械。

▶2　聴性脳幹検査（ABR）：他覚的聴力検査の一つ。一定の音を聞かせ聴力進路の脳幹から出てくる脳波をコンピュータ解析して，脳幹反応が出るかで聞こえているかどうかを調べる検査。

▶3　FM 補聴器：離れたところからの音声を途中の雑音に影響されずに明瞭に聞くために，FM マイク送信機から送られた電波を受ける受信機が内蔵された補聴器。

2001年以降，新生児聴覚スクリーニング[4]が厚生労働省のモデル事業として医療機関で実施されるようになり，早い場合は生後２か月で聴覚障害が発見され補聴器を装用することもあります。

また，人工内耳を装用する幼児が増えています。人工内耳とは手術によって，蝸牛に電極を挿入して音声情報を直接聴神経に伝える装置で，一般的に30dB前後の聞こえになります。先に述べた新生児聴覚スクリーニングの普及や2014年の人工内耳適応基準の改定により人工内耳の低年齢化が進み，人工内耳を両耳に装用する幼児も増えています。ある地方の聴覚障害特別支援学校幼稚部の在籍幼児の40％が両耳装用児ですが，珍しいことではありません。保護者は人工内耳を装用すれば「聞こえるようになる」と思って手術を受けますが，術後の聞こえの程度は軽中度の聴覚障害ということができます。人工内耳で音が聞こえることと言葉を理解することは同じではなく，言葉と経験を結びつける指導が必要です。その意味で人工内耳は一種の補聴器であると考えます。

▶4　新生児聴覚スクリーニング：初回検査は産科で自動聴性脳幹反応聴力検査を用いるが，耳音響放射検査を併用するところもある。検査で「要再検」となった場合は大学病院などで精検査が実施される。

3　聴覚障害児とコミュニケーション手段

聴覚障害児の主なコミュニケーション手段には聴覚口話法と手話法があります。聴覚口話法とは聴覚（補聴器）と読話によって情報を取得し，音声と文字によって情報を発信し，日本語の積極的な習得を図ろうとするものです。聴覚口話法を補うものとしてキュードスピーチがあります。これは日本語の音節を口形で母音を，手指の動きで子音を表すもので，読話や発音の補助手段として音声と併行して使われています。

聴覚障害者の言語として手話があります。手話は手の指の形態，位置，向き，動きの方向と速度などによって意味を伝え合うものです。手話についての社会的な理解が進み，母子のコミュニケーションを重視する考えから聴覚障害特別支援学校の幼稚部で手話が導入され，現在はほとんどの聴覚障害特別支援学校で使用されています。手話には日本手話[5]，日本語対応手話[6]，中間型手話[7]があり，指文字も使われています。指文字は片手の指を伸屈させることで，日本語の音節を表し，手話にない単語の表現や助詞の確認などに使用します。聴覚障害のある幼児に必要なことは，実態に応じて，聴覚，口話，キューサイン，手話，指文字，文字，絵，写真など様々な方法を用いて母親をはじめとする周囲の人々と楽しくコミュニケーションをとることだと考えられます。

聴覚障害乳幼児を取り巻く現状は，新生児聴覚スクリーニングによる母子が抱える不安への支援，人工内耳に関する理解と支援，手話を含めたコミュニケーション等課題が多く，高い専門性が求められています。　（柳田由紀）

▶5　日本手話：日本語の文法等に拘束されることなく，手の形や動き空間内での位置などを利用して情報の授受を行うもの。

▶6　日本語対応手話：日本語を手や指の動きによって表現するもの。

▶7　中間型手話：日本語対応手話を基本としながらも助詞などを省略したもの。

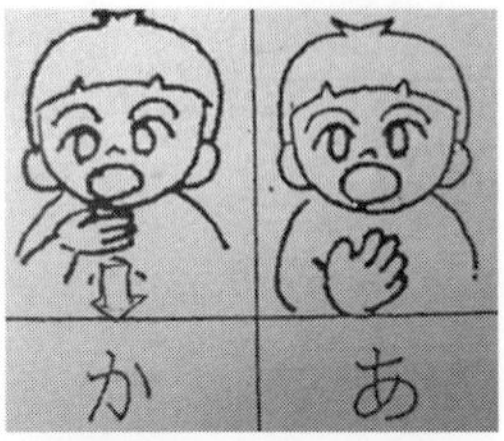

図Ⅶ－5　キューサイン

富山県内の聴覚障害特別支援学校で使用している例。

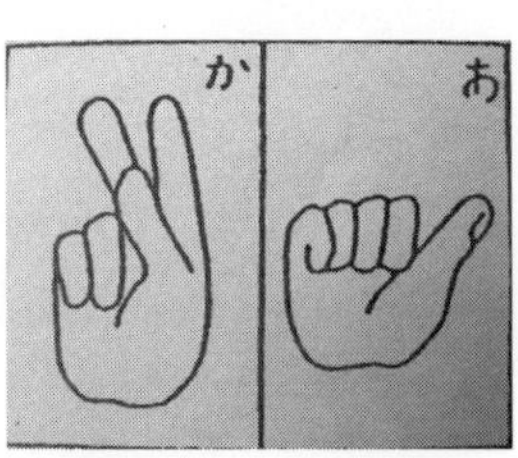

図Ⅶ－6　指文字の例

Ⅶ　その他の障害の特徴と保育での支援

4 聴覚障害児の保育

1 聴覚障害幼児の保育の場

聴覚障害教育では，従来から最早期発見・最早期教育の重要性が指摘され，０～２歳児は聴覚障害特別支援学校の乳幼児教育相談で，３歳以降は幼稚部で教育を受けています。聴覚障害特別支援学校以外では難聴幼児通園センター等で，０歳からの療育が行われています。通園している幼児の聴力レベルは聴覚障害特別支援学校幼稚部と比べ比較的軽度であり，通常の保育園や幼稚園に通いながら通常の小学校への就学をめざすことが多いようです。

2 保育の目的

聴覚障害児の保育（教育）では子どもの障害の部分（聴覚障害）にとらわれることなく，心身の発達に注目し，その可能性を期待し援助する全人的発達をめざしています。子どもの自分でしてみたいという内発的動機や母親をはじめとする共感的人間関係，身近な事象への興味や関心，豊かな心情などを育てることを目的としています。また，コミュニケーション手段にこだわることなく，話したい，聞きたいという気持ちを大切にして，子どもたちの曖昧な状況を分かる状況にするために，コミュニケーション環境を整え，音声言語と手話言語の双方を学習する機会を作っていくことが必要です。同時に，聴覚障害によって生ずる困難を改善するために，以下のような指導が行われています。

3 言葉とコミュニケーション

身近な人とのコミュニケーションを通して，言葉は育つと考えられています。母親（保護者）と安定した関係を基盤とした母子のコミュニケーションが大切です。母親に見て欲しい，母親と一緒に遊びたいという気持ちがコミュニケーションの第一歩です。子どもたちは母親や保育者との共感と感動を通してコミュニケーションの力を身に付けます。繰り返される毎日の生活の中で，母親や保育者が子どもの表現に言葉を付けていくことで言葉が増えていきます。

また，言葉はコミュニケーション手段であると同時に，思考の手段でもあります。そこで，子ども自身が自分の考えや思い，感じたことを言葉で伝えることや，情報量を増やしたり言葉の概念を豊にしたりする指導が重要です。具体的には，日常生活の中で母親や保育者が「どう考えたの？」「どう思ったの？」

などと語りかけて考えさせるようにしたり，健聴の子どもたちと話すときと同じようにたくさん話しかけたりすることが大切です。

4 生活とあそび

聴覚障害の有無にかかわらず，基本的生活習慣など身のまわりのことを自分ですることが大切です。あいさつや係の仕事などの約束の意味がわかり自分で気を付けようとすること，活動の準備や後片づけができることも大切です。また，子どもの発達にとって遊びは重要で，友だちとのかかわりの中で遊ぶ楽しさを実感できるようにします。また，遊びには言葉のやりとりが必要で，遊びの中で言葉を身に付けるように指導します。

5 聴覚活用と発音

生活の中で音の存在を子どもたちに知らせ，一緒に楽しく音を聞くように働きかけることが聞く力を育てます。補聴器や人工内耳を装用して，音や言葉を注意深く聞こうとする態度を身につけ，あわせて，口形から話し手の内容を読み取る指導も行います。また，定期的に聴力測定を実施して，より正確な聴力レベルを把握し，補聴器の調整を行うことが必要です。人工内耳は術後，医療機関等でのマッピング[◁1]を行いますが，より適切なマッピングには保育の場での情報の提供が大切です。さらに，補聴器や人工内耳の取り扱い方に慣れ，日常の管理が自分でできるように，段階を踏んだ指導が必要となります。

聴覚障害の子どもは自分の声をフィードバックできないため，発声・発語に困難を生ずることがあります。発音指導の原則は補聴器や人工内耳を通して音を確実に聞き，自分の声を意識することです。そうすることで聞こえが軽中度の場合はかなり明瞭な発音が可能になりますが，聴力が厳しい場合は系統的な発音・発語指導が必要となります。発音指導では子どもの興味関心に基づき，視覚的情報を活用して見て分かる，学習して楽しい，成果が分かる指導で子どもの集中を持続させることが大切です。

6 両親支援

保護者が健聴の場合，我が子の「聴覚障害」を受容して愛着関係を築くことが困難になることがあります。そこで，子どもとの活動や指導者との話し合いから，保護者が子どもの育ちや言葉の獲得の大筋を理解して，安定して楽しく子育てができるように支援をすることが重要です。

さらに，『両親学級』の開催や『おたより』の活用を通して，聴覚障害や補聴器，人工内耳についての理解を深めるとともに，ロールモデルとして成人の聴覚障害者の生き方に接したり手話を学んだりすることで，保護者が「聴覚障害」を肯定的に受け止めることができるように支援します。（柳田由紀）

▶1　マッピング：人工内耳は，装着すればすぐに聞こえるようになるわけではなく，装用している子どもにとって最も聞き取りやすい状態のプログラムを設定する必要がある。この作業をマッピングという。マッピングは，安定するまで週に1回程度行う。また，並行して聞き取りの学習を行う必要がある。特に，幼児の場合，自分で音感を訴えることが困難なことも多く，言語聴覚士によるきめ細かい訓練に加え，医療，家庭，保育所，幼稚園等の連携が求められる。

Ⅶ　その他の障害の特徴と保育での支援

5 肢体不自由児の特徴

1 肢体不自由があるとは

肢体不自由とは，上肢（手と腕）や下肢（足と脚），体幹（胴体）の機能に永続的な障害があり，運動や動作に不自由がある状態を指しています。

たとえば，上肢や下肢の部分が生まれつきあるいは病気や事故などで欠けてしまったり，奇形や変形が起こったりした状態があります。また，中枢神経系の問題や病気が原因で，思い通りに体を動かせなくなるまひの状態が挙げられます。まひは，体の一部が動かせないだけから寝たきりまで，多岐にわたります。

2 肢体不自由はなぜ起こるのか

体は，脳や脊髄などの中枢神経系が発する信号によって動いています。感覚器官が外部の刺激を受け取り中枢神経系に送ると，それを処理した中枢神経系は，必要な動きを起こすように末梢神経系を通じて身体各部の筋肉に指示を送るのです。この過程がうまく機能しなくなると肢体不自由が起こります。

肢体不自由を引き起こす主な原因は様々ですが，事故などによる外傷性の疾患の他に，中枢神経系，末梢神経系，骨や関節，筋肉などの疾患によるものがあります。幼児期の主な原因には，脳性まひ[◁1]，二分脊椎（にぶんせきつい）[◁2]，筋ジストロフィー[◁3]，先天性股関節脱臼[◁4]などがあります。なかでも，原因の圧倒的多数を占める脳性まひは，脳に損傷を受けた部位によって，まひの性質が異なるところから，いくつかのタイプに分類されています[◁5]。また，脳性まひは症状の現れる場所によっても分類されます（図Ⅶ-7）。

▷1　受胎から出生後4週までの間に何らかの原因で脳に非進行性の病変が起きたために，永続的でしかし成長とともに変化しうる運動および姿勢の異常を指す。

▷2　奇形によって脊柱の中を通っている神経の管の一部が開いたままの状態で生まれてしまい，神経が外にはみ出して傷つき，その結果まひを引き起こす。

▷3　遺伝子の異常によって筋肉がやせていき，筋力が徐々に低下していく進行性の病気。5歳頃から歩き方がおかしい，転びやすいなどの症状で発症し，10歳ぐらいになると車いすが必要となる場合が多い。

▷4　出生の前後に股関節がずれたり，外れたりしてしまう状態。早期に発見して適切な治療が行われないと，運動機能や姿勢の保持に障害が起こり，年齢とともに痛みや関節の変形が生じるようになる。

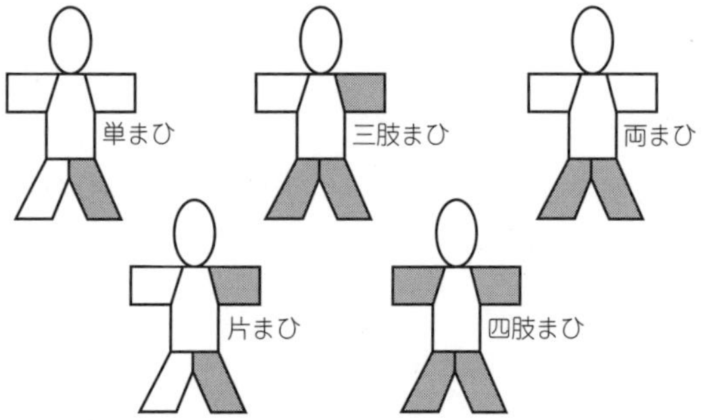

図Ⅶ-7　まひの部位による分類

出所：愛知県肢体不自由教育研究協議会（1999）肢体不自由教育リーディングブック～初めて携わるみなさんへ～．愛知県肢体不自由教育研究協議会．p.19.

3 肢体不自由児にみられる行動特徴と困難さ

肢体不自由の主な原因である脳性まひを中心に述べます。

❍姿勢における困難

姿勢を保ったり，変化させたりすることが難しく，バランスを崩してしまいがちです。さらに，乳児のある特定の時期だけにみられるはずの原始反射が消失せず，随意的な姿勢のコントロールに影響を及ぼすこともあります。

❍移動における困難さ

まひの程度やその部位によって，自力での移動が困難であったり，できたとしても，その方法が限定されてしまったりする場合があります。

❍操作における困難さ

上肢にまひがあると，腕や手全体を大きく動かす操作から，より協応性が必要な細かな手指の操作まで，学習や生活上の様々な操作が難しくなります。

❍口腔機能に関する困難さ

特に脳性まひがある場合など，口や唇，舌がスムーズに動きにくく，よだれの始末や明確な発音が難しいことがあります。周りが言葉を聞き取ることができず，コミュニケーションが限定されてしまいがちです。また，発音の不明瞭さは，言葉の不正確な記憶につながり，言語の習得にも影響します。

口腔機能の問題は，食べる機能にも影響を与え，特に嚥下（飲み下し）に障害があると，食物が気道に入りやすく（誤嚥），命にかかわることもあります。

❍脳性まひに伴う，その他の問題

視覚障害や聴覚障害，知的障害がみられる場合があります。てんかんを併発しているケースも多く，服薬によるコントロールを必要とします。

また，日常的に筋肉の緊張のコントロールや多様な姿勢変換ができないままでいると，筋肉が固くなり，骨が変形したり，関節の動きが制限されて固まってしまったりする問題が起こることが少なくありません。

4 肢体不自由児の発達上の課題

肢体不自由があると，自分の体を思うように動かすことができないので，自分から環境に働きかけるチャンスが少なくなりがちです。また，介助を必要とする場合が多く，「できない自分」という自己像をもちやすくなり，受動的で依存的な態度に陥ってしまうことも懸念されます。子どもの発達は，本来，自発的で能動的な環境との相互作用によって伸びていきます。肢体不自由によってこの相互作用がうまく働かなくなることは，発達全般にわたる深刻な影響をもたらします。よって，あらゆる手だてを講じることによって，活動の主体者である自分を意識し，自ら意思をもちそれを実現しようとする態度を獲得することが，最も優先されるべき発達課題であるといえましょう。　（阿部美穂子）

▶5　脳性まひのタイプの例

痙直型：強い筋緊張があり，筋肉が硬くなって弱っていく。

アテトーゼ型：本人の意図に反して筋肉に力が入ったりぬけたりしてしまう不随意運動が起こる。

失調型：筋力の弱さがあり，筋緊張が低く，速い動きや微妙な動きがうまくできない。バランスを保ちにくいので歩く際にもふらついてしまう。

混合型：上記の２つ以上の型の特徴がある場合。

参考文献

日原信彦（監修）（2007）発達と障害を考える本７　ふしぎだね!?　身体障害のおともだち．ミネルヴァ書房．

Ⅶ　その他の障害の特徴と保育での支援

6 肢体不自由児の保育

1 基本的な考え方

Ⅶ－５でも述べたように，肢体不自由があると，姿勢や移動能力に加え，随伴する認知やコミュニケーションの困難さが，発達上の様々な側面に問題を引き起こします。そのため，肢体不自由児の保育においては，単に運動動作面のみならず，発達全般にわたる視点からの支援が必要となります。

特に最も重要なのは，自立を目指した支援です。自立とは，決して何でも自分一人の力でできるようになることではありません。自ら意思をもち，能力や適性に応じて，主体的に自分の力を可能な限り発揮し，必要な援助を選び取りながら，その意思を実現しようとする意欲と態度，技能を身につけることこそ，目指すべき「自立」のあり方といえるでしょう。保育の様々な側面で，この自立観に基づいた一貫した発達支援が求められます。

以下に，３つの視点から支援のポイントを取り上げます。

○子どもが自ら働きかけやすい環境の工夫

肢体不自由児にとって，自分のもっている動きを使って環境にかかわることは大きな喜びをもたらします。この喜びは自ら働きかけようとする意欲を引き出し，すでに獲得している動きを向上させ，拡大する，よい循環を生み出すのです。

たとえば，握ることはできても，指先にまひがあり鉛筆やクレヨンをもつことができない子どもの場合，握って使う形状のクレヨンを用意したり，鉛筆にホルダーなどを付けて手のひら全体で握り込むようにしたりすれば，自分で書けるかもしれません。市販の物がなくても，ちょっとした工夫で自作することもできるでしょう（図Ⅶ－８）。スタンプやパソコンを活用する方法もあります。いずれにしても，保育者がその子どもの手を直接介助して書かせるよりは，子どもが自らの意思と力を発揮しやすくなるのです。生活全般において，子どもが自分の現在の力でできる，あるいは，わずかのがんばりでできる環境を工夫することが求められます。

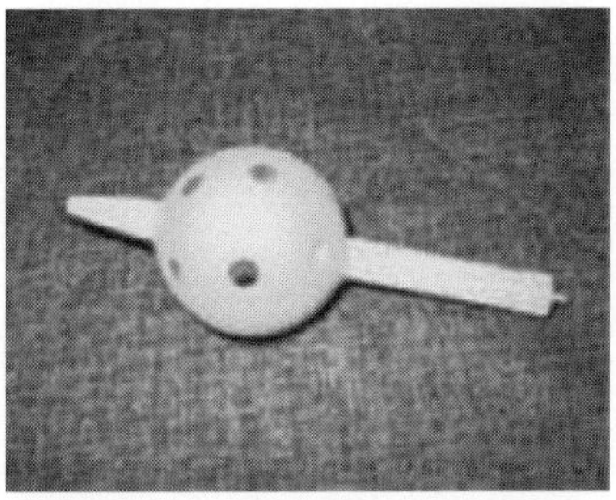

図Ⅶ－８　ゴルフのプラスチックボールで作ったペンホルダー

出典：特別支援学校の授業に役立つ自作創作教材・教具
http://www.asahi-net.or.jp/~ue6s-kzk/

そのためには，アシスティブ・テクノロジー（Assistive Technology）と呼ばれる，障害児者の能動的な活動を支援する様々な技術を導入することが有効です。身近なものを使ったちょっとした工夫から，ハイテクをつかった装置まで，あらゆる機会とあらゆる方法を駆使して，子どもが能動的に人やものに働きかけるための支援が求められているのです[1]（図Ⅶ－9）。

❍自己決定能力を高めるための工夫

肢体不自由児は，コミュニケーションの問題を抱えることが少なくありません。まひが発声や構音の問題を引き起こし，音声言語によるコミュニケーションを難しくしてしまうからです。それだけでなく，肢体不自由の程度が重くなればなるほど他者からの指示や援助を受け入れる生活が中心となり，「～したい」という意思をもちにくい状況にあります。このことは，自らの生活を自己決定に基づいて創っていこうとする自立のあり方とは相容れないものです。

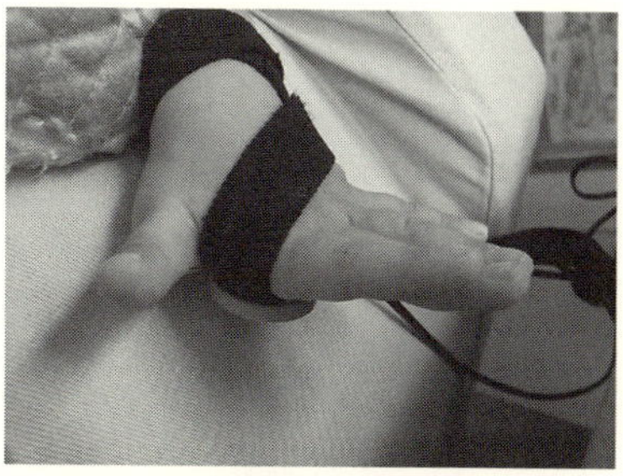

図Ⅶ－9

手のひらサイズのスイッチを押してわずかな手の動きでも，おもちゃを自力で動かせる。

保育者はこのような現状を踏まえ，子どもが生活の中で自己決定できる場面を意図的に設定し，絵カードや後述するVOCAなど使いやすい手段を工夫しなければなりません。食事や排泄などの生活場面や遊び場面など，あらゆる場面で，子どもの意思を伝える意欲と自己決定能力を高める支援が求められます。

❍子どもの好きなことや長所を生かし，自己有能感を高める工夫

その子どもの発達の遅れている側面を改善することばかりでなく，好きなことや得意な力に目を向けることは，肢体不自由児に限らず，すべての障害のある子どもの支援において大切です。自分の得意な力を発揮することで，何かを成し遂げたり，周囲から認められたりする経験は，子どもの有能感を高めます。特に，肢体不自由のため失敗体験をしやすい子どもにとって，力を発揮できる自分を実感することは，まさに将来にわたって自立的な生活を支える大きな原動力となるのです。もし，苦手な課題に取り組まなければならない場面でも，それを子どもが好きな，興味のあることと関連させたり，また，すでに子どもが獲得している得意な力と結びつけたりしてその活動を展開するなら，子どもにとって挑戦しがいのある課題になるでしょう。それによって，子どもはさらなる，主体的な取り組み意欲をもつでしょう。

それでは，以下に保育における具体的な支援について述べることとします。

2　基本的生活習慣を育てるための支援

食事，排泄，着替えなどの技能が身につくようにするためには，子どもの実態に応じた目標設定と，環境の工夫が必要になります。

まず，目標を設定します。その際，子どもの障害の状態に応じて，①通常の環境で，自分でできることが目標，②子どもが使いやすいように工夫された環境で，自分でできることが目標，③工夫された環境で，必要に応じて部分的に介助を求めることによりできることが目標，④全面的な介助が必要で，食事や排泄等に関する意思を伝えることが目標，等の目安をもつとよいでしょう。

たとえば着替えならば，①の場合であれば，一度に最初から最後までを練習

▶1　障害のある子どもの，様々なアシスティブ・テクノロジーについては，こころ工房のホームページ（http://kokorokoubou.com）を参照されたい。また，特に手操作に重い困難をもつ子どものもっている力を生かして，環境に働きかける環境作りの例としては，金森克浩（著）(2014) 改訂版 障がいのある子の力を生かすスイッチ製作とおもちゃの改造入門．明治図書出版が参考になる。

させるのではなく，まずはズボンだけから始めて，他は手伝うようにします。自分一人でさせることにこだわるあまり，時間がかかりすぎて，やる気をなくすことがないように気をつけましょう。ズボンができるようになったら，他の衣服を加えればよいのです。②の場合は，①に加えて，布地素材を選んだり，ゴムの強さを加減したり，ボタンの大きさ，形，数を変えたり，ボタンをマジックテープ®に変えたりなどの工夫をすることで，着替えやすくなるかもしれません。そのほかにも，ロッカーの位置や大きさ，衣服をかけるフックの形状や位置など，様々な環境の工夫が考えられます。さらに③の場合は，①，②に加え，いつ，どんな方法で，手伝って欲しい意図を伝えるかを，子ども自身が判断し，伝えることができるようになる支援が必要になります。④の場合は，子どものできる意思表出の方法を見つけ出すとともに，子どもが，介助に合わせて自分の体をどのように動かしたらよいのかを知り，介助に協力できるようになるための支援も必要です。

3　移動・運動能力を育てるための支援

肢体不自由があると移動や運動能力は限定されてしまいます。しかし，様々な補助器具を利用することにより，その残された能力を生かして，より高い移動能力や操作能力を発揮することができるようになります。

もっとも一般的なものが車いすです。車いすは自分でこぐタイプや，スイッチを操作して動かす電動タイプ，介助者に押してもらうタイプのものなどがあります。さらに，姿勢を保持するためのいすもあります（図Ⅶ-10）。また，立った姿勢を支えつつ自分の足で進む歩行器や，補装具や杖などもあります。

しかし，補助器具を整えるだけでは，子どもの能動的な生活の保障にはなりません。たとえば，移動に関して，子ども自身が行きたい場所があって初めて，子どもにとってその能力を向上させる意味があるのです。また，車いすや歩行器が使える環境が必要です。このように，支援にあたっては，子どもの意思とそれを実現できる方法，そしてその方法を可能とする環境のそれぞれが保障されるための取り組みが求められます。

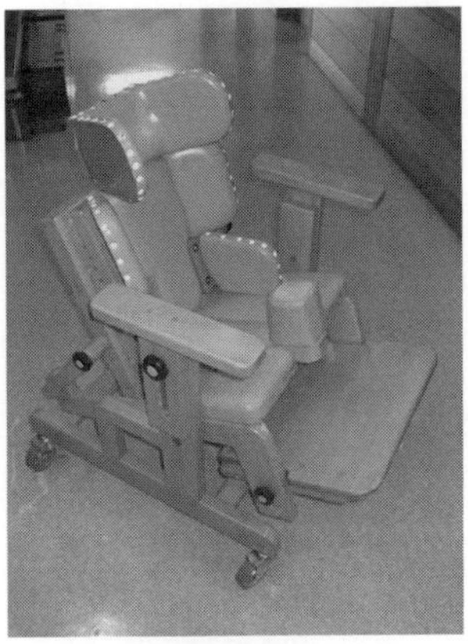

図Ⅶ-10

座った姿勢を保持しながら移動もできる座位保持いすの例。

4　コミュニケーション，対人能力を育てるための支援

すでに述べたように，コミュニケーション，対人能力は肢体不自由児の自立につながる重要な力です。そこで，子どもが意思を伝える力を育てるための支援が必要です。

もし，まひのために音声言語の使用が困難な場合は，それに代わるコミュニケーション手段を工夫する必要があります。たとえば，音声言語の代わりに，視線や発声，簡単な身振りなどで，「はい」「いいえ」を伝えたり，活動内容を選択する必要があるときは，保育者があらかじめそれらを示す絵

ビッグマック（音声を録音しておき，上部を押すと再生されるもの）パシフィックサプライ社

ボイスキャリーペチャラ（文字盤を押して文章を作成し，発声キーを押して読みあげるもの）パシフィックサプライ社

図Ⅶ－11 VOCAの例

出所：https://www.p-supply.co.jp/Products/category/4/page～5

や写真，文字のカードを準備して，その中から選択できるようにしたりします。また，VOCA（Voice Output Communication Aids）（図Ⅶ-11）は，音声言語を発することができない子どもや大人が，あらかじめ他者によって録音された音声や機械的に合成された音声をボタンを押すなどの簡単な操作によって再生することにより，音声で伝えることができるコミュニケーション補助機器です。このような子どもが使い易い方法を選択して活用することにより，子どもが能動的に人に働きかけ，気持ちを伝え合う喜びを体験させたいものです。

5 専門機関・保護者との連携

肢体不自由児の保育にとって，欠かせないのが医療機関との連携です。まひに伴う生活上の安全や衛生面での管理，また損傷部分の保護や拘縮，変形等のの予防，姿勢保持や移動・操作などの動作全般にわたる適切な介助方法，さらにはてんかんなど随伴する疾病への対応や健康管理上の配慮事項など，生活全般にわたる広範囲の情報交換や協力が欠かせません。特に障害が重度で，呼吸や嚥下障害がある子どもの中には，医師の指示で看護師が行うべき医療的な行為を必要とする者もあり，そのようなケースでは，日々の保育場面で看護師と協力する必要があります。また，医師や看護師だけでなく，理学療法士，作業療法士，言語聴覚士など，肢体不自由児の障害の状態を治療・改善するために，障害発見時から長期にわたり専門的な視点からかかわってきたスタッフと連携することも大変重要です。支援方法のアドバイスを受けるだけでなく，保育者からも保育の視点から子どもの情報を伝えることによって，お互いに子どもの実態を多面的にとらえることができ，支援の相乗効果につながります。

保護者との間でも，同様のことがいえるでしょう。子どもにかかわる様々な人々が，もっている情報をお互いに共有し，同じ視点から協働して子どもを支える支援のあり方こそが，子どもの自立を実現する強力な推進力となるのです。

（阿部美穂子）

参考文献

日本肢体不自由教育研究会（監修）（2008）コミュニケーションの支援と授業づくり（肢体不自由教育シリーズ），慶應義塾大学出版会.

金森克浩（編著）（2010）特別支援教育におけるATを活用したコミュニケーション支援．ジアース教育新社.

Ⅶ　その他の障害の特徴と保育での支援

7 言語障害児の特徴

▶1　上顎（口蓋（こうがい））は，妊娠7週から12週目頃に形成される。何らかの理由により口蓋が中央部でうまく癒合しないために，裂けた状態になる先天的な顔面の奇形。口唇の癒合不全は口唇裂。

▶2　脳性まひ：Ⅶ-5参照。

1 言語障害の分類

言葉を使用する能力は，音声を作り出すスピーチ（speech）の能力と，語彙（ごい）や文法を理解したり使ったりするランゲージ（language）の能力とに分けられます。発達期に現れるものとして，スピーチの障害には構音障害，吃音，音声障害が含まれ，ランゲージの障害には言語発達の遅れが含まれます。

2 構音障害のある子ども

構音障害とは特定な音が正しく発音できない状態です。低年齢の子どもが正しく発音できないことはよくありますが，通常では見られない誤り音があったり，発音の誤りが長く続いていたりする場合は構音障害です。構音障害があると発話の明瞭度が下がりますので，言葉を聞き取ってもらえない経験や，誤りを指摘される経験をすることも少なくありません。そうした経験を積み重ねると，子どもは話すことに苦手意識をもち，行動が消極的になることが多いものです。子どもが自信をなくす前に対応する必要があります。

構音障害は機能性構音障害，器質性構音障害，運動障害性構音障害に分類できます。口腔の形態の異常が原因で生じるのが器質性構音障害で，口蓋裂（こうがいれつ）◀1による構音障害はこれに含まれます。一方，脳性まひ◀2など，中枢性の運動神経系の疾患に伴うものが運動障害性構音障害で，口腔の形態にも神経系にも明らかな原因が認められないものが機能性構音障害です。機能性構音障害の場合，知的障害や学習障害を伴っているケースも少なくありません。器質性構音障害は手術などの医学的措置で問題が軽減することも多く，まず構音障害の原因を専門家が見極めることが重要です。

3 吃音のある子ども

吃音とは言葉がなめらかに話せないことです。3歳半くらいが発症のピークで，吃音の8割以上が6歳以前に始まります。吃音の原因はまだはっきりと解明されていません。吃音の原因は焦りや緊張だと考えられがちですが，焦りや緊張のせいでどもり始めるわけではありません。「ゆっくり話してみたら」などのアドバイスに効果がないことからもわかります。また，幼児期は7割を超える子どもが自然治癒しますので，「気にしないでおけば治る」と考えられがちです。しかし，気にしなければ治るものでもありません。気にしないようにするというまわりの対応がかえって吃音を誰にも言えない問題にしてしまい，子どもが一人ぼっちで悩みを抱えて苦しむ可能性があります。自然治癒するお子さんとしないお子さんとを見分けることが必要ですが，現在のところ正確に見分けることは困難です。

幼児期は自分の吃音を気にしないで話していることがほとんどです。しかし，自分の吃音に気づいていないわけではありません。幼児期や小学校低学年のころは，なぜそのような話し方なのかとまわりに不思議がって聞かれることが多く，子どもは次第に吃音を隠すようになります。吃音を隠そうとすることでコミュニケーションはさらに不便になり，話すことへの苦手意識を大きくしていきます。吃音の問題はなめらかに話せないことだけでなく，吃音を隠したり吃音から逃げたりすることが大きな問題になることを理解する必要があります。

4 言語発達に遅れのある子ども

言語発達の遅れや異常には，知的障害，広汎性発達障害[3]，難聴，脳性まひなどの運動神経疾患，発育不全，不良な言語環境などの原因が考えられます。したがって適切な支援のためには，言語発達を阻害している原因を明らかにし，言葉や心身の発達の状態を把握することが必要です。乳幼児期の言語発達をアセスメントする検査として，LC スケール[4]があります。LC スケールは，コミュニケーション，言語理解，言語表出の３つの側面の言語能力を評価できる，わが国では数少ない言語アセスメントツールの一つです。

近年，注目されているのが特異性言語発達障害（SLI）です。SLI は，明らかな知的発達の遅れがないにもかかわらず，言語発達に遅れがある子どもを指します。学習障害（LD）との区別ははっきりしていません。しかし，LD が数の概念や操作，論理的思考などの言語以外の領域にも障害が認められる子どもを含むのに対して，SLI は言語の障害を指すことや，LD は学齢期になって症状が顕在化するのに対して SLI は幼児期から症状が明らかであるなど，違いも指摘されています。また，SLI の子どもの中には，理解言語能力に比較して表出言語能力が著しく低い子どもも見られます。わが国ではまだ SLI の報告が少なく，今後の解明が期待されています。

5 音声障害のある子ども

声を出し過ぎたり声帯を痛めつけるような声の出し方をすると，声がかすれたり出にくくなったりします。慢性的な声がれは小児嗄声（させい）と呼ばれ，声帯にポリープや結節などの病変がある場合もあります。また，声が出なくなる状態に心因性音声障害や，音声障害ではありませんが場面（選択性）緘黙があります。状態や原因を専門的に評価・診断することが必要です。　（村瀬　忍）

▶3　自閉症やアスペルガー障害など，自閉症に近い特性のある障害を総称して指す名称。対人関係の障害，コミュニケーションの障害，こだわりなど想像力の障害を特徴とする。コラム11も参照。

▶4　LC スケールについては，Ⅺ－7参照。

参考文献

廣嶌忍・堀彰人（編著）（2004）子どもがどもっていると感じたら．大月書店．

牧野泰美（監修）阿部厚仁（編）（2007）発達と障害を考える本8　ふしぎだね!?言語障害のおともだち．ミネルヴァ書房．

Ⅶ　その他の障害の特徴と保育での支援

8 言語障害児の保育

1 言語障害のとらえ方

言語障害の問題の大きさは，聞き手の反応や話し手自身の言語障害のとらえ方によって変わってきます。たとえば，聞き手が話を聞こうとする相手であれば話しにくさは軽減しますし，自分の話し方を気にしていなければ言いたいことを言うことができます。このように，言語障害の不便さは言葉の状態だけで決まるものではなく，話し手と聞き手との関係の中で生じてくるものです。幼児期は自分の言葉がまわりと違うことに気づく時期です。受容的な態度の聞き手の存在は子どものコミュニケーション意欲を高めます。そのほか，子どもが話したいと思えるような経験や，個別の言語訓練などで表現の手段を支援することなども必要です。以下では，言語障害の特徴に応じた対応と，保育場面や家庭における子どもとの基本的な関わり方を説明します。

2 構音障害への支援

構音障害では，まずは種類や特徴，言語訓練による構音の改善の可能性や必要性を，言語聴覚士などの専門家に見極めてもらうことが必要です。その際，保育場面での子どもの様子など，保育士からの情報提供は大切です。

一般的に言語訓練は，言語聴覚士などの専門家が個別で実施します。発音練習の宿題など，家庭と連携してすすめられるものです。しかし日常的な生活の場面で言い直しをさせたり誤りを指摘したりすることは，子どもの発話意欲を損なうことが多いため，避けた方がよいものです。また，聞き取れなかった言葉の聞き直しの仕方にも，配慮が必要です。さらに，保育の場面では，まわりの子どもから誤りを指摘されていないかどうかにも注意をはらう必要があります。普段から子どもたちが違いを認め合う集団作りが重要です。

3 吃音への支援

吃音は原因がはっきりしていないため治療法はまだありません。吃音を治すための発話トレーニングがあると考えられがちですが，確立した方法もありません。まわりが話し方にばかり注目していると，吃音の子どもは自信を失ってしまいます。言葉が発達する幼児期には，吃音のある話し方を受け入れてくれる相手や仲間の中で，話したいという気持ちを育むことがとても大切です。

吃音は心理的な問題だと考えられがちな上，幼児期には吃音が出たり消えたりの波がありますので，保護者は自分の育て方のせいで吃音がでていると悩んでいることが多いものです。こうした保護者の誤解や不安を取り除くことも，吃音の子どもが吃音のままのびのびと過ごせるためには重要です。

4　言語発達の遅れへの支援

言葉はコミュニケーションの道具です。道具は，使いたいと思う気持ちが必要で，使いながら覚えていくのが最も効果的です。生活の中で子どものレベルに合ったわかりやすい表現を用いて話しかけることは，子どもの言葉の理解を育てます。子どもの行動や気持ちを大人が言葉で言い表すことで，子ども自身の言葉の表出を育てます。言葉を「教える」のではなく，楽しいやりとりの中で言語モデルを示していくという考え方が大切です。

コミュニケーションにはノンバーバルな要素が非常に重要です。表情や身振りといったものも視覚的な情報ですが，それ以外にも状況に応じて絵や写真，文字などを用いて，子どもたちの言葉の理解を助けることができます。わかりやすい言葉かけがコミュニケーションの意欲を高め，結果的に子どものコミュニケーション能力を伸ばします。

5　音声障害への支援

声帯の使い方に起因する音声障害の場合，使い方を改善する必要がありますので，専門家に相談します。奇声を上げたり，大声で泣いたりすることにつながる情緒的な問題や，まれに吃音などが音声障害にかかわることもあります。背景にある理由を専門家に明らかにしてもらい，適切な対応の見極めが重要です。

6　場面性緘黙への支援

言語障害には分類されませんが，言葉が話せない症状として場面性緘黙があります。場面性緘黙の子どもは，話せないのではなく話そうとしないと誤解されていることが多いため，話させようとするまわりの強い働きかけが余計に緘黙の症状を悪化させていることがあります。子どもが緊張せずに過ごせる環境を整え，自然に話せるようになるのを待つことが必要です。

7　言葉を育むコミュニケーションの方法

言葉によるコミュニケーションは聞き手と話し手とのやりとりです。したがって保育場面や家庭で言語障害のある子どもとかかわる際には，子どもの話を遮ったりせず最後まで聞くことや，子どものレベルにあった言葉やわかりやすい表現を使うことが必要です。子どもとの通じ合いを重視しながら言語発達を支援する方法として，インリアル・アプローチ[◁1]も提案されています。　（村瀬　忍）

▶1　INter REActive Learning and Communication. 1974年米国コロラド大学ワイズ博士とヒューブレン博士によって開発された。

参考文献

中川信子（2003）子どものこころとことばの育ち．大月書店．

第3部　障害児保育の体制づくり

Ⅷ　インクルーシブ保育とは

1 発達保障のインクルーシブ保育

▶1　これまで障害のある子どもとない子どもとが一緒に保育を受ける形態をわが国では「統合保育」といってきた経緯があります。
しかし，厳密には統合保育（integration）とインルーシブ保育（inclusion）とは考え方とその実践は異なります。
統合保育は，障害のある子どもと無い子どもという2つの異なる特徴の子どもがいるという前提に立ち，その上で時と場所を一緒にして保育する形態です。多くの場合，障害のない子ども向けの保育カリキュラムに障害のある子どもを合わせようとすることになります。
それに対し，インクルーシブ保育とは，障害のあるなしに関係なく，いろいろな子どももいることを最初から包含した保育の提供を意味します。

1 インクルーシブ保育の意義

障害のある子どもを健常児と一緒の環境で保育するインクルーシブ保育[1]の場面では，ともすれば障害のある子どもの引き起こす問題行動への対応に終始してしまい，とりあえず一緒にいる時間と空間を創出することで保育者も精一杯となっていることも少なくありません。そして，障害児ならびに健常児にとっても「なんとなく社会性が育ちました」という程度にしか評価できない実践が，まだ一部にみられることは子どもたちにとって残念なことです。

しかし一方で，2007年度より本格実施となった特別支援教育においては，障害のある幼児児童生徒一人ひとりについて個別の教育支援計画を作成し，それに基づき教育的支援を行うとされており，個に応じた支援が，幼稚園や保育所でも確実に求められてきています。ただし，障害のある子どもを特別な部屋に一人連れ出して個別の訓練を行うわけではありません。たくさんのクラスメートがいる広い保育室で，小学校ほどに内容や時間が明確にされていない活動を行うという，時間や空間が決して構造化されていない環境の中にあって，障害のある子どもも含めたすべての子どもにとって発達的恩恵が得られる保育を行うことは，大変ではありますが，同時にやりがいのある仕事ともいえます。

インクルーシブ保育という形態における保育実践の意義でもあり目的とするところは，障害のある幼児の発達・成長の促進です。具体的には，発達や知的能力に関する健常児群との差（たとえば発達年齢と生活年齢との差），諸能力のアンバランスのような個人内差，そして認知面，行動面，情緒面，他者との相互作用といったそれぞれの能力の他，検査や指標では測れないやさしさ，思いやりの育ちなども含めて子ども理解を深め，子どもの可能性を信じて支援を行うことです。

2 インクルーシブ保育場面での障害児の育ちの例

A君は，言葉の表出がまだありません。また手先も器用ではありません。A君の実態や保護者のニーズを勘案して，支援目標として，「適切な場面で“○○してほしい”という要求を意味する動作を獲得し使用する」ということと，「手先をうまく使って遊んだり水道のじゃぐちをひねるなどの遊びや生活に必要な運動スキルを獲得する」が決定されました。

さて，おりしも初夏，クラスではシャボン玉遊びがはやっています。A君も毎日シャボン玉を飛ばして遊んでいます。E先生は，きっと明日もA君がシャボン玉遊びをするはずと思い，支援目標を達成するいい機会ととらえて，どのようにかかわろうかとじっくり考えました。

次の日，A君もコーナーから自分のシャボン液が入った容器を持ってきました。でも，不器用なA君は，うまくふたを回してあけることができません。こんなとき，E先生はいつもすぐにふたを開けて渡してあげていましたが，今日は少しだけ待ってみることにしました。A君はふたを開けてほしそうにシャボン液の容器をE先生の手に押し付けてきます。E先生は，お母さんから聞いて知っていた「○○してちょうだい」の意味を表すサインを，言葉とともにA君にして見せました。すると，A君は「うー」といいながらそのサインをしたのです。E先生はすぐに「ちょうだいできたね。」と笑顔で褒め，ふたを開けてあげました。

数日後，「ちょうだい」のサインができるようになってきたので，E先生は今度は，自分でふたをあけられるようにしたいと考えました。最初は，ほんの少しふたをひねれば開くようにしておきます。そしてA君にまずは開け方を，E先生がやってみせるとともに，A君が開けるときは手を添えて一緒にしました。そのうち，徐々に支援がなくても，自分でふたを開けることができるようになり，今では一人でシャボン玉遊びを楽しんでいます。また，同じような支援で，おしっこの後，自分で水道のじゃぐちをひねって手を洗えるようになりました。

このように，A君は，特別な支援環境や教材がなくても，遊ぶ中で，遊びや生活に必要なスキルを身につけることができました。なおA君が使ったのはサイン言語（たとえばマカトン法[2]）といい，言葉の代わりに動作で相手とコミュニケーションする方法です。もし保育所や幼稚園以外に，児童発達支援センターなどの専門機関に通っている場合，そこでサインを学んでいる可能性があります。また家庭で普段用いているオリジナルなサインがあるかもしれません。こうした情報はしっかりと把握・共有し，園での保育にも取り入れましょう。

なお，この実践の中では，他にも大切なポイントがあります。それは，まず第一に，A君がサインを使えたときに，E先生はすぐに笑顔で褒めた点です。よい行動をしたときには保育者が「すぐに」「笑顔で褒める」と，その行動を身につけることが促進されます（これを強化という）。第二に，E先生は様々な支援方法を用い，またA君の理解に応じて支援の方法やその程度を変えていった点です。やってみせる（これをモデルという），手を添える（これを身体的補助という），のほか，もっとできるようになってくると，言葉がけや視線だけでできるようになることも予想されます。このように支援を徐々に減らすことが，子どもの自立を促進するためにも重要です。第三に，シャボン液の容器のふたをひねって開けるという遊ぶために必要なスキルを活かして，同様の方法で水道のじゃぐちを自分でひねるというスキルの獲得に結びつけた点です。ある獲得した行動が，支援者や場所や時間がかわっても使えるようになることを「般化」といいます。したがって，子どもが現時点でできることや，どの程度の支援があればできるのかといったことを常に評価しながら，子どもの支援にかかわる姿勢が保育者には求められるのです。

（水内豊和）

▶2 Ⅲ－3参照。

Ⅷ　インクルーシブ保育とは

2　障害児の在籍するクラスの保育計画

1　障害のある子どもの個別の指導目標の考え方

「日々の保育活動の中で」子どもの発達をいかに支援していくのかについて考えてみましょう。障害のある子どもや「気になる子ども」が在籍すると，保育者はあたかも何か特別な指導法により対応しなければならないかのように感じるかもしれません。しかしインクルーシブな保育場面において求められる「個に応じた適切な支援」とは特別な場所で行う特別なやり方ではなく，他の子どもたちと一緒の保育活動の中で，できる配慮をまずは基本にすることです。

日々の保育活動は，①毎日，決まった生活リズムで規則正しく活動が繰り返される（同じ時間に，同じ場所で，同じ活動が繰り返される。場所と活動が対応し，保育の流れがある），②活動や手順の手掛かりが明確である，③大勢の子どもたちと一緒に活動をする，④同じ手順で，一定のルールにしたがって活動することが求められる，といった基本的特質をもっています◁1。

▷1　藤原（2005），p.49.

保育者は保育活動の中で子どもの発達を促したり，社会的スキルを習得したりする機会をうまくとらえ支援していくことが求められます。

以下に具体的支援を考える３つのステップを示します。

【ステップ１　「保育における」子どもの支援目標を考える】

保育場面は，個別の指導・訓練場面ではなく，あくまで遊びを主体とした生活の場です。したがって，子どもの支援目標は，「絵カードを見せて，『これは何？』と尋ねた際，５回中４回以上，正しい名前が答えられる」などとはもちろんなりません。そうではなく，「保育所で使う自分の持ち物，遊びや生活に必要な身の回りのものの名前がわかる」という目標だと，保育の活動に照らしても無理はなく子どもにとっても妥当といえます。

【ステップ２　支援目標は保育中のどのような場面でねらうことができるかを考える】

特別な指導の場でなくても，毎日の保育の活動の中に目標到達をねらう機会は，いくらでもあるものです。保育者は，そうした機会を見逃さず，それを子どもの成長のチャンスとして活かすことができるかが問われています。たとえば，先の目標でいえば，身の回りのものの名前を尋ねたり，教えたりして支援目標の達成をねらう機会は，登園時，自由遊びの時間，お集まりの時間，給食やおやつの時間，トイレの時間，降園時などの保育の活動のいたるところに含まれているのです。

【ステップ3　支援は，計画・実施・評価のサイクルでなされる】

目標をねらう保育場面を想定したら，保育者はその場面でどのような支援ができるか考えて，具体的な支援を計画し，それに基づいて保育を行います。そして，必ず評価を最低でも各学期ごとには行いましょう。

実際に，子どもの支援の上で大切になるのは，単なる理念目標ではなく，子どもの実態把握に基づく具体的な支援目標の立案と，その達成に必要となる具体的な手立てです。特に学期ごとの支援方針となる短期目標は重要です。[2] 短期目標は，主として担任保育者が設定しますが，特別な配慮の必要な子どもの保育には担任保育者以外にも加配の保育者や隣のクラスの保育者など実際には多くの支援者が子どもに携わっています。[3] したがって目標の設定にあたっては，ケースカンファレンス（園内委員会[4]）の場において担任保育者を中心としつつも職員全員がかかわり，共通理解をもつことが重要です。

▶2　短期目標については Ⅸ－4 参照。

▶3　連携については Ⅸ－1 および Ⅸ－2 参照。

▶4　Ⅸ－5 参照。

2　支援の計画と実施の際に留意すること

年間目標や学期ごとの目標のようなある程度長期な目標はともかくとして，たとえば一人で服を着替えられるようになってほしいという願いがある場合，短期目標やその達成のための具体的手続きは，どのようになるでしょう。指先の細かな動きや，目で見ながら手を動かすといった協応動作が苦手な子どもの場合，ボタンをはめたり，靴を履いたりということが難しいことがあります。しかし，「一人でボタンをとめることができる」とか「一人で靴を履き替えることができる」という目標を設定したとしても，そのための具体的手立てがしっかりしていなければ達成は容易ではありません。具体的な手立てを考えるためには，保育者に子どもの育ちや行動をより詳細にとらえる視点が要求されます。

たとえば「ボタンをとめる」という行為は，

① 左手で服の穴のあたりをつまむ，

② 右手でボタンをつまむ，

③ ボタンを半分まで，穴に通す，

④ 穴から出てきたボタンを左手でつまみひっぱる，

という最低でも4つの小さな課題から構成されています（このように活動を細かな単位に分けることを「課題分析」といいます）。保育者は子どもが自分一人でどの部分までできてどこからはできないのかということを把握した上で，それに応じた支援をすることになります。たとえば最初は保育者がボタンを半分まで穴に通してやり，子どもが穴から出てきたボタンをひっぱるというところをしっかり経験させたり，ボタンにひもを付けておき，それを穴に通して引っ張るようにするなどの方法が考えられるでしょう。またボタンをつまむことがどうしても難しければもっと大きなボタンに付け替えることを検討し，それでも難しければボタンではなくマジックテープでとめる服にしてもよいでしょう。大事なことは今の子どもの状態では難しかったり，複雑すぎたりする過程をまとめてさせるのではなく，少しずつ段階を踏んでいき（これをスモールステップといいます），子どもが常に「自分でうまくできたよ」という感じ（これを自己効力感といいます）をもてるようにして成功体験を積み重ねていくことです。それに加えて，積み木やおはじきなどのボタンを操作するスキルに関係するような遊びを，日常の保育の中にいかに取り入れることができるかが保育者の力量の見せ所となります。

3 「個別の指導計画」と「指導案」との関係

指導案には，①一般的な年齢別やクラス別の指導案に特別な配慮の必要な子どもに関する事項を追加したもの（次ページの指導案例）と，②子ども個別の指導案とがありますが，忙しい保育現場においては①のスタイルのほうが多くみられます。①の場合，個別の指導計画との関係性を考えて以下の２つの点について留意し，計画する必要があります。

・活動や配慮事項は，個別の指導計画の目標（特に短期目標）との関係を意識したものになっているか。

・活動や配慮事項は，誰が責任をもって行うのか（たとえばMTなのかSTなのか）。

4 事例：自閉症スペクトラム障害の疑いのあるＢ君

特　　徴：①気に入らないことがあるとすぐに手がでる
②場面や状況が読めないため「かして」や「まぜて（仲間に入れて）」と言えずトラブルになる

短期目標：①乱暴しないで代わりの言葉でしたいことを伝える
②ごっこ遊びで役割を見つけて友だちとかかわって遊ぶ

場　　面：クラスメートとの遊びの仲間入りスキルの習得

【戦いごっこに突然参入し本気で友だちを叩く，蹴るなど現実とごっこが混沌とし，相手の嫌がる表情や気持ちを感じ取れないＢ君（４歳児）のケース】

仲間入りの仕方と友だちとの戦いごっこにおける遊び方をテーマにした「おともだちとなかよくあそぶには？」というオリジナルの紙芝居をＢ君を含むクラス全員に見せ，視覚を通してルールの共通理解を図った。相手の嫌がっている表情や気持ちに気づかせると共に，紙芝居と同じ絵（図Ⅷ-１参照）をクラス内に掲示しルールを振り返ることができるようにした。また，Ｂ君の課題を園内委員会において全職員で共通理解すると共に，担任保育者を中心に指導・支援に当たった。

支援の経過：その後B君は「まぜて」と仲間入りし，「まねっこパンチだね」と気をつけて遊ぶようになった。他児もB君が突然遊びに入ってくるときには「『まぜて』というんだよ」と伝えるようになった。他の遊びにおいても，遊びに入りたくて邪魔をしたり友だちが作った物を壊したりせず，友だちと場を共有しながら自分の好きな遊びに取り組めるようになった。

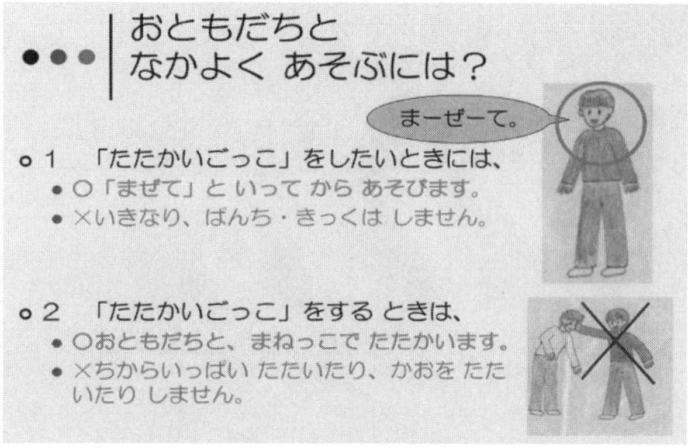
おともだちと
なかよく あそぶには？
まーぜーて。
1 「たたかいごっこ」をしたいときには、
・○「まぜて」と いって から あそびます。
・×いきなり、ぱんち・きっくは しません。
2 「たたかいごっこ」をする ときは、
・○おともだちと、まねっこで たたかいます。
・×ちからいっぱい たたいたり、かおを たたいたり しません。

図Ⅷ－1　クラスに掲示したルール

考　　察：「まねっこパンチ」で戦うというクラス共通のルールを決めたことにより，皆で守って遊ぼうという気持ちが芽生え，友だちが「まねっこでするんだよ。」とB君に気づきを促し，遊びを続けられるようになったと思われる。

4歳児クラス　自由遊びの時間　指導案

全体のねらい　①友達と一緒に遊ぶことを喜び，継続する。
②自分から遊びを提案したり，友達の意見を尊重したりする。

時間	予想される遊びや活動	保育上の配慮・環境準備・配慮事項	B児にとっての配慮（丸数字は短期目標の番号との関係を示す）
	・○○レンジャーごっこ（室内）	○○レンジャーごっこに必要な武器などを作成できるように製作コーナーを準備する。 レンジャーショーができるようにクラスの前方を広く取り昨日まで使っていた舞台を準備しておく。	・いきなり友達にキックやパンチをしないよう，壁に貼った遊びのルールを確認しておく（ST）。② ・本気モードになってきたら「まねっこパンチだよね」とことばをかける（MT，ST）。② ・みんなと一緒にすごすことの楽しさに気づかせるよう励ます。（MT，ST）
	・絵本をみる（室内） ・運動遊び（プレイルーム） ・恐竜探検（園庭）	（省略）	（省略）

MT：担任保育者　ST：加配保育者

（水内豊和）

参考文献

藤原義博（2005）保育士のための気になる行動から読み解く子ども支援ガイド．学苑社．

Ⅷ　インクルーシブ保育とは

3 問題行動のとらえ方

1 困っているのは本当は誰か？

発達障害の子どものもつ，視覚・聴覚的な理解の困難，記憶の困難，言葉の遅れや偏り，多動や注意集中の困難，不器用さ，社会性の問題は，保育の場面では，うまく指示が理解できない，クラスの中で遊びに入れない，不器用でみんなと同じ活動ができないといった生活上の問題につながります。保育者は，ともすれば子どもの抱えているつまずきや困難さは，子どもの発達の遅れや偏りに原因があるという見方をしてしまいがちです。しかし，子どもからみれば，そうした状況は以下のようになります。

・状況や指示が十分にわからない
・やろうとしても，うまくできない
・やろうと思うけれども，落ち着いて取り組めない
・無理やりやらされる（選択肢もない）
・困ってもどうしてよいのか，どう言ってよいのかわからない
・友だちと付き合いたいけれどうまく付き合えない

保育者にとって「気になる」「困った」状況というのは，実はそれ以上に子どもにとってもわからなくてつらい状況であることを理解する必要があります。

2 「問題行動」は誰にとって問題か？

保育者や保護者にとって，してほしくない行動，困った行動のことを，よく「問題行動（problem behavior）」といいます。落ち着きがなかったり，騒いだり，すぐ噛みついたり，乱暴なことをしたり…。しかし，保育者には問題行動でも，実際には子どもにとってその行動には意味があり，子どもにとってわかりにくい環境に対して，何とかしようともがいている行動であるとは考えられないでしょうか。たとえば，自閉症の子どもは，視覚的な情報を理解することは得意でも，言葉での情報が伝わりにくいことがあります。一方で，保育所や幼稚園の生活では，保育者やクラスメートからの言葉による指示ややりとりが少なくありません。「まず，おしっこをして，ぼうしをかぶってから外に出ましょう」とか,「トイレから出るときはスリッパをきちんとそろえましょう」など，保育者からいくつもの指示が同時に与えられたり,「きちんと」のように抽象的でイメージしにくい言葉がけをされることがかなりあるのです。こうした状況に鑑

みると，困った行動は，単に子ども側に原因があるとする見方は正しいとばかりはいえないのです。最近では，問題行動のことを，わかりにくい環境に対して子どもが挑戦しているという理解に立ち，「挑戦行動（challenging behavior）」といわれることもあります。

3　問題行動の機能

問題行動には，子ども側の視点に立って子どもの示す行動の意味を考えてみると，少なくとも４つの意味（機能）があります。

第一に，**保育者やクラスメートから注目を得るという機能**です。言葉のある子どもなら，「先生，見て！」と保育者の注意を喚起することができますが，障害のある子どもや気になる子どもの中には，困った行動をすることによってその機能を果たしているケースがみられます。たとえば，お集まりで絵本を読んでいるときに，イスをガタガタと揺らすと，保育者は「やめなさい！」といって絵本を読むのを中断して自分のほうを見て話しかけてくれます。

第二に，**嫌なことから逃げるという機能**です。自分にとって嫌な状況や活動で，困った行動をすると，それを回避することができるという機能を果たしています。たとえば，クラスでお絵かきをしているときに，絵を描くことが苦手な子が，となりの子どものクレヨンをつかんで投げたとします。すると，となりの子どもは「あっ」といって泣き出すし，保育者は「こらっ！そんなことをしたらダメでしょう！」と言いながら駆け寄ってきてくれ，保育者から注目を得ることができるとともに，絵を描くという嫌いな活動から逃れることができるのです。

第三に，**ほしいものを手に入れたり，したいことを可能にしたりするという機能**です。たとえば，親子でスーパーに買い物に行ったとき，お菓子のコーナーで，お菓子が買ってほしくて子どもが床に寝転がって泣き喚くという状況を考えるとよくわかるでしょう。母親は恥ずかしくて早く事態を収拾させたいあまり，「しょうがないわね…」と言いながらついついお菓子を買ってしまうことになります。

第四に，**その行動自体が，子どもにとってとてもいい刺激であるという機能**です。たとえば，お集まりでみんな保育者のお話を聞いているときなのに，立ち上がって部屋の中をくるくる回ったり，水道から流れる水に手をかざしてずっと見ていたりする子どもがいます。保育者からすれば困ったり，その行動の意味がわからなかったりするものの，子どもにとっては行動そのものが心地よい刺激なのです。

もし，子どもが自分の思いを，言葉によるコミュニケーションでうまく伝えられたな

表Ⅷ－1　問題行動の機能

問題行動の機能	かわりの「言葉」
注　目	「みてみて」，「せんせい」
逃　避	「いや」，「しない」，「わかりません」
ほしいもの・ことを手に入れる	「ほしい」，「やりたい」
自己刺激行動	「きもちいい」

ら，それは，表Ⅷ-１のような意味をもっているかもしれません。問題行動と思われる行動の意味や機能を，今一度よく考えてみることが重要です。

4 問題行動への対応を考える

子どもが示す問題行動の意味が理解できたとしても，やはり保育の中では子どもが困っていることには変わりなく，なんらかの対応を考えることになります。この対応には，少なくとも以下の４つの方法があります。はたしてどの方法が望ましいでしょうか。

第一に，問題行動の後にその行動をやめさせようとする方法です。しかしいくら問題行動の後で「そんなことをしたらダメでしょう！」といって叱っても，本人はなぜ自分が今叱られているのかがわからない，あるいは覚えていないこともあります。このような事後対応ではあまり効果がない上に，叱られることで保育者の注目を得るという望ましくない行動を強化してしまいかねません。

第二に，問題行動が起きているその最中に行動をやめさせようとする方法です。たとえば，Ａくんは，いつもたんすに登ろうとして，保育者にそのつど「危ないから登るのはやめとこうね」と引き止められています（図Ⅷ-２）。保育者は，たんすから足をすべらせて怪我でもしたらと心配しての制止行動なのですが，Ａくんはパニックになってしまいます。もし高いところが危険という意識をＡくんがもてるようならば，危険だということを説明することも有効ですが，Ａくんのように理解できない子どもには，有効な手立てとはなりにくいのです。また，保育者がいつもそばにいなければ万が一の事故は防ぐことができません。

図Ⅷ-２　問題行動の制止

図Ⅷ-３　問題行動を未然に防ぐ

図Ⅷ-４　望ましい代替行動を教える

第三に考えられるのは，問題行動が起きないような環境設定をする方法です。Ｅ先生は，Ａくんの行動を観察して，たんすに登るのは，その上にあるくまのぬいぐるみが欲しいからであることに気がつきました。そこで，Ｅ先生は，一日の保育が始まる前に，くまのぬいぐるみをＡくんの手の届きやすいところに置くようにしました（図Ⅷ-３）。すると，Ａくんがたんすに登ることはなくなったのです。

第四に考えられる対応は，問題行動である「たんすに登る」という行為を，望ましい他の行為に置き換えるという方法です。部屋で行う活動の都合などで，いつもくまのぬいぐるみをＡくんの手の届きやすいところに置くことができないこともあります。先の事例で，Ａくんは「〇〇してちょうだい」という意味を示すサインを適切に使えるようになっています。そこで，ここでは，Ｅ先生が，Ａくんがたんすに登りかけるタイミングで，くまのぬいぐるみを指さしながら，「あれがほしいのね。“ちょうだい”したらいいんだよ」と声をかけるとともに，サインのモデルを示しました（図Ⅷ－4）。その後もしばらくはたんすに登ってぬいぐるみをとろうとしていましたが，E先生が根気強くかかわり，今では何か欲しいときにはE先生の腕をひっぱってくるようになりました。

さて，ここであげた第三，第四の方法では，どちらも困った行動の意味を保育者が理解した上で対応していますが，では，どちらがより望ましい方法でしょうか。子どものできることを増やしたり，その般化をねらうなら第四の方法が有効でしょう。しかし，方法の決定にあたっては，まずは子どもの発達の段階や情緒的安寧の状態などをしっかり考慮し，楽しい園生活を優先することが望まれます。加えて，こうした問題行動への対応は，保育者間で一貫した方法で取り組んでいく必要があります。

5 「問題行動」が作られている?!

保育者と話をしていてよくあるのが，「この子はいつもすぐにクラスから抜け出して困るんですよ」といった相談です。しかし，保育者が言うほど「いつも」問題行動があるのでしょうか。たとえば，同じ自由遊びの時間でも晴れていれば好きな砂場でずっと砂をすくっては落として遊んでいるのに，雨が降ると所在なさげにうろうろとして職員室に入り込み，保育者にとって触ってほしくないパソコンや戸棚をいじってしまう子どもがいます。でも，日によって登園時に気分にムラのある子がいます。このように，もし晴れていれば，もし他に好きな遊びが用意されていたら，もし朝に家を出るときにいつも使っている大好きなキャラクターのついたハンカチが用意されていれば…，どうでしょう。子どもの示す問題行動の原因には様々なものがあるのです。試しに，問題行動がどのようなときに起きるのかを調べてみると，多くの場合ある決まった条件の下でのみ起きており，決して24時間中あるわけではないことに気づきます。ところが問題行動や困った行動があり，またそれに加えて障害の診断名があると，「この子が落ち着きもなく多動なのは，ADHDなのだからしょうがないか」などと，保育者は子どもに対する期待を大きく下げてしまう危険性があります。「困った子」「できない子」というラベルを貼られ，小学校や中学校に進む中で自尊心や自己肯定感（自分は自分でいいんだという気持ち）を下げてしまい，その結果非行や不登校といった二次的な問題を抱えてしまうという非常に残念な育ちを示す子どもも見受けられます。子どもにとっては絶対的な味方であり最善の利益を保障する責務があるのは保護者の次には保育者であることは間違いないはずです。したがって子どもの示す問題行動の意味やその要因を適切に把握して対応することは，子どもが園生活に適応する上でも，将来につながる育ちの上でもとても重要なことなのです。（水内豊和）

Ⅷ　インクルーシブ保育とは

4 保育者の気づきと保育

1 気になる子どもの気づき

視覚障害，ダウン症や脳性まひのような，障害・疾患が判別しやすいケースから，幼児期では確定診断ができないものの保育者にとって保育の生活場面の中であるいは発達的観点から「気になる」という子どもまで，保育所・幼稚園には様々な子どもが在籍しています。後者の子どもの場合，就学以降に発達障害と診断されることも少なくありません。発達障害の子どもが幼児期に示す特徴を表Ⅷ-2に示します。保育者の中には「LDは，学習や勉強する上での障害だから，幼児期にはわからないのでは？」と思っている人もいるかもしれません。しかしLDに限らず発達障害の子どもは，第2部の各章でみたように乳幼児期から何かしらの特徴を示しているのです。ベテランの保育者は，多くの子どもを保育現場でみてきており，その経験や実践で得た知識に基づいて，子どもの行動や発達のアンバランスさなどから，「この子，ちょっと気になる」と気づくことも少なくはなく，またその気づきは，のちに学齢期になって診断名が付く子どもをかなりの正確さで言い当てているといわれます。

こうした保育者の気づきは，子どもの障害の早期発見と適切な対応を考える上で大変有用なものですが，その一方でたとえば，「この子は自閉的傾向があるから，お集まりに参加できなくてもしかたないか」などと，勝手に決め付けて対応してはいけません。なぜなら，発達障害かどうかの診断は，子どもの生活上の情報だけでなく，保護者からの生育暦や相談暦などの記録，家庭での様子，子どもに対

表Ⅷ-2　保育者による「気になる子ども」の特徴

言葉・コミュニケーションに関する問題	話が聞けない／指示が入らない／会話が成立しない／言語面で遅い／言ったことが分からず，理解できない／大きい声でしゃべる／怒られて反省した後も繰り返し続けて同じことをする
行動に関する問題	落ち着きがない／うろうろする／部屋を走り回りじっとしていられない／ぼーっとしていて行動しない／呼びかけても反応しない時が多い／一日中騒がしい／衝動性が強い
社会性・対人関係に関する問題	集団生活に入れない／対人関係がとりにくい／じっとして遊べない／みんなと一緒に体育遊びやゲームなどに参加しない／視線が合わない
情緒に関する問題	自分の思いが通らないとパニックを起こす／気持がコントロールできない／泣き叫ぶ／行動の切り替えが難しい／すぐにキレて「死んでやる」など口走る
他児とのトラブルに関する問題	友達をかむなどの症状がある／友達とのトラブルが多い／他児に対してもすぐに手が出たり物を投げたりする／衝動的な行動が多くクラスの友達にけがをさせる
生活習慣に関する問題	毎回同じことでつまずき，つみあがらない／自然に身につけてほしいことが身につかない（タオルかけなどの準備や片付け）／衣服の着脱ができない
こだわり・癖・常同行動	こだわりがある

出所：池田友美・郷間英世・川崎友絵・山崎千裕・武藤葉子・尾川瑞季・永井利三郎・牛尾禮子（2007）保育所における気になる子どもの特徴と保育上の問題点に関する調査研究．小児保健研究，66(6)，815-820.

して行う各種の心理・教育に関する検査，様々な発達的視点から行う評定などの情報を基にして専門家（医師）が総合的に判断するからです。しかも，幼児期にはっきりと診断名が付くケースばかりではありません。また保育者が，「この子は自閉症だから…」というように，子どもについての期待を下げた見方をすることが，子どものもつ潜在的な能力を十分に引き出せないことにつながるという指摘もあります。

2 なぜ気になるのかを考える

とはいえ，保育の中で「気になるなぁ…」と思うことでも，それが「なぜ気になるのか」まで問題意識を深める姿勢は，適切なかかわりを考える上でも大切です。保育者にとって「気になるな」「困ったな」と思うような子どもの行動や問題は，子どもの障害特性によっても異なります。たとえば，「待ってて」という指示になかなか従えないという子どもがクラスにいます。でもその子がどういった障害なのかによって「待てない」ということの原因が異なってきます（表Ⅷ-3）。もし耳から聴いた情報をうまく処理できないLDの子どもであれば保育者は全体に指示した後で子どものそばに行きよく聞こえるように言ったりメモを見せたりして個別に伝える必要があるでしょうし，すぐに注意がそれて衝動的に行動してしまうADHDの子どもであれば気になるものはそばに置かないといった配慮が必要かもしれません。ただし，誤解しないでほしいのは，「気になる子」がクラスに在籍したとして，その子のためばかりにこうした「特別な支援」をいつも用意しなければならないのではありません。「気になる子」がいることを前提として，クラスのすべての子どもにとってわかりやすい「ていねいなかかわり」こそが求められるのです。

表Ⅷ－3　障害別にみた保育の中で気になることとその原因

気になることの例	LD	ADHD	自閉症スペクトラム障害
「待ってて」という指示に従えない	「待ってて」という指示を「あってて」「たってて」などと聞き間違える。	「待ってて」という指示に少しの間は従うがすぐに立ち歩いてしまう。 「待ってて」と言われても他にしたいことがあるのでとめられない。	保育者や活動そのものに関心がないため，言葉による指示理解ができない。
2つ以上の指示を出しても，そのとおり動けない	言われたことを記憶する際に，情報の整理の仕方や検索の仕方に困難があり，わからなくなる。	記憶容量が小さいため先に言われたことを忘れてしまう。 衝動的に1つ目の指示を聞いて動き出してしまう。	保育者や活動そのものに関心がないため，言葉による指示理解ができない。 活動の順番や終わりが明確でないと動けない。

（水内豊和）

Ⅷ　インクルーシブ保育とは

5　クラスメートへの対応

▷１　Ⅷ－３ を参照。

▷２　阿部利彦（2006）発達障がいを持つ子の「いいところ」応援計画．ぶどう社．

1　どの子も見ているよという姿勢で

ある年長児クラスに，ADHD の診断のあるＣくんがいました。Ｃくんは，毎日お集まりの時間に先生が歌を歌うため電子オルガンに座ったと同時にそのコンセントを引き抜き，クラスの外に飛び出します。先生は「なんでそんなことするの，まちなさい」と言って追いかけます。Ｃくんにとって同じ場所にずっと座ってみんなで歌を歌うことは苦痛であること，さらにたとえ妨害行為であってもそれをすることで先生にかまってもらえる[◁1]ことからこの行為はエスカレートしていき，他の子どもたちもしだいにふらふらと立ち歩くようになり，先生は困り果ててしまいました。先生は他の子どもたちには，座りなさいと叱ります。しかし,「なんでＣくんは外に行ってもおこられないの」と言い返してくるようになりました。

インクルーシブな保育の場面は，個別指導とは異なり，障害のある子どもの他にも，様々な子どもがいるという大きな違いがあります。ですから対象児ばかり気にかけるわけにはいかず，このクラスのように，他の子どもも，落ち着かなくなったり，なんでぼくだけ叱られるのというような差別感を抱くことも当然あるのです。加配や補助の先生と連携しながら，クラス担任はクラス全体の運営に責任を負う立場で子どもたちとかかわることが求められます。

阿部（2006）は，発達障害のある子どもの周りには①問題行動を真似する子，②わざと刺激する子，③影でコントロールする子，④トラブルを期待する子ども集団，というように，落ち着かなくなっているクラスには実は様々な問題を示す子どもが複数いると考えて支援する必要性を指摘しています[◁2]。また「なんでＣくんはよくてぼくだけ叱られるの」という子どもに対しては「〇〇くんはいつもきちんと座っていられることを知っているからよ」と，先生はあなたを認めている，見ていることを言語化してしっかり伝えてあげましょう。その際，きちんと子どもの名前を呼んであげることは大事なことです。ただし「Ｃくんとくらべてあなたは～」といった，対象児と比較するような語りかけはしてはいけません。

2　適切な障害理解教育を

相川・仁平（2005）によれば，主として学齢期段階において，障害児に対してクラスメートが感じる「違い」には，行動パターンの違い，外見の違い，学習形態の違い，子どもたちが敏感に感じ取る能力の違い，教師の対応や扱いの違い，などがあるとしています[3]。このことは学齢期に特有ということでもなく保育の現場を見ていると幼児期にも同じことがいえます。つまり，クラスメートは，「障害者」という概念で障害児をとらえているのではなく，なにかしら「差異」がある人，ととらえているのです。徳田・遠藤[4]（1997）も障害理解には発達段階があり，幼児期から学齢期にかけては，世の中にはいろいろな人がいるということへの「気づきの段階」と述べています（表Ⅷ－4）。「なんで歩けないの」「なんで年長にもなってオムツをしているの」「（装具を指さして）これ何？」といった素朴な質問に対して，気づいたことを尊重しながら，子どもたちの発達段階に応じて理解できるように，しかし正しい知識で回答することが重要です。加えて，「Ｓくんは，お母さんのおなかのなかにいるときにけがをしたので今も自分の足で歩くことはできないんだよ。だけど車いすを使えばどこにでも行けるよ。それに虫の絵本が大好きでだんごむしについては誰よりも詳しいよね」というように，障害児のできないところに目を向けるだけでなく，できること，得意なことも多く気づかせましょう。

表Ⅷ－4　障害理解の段階

■第１段階　気づきの段階
□ハンディのある人がいることに気がつく
■第２段階　知識化の段階
□ハンディのある人と接するときに必要な配慮は何かについて知る
■第３段階　情緒的理解の段階
□ハンディのある人と接することでその人の感情や意志を知る
■第４段階　態度形成段階
□正確な知識をもち，ハンディのある人に対する適切な態度が形成される
■第５段階　受容的行動の段階
□生活場面で適切な援助をする

出所：徳田・遠藤（1997）.

また，障害や障害者を題材とした絵本が近年数多く出版されています[5]。ふだんから，そうしたものを利用して，いろいろな人がいることへの気づきを促進し，障害に対する科学的理解を深め，障害のある人との共生について考える機会を設けることも，幼児期から大切なことです。

3　クラスメートは将来のサポーター

このように保育者は，インクルーシブ保育場面においては，目の前の子どもたちの「いま」「ここ」だけのかかわりのみならず，障害児が現在だけではなく将来にわたっても地域で生活できるようにしたい，またそのクラスメートは将来にわたりナチュラルサポートを提供することのできる子どもたちになってほしいという思いをもってかかわることが大切です。　（水内豊和）

▶3　相川恵子・仁平義明（2005）子どもに障害をどう説明するか．ブレーン出版．

▶4　徳田克巳・遠藤敬子（1997）ハンディのある子どもの保育ハンドブック．福村出版．

▶5　たとえば以下のようなものがある。
福井達雨（1980）みんなみんなぼくのともだち．偕成社．
星川ひろ子（1996）ぼくたちのコンニャク先生．小学館．
郡司ななえ・織茂恭子（1996）ベルナの目はななえさんの目．童心社．
さとうとしなお・みやもとただお（1996）たっちゃんぼくがきらいなの―たっちゃんはじへいしょう（自閉症）．岩崎書店．
セシリア・スベドベリ（1978）わたしたちのトビアス．偕成社．
ディック・ブルーナ（2000）ちいさなロッテ．講談社．
田畑精一・先天性四肢障害児父母の会（1985）さっちゃんのまほうのて．偕成社．

Ⅸ　保育所・幼稚園での支援体制

1 インクルーシブ保育のための支援体制づくり

1 インクルーシブ保育のための支援体制とは

インクルーシブ保育[1]は，障害のある子どもも，そうでない子どもも同じ場で共に育つ保育の仕組みです。しかし，「同じ場」で「同じ内容」の保育を行えばインクルーシブ保育が実現するわけではありません。子どもは本来一人一人固有の支援ニーズをもっています。そのニーズに対応し，それぞれの子どもの発達を保障する保育が，インクルーシブ保育なのです。

インクルーシブ教育の実践にあたっては，支援体制作りが大切です。支援体制とは，必要な子どもに必要な支援が行き届くための仕組みです。すなわち，支援内容を具体的に設定し実践できるように，所長・園長以下，保育所や幼稚園の全職員はもちろんのこと，保護者や関係する諸機関をも含めて，協働するシステムのことです。協働とは，立場の異なる人々が同じ目的に向かって，それぞれの役割を果たしながら，協力する働きを言います。図Ⅸ-１は，障害のある子どもの支援にかかわる人々との協働関係を示した例です。保育所や幼稚園は，幼児期の発達支援の根幹をなす組織であり，協働システムの中心的役割を担います。

2 「合理的配慮」の実践を目指して

インクルーシブ保育を実現するための必須事項が「合理的配慮[2]」です。合理的配慮とは，障害のある子どもが差別されることなく保育を受けることができるように，支援に必要な人員を確保したり，設備を整えたり，また，「個別の保育計画[3]」を作成し，子どもの実態に合わせた遊具や教材などを用いて柔軟な保育活動を行ったりすることを指しています。合理的配慮は，子どもの障害の特性や，活動場面状況に応じて異なり，多様で個別性の高いものです[4]。「障害者の権利に関する条約[5]」では，この「合理的配慮」を行わないこと自体が，障害のある人を差別することにあたると述べています。

このことから，インクルーシブ保育においては，「合理的配慮」が適切に行われるように支援体制を整える必要があります。

3 支援体制つくりの核

障害のある子どもの支援にあたっては，担任が一人で抱え込むことがないよ

▶１　「インクルーシブ保育」については，前章Ⅷを参照のこと。

▶２　「合理的配慮」の法的根拠については，第Ⅰ章コラム１を参照のこと。

▶３　「個別の保育計画」の詳細については，本章３を参照のこと。

▶４　「文部科学省所管事業分野における障害を理由とする差別の解消の推進に関する対応指針の策定について（通知）」（文部科学省，2015）を参照。

▶５　「障害者の権利に関する条約（略称：障害者権利条約）」については，外務省ホームページ　平成28年10月４日　http://www.mofa.go.jp/mofaj/gaiko/jinken/index_shogaisha.html が参考になる。

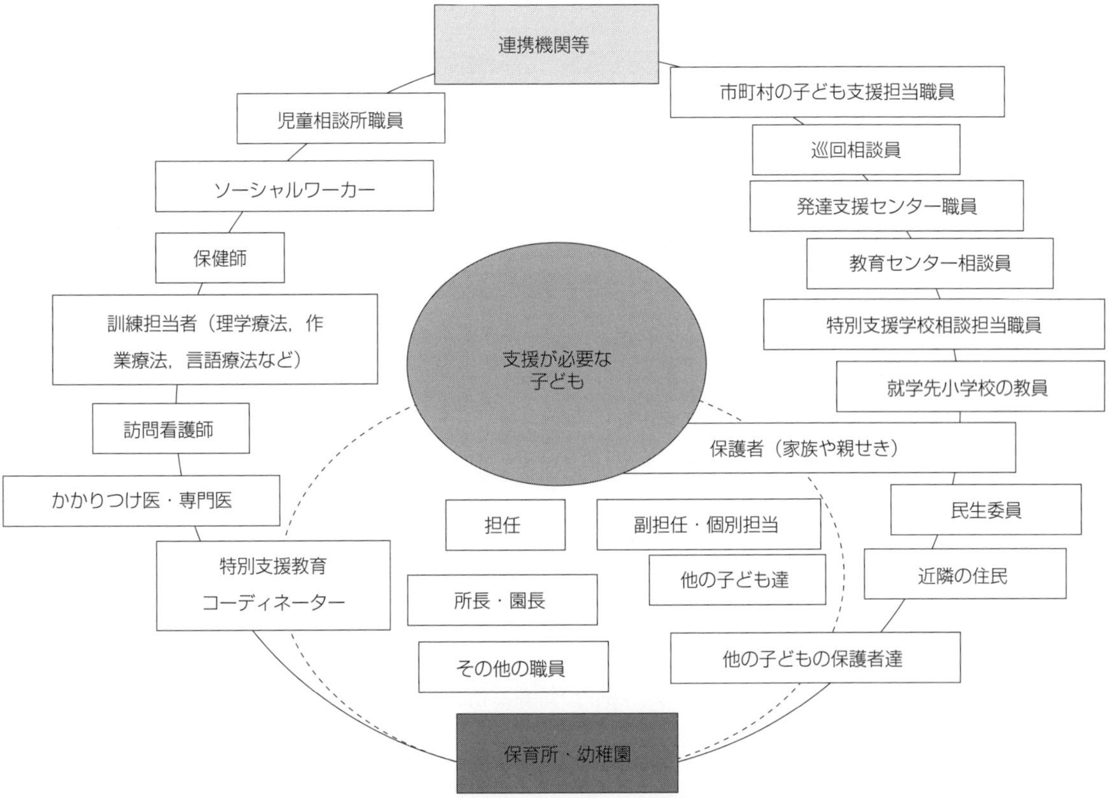

図 IX－1 インクルーシブ保育のための協働システム

うに，職員全体で取り組む体制つくりが必要です。その核となるのが，「特別支援教育コーディネーター」[6]と「所内・園内委員会」です。

各園では，支援体制推進役として「特別支援教育コーディネーター」を指名します。管理職や主任保育士などがその役割を担う場合や，障害のある子どもの担任や専任保育士と管理職の２人指名体制をとる場合もあります。

この特別支援教育コーディネーターが中心となって，「所内・園内委員会」を行います。「所内・園内委員会」とは，支援が必要な子どもへの対応を検討する支援会議です。所長・園長以下，全関係職員が集まって，保育における合理的配慮について協議し「個別の保育計画」を作成します。また，実践の成果を確認し，計画を見直すためにも開催します。所内・園内委員会は，ケースカンファレンスを兼ねることも多く，外部関係者が参加する場合もあります。[7]

▶6 「特別支援教育コーディネーター」は，文部科学省による名称設定である。保育所でも，呼び名は異なるかもしれないが，同じ役割を果たす人材を指名する必要がある。

▶7 「ケースカンファレンス」の詳細については，IX－4 を参照のこと。

4 特別支援教育コーディネーターの役割

特別支援教育コーディネーターの役割は，大きく分けて３つあります。「対子ども役割」「対職員役割」「対外部（保護者含む）役割」です。

「対子ども役割」では，随時，支援を必要としている子どもを把握し，担任等と協力してそのニーズを明らかにするため，情報を収集します。各クラスの保育を参観したり，集会や行事の際，直接子どもとかかわったりしながら，該当する子どもの実態を把握し[8]，保育内容や環境が実態に適したものとなっているかどうかを確認します。そして収集した情報を「個別の保育計画」の作成に向けた基礎資料として整理します。

▶8 「子どもの実態把握」の詳細については，IX－2 を参照のこと。

「対職員役割」では，まず，担任やクラス担当などと折に触れて情報を交換し，子どもの情報を共有します。加えて，担任らが直面する保育活動やクラス運営上の困りごとを聞き取ります。そして，園全体の共通理解と協力体制のもとで解決できるように，「所内・園内委員会」を企画，開催します。

「対外部役割」では，1つ目に教育相談を行う役割があります。担任とともに支援が必要な子どもの保護者と面談し，生育歴や今後の育ちに対する願いなどを聞き取り，保護者との協働関係づくりに努めます[9]。時には，子どもの実態を客観的に理解することが難しい保護者や，逆に過剰な特別な配慮を求める保護者もありますが，いずれの場合も，十分保護者の気持ちを受け止め，相談を重ね，時間をかけて対応することが大切です。また，該当する子どもの保護者だけでなく，周りの子どもの保護者や，未就園児の保護者，地域の方々に対しても，障害のある子どもに関する相談や啓発活動を行う場合もあります。

▶9 保護者の理解と親への支援に関しては，X－1，X－2 を参照のこと。

「対外部役割」の2つ目は，医療・保健・福祉・教育などの各関係機関との連絡調整です。巡回相談[10]を企画・要請したり，「個別の保育計画」作成にあたり，必要な情報やアドバイスをもらったりするときの窓口の役割です。ケースによっては，定期的に医療機関や発達支援センターに通って，診療や専門的な指導を受けている場合もあります。そのようなケースでは，各機関で行われている支援内容を毎日の保育に生かせるように，情報を共有します。また，特に年長児に関しては，就学後のスムーズな支援の引継ぎや，段階的な移行計画の立案及び実践など，就学予定の小学校との連携における推進役となります[11]。

▶10 「巡回相談」については，IX－4 を参照のこと。

▶11 幼稚園・保育所と小学校との連携に進め方については，IX－5 を参照のこと。

5 「所内・園内委員会」の進め方

「所内・園内委員会」は，①企画，②招集，③運営，④フォローアップのステップから成ります。特別支援教育コーディネーターが中心となって行います。

①企画では，まず，日頃の子どもの直接観察や，担任及び保護者等からの要請に基づき，特別な支援が必要な子どもをピックアップします。そして，その子どもの実態や保育上の課題に加え，生育歴，保護者の考え，必要に応じて，外部機関からの情報等を収集し，協議の基礎資料を準備します。

②招集では，会議の開催期日を調整・決定し，関係者に参加を要請します。所長・園長以下，なるべく多くの関係職員が集まれるようにします。場合によっては，保護者や，発達支援センター職員や巡回相談員などの専門機関担当者にも加わってもらい，様々な側面から支援について検討できるようにします。

③運営では，特別支援教育コーディネーターが司会を務め，協議を進行しま

す。「子どもの実態と支援すべき課題の共通理解」→「支援目標の設定」→「支援方法の設定」→「評価と支援の見直し時期の設定」の流れで進めます。[12]

まず，「子どもの実態と支援すべき課題」を共通理解します。あらかじめ準備した基礎資料を基に，職員が直面している保育の困難さを受け止めつつ，子どもの発達保障という視点から，保育がうまくいっている点，うまくいっていない点をなるべく具体的に話題にするようにします。

次に，「支援目標」を設定します。年間を通した目標である「長期目標」と，月単位や学期単位など当面の期間のねらいである「短期目標」について，それぞれ「子どもが，何をどうすることができる」という表現で具体的に表します。

その後，目標を達成するための「支援方法」を策定します。必要な合理的配慮を検討し，誰が，どの保育場面で，どのような環境で，どう支援するかを具体的に決定します。そして，その内容を「個別の保育計画」としてまとめます。

最後に，「評価と見直し時期」を決めます。3か月後，半年後，1年後など，実践の結果，子どもの実態がどう変化したかを確認し，計画の見直しを行う機会を設定します。

④フォローアップでは，個別の保育計画に基づく支援がうまく行われているか，新たな問題が起きていないかを随時確認し，適切な時期に「所内・園内委員会」の再招集を行います。

6 支援体制つくりがもたらすもの

障害のある子どもの支援体制により，保育者は，毎日の保育を子どもの視点から見直すようになります。そして，複数の支援者が知恵を出しあう所内・園内文化が醸成され，どの子どもも参加しやすく，わかりやすい保育の工夫が日常的に実践されるようになります。このように，支援体制つくりは，保育の質を変え，インクルーシブ保育推進の原動力となるのです。

（阿部美穂子）

▶12 「所内・園内委員会」の運営にあたって，留意すべき事項の詳細については，IX－4における「ケースカンファレンス運営上の留意点」を参考とすること。

参考文献

現代保育研究所（2014）今後の障害児支援の在り方について（報告書）～「発達支援」が必要な子どもの支援はどうあるべきか～障害児支援の在り方に関する検討会，平成26年度第3回研修会資料.

文部科学省初等中等教育分科会（2012）共生社会の形成に向けたインクルーシブ教育システム構築のための特別支援教育の推進（報告）及び，別表.

Ⅸ　保育所・幼稚園での支援体制

2　支援に生かす実態把握

1　実態把握とは

障害のある子どもに対する適切な指導や支援を行うためには，一人一人の障害の発達段階や特性の実態を的確に把握する必要があります。実態把握を根拠として，目指す子どもの姿（目標）を定め，達成するための支援方法を導き出すことができます。

実態把握にはいろいろな方法があります。ここでは，保育者が日々の保育場面で行う実態把握について取り上げます。子どもと毎日かかわっている保育者だからこそ，子どもの抱えている困難さや発達の状況を場面に即して把握することができます。そして，具体的な支援策につなぐことができるのです。

保育場面の観察に基づいて実態把握を行う方法について，以下に述べます。

2　実態把握のための行動観察

行動観察は，実態把握の最も重要な情報源です。行動観察の観点を保育の領域に応じて整理すると，以下が挙げられます。

⑴領域「健康」

・食事・排泄・着脱・清潔・安全・片付け・全身運動・手指操作等

⑵領域「人間関係」

・友達との関係　・大人との関係　・遊びのきまりや約束等

⑶領域「環境」

・色・数・量・形・物・人・自然事象・動植物に関する理解等

⑷領域「言葉」

・読み・書き・数の概念・数の操作・表出・理解等

⑸領域「表現」

・作る・描く・身体表現等

また，それぞれの領域で，子どもが年齢に応じて概ね達成できる基準を記録表の形にしたものの例を表Ⅸ-１に示します。このような目安があることで，子どもの現在の発達状況や得意なこと，支援が必要なことを一覧にして捉えることができます。また，継続してチェックすることにより，発達の経過を知ることができます。

このようなチェックリストを使って子どもの実態を把握する場合，単に子ど

表Ⅸ－1　発達記録表（3歳～4歳）の例

幼児名　　　　　　生年月日　平成　年　月　日生

区分	おおむね3歳～3歳6か月（抜粋）	確認	おおむね3歳6か月～4歳（抜粋）	確認
健康	様々な食べ物を食べようとする		嫌いな物でも少しずつ食べようとする	
	排尿や排便はしたいときに行く		大便の後始末をする	
	衣服の着脱を自分でする		衣服の前後，表裏を意識して着ようとする	
	自分で手を洗ったり拭いたりする		体の異常を自分から訴えることができる	
	歩いたり走ったりなど全身運動がしっかりしてくる		列になって歩く	
	バランスをとって遊ぶ		足を交互に出して階段を下りる	
	ボールを投げる		ボールを目標に向かって投げる	
人間関係	順番を待ったり，交替したりすることがわかってくる		共同の遊具で友達と一緒に遊ぶ	
	同年齢や年上の友達の行動を観察し，模倣することを楽しむ		遊びのきまりや約束がわかる	
	友達とごっこ遊びなどをする		身近な行事の意味を知り，友達と一緒に喜んで参加する	
環境	自然に触れ，驚いたり親しみを持ったりする		興味を持って身近な動植物に関わり，世話をしてあげたい気持ちが出てくる	
	自分のものと人の物との区別がつく		自分のものと共同の物の区別がつく	
	身の回りにあるものを集めたり並べたりして遊ぶ		直接比べて長さの違いがわかる	
	色，数，量，形などに，興味を持ち違いに気付く		丸・三角・四角の形がわかる	
言葉	挨拶や返事など生活や遊びに必要な言葉を使う		簡単な伝言をする	
	してほしいこと困ったことを言葉で訴える		簡単な文字や記号に関心を持つ	
	色々な場面で「なぜ」「どうして」などの質問をする		絵本や紙芝居などに親しむ	
	ごっこ遊びの中で，日常生活の言葉を楽しんで使う		両親の名前が言える	
表現	歌ったり体を動かしたりして遊ぶ		楽器を使って，簡単なリズム合奏をする	
	動物や乗り物などの動きを模倣して遊ぶ		様々な素材や用具を使って，好きなように描いたり作ったりする	
	簡単なリズム楽器を鳴らして遊ぶ		絵本や物語の中の興味を持ったことを表現して遊ぶ	

※できている項目にチェックを入れる。

もができるか，できないかだけを観察するのではなく，どのような場面でそれができるのかについても，併せて把握することが大切です。子どもの行動は，環境との相互作用によって起こります。ですので，どのようなきっかけがあるとできるのか，環境がどのように整えられていればできるのかなど，広い視野をもってその子どもを取り巻く環境との関係で，できるかできないかをとらえるようにします。また，できるとしても，いつも安定してできるのか，時々できるのか，あるいは，たまにできるのかなど，その行動の確実さについても把

表Ⅸ－２　「朝の挨拶」実態チェック表

項目	番号	スモールステップアップ項目（内容）	できる	できる時とできない時がある	できない
朝の挨拶	1	保育者が言葉をかけると，目線を向ける。			
	2	保育者が言葉をかけると，笑顔を返すなど表情で応えようとする。			
	3	保育者が言葉をかけると，お辞儀をするなど動作で応える。(発声はなくてもよい)			
	4	保育者が言葉をかけると，同じように発声で応じる。			
	5	促されなくても，自分から挨拶をしてクラスに入る。			
	6	自分から挨拶をしてクラスに入り，友達や保育者と体験したことなどを話す。			
	7	他の保育者や保護者，地域の人など，誰とでも挨拶をする。			

表Ⅸ－３　実態把握を踏まえた保育実践事例（３歳児）

項　目	朝　の　挨　拶
10月の評価項目（番号）	⑶保育者が言葉をかけるとお辞儀をするなど動作で応える。
目指す評価項目（番号）	⑷保育者が言葉をかけると同じように発声で応じる。
項目達成のための保育者の配慮事項	・子どもの動線や視線・視界を考慮し，入口のドアの開き部分を反対にする。 ・子どもが保育室に入る際，保育者の姿が最初に見えるように，保育者の立ち位置を考慮して，子どもに言葉をかけるようにする。 ・安心して入室できるよう，保育者はいつも同じ場所で迎え受け入れる。
11月時点の評価	・子どもが入室する際，最初に保育者の姿が見えるので，他に気が向くこともなく保育者とのやり取りや挨拶ができるようになった。 ・友達のしていることに興味が向きやすく，気が散漫になりやすいので，視線や動線を考え環境を見直したことが良かったと思われる。

握しておくのがよいでしょう。時々できる行動は，今後，安定的にできるようになる可能性が高いといえます。すなわち，「今，まさに伸びようとしている」力ととらえることができるでしょう。

以上のように，子どもの行動の実態を保育環境との関係や確実性の観点から把握することで，その子どもの支援目標や支援方法に関する具体的な手掛かりを得ることが可能となります。

3 日々の生活における継続的な実態把握

「基本的生活習慣の自立」について，毎日の保育の中で子どもの支援ニーズを見出し，長期的視点から支援実践に生かす実態把握の方法の例を表Ⅸ－２に示します。「朝の挨拶」「所持品の始末」「食事」「降園準備」等について，スモールステップで内容を項目化し，０歳～就学前まで定期的に子どもの「できていること」「もう少しでできそうなこと」「まだできないこと」についてチェックします。チェック結果は保育者全員で共通理解を図り，毎日の保育に反映させて支援を継続します。表Ⅸ－３は，チェック結果に基づいて作成した支援計画とその評価です。このように，継続的な実態把握と実践，そして評価を繰り返しながら，支援をステップアップさせていきます。

4 子どもの気がかりな行動に関する実態把握

基本的生活習慣の自立など，保育場面で毎日繰り返し支援することで獲得していく行動については，これまで述べてきたように，その行動をスモールステップに分け，発達の道筋に沿って実態を把握することが，支援に役立ちます。子どもの発達が今どの段階にあるのかを明らかにすることで，一人一人の子どもの発達のペースに合わせて支援計画を立てることができます。使いやすい自助具を工夫したり，保育士の手助けのレベルを徐々に減らしたりすることで，子どもは自らがステップアップしていく喜びを実感し，進んでそれにとりくむようになるでしょう。

しかし，そのような実態把握の方法だけでは，支援目標や支援方法を具体化することが難しい場合があります。たとえば，「ひんぱんに友達をたたくなど乱暴な行動をする」「集会場面で座っていられず，部屋を出て行ってしまう」など，気がかりな行動が見られる場合，解決に向けてそのような行動が起きてしまう場面を分析することが必要です。

すなわち，その行動は「いつ，どんな場面で」，「どんなきっかけで」起きるのか，その場合，保育士や周りの子どもは，「どのように対応しているか」，そして，「対応の結果，子どもはどうなったのか」を順を追って，書き表していきます。

上記を書き表すことによって，子どもの気がかりな行動がもっている「意味」，つまり子どもがその行動を起こす「理由」を子どもの視点から推測することができます。このように子どもの行動の意味を前後のつながりから理解することを「行動随伴性[1]を分析する」といいます。この方法で，気がかりな行動が起こっている仕組みを解明することができ，それを解決する方法を考えることができます。

▶1　行動随伴性については Ⅻ－5 を参照のこと。

5 実態把握を支援に生かす

発達的視点からの実態把握であれ，行動の分析的な実態把握であれ，実態把握は先にも述べたように，子どもと環境との相互作用の関係を明らかにすることで支援に生かすことができます。また，実態把握は複数の保育者で行います。保育者間で評価に差異がある場合は，どの保育者の評価が正しいかではなく，子どもが活動している環境との関係を踏まえて，差異の意味を判断する必要があります。複数の保育者が様々な場面でとらえたデータを集約して協議し，より適確な実態把握へつなげます。

実態把握により，保育者は現在の子どもの状況を知り，支援課題を明確にできます。日常の保育場面で継続的に実態把握を行うことで，子どもに適した支援環境の設定や，子どもの能力を引き出す働きかけを行いやすくなります。

（坂本正子）

参考文献

瀬戸健・坂本正子（2010）子どもの成長を保障する保育実践―スモールステップアップによる基本的生活習慣の育成に着目して―．第1部〈特集〉子どもの生活経験と学校教育をつなぐ．学校教育研究．25．67-79．

福山市・福山市保育連盟（2008）福山市保育カリキュラム．

Ⅸ　保育所・幼稚園での支援体制

3 チームで取り組む個別の保育計画

1 個別の指導計画とは

障害のある子どもや発達・行動に気がかりがある子どもに対しては，全職員で一貫した支援を行う必要があります。そのために役立つのが「個別の保育計画」です。これは，対象となる子どもの実態及びその子どもの支援ニーズ，そのニーズに応じた支援の内容や方法，そして評価を個々の子どもごとにまとめた保育の計画のことです。

2 個別の保育計画の作成

○PDCA サイクル

個別の保育計画は，「Plan（実態把握に基づく実践計画）」→「Do（実践）」→「Check（実践結果の評価）」→「Action（実践計画の改善と発展）」の PDCA サイクルを繰り返して作成していきます。作成にあたり，以下の視点を持って実際の保育場面に臨みます。

P：子どもが今，一番困っていることは何か。それを解決するため，どのような配慮や個別の支援が必要か。
D：日々の保育場面において，必要な配慮や支援を適切に実行しているか。
C：配慮や支援を実行した結果，子どもが困っていたことはどのように変化したか。
A：上記の結果を受けて，次はどのように配慮や，個別の支援をするのがよいか。

○年度当初における Plan（実態把握に基づく実践計画）作成

実際の個別の保育計画の作成手順について，筆者の実践例から紹介します[1]。計画の作成にあたっては，まず，保育場面で子どもを観察し，その発達や行動の状況を把握します[2]。また，保護者と面談するなど，生育歴や今後の育ちに対する親の願いを知ることも必要です。保護者と担任が，率直に話ができる信頼関係を築くよう心掛けたいものです。その後，得た子どもの情報を整理して一覧にまとめ，それに基づいて，子どもの「この１年で育ってほしい姿」を「長期目標」として具体的に設定します（図Ⅸ-２「個別の保育計画」書式例を参照）。設

▶１　ここでは，富山県氷見市における「個別の保育計画」の作成方法例を取り上げる。
▶２　Ⅸ-２を参照のこと。

定にあたっては，その理由も併せて記入しておくことで，他の保育者にも理解しやすくなります。

❍Plan から Do（実践）へ

「長期目標」が決まったら，今度は以下の手続きで，日々の保育実践計画を作成します（図Ⅸ－3毎月の「子どもの成長と保育の記録」書式例を参照）。まず，各月で達成しようとする具体的な「ねらい（短期目標）」を設定します。次にそのねらいを達成するための支援方法を「配慮事項」として書き出します。子どもの特性に配慮しスモールステップで考えるようにします。子どもが「できた」喜びを味わうことができる手だてを具体的に考えることが大切です。

❍Do から Check（実践結果の評価）へ

実践の結果を適宜，記録します（図Ⅸ－3参照)。ねらいを達成するために保育者がどのようにかかわったのか，その結果子どもはどうだったのか，支援と子どもの変容との関連がわかるように記録し，次の支援に生かせる記録とすることが大切です。記録はきれいに残す必要はありません。後から読んだ時に支援の様子がわかるものであれば十分です。なるべく負担なく続けられるスタイルを考えてみましょう。

❍Check から Action（実践計画の改善と発展）へ

記録に基づいて，次月の「ねらい（短期目標）」を再設定し，それに応じて「配慮事項（支援方法)」を見直します。その後，Plan → Do → Check → Action を繰り返し，実践を積みます。年度末には1年を振り返り，「長期目標」の達成度を確認します。その成果を踏まえて，次年度の課題を整理し，引き継ぎます。

3　チームで取り組む

多忙な中で個別の保育計画を作成し，支援記録を残すことは，時には負担に感じるかもしれません。しかし，記録にまとめることで，その場では理解できなかった子どもの気持ちや思いに気づくことができたり，別の支援方法を思いついたりなど，保育を見直す貴重な機会となります。

また，個別の保育計画を保育者間で共有することは，一貫した支援を実現する方法として，大変有効です。支援内容が自分の担当している子どもだけでなく，他の子どもの支援にも役立つことがあります。複数の視点からどのような支援の方法がよいか考え工夫することで，保育の幅が広がり，園全体の支援力アップにつながります。

（野手ゆかり）

園　長	主査・主任	担　任

個別の保育計画

作成：平成　　年　　月　　日

幼児名	年　度	年　齢	クラス名	担任名
	年度	歳	組	
	年度	歳	組	
	年度	歳	組	

実態	生活面	
	遊び面	
	その他	
保護者の願い		
長期計画		
設定の理由		

図Ⅸ-2　個別の保育計画書式（例）

平成　　　年度

＿＿＿＿＿＿月

歳児　子どもの成長と保育の記録

園　長	主査・主任	担　任

◎幼児名　(　　　　　　　　　)

生年月日	平成　年　月　日生	年齢	歳　か月

月当初の子どもの姿	ねらい	配慮事項
	○ その月に達成できる具体的なねらい Plan	○ ねらいを達成するための具体的な支援の方法

月日	記録	考察
	○ ねらいを達成するため行った、実際の支援方法や環境について Do ⇩ ○ 子どもの様子はどうだったか。 ⇨ ○ 考察を受けどのように関わるか、支援方法も再度考え実際に支援する。 Action	○ うまくいったのはどうしてか、またはうまくいかなかったのはどうしてか。 Check

保護者・職員・他機関等との連携	評価と保育の改善すべき点
	○ その月のねらいについて支援方法を評価反省する。

○ 次月のねらいへ

図IX－3　子どもの成長と保育の記録（例）

Ⅸ　保育所・幼稚園での支援体制

4 ケースカンファレンスと保育の評価

1 ケースカンファレンスとは

ケースカンファレンスとは，事例を取り上げ，その支援が適切かどうかを検討する会議のことです。保育者は，いろいろ手を尽くしても支援の成果が見えてこないと，「どうしてできないの」と子どもや自分自身を責める気持ちが生まれてしまいがちです。そうならないためにも，ケースカンファレンスで他の保育者の意見を聞くことは有効な手段です。ひとりで抱え込まないで，困っていることを積極的に共有しましょう。

配慮が必要な子どもについては，全職員が共通理解して支援にあたるように毎月の職員会議などを利用して情報を共有します。子どもの発達や行動に関して対応困難な課題が生じるなど，支援の見直しが必要な場合には，別途時間を設定して，カンファレンスを実施します。場合によっては，保護者や外部の関係機関も交えて，より現実的で，有効性の高い支援方法が見いだせるように検討します。

2 ケースカンファレンス運営上の留意点

ケースカンファレンスの運営は，特別支援教育コーディネーターや主任保育士などが中心となって行います。終了時間をあらかじめ設定し，保育や子どもの愚痴の述べ合いにならないようにしましょう。カンファレンスの前半では，取り上げた事例についての情報を明確化し，後半ではこれまでの取り組みの評価と新しい支援アイディアが具体的に示されるように話し合いをリードします。特定の参加者ばかりが発言することがないように，小グループで話し合ったり，付箋やシートなどを使って，全員が自分の意見をもつための時間を設定したりするのもよい方法です。

3 外部の専門家を活用した巡回相談型ケースカンファレンス

園内部のケースカンファレンスだけでは，なかなか効果的な支援方法が見いだせず，問題の改善がなされないケースの場合は，「巡回相談」という形で専門性のある相談員を要請し，同席のもとでケースカンファレンスを行うことが効果的です。要請を受ける相談員は，たとえば，支援学校の特別支援教育コーディネーター，幼児ことばの教室指導員，保健師，学校や子育て支援にかかわる巡回相談専任保育士などです。

相談員は，園から事前に提出された資料から対象児の基礎情報を確認します。資料には，主訴（対象児の問題状況），対象児の生育歴，定期健診での特記事項，発達状況などを記載します[1]。巡回相談当日は，対象児と保育の状況を直接観察します。その後，関係者が集まり，カンファレンスを行います。カンファレンスの結果，効果的な保育のために他機関との継続的な連携が必要と判断される場合は，そのための手続きを進めます。また，年長児のケースでは，就学予定の小学校へもカンファレンスへの参加要請をすることで，スムーズな移行支援にも役立ちます[2]。

4　保育者の力量を高める研修型ケースカンファレンス

自分の取り組んでいる事例の匿名性を保ちつつ，他の保育所や幼稚園の保育者とケースカンファレンスを行うことで，子どもの実態に対する新しい見方や，新しい支援のアイディアを得ることができます。このようなカンファレンスは，研修の一環として，定期的に行われる場合が多いものです。事例提供者は実践内容を事前にまとめて提出します。他の保育者は，あらかじめ提出された資料を読み込み，疑問点や自分の考えを整理して研修会（カンファレンス）に参加します[3]。支援がうまくいかない原因はなにか，他にはどのような支援方法があるかなど，同じ実践者としての視点に立って話し合うことで，保育現場ですぐに実践できるヒントが得られます。

（野手ゆかり）

▶1　事前資料書式の参考として，筆者が活用している富山県氷見市の書式例を図Ⅸ－4に示す。事前資料では必要な情報のみをなるべくシンプルにまとめ，訪問時に詳細情報を直接共有することが効果的である。

▶2　Ⅸ－5 を参照。

▶3　事例提供者の報告書式には様々なものがあるが，具体的な保育場面を切り取った報告は，共有理解しやすく，参加者から保育改善のアイディアが出やすくなる。また，参加者が意見を出しやすいように，カンファレンスシートを配布して，あらかじめ意見を記入して集まるようにしておくと良い。このやり方は，所内・園内でのケースカンファレンスにも用いることができる。研修型カンファレンスシートの例を図Ⅸ－5に示す。

参考文献

富山県臨床心理士会編（2011）「平成22年度ハートフル保育専門アドバイザー派遣モデル事業　気になる子どものための　保育アドバイスブック」富山県厚生部児童青年家庭課.

記載日　平成　　年　　月　　日（　）

施設名	施設長名	担任名	加配　有・無
ふりがな 対象児名　　男・女（第　　子）		在籍クラス　年長・年中・年少・未満・縦割り （人数）　（　）（　）（　）（　）（　）	
生年月日　平成　　年　　月　　日（　　歳　　ヶ月）		入所年月日　平成　　年　　月　　日（　　歳　　ヶ月）	
関係機関の利用状況		手帳等	

発達状況	食　事	
	排　泄	
	着脱衣	
	遊　び	
	ことば	
	運　動	
	認知・概念	
	対人関係	
	自己統制	
気がかりな行動	乱暴（対人）	
	乱暴（対物）	
	多　動	
	自　傷	
	感　情	
	こだわり	

生育歴	栄養：母乳・人口・混合	首すわり：　　ヶ月	寝返り：　　ヶ月	おすわり：　　ヶ月
	つかまり立ち：　　ヶ月	伝い歩き：　　ヶ月	一人歩き：　　ヶ月	ハイハイ：　　ヶ月
	人見知り：　　ヶ月	発語：　　ヶ月		
現在	目が合う：　有　　無	夜泣き：　有　　無	話しかけ等に対する反応：　有　　無	

妊娠中・ 出産時の特記事項	
家族の状況	
今回の巡回相談の対象とした理由	

図Ⅸ－４　巡回相談用事例票の例

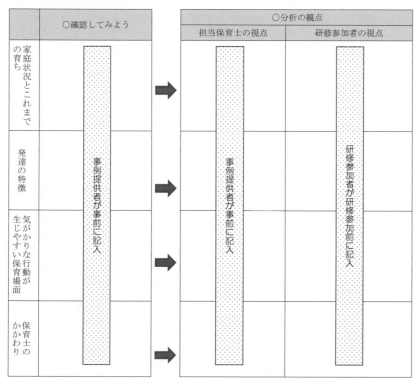

対象児：A児（　　　歳）
・気になる行動（困りごと）
・それがみられた場面

	○確認してみよう	○分析の視点	
		担当保育士の視点	研修参加者の視点
家庭状況とこれまでの育ち	事例提供者が事前に記入	事例提供者が事前に記入	研修参加者が研修参加前に記入
発達の特徴			
気がかりな行動が生じやすい保育場面			
保育士のかかわり			

今後の支援方法	カンファレンスで得られた保育のアイディアをもとに実践可能な方法をまとめる

図Ⅸ－5　研修型カンファレンスシートの例

Ⅸ　保育所・幼稚園での支援体制

5 保育所・幼稚園と小学校との連携

▶1 「小1プロブレム」とは，小学校に入学したばかりの小学校1年生が「集団行動が取れない」「授業中に座っていられない」「先生の話を聞かない」等，学校生活に適応できないために起こす問題行動をいう。また，こうした不適合状態が継続し，クラス全体の授業が成立しない状況に陥っていることをさす場合もある。

▶2 「個別の保育計画」，及び保育記録については，Ⅸ－3を参照。

1 保育所・幼稚園と小学校の接続期の子どもにとっての「段差」

保育所・幼稚園と小学校では，その生活形態に大きな違いがあります。その違いの代表的なものを表Ⅸ-4に示します。これらは，子どもにとって学校不適応を起こしかねない「段差」となります。そこで，就学に向けて，段差を減らすための工夫を行うのが，連携です。連携とは，決して子どもに段差を乗り越えさせて小学校の生活に合わせるようにするためのものではなく，一人一人の子どもの発達状況に応じて，その段差の影響を最低限にできるよう適切な支援を実現するためのものです。就学期には保育所・幼稚園と小学校が協力して，計画的に連携を進める必要があります。

表Ⅸ-4　就学期の子どもにとっての「段差」の例

内　容	保育所・幼稚園 ⇒	小学校
生　活	・遊び中心の生活である。	・学習中心の生活である。
片付け	・所持品等の片付けは，主に保育者の見守りのもとで行う。	・自分で所持品の管理・整理・整頓を行う。所持品も保育所・幼稚園に比べて多い。
登下校	・保護者が責任をもって送迎する。時間帯も家庭の事情により様々である。	・登校・下校時刻が決まっており，子どもだけで登校する。 ・登校時間に合わせて，就寝や起床時間，朝食の時間を設定する必要がある。
準備物	・持ち物は，園から直接保護者に連絡して準備してもらうことが多い。	・時間割を確かめながら，教科書やノート，体育着，ハンカチ，給食のエプロンなど，保護者の見守りのもと，自分で持ち物を準備する。
給食	・給食時間は30分程である。	・給食時間は20分程であり，配膳なども独力で行う。
集団行動	・短時間の遊び中心のグループ活動が主流である。・グループのサイズは活動によって変わり，多くても10～20名程度で構成される。	・1時限の授業に，全員がほぼ同じペースで取り組むことを求められる。 ・原則として，1クラス35名単位で活動を行う。行事などの際は，100人程度の学年を単位とした集団で活動することもある。
きまり	・発達に応じて果たすべき「きまり」があり，担任の見守りの中，スモールステップで，それを身につけるための支援が行われる。	・新入生として，児童集団全体における学校生活の「きまり」を学び，身につけることが求められる。
学習内容や活動時間など	・子どもの興味・関心や集中力の程度により，保育者が活動時間を調整する。 ・生活や遊びの中で，体験を通して総合的に学ぶ活動が中心である。 ・子どもの興味・関心をベースに活動内容を設定している。自由遊びなど，活動を自由に選択できる場面がある。 ・単元が設定されているが，子どもの探求心に応じて，満足するまで内容を繰り返したり，それを更に発展させたりしながら，柔軟に活動が展開する。	・1時限は45分間を単位として設定されており，その間は1つの教科について活動を継続することが原則である。 ・教科，領域別の指導がなされ，座学中心で学ぶ活動も多く設定されている。 ・各学年で学ぶべき内容が学習指導要領によって定められており，それに従って単元が設定されている。 ・設定された単元ごとに取り扱う内容と時間数が決められており，原則としてその単元計画に従って活動が展開する。

表IX－5 年長時における保育所・幼稚園と小学校との連携計画の例

期 間	連 携 の 流 れ と 内 容
4月	連携会議 ・交流・連携の年間計画について，所長・園長・小学校長で話し合います。
4～6月	保育士・幼稚園教諭の授業サポーター体験及び第1回幼保小連絡協議会（小学校にて） ・新1年生の昨年度の担任や現年長児担任が小学1年生の授業に参加し，就学した子どもの様子を確認しながら，必要に応じて支援を行います。 ・小学校長・担任教諭と所長・園長・年長児担任がこれまでの実践を基に，接続期における子どもの学びや自己肯定感を意識した段差の解消について話し合います。
5～6月	個別相談会（保育所・幼稚園にて） ・所長・園長・年長児担任は，保護者と保育所・幼稚園での生活や就学について話し合い，小学校の特別支援教育について説明し，就学相談会や小学校見学への参加を進めます。 ・保護者からの相談や要望によっては，保護者の了解を得たうえで小学校や専門機関と連携します。
5～3月	就学相談会や小学校見学への参加 ・所長・園長は保護者と就学相談会や小学校見学へ参加し，就学手続きや就学基準などの十分な情報やガイダンスを受けます。
6～3月	保育所等巡回相談（子どもの実態と今後の支援についての話し合い） ・小学校長・支援学校の特別支援教育コーディネーター・小学校の特別支援教育担当教員・市や町の保健師・幼児ことばの教室指導員・市の担当職員が，保育所・幼稚園訪問を行い，子どもの様子を観察し，発達の状況や支援課題について情報を共有します。小学校生活も視野に入れた支援について，所長・園長・担当保育者とともにケースカンファレンスを行います。[3]
8月	小学校教員の保育サポーター体験と職員懇談会（保育所・幼稚園にて） ・複数の小学校教員が夏休みを利用して保育所・幼稚園を訪問し，保育に参加しながら子どもの現状や支援の方法などについて観察を行います。懇談会では，今後の交流・連携計画についても話し合います。
9～2月	年長児の小学校生活体験訪問（複数回） ・行事（運動会・学習発表会・授業体験と給食試食会・合同避難訓練など）の機会に，複数回の小学校生活体験訪問をします。関係職員は，特に配慮が必要な子どもの行動観察を行い，就学期に必要な支援について具体的に検討するための情報を収集します。
1～2月	第2回幼保小連絡協議会（小学校にて） ・保育所・幼稚園と小学校は，「就学接続シート」[4]を使って，就学する子どもの実態について共通理解し，クラス編成や教員の配置などについて話し合います。これまで保育所・幼稚園で実施してきた合理的配慮の具体的支援，及び個別の保育計画の内容を説明し，引き継ぐようにします。併せて，入学に向けて配慮すべき事項や保育所・幼稚園での事前指導についても打ち合わせをします。

2 保育所・幼稚園と小学校の連携の進め方

連携のポイントは，以下の3つです。

(1) 子どもの学びの連続性に着目し，保育者と教員とがお互いの保育・教育の特質を理解すること

(2) 接続期を迎えた子どもの発達実態に合わせた交流・接続計画を作成し，継続的に実践すること

(3) 保護者の願いを聞きとり，それを考慮しつつ目指す子ども像を明らかにし，保育所・幼稚園から小学校へと一貫した支援につなげること

保育所・幼稚園と小学校の連携年間計画の例を表IX－5に示します。年長組の4月期から段階を追って，1年間かけて連携を進めることで，障害のある子どもだけでなく，どの子どもも安心して小学校に移行できる体制が整います。それにより，小1プロブレム[1]の予防にもつながります。

▶3 巡回相談におけるケースカンファレンスについては，IX－4を参照。

▶4 特別な支援を必要とする子どもが安心して小学校生活をスタートできるように，保育所・幼稚園での育ちを小学校へつなぎ，接続を円滑にすることを目的に作成するシートである。就学接続期に行われる幼保小連絡協議会で活用することで，共通理解及び引継ぎの視点を明確にできる。

3 個別の保育計画から個別の教育計画へ

保育所・幼稚園では，支援の必要な子どもには個別の保育計画を作成するとともに，それに基づいて行った入園から卒園までの様々な支援実践を含む保育記録を作成します[◁2]。同様に小学校でも，個別の教育支援計画や個別の指導計画が作成されます。支援のスムーズな移行にあたり，個別の保育計画と個別の教育計画が，連続性のあるものとなることが望まれます。よって，連携会議では，子どもの実態や支援ニーズを伝えるのみならず，これまで保育所や幼稚園で積み上げてきた支援内容を具体的に示し，小学校でどのようにそれを引き継いでいくかについて，意見交換することが求められます。　（坂本正子）

参考文献

富山県教育委員会(2015) 幼・保・小学びをつなぐ「わくわく・きときと」カリキュラム．

福井県幼児教育支援センター（2016）学びをつなぐ希望のバトンカリキュラム．

木村吉彦・茅野市教育委員会（2016）実践接続期カリキュラム．ぎょうせい．

第４部　支援の技法

Ⅹ　家族への支援

1 障害の子に向き合うということ

1 障害受容

障害受容とは，1950年代に米国で初めて提唱された概念であり，わが国では，上田（1980）[1]が「あきらめでも居直りでもなく，障害に対する価値の転換であり，障害をもつことが自己の全体としての人間的価値を低下させるものではないことの認識と体得を通じて，恥の意識や劣等感を克服し，積極的な生活態度に転ずること」と定義しています。これは，障害者本人の障害受容に対して言及したものですが，喪失体験[2]とそこから立ち直るという点で障害児の親の障害受容と，共通しています。

社会的通念に基づいて健康な子どもを期待していた親[3]にとっては，自分の子どもが障害児であることに大きな精神的衝撃をうけます。そこから障害受容に至る過程に関しては，段階モデル（stage theory）がよく知られています。初めて段階説が唱えられたのは1950年代ですが，1970年代に提案されたドローターら（Drotar et al.）[4]の先天性奇形児の親の心理変容過程における５段階の仮説図が有名です（図Ⅹ-1）。これは，障害の事実に対する衝撃とその心理的防衛として否認，悲しみ，怒りなどの情緒的混乱から，前向きに適応への努力が行われ，障害受容にいたるというものです。この段階モデルでは，親が一度子どもの障害に関する葛藤を乗り越えた後は，適応の段階に達して安定し続けることを示しています。これに対して，親が子どもの障害を知って以降，生涯を通して悲しみが癒えないという慢性的悲哀（chronic sorrow）の概念が提出されています。親は一旦適応段階に達しても子どもの発達の節目やライフステージごとに幾度となく深刻な体験をするというものです。両者の考え方は，基本的に相容れないものではなく，中田（1995）[5]は，段階モデルと慢性的悲哀を統合して螺旋型モデルを提案しました。これは，障害を肯定する気持ち（適応）

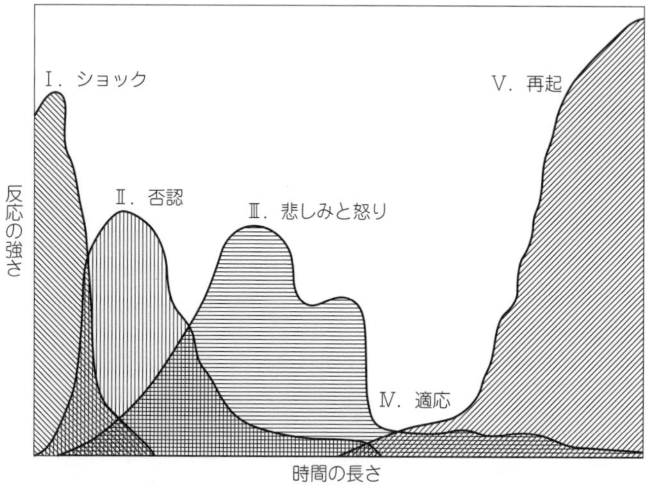

図Ⅹ-1　先天奇形をもつ子どもの誕生に対する親の正常な反応

出所：Drotar et al.（1975）.

▶1　上田敏（1980）障害の受容─その本質と諸段階について．総合リハビリテーション，8（7），515-520．

▶2　喪失体験には，「期待した健康な子どもの死」という対象喪失と「健康な子どもの母ではない」という自己喪失がある。

▶3　レボヴィシ（Lebovici, S.）は，親が，乳児を前にして３つの像「現実の乳児」「空想的乳児」「幻想的乳児」を見ていると述べている。空想的乳児は，小さいときから空想してきた赤ん坊であり，多くの親は健康で元気で可愛いい赤ん坊を思い浮かべている。

▶4　Drotar, D., Baskiewicz, A., Irvin, N. et al.

と否定する気持ち（落胆）が裏表に存在し螺旋状に進むため，表面的には両者の時期が繰り返すように見えますが，少しずつ受容が進んでいくことを表わしています。

障害児とその親への支援を行う時には，この障害受容を考慮した対応が重要になります。障害児の発達支援を行う者は，早期発見と早期対応が何よりも重要と考え，早急に取り組みたいと考えますが，乳幼児を対象にした支援には，親の同意と協力が不可欠です。障害告知を受けて精神的ショックを受けている親の心理状態を考慮せずに対応を進めると，親を傷つけることになりかねません。親の気持ちを十分に配慮した上で親と協働して行うことが，結局は子どもへの効果的な発達支援につながります。また，親の障害受容には，わが子の障害を受容するだけではなく，障害児の親としての自分を受け入れる自己受容があります。しかし，その自己受容には困難を伴い，それにまつわる様々なストレスにさらされるため，子どもだけでなく親への支援を行うことの重要性がここにあるといえます。

2 障害種類と障害受容

障害と一口にいっても，子どもの障害の種類や程度は多様であり，それにより障害受容のあり方も異なってきます。早期診断が可能な病理型や重度の障害の場合，親から見ても子どもに障害があることが明白であり，障害の事実に直面した時の衝撃と混乱は大変大きいものですが，子どもの成長とともに発達の見通しがついてくるとポジティブな感情に向いていき，それが比較的安定して維持される傾向にあります。それに対して，幼児期に診断確定が難しい知的遅れのない発達障害の場合，親にとっても子どもの障害像がつかみ難く，「障害があるのではないか」という不安と「障害とは違ってほしい」という期待が交錯し，慢性的なジレンマに陥りやすいことが指摘されています。[◁6]

3 診断告知

確定した障害診断を親や本人に告げる診断告知は，親子が障害に向きあうスタートとして十分に配慮しなければならない重要な問題です。前述したように，親が子どもの障害の事実を知ることによる精神的ショックは計り知れないものがあるので，親の精神的受け入れの準備がない時に唐突に障害を告知したり，十分な説明もなくまた具体的な援助もない状態で告知すると，親の心身の健康状態を極端に悪化させることになります。そのため，障害告知の際には，告知者は親との信頼関係を築きながら，親の子どもへの理解が促進するように努め，精神的に受け入れが可能な時に告知することが望ましいといえます。しかし，どのように配慮しても精神的ショックをなくすことは不可能です。障害告知の後には，親を孤立させず周りで支える体制を整えることが何よりも大事です。

（尾崎康子）

(1975) *Pediatrics*, 56, 710-717.

▶5 中田洋二郎（1995）親の障害の認識と受容の考察―受容の段階説と慢性的悲哀．早稲田心理学年報，27，83-92.

▶6 松下真由美（2003）軽度発達障害児をもつ母親の障害受容についての研究．応用社会学研究，13，27-52．山根隆宏（2012）高機能広汎性発達障害児・者をもつ母親における子どもの障害の意味づけ：人生への意味づけと障害の捉え方の関連．発達心理学研究，23，145-157.

参考文献

早樫一男・団士郎・岡田隆介（2002）知的障害の家族援助．金剛出版．

柘植雅義・井上雅彦（2007）発達障害の子を育てる家族への支援．金子書房．

X　家族への支援

2 親への支援

1 親の役割と立場

ウィニコット（Winnicott，D.W.）[1]が「一人の赤ん坊などいない。いるのは一組の母親と赤ん坊だ」といったことに代表されるように，子どもは，自分を取り巻く人との関係の中で育っていきます。そのため，障害児の発達支援を行うにあたっても，支援の対象として子どもにだけ焦点をあてるのではなく，子どもと親密な関係をもつ人，それは家族であり，特に親ですが，それらの人に対する支援を欠かすわけにはいきません。

親への支援といっても，親は様々な立場と役割をもっており，それによって支援のあり方が異なってきます。親への支援において，親が置かれている立場には３通りあります（図X－２）。すなわち，親が子どもの障害の事実あるいは疑いに直面し，不安や混乱を起こしている場合には，親自身が支援を受ける被支援者になります。一方，子どもの発達支援を行うには，親の協力と協働がかかせません。一番長い時間子どもに接している親は，子どもに関する情報を最も多くもっているので，その情報を提供してもらうことが有用です。また，子どもと親密な絆で結ばれている親に発達支援の内容を理解してもらったり，実際に協働して支援してもらうことができれば，子どもも安心して発達支援を受けることができます。逆にいえば，親が発達支援に非協力的であったり，拒否的であれば，発達支援は最初からつまずくことになります。この場合，親は支援協力者であり，何よりも保育者や専門家は親との信頼関係を築くことから始めて，親と協働して子どもへの発達支援を行っていくことが大切です。しかし，忘れてはならないのが，親は，元来，支援協力という非主体的な存在ではなく，子どもを最も身近で援助する支援者であることです。したがって，親が主体的に支援者として機能していけるように援助することこそが，親支援の最終目標といえます。そのためには，カウンセラーを支え，助言するスーパーバイザーがいる

▶1　ウィニコット（1896～1971）：乳幼児の発達において，環境（母親）の役割を重視し，現代の精神分析，乳幼児研究に多大な影響を与えた英国の小児科医，精神分析医。

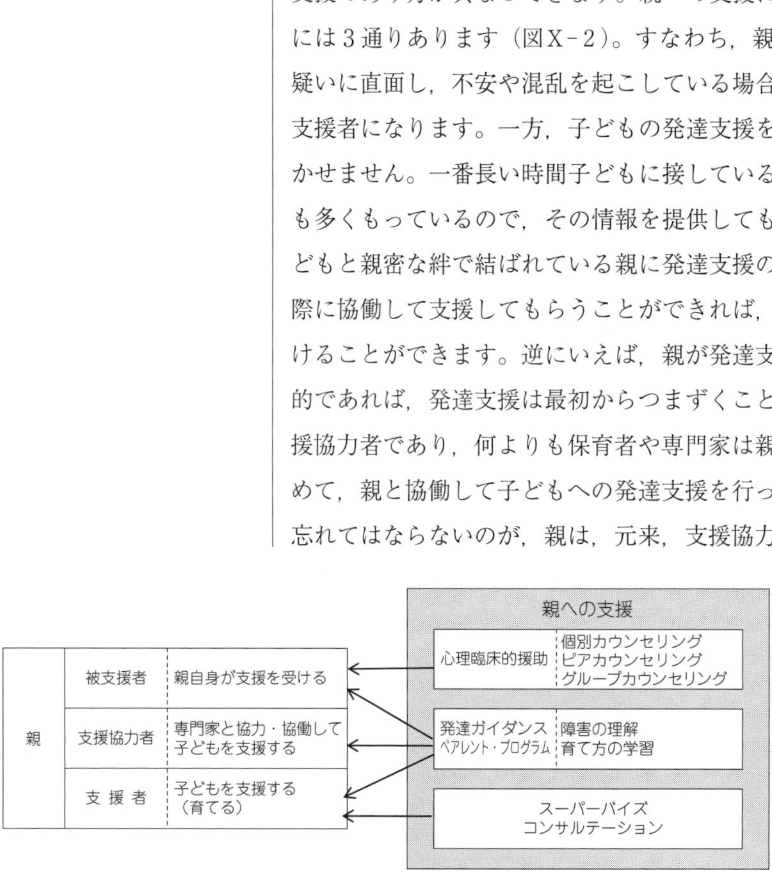

図X－2　障害児の親の立場と親支援

出所：筆者作成.

ように，支援者である親に対してスーパーバイズやコンサルテーションを行うことが必要です。このように，親は，被支援者，支援協力者，支援者という異なる立場を同時にあわせもっていますが，それぞれの立場に合わせて，また個々の親のニーズに合わせて親支援を行うことが求められます。

2 親のニーズと支援の実際

支援者の立場からみた親支援のあり方を前項で述べましたが，ここでは，親のニーズの観点から親支援を考えてみます。子どもが障害と診断されたときに，親が最も必要としているのは，子どもの障害に対する情報を提供したり，子どもの育て方を教えてくれる発達ガイダンスやペアレント・プログラムです。たとえば，自閉症スペクトラム障害（ASD）と診断されても，親は「ASDとは何か」についての正確な情報を持ち合わせていません。自閉症とはどのような障害であり，どのような発達経過をたどるかがわからないと，発達の可能性や将来の見通しが立たずに不安や焦燥感に駆られてしまいます。また，親は，ASDの特異な行動や対人関係に日常的に遭遇して困っていますが，それにどのように対応すればよいかがわかりません。したがって，障害児の親支援においては，まず親が障害を理解し，障害の特性に合わせた育て方を学ぶことができるようにすることが，最も重要となります。

次に親がもつニーズは，子どもの障害を受容することへの援助です。親は障害受容[2]することの困難とそれに伴う悲哀を経験しますが，その際に，自分一人で困難と悲哀を抱え込むのではなく，誰かにともに寄り添って話を聞いてもらうことで障害を受け入れやすくなります。そのため，障害受容に対する親への支援として心理臨床的援助が求められます。心理臨床的援助には，親と援助者が1対1で行う個別カウンセリングと複数の親がグループになって援助者と一緒に話していくグループカウンセリングがあります。また，障害児を育てた親は，障害児の親の心情を深く理解することができ，また実際の障害児の子育ての情報をもっています。さらに，障害児の親も同じ親同士で気ごころが知れるため抵抗感が少なくなります。そのため，障害児を育てた親がカウンセリングするピアカウンセリング[3]も大変有用です。いずれのカウンセリングの場合も，親の障害受容の困難と悲哀を十分に理解し，親に障害受容を無理強いすることなく，受容的，共感的に親の話を聞いていくことが基本です。

これらの親へのカウンセリングは，子どもを育てる過程で常に必要とされるといえます。たとえ親が子どもの障害を受容したとしても，子どもを育てる過程で不安や戸惑いが次々と生じてきます。さらに，一定の支援方法が確定しても，子どもの成長の節目にあたって新たな困難が生じてくることもあります。このように，親を支える心理臨床的援助は，子どもの成長に沿って継続的に行っていくことが求められます。

（尾崎康子）

▶2　障害受容については，X－1を参照。

▶3　ピア（peer）とは，仲間，友だちという意味であり，ピアカウンセリングとは，仲間同士でカウンセリングを行うことをいう。

X　家族への支援

3　親子関係への心理臨床的援助

1　親子関係への心理臨床的援助の重要性

障害児の親子に対して援助を行う場合，これまで，子どもへの支援と親への支援を別々に行うことが一般的でしたが，近年，乳幼児精神保健における心理臨床的援助の広まり[1]とともに，親子の関係性に焦点をあてた援助の重要性が指摘されています。

出生後一人で生きていけないヒトの乳児は[2]，養育者の手厚い養護と保護を受けて，養育者との関係性の中で成長していきます。したがって，子どもの心身の状態は，遺伝子によって決定された生物学的組織を基盤としていますが，一方では，養育者との関係性といった環境要因によって大きく影響を受けます。発達とは，この両者の交互作用であるといえますが，両者の交互作用の結果生じる適応をたえず更新していく過程は交互作用発達と呼ばれています（Sameroff, 1989[3]）。

交互作用発達において，親と子どもとの適切な相互調整が行われていくことにより，子どもは心身の自己調整を学んでいきます。実際には，親子の交互作用プロセスにおいて（図X-3），親（P）の要因と子ども（C）の要因のどちらが出発点になっても，時間経過に伴って親と子どもが交互に作用しあい，相互調整が行われていきます。この相互調整が障害されると，子どもは心身の問題を表面化させていきます（Sameroff et al., 2004[4]）。たとえば（図X-4），出産時にトラブルがあった子どもに対して，親は日常の育児において不安に満ちた対応をとるため，親子の相互調整が上手くいきません。すると，子どもは情動の自己調整ができない育てにくい気質になります。すると，親は気難しい子どもにしっかりと向かい合わなくなり，一層相互調整を困難にするという悪循環が生じます。その結果，就学前には言葉や社会的スキルの乏しさとなって現れることになります。

子どもが障害をもって生まれてきた場合にも，同様の交互作用プロセスが考えられます。たとえば，自閉症スペクトラム障害は，誕生時から人とのかかわりにくさや反応の乏しさが見られるため，親は，子どもに対して不適切で不安な接し方をしてしまいます。すると，子どもは，ますます反応が乏しくなりかかわりにくくなるため，親の子どもに対する関与も乏しくなります。その結果，親子の相互

▶1　現在，親子関係への心理臨床的援助は様々な方法で行われているが，その一つに親―乳幼児心理療法（コラム10参照）がある。

▶2　スイスの動物学者ポルトマンは著書『人間はどこまで動物か』（1961，岩波新書）の中で，人間は，本来，進化的には離巣性であるが，実際には，運動能力が未熟な二次的就巣性で生まれ，出生後一人では生きていけない「生理的早産」であることを示した。

▶3　Sameroff, A. & Emde, R.（Eds.）（1989）*Relationship Disturbances in Early Childhood*. New York: Basic Books.（小此木啓吾（監修）井上果子（訳）（2003）早期関係性障害―乳幼児期の成り立ちとその変遷を探る．岩崎学術出版社.）

▶4　Sameroff, A. J., McDonough, S. C., & Rosenblum, K. L.（Eds.）（2004）*Treating Parent-Infant Relationship Problems: Strategies for Intervention*. New York: The Guilford Press.

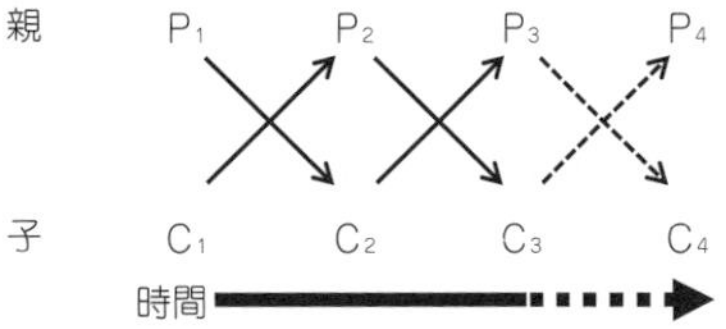

図X-3　親子の交互作用プロセス

出所：Sameroff et al.（2004）.

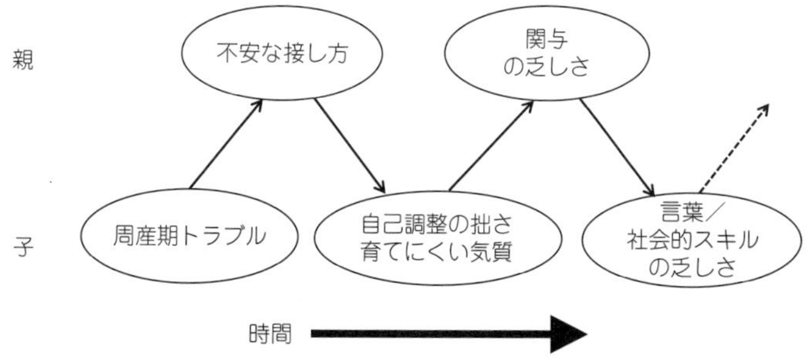

図X－4 周産期トラブルに始まる交互作用プロセスの例

出所：Sameroff et al.（2004）.

調整が上手くいかず，自閉症スペクトラム障害（ASD）の障害特性である対人関係の障害が顕著になっていきます。したがって，子どもの障害が発端であっても，親が障害に対して適切な対応を取らないと，親子の相互作用が円滑に進まず，相互調整に支障が生じてきます。そのため，障害に対する発達支援では，子どもを対象にすることはもちろんですが，親子関係に問題がある場合には，親子の相互作用や相互調整のあり方に介入する援助が有用です。

2 関係性の問題

子どもは，親との相互作用の中で関係性を発達させていきますが，この関係性に障害が生じた場合に，関係性障害（relationship disorder）と呼ばれています。親子の交互作用で，関係性の発端として「親から子どもへ」と「子どもから親へ」があるように（図X－3），関係性障害の原因には子ども側の要因，親側の要因，そして相互の関係性の要因があげられます。子ども側の要因としては，先天性障害，未熟児，育てにくい子ども，情緒信号[5]を発する力の弱さ，などがあります。親側の要因としては，統合失調症やうつ病などの精神障害，パーソナリティー障害，子どもの発する情緒信号の読み取りの悪さ，世代間伝達の問題などがあります。さらに，子どもと親のどちらも問題をもっていないが，相互作用に障害を生じる場合があります。たとえば，婚姻外の妊娠，望まない妊娠，両親の不和，母親を取り巻く社会経済的な環境の問題などがあげられます。

障害児の場合は，障害に由来する育てにくさという子ども側の要因によって引き起こされるものです。しかし，発端が子ども側にあっても，親子の相互作用が繰り返される中で，親側も関係性の循環に加わることになるため，親子の関係性の調整を行うことが有効になってきます。特に，対人関係に障害をもつASDでは，関係性の問題を生じやすいことが指摘されており，関係性調整の観点から支援のあり方を検討することも必要です。（尾崎康子）

▶5　乳幼児期早期の母子交流は，情緒信号を介して行われる。情緒信号とは，乳幼児が微笑や泣きなどによって養育者に発する情緒や感情にかかわる信号である。養育者は，その情緒信号から乳幼児の感情や気持ちを読み取り，それに対して適切に応答するが，これを情緒応答性という。

コラム9

児童虐待と発達障害

1　児童虐待とは

児童虐待に関しては，通称「児童虐待防止法」と呼ばれる「児童虐待の防止等に関する法律」の第２条に４種の虐待行為が定義されています。４種の虐待行為とそれに厚生労働省が説明を加えている具体例は以下の通りです。

○身体的虐待（physical abuse）―児童の身体に外傷が生じ，または生じるおそれのある暴行を加えること。たとえば，首をしめる，殴る，蹴る，投げ落とす，熱湯をかける，冬に戸外に締め出す，一室に拘束するなどです。

○性的虐待（sexual abuse）―児童にわいせつな行為をすることまたは児童をしてわいせつな行為をさせること。たとえば，子どもへの性交，性的暴力，性的行為の強要などです。

○ネグレクト（neglect）―児童の心身の正常な発達を妨げるような著しい減食または長時間の放置その他の保護者としての監護を著しく怠ること。たとえば，家に閉じ込める，重大な病気になっても病院に連れていかない，乳幼児を家に残したまま度々外出する，乳幼児を車の中に放置する，食事を与えないなどです。

○心理的虐待（psychological abuse）―児童に対する著しい暴言または著しく拒絶的な対応，児童が同居する家庭における配偶者に対する暴力その他の児童に著しい心理的外傷を与える言動を行うこと。たとえば，言葉による脅かしや脅迫，子どもを無視したり拒否的な態度を示す，子どもを怯えさせたり心を傷つけるようなことを繰り返し言うなどです。

2　児童虐待の動向

児童虐待が社会問題化したのは比較的最近であるといわれています。全国の児童相談所における児童虐待相談対応件数の統計を取り始めたのは1990年からですが，相談対応件数の推移をみると，年々増加していることがわかります（図C－9－1）。なお，2000年前後に相談件数が急増しますが，これは2000年に施行された児童虐待防止法第６条で「虐待を受けたと思われる児童」の通告を国民に義務づけたことが背景にあると考えられます。厚生労働省による2015年の虐待報告をみると，虐待内容では，心理的虐待が47.2％と最も多く，次いで身体的虐待が22.7％，ネグレクトが23.7％，性的虐待1.5％となっています。また，主たる虐待者は，実母が50.8％と最も多く，次に実父が36.3％であり，虐待者の大半は，実父母であることがわかります。虐待を受ける子どもの年齢は，乳幼児が43.5％，次いで小学生が34.7％であり，子どもが小さいほど虐待を受ける割合が高いことになります。

3　発達障害と児童虐待

児童虐待が引き起こされる原因として，親の問題，子どもの問題，家庭生活上の問題など，広範囲で多様な次元の要因が関連していますが（表C－9－1），子ども側の要因の一つに，障害が挙げられます。子どもに障害があることによって関係性の問題が生じ，それが原因となって児童虐待に発展していくことが懸念さ

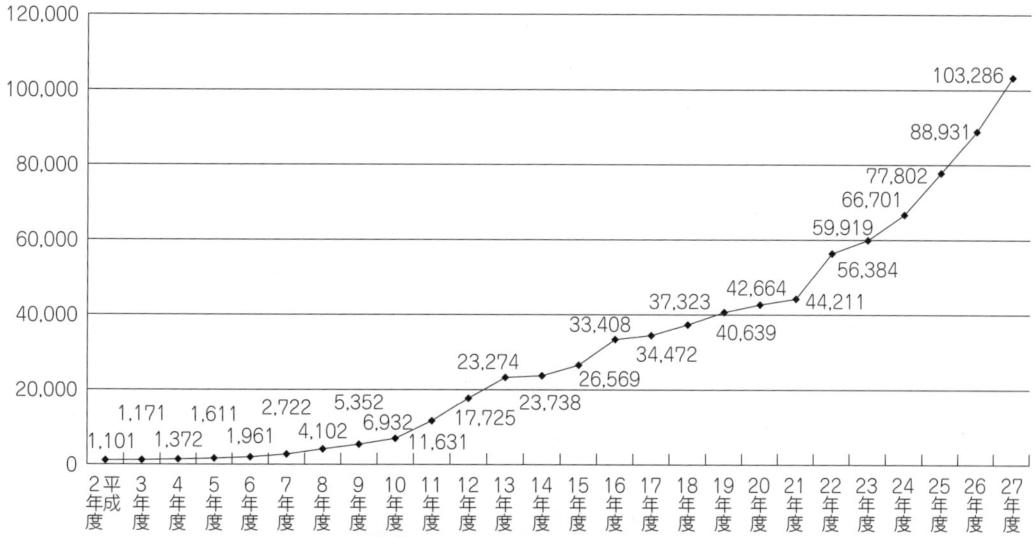

図C－9－1　児童虐待に関する児童相談所の相談対応件数の推移

出所：厚生労働省（2016）「平成27年度　福祉行政報告例の概況」.

表C－9－1　児童虐待の原因

親側の問題	・障害（知的障害・精神障害）　・疾病 ・アルコール依存　・被虐待経験 ・育児経験の不足　・育児不安 ・社会的孤立　・強いストレス ・自己肯定感のなさ，自己評価の低さ ・親自身の生育歴（機能不全な環境で育ったなど）
子ども側の問題	・育てにくい子ども（difficult child） ・母子の愛着関係が希薄 ・初期の関係を妨げる因子（早期の母子分離など） ・多胎児（双生児，三つ子など）・未熟児 ・多動の子ども ・障害，病弱，発育不全
家庭生活上の問題	・経済的困窮（リストラ・失業，低収入） ・夫婦不和　・家庭内暴力（DV） ・強い育児負担感　・社会的孤立 ・劣悪な住宅事情　・子どもが多い ・近隣の環境（閉鎖的な人間関係など）

出所：渡辺（2007）.

れます。子どもの障害に由来する児童虐待の実数は公表されていませんが，従来からかなり多いことが推測されていました。杉山（2007）は，あいち小児センターで診療した子どもを対象に調査を行い，児童虐待が認められた症例の内，24％が自閉症スペクトラム障害（ASD），20％がADHD，10％がその他の発達障害であり，発達障害の子どもが児童虐待症例全体の54％を占めることを報告しています。その中でも，知的障害を伴う子どもは非常に少なく，90％以上が知的障害を伴わない子どもであったことから，知的遅れのない発達障害が虐待の高い危険因子であることを指摘しています。また，ASDの中で虐待を受けている子どもの割合を調べると6.9％でしたが，さらに知的障害がないASDでは9.7％に達しており，およそ10人に１人が虐待を受けていることになります。虐待が心身の発達に深刻なダメージを与えることを考えると，発達障害の子どもを虐待から守るための対策をとることが喫緊の課題であるといえます。

4　発達障害児の虐待への介入

知的遅れのない発達障害が虐待の危険因子となる原因の一つとして，障害のわかりにくさがあります。知的障害がないため全体的な発達の遅れや言葉の遅れが顕著に認められず，乳幼児期に障害診断が確定されないこともしばしばみられます。しかし，障害からくる対人関係の乏しさや不適応行動は依然としてあるため，親は「何となく他の子どもの育ちと違う」という漠然とした不安をもつことになります。さらに，社会の中で子どもが問題行動をとると，周りから親の躾が悪いためだとみなされ，親自身も自分の育て方が悪いためととらえて，親は子どもの行動を修正すべく，一段と厳しくしつけることが起こってきます。無理な行動修正は，障害をもつ子どもの安定した愛着形成を困難にし，さらに障害特性を顕著にさせていきます。すると，親は自分になつかず，ますます問題行動をとる子どもに対して激しく叱責したり，体罰を加えたりすることにもなりがちです。このような状態がさらにエスカレートすると身体的虐待や心理的虐待に至ることも予想されます。

このような虐待に至らないためには，まず障害のわかりにくさを親に説明する発達ガイダンスやペアレント・プログラムが有用です。親は，思い通りに育たない子どもにネガティブな感情を向けると同時に自分の育て方が悪いためと考えて，自責感や罪悪感を長期間抱えていることが多いものです。そこで，子どもの問題行動は，子どもの性格が悪いわけでも親の子育てが悪いわけでもなく，障害の特性に起因して生じていることを丁寧に説明することによって，親の障害理解を促していきます。さらに，子どもの問題に対する有効な具体策を示し，親の子育てを援助していき，親子関係の改善を目指します。これらの支援は，親の子どもへの理解を促し，虐待リスクを低減させていくことにつながります。

5　親―乳幼児心理療法による関係性障害への治療的介入

乳幼児期の関係性障害に対する治療的介入の一つとして，親―乳幼児心理療法があります。親―乳幼児心理療法の治療的介入モデルとして，ザメロフ（Samer-off, A. J.）が，親と乳幼児の交互作用プロセス[◁1]に基づいて「治療（remediate）」「再教育（reeducate）」「再定義（redefine）」を提案しています（図Ｃ－９－２）。この３種の介入は，親と子どもの状況によって選択されます。まず，親子の相互調整障害が，子ども側の問

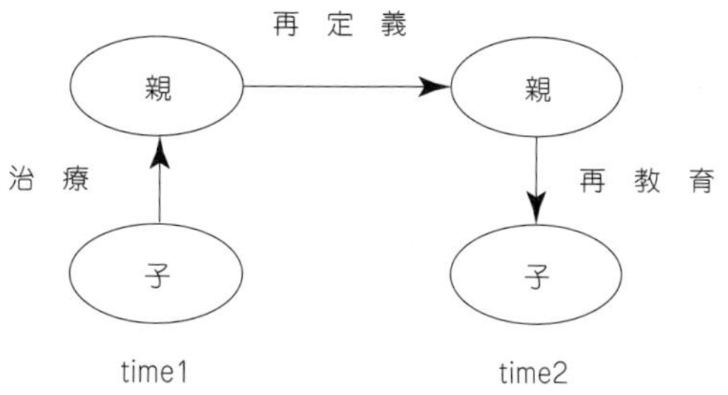

図C－9－2　ザメロフの介入モデル

出所：Sameroff et al.（2004）.

題から生じており，それが治療可能ならば，子どもの「治療」を行うことによって相互調整の改善を図ります。次に，親が子どもの問題とその対処方法を知らない場合は，親に対する「再教育」を行います。さらに，親が子どもの扱いを知らないわけでもないのに相互調整がうまくいかない場合，親が子どもに対して不適切な認識をしていることが予想されます。その時には，内省型の心理療法などによって，親の子どもに対する認識を「再定義」していきます。

このモデルに従って障害児と親との交互作用を考えると，親子の相互調整の問題は，子どもの障害に起因しているので，子どもを対象にした「治療」的なアプローチとして，障害特性に合った療育や教育を行い，子どもの適応行動を向上させることにより親子の相互調整を改善していきます。また，親側のかかわり方を変えていく「再教育」の観点が必要になってきます。すなわち，親が子どもの障害特性に合った育て方を学ぶことにより，子どもへの適切なかかわり方が可能になり，その結果，親子の相互調整が改善されます。

（尾崎康子）

参考文献

杉山登志郎（2007）子ども虐待という第四の発達障害．学習研究社．

渡辺隆（2007）子ども虐待と発達障害．東洋館出版社．

石谷真一（2007）自己と関係性の発達臨床心理学．培風館．

近藤清実・尾崎康子（2017）講座・臨床発達心理学４社会・情動発達とその支援．ミネルヴァ書房．

▶1　X－3の図X－4を参照。

X　家族への支援

4 子育て支援

1 子育て支援の動向

わが国の行政による子育て支援の施策は，少子化対策として始められました。1994年には，当時の文部，厚生，労働，建設の大臣合意によるエンゼルプランが策定され，1995年度から1999年度にわたり推進されました。さらに，1999年には新エンゼルプランが，大蔵，文部，厚生，労働，建設，自治の大臣合意により策定され，2000年度から2004年度まで行われましたが，出生率低下は避けられず，さらに，2003年度に成立した「少子化社会対策基本法」と「次世代育成支援対策推進法」によって各種の施策を総合的に推進する枠組みが整備されました。そして，この枠組みにおける具体的実施計画として，2004年に「子ども・子育て応援プラン」，2010年に「子ども・子育てビジョン」が発表されました。そして，2015年には，内閣府を中心とする「子ども・子育て支援新制度」が始まり，少子化の一方で保育所不足が社会問題化していることに対応して，子育て支援施策が一層強化されました。エンゼルプランの策定以来，統合されないまま各省庁によって多様に行われてきた子育て支援も，ここにきて全体を統合していく新たな段階に入ったといえます。

障害児の子育て支援について，当初の施策には特段の配慮はなされていませんでしたが，「子ども・子育て支援新制度」においては，地域の体制づくりのために「利用者支援事業」を利用して障害児支援と連携していくことが提言されています。障害の子どもを育てる際には，子育て困難や障害受容などの問題が想定されるため，障害児の子育て支援に特化した支援が必要です。最近では，行政においても障害児の家族支援が取りあげられるようになり，ペアレントメンター制度[1]が推進されたり，ペアレント・トレーニングの推進や精神面のケアなどの支援の充実が提案されています[2]。

2 子育て支援プログラム

行政による子育て支援以外にも，国内外で多様な子育て支援が行われています。最近では，子育て支援の先進国から子育て支援プログラムを導入する試みが見られます。その一つに，1980年代にカナダ保健省などを中心に開発されたノーバディズ・パーフェクト[3]があります。これは，若年である，ひとり親である，孤立している，低所得あるいは十分な教育を受けていないなど，育児困難

▶1　ペアレントメンター制度とは，発達障害児を育てた親が自分の子育て経験を活かして，子育て中の発達障害児の親に対して相談や助言を行うことである。

▶2　厚生労働省（2014）障害児支援のあり方に関する検討会報告書

▶3　ノーバディズ・パーフェクトのプログラムの日本語訳が出版されており（ジャニスウッド　キャタノ，2002），日本でもプログラムの実践が行われている。

▶4　日本でもトリプルPあるいは前向きプログラムとして紹介され（マッシュウ・R・サンダース，2006），実践されている。

をきたす可能性の高い親の教育プログラムであり，また，障害に特化したLDやADHDに対する子育て支援も位置づけられています。また，オーストラリアのクイーンズランド大学で開発されたトリプルP[4]（Positive Parenting Program：Triple P）は，0歳から16歳の子どもと親を対象に心理士，保健師，看護師，医師，などの専門職によって行われる子育て支援プログラムであり，子どもの社会性を育て，自尊感情を高めることによって問題行動を変化させることを目的としています。プログラムは，子育て困難や不安の程度により5つのレベルからなり，親は自分の子どもの問題に必要なレベルを選べるようになっています。また，発達障害児のためのステッピングストーンズトリプルPも用意されています。

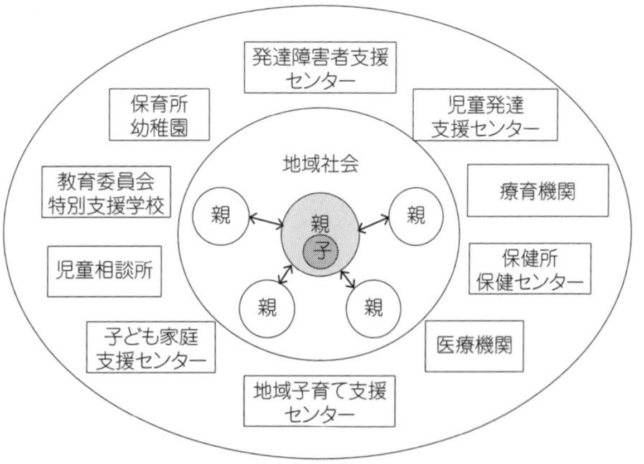

図X－5 障害児の親支援における地域ネットワーク

発達障害児に特化した親教育プログラムとしては，応用行動分析に基づいたUCLA神経精神医学研究所のペアレント・トレーニングがあります。わが国でもこのペアレント・トレーニングを改良した肥前方式，奈良方式，精研方式などといった日本版が作成されています[5]。これは，親がグループトレーニングを受けて，子どもの望ましい行動への強化や不適切な行動への対応方法を習得するものです。しかし，近年，国際的には，発達科学をベースにして，社会的コミュニケーションを促す介入方法を親が習得するペアレント・プログラム[6]が主流になっています。現在，我が国でもペアレント・プログラムが開発されているので[7]，その普及が待たれます。

▶5 ペアレント・トレーニングについては，X－5参照。

▶6 社会的コミュニケーション介入のペアレント・プログラムは，XII－11参照。

▶7 我が国の社会的コミュニケーション介入のペアレントプログラムとして，次のものがあげられる。尾崎康子（2017）社会的コミュニケーション発達を促すペアレントプログラムの開発と検証．臨床発達心理実践研究（印刷中）。

3 専門機関のネットワーク

現代社会では，子育て中の親が孤立する傾向にあり，これが育児不安や育児困難の大きな要因となっています。障害児を育てる際には，さらに多大な労力とストレスがかかるため，親が孤立しないように支援することが大切です。学校などに所属すると，所属機関を通して専門機関につながることも可能ですが，所属する機関がない乳幼児の場合には，親が障害について相談したり，支援を受けたりできる専門機関のネットワークを地域で構築していくことが必要です。図X－5は，地域ネットワークの概念図ですが，親子を最も身近で支えるのは仲間の親であり，さらにこれらの親たちを地域社会が支えることの重要性を示しています。この地域の社会資源として，福祉，医療，保健，教育，保育・療育の各分野における種々の専門機関があります。これらの専門機関が相互に緊密な連携をとることが求められますが，現在，地域によっては連携が不十分な所もあり，今後の課題になっています。

（尾崎康子）

参考文献

藤野博・東條吉邦編（2018）発達科学ハンドブック10 自閉症スペクトラムの発達科学．新曜社．

ジャニスウッド キャタノ（著）幾島幸子（訳）（2002）完璧な親なんていない―カナダ生まれの子育てテキスト．ひとなる書房．

マッシュウ，R．サンダース（著）柳川敏彦ほか（監訳）（2006）エブリペアレント―読んで使える「前向き子育て」ガイド．明石書房．

武田信子（2002）社会で子どもを育てる―子育て支援都市トロントの発想．平凡社．

X　家族への支援

5 ペアレント・トレーニング

1 ペアレント・トレーニングとは

ペアレント・トレーニングは文字通り親訓練という意味です。親が養育者として，子どもに対し，その問題行動を軽減し，適切な行動を身につけるための援助ができるように，親に子育ての様々なスキルを獲得させるものです。

特に子どもに障害がある場合，様々な問題行動が起こると，親は子どもの行動の意味が理解できない，子どもがいうことを聞かない，自分が親から受けてきた子育ての方法では対応が難しい等の問題に直面し，混乱してしまいます。そのような親の中にはイライラして子どもに強く当たってしまったり，子育て意欲が減退してしまったりするケースもあります。さらに，子どもの問題行動のために，周囲からしつけができていない，愛情不足などと非難を受けることもあり，精神的に追い詰められた親が子どもに体罰を与えたり，ネグレクト状態に陥ったりなど，虐待[1]につながってしまう可能性も否定できません。

そこで，ペアレント・トレーニングでは，子どもへの具体的な対応技術とその背景となる考え方について取り上げ，親が家庭で実践できるように教えます。それにより，子どもの行動変容を導くと同時に，親自身が感じている子育ての困難さや不全感を改善し，親としての自己肯定感を高め，親子関係の改善を図ることを目指します[2]。

▶１　虐待については，コラム９を参照。

▶２　ペアレント・トレーニングがもたらす親の変容に関しては以下の文献を参照されたい。阿部美穂子・深澤大地（2011）教育相談機関におけるグループペアレント・トレーニングの効果と参加者アンケートによるプログラムの妥当性の検討．富山大学人間発達科学部紀要5(2)，23-39.

2 ペアレント・トレーニングの背景となる考え方

ペアレント・トレーニングは，行動療法の考え方に基づいています。子どもの具体的な行動に着目し，その行動によってもたらされる結果が，子どもにとって好ましいものであれば，その行動は増加あるいは維持され，逆に好ましくないものであればその行動は減少するというものです。そこで，子どもの行動の結果として子どもにもたらされる親の対応を，子どもにとって好ましいかそうでないかという視点から意図的に変えることによって，子どもの行動変容を引き出すようにします。また，行動が起こる際には，予測される結果だけでなく，その行動が起こりやすい前提状況やきっかけも影響しています。そこで，特定の場面で，事前に親が子どもにどのように指示を与え，望ましい行動を引き出し，問題行動が起こらないようにするかについても検討していきます。

3 ペアレント・トレーニングの進め方

❍保育現場で保護者支援に生かすために

ペアレント・トレーニングは，保育現場で起きている子どもの問題行動を家庭で保護者に解決してもらうための方法ではありません。子育てに悩み，自信を失っている親を支えるために生かすものです。そのために，継続的な研修を行い，実際に親が直面する具体的な場面を取り上げることが必要です。また，親だけでなく保育者が子どもにかかわる際にも必要な考え方や技法が含まれます。保育者と保護者が連携しながら，実践し，成果を上げるようにします。

❍ペアレント・トレーニングの主な内容

まず子どもの行動の見方を知ることから始め，望ましい行動を増やすための注目や賞賛の与え方，望ましい行動を引き出すための指示の出し方，ご褒美の使い方，望ましくない行動を減らすための計画的な無視，してはいけない行動を改善するための警告，ペナルティなど，具体的な対応方法を学びます。

❍実施にあたって

ペアレント・トレーニングの実施形態には，複数の親が集まり研修会形式で行う場合や，個別に行う場合などが考えられます。表X－1は，筆者らが行ったグループプログラムの例です。人数が多くなると個別的な対応が難しくなるので，研修の途中で適宜小グループに分かれて，指導者やアドバイザーがついて話し合いができるように，形態を工夫する必要があるでしょう。

また，期間としては，短期集中で学ぶ場合もあれば，長期的に継続して学ぶ場合もあります。その回数も，決まったものはありません。それぞれの実情に応じて，取り組みやすい期間設定をすることが大切です。

また，留意点として，理論研修だけでなく，実際場面のVTR視聴やロールプレイング，ワーク，話し合いなど親自身が体験的にその内容を理解し，技能を獲得できるための工夫が必要です。さらに親が学んだことを実際に家庭で実践できるように，毎回学んだ内容に関するホームワークを準備し，次回にその結果を持ち寄って振り返りや励まし，アドバイスなどを行うようにします。このように，親が自分の取り組みの成果を確認しつつ，意欲をもって学び続けることできる工夫が必要です。

（阿部美穂子）

参考文献
北道子ほか（2009）こうすればうまくいく発達障害のペアレント・トレーニング実践マニュアル．中央法規出版．
岩坂英巳ほか(2012)困っている子をほめて育てるペアレント・トレーニングガイドブック．じほう．

表X－1　ペアレント・トレーニングの例

回	テーマ	内　容（※各回にはホームワークを加える）
1	子どもの行動の見方	・行動の見方と記録の仕方を知る。 ・子どもの行動を「してほしい」，「してほしくない」，「してはいけない」の3種類に分ける。
2	してほしい行動を増やす	・強化の仕組みを知る。 ・肯定的な注目の与え方（褒め方）を練習する。
3	してほしくない行動を減らす	・否定的注目が与える効果について知る。 ・計画的無視の仕方を知り，使い方を練習する。
4	子どもの協力を引き出す	・してほしい行動を引き出す指示の仕方を知る。 ・予告，ブロークンレコードテクニック，特典付与の方法を知る。
5	してはいけない行動を改善する	・警告とペナルティについて学び，使い方を練習する。
6	まとめと振り返り	・これまで学んだ行動への対応方法をまとめる。 ・質問タイム・修了式

出所：筆者作成。

X　家族への支援

6 きょうだいへの支援

1 きょうだいの置かれた状況

家族に障害のある子どもがいる場合，障害のないきょうだい（以下，きょうだいとする）は，いろいろな面で同年齢の子どもとは，異なる経験を余儀なくされることがあります。きょうだいの年齢，性別，出生順位，きょうだい同士の年齢間隔，障害の種別や程度，両親の障害に対する考え方や日々の対応の仕方，きょうだいを取り巻く人たちの障害に対する観方や障害のあるきょうだいに対する接し方により，その経験は様々です。

母親は家事や育児を担い，子どもの障害の有無にかかわらず，忙しい日々を過ごしています。特に，障害のある子どもを育てる母親は，精神的負担感が大きい上に，医療機関や相談・療育機関に通うために多くの時間や労力を費やし，きょうだいにかかわる時間と気持ちの余裕が少なくなってしまいます。乳幼児期は母親との愛着関係[1]が形成される時期であり，どの子どもも，情緒の安定と発達のために，親からの応答的で愛情深いかかわりが不可欠です。しかし，子どもの障害が重い場合や，重篤な合併症がある場合，母親はきょうだいのことが気になっていても，十分に手をかけることが難しくなってしまいます。

▶1　愛着については，I-4参照。

きょうだい自身，幼いときから，母親が障害のある子どもの世話で忙しくしている姿を見ているため，本当は甘えたいのに我慢してしまう，幼いなりに自分のことは自分でするなど，自身の気持ちをストレートに出せないまま過ごしていることが多いです。そのように背伸びをした生き方に対して，親も周りの大人も「えらいね」と褒めたり，それを当然のこととしていたりします。このように，きょうだいは「良い子」でいることを強いられていることが少なくありません。親や周囲の関心が障害のある子どもに集まり，きょうだいには目が向きにくくなると，親の関心を自分に向けさせるために，意識的にしろ，無意識的にしろ，頑張ってしまうこともあれば，逆に親が困る言動をすることもあります。

2 きょうだいに対する両親の気配り

障害の有無にかかわらず，実際には幼い年齢であっても，親は上の子どもに対して，「おにいちゃん（おねえちゃん）だから」という理由で，兄姉の役割を求めやすいです。兄姉は，不本意に弟妹に玩具を譲らされたり，親を独占されるなど，我慢を強いられる経験をします。年齢や状況に応じて兄姉の役割を求めることは，子どもの成長・発達に必要ですが，常時，過度に求めてしまうと，兄姉にストレスがかかるためできるだけ避けたいです。

また，幼児期になると子どもの中に両価的な感情が生まれてきます。きょうだいにはない面を見つけて，かわいいな，素敵だな，尊敬できるなどと感じることもあれば，障害のあるきょうだいの言動に困っていることもあります。きょうだいは，このように肯定的な感情をもつこともあれば，否定的な感情をもつこともあるので，親はその両方を受け止め，認めることが大切です。

3 母親に対する支援

乳幼児を育てる母親は，ゆっくりトイレに入れない時もあるほど，1日24時間待ったなしの生活を強いられ，心身ともに疲れています。核家族で，障害のある子どもを育てる場合，母親の負担は一層大きくなり，1 に記したように，母親にその気持があっても，きょうだいの相手をする時間を十分に取ることができないのが実情です。したがって家庭の中では，父親が母親を支え協力することは欠かせません。

しかし，家庭内の個人的な努力だけでは解決できないことが多々あり，社会的な資源として，障害のある子どもの一時預かりなどのサービスの充実が欠かせません。保育所の一時保育やファミリーサポートで障害のある子どもを預かる，障害児者専用のレスパイトケア[2]をどの地域にも用意する，障害児者施設の短期利用を簡単な手続きで利用できるようにするなどです。

障害のある子どもをもつ母親が一番必要としている援助は，障害のある子どもへの日常生活の援助，レスパイトケアシステムや一時保育の充実，気軽に相談できる場や専門の相談員です。主な養育者である母親を支援することが，きょうだい支援につながります。

4 きょうだいが障害について知る

きょうだいは幼児期から障害のあるきょうだいが，他の同年齢の子どもと違うことに気づいていることが多いです。障害のある子どもの障害について親から説明されていないために，誤った知識や憶測によって不安を抱えている場合があります。親はきょうだいの年齢や理解力に応じて，障害について説明する必要があります。たとえば，パニックを起こす場合，その理由やきょうだいが悪いのではないことを話し，対応の仕方について説明して安心させることが必要です。さらに，きょうだいの障害について，どんなことでも気軽に親に質問や相談ができる雰囲気を親が備えていることが大切です。

（藤井和枝）

▶2　一時的に障害児・者を預かるサービス。発達に障害のある人々と共に生活する家族は，精神的・身体的にストレスを抱えている。その間，家族は，休息や息抜きをして，リフレッシュすることができる。このサービスは有料だが，利用者に補助金を支給する自治体もある。

参考文献

藤井和枝（2006）障害児のきょうだいに対する支援(1). 関東学院大学人間環境学部人間環境学会紀要，第6号，17-32.

藤井和枝（2007）障害児のきょうだいに対する支援(2)—きょうだい同士の支援. 関東学院大学人間環境学部人間環境学会紀要，第7号，17-33.

XI　障害児のアセスメント

1 保育におけるアセスメント

1 発達アセスメントとは

アセスメント（assessment）は，一般には「査定」あるいは「評価」と訳されますが，心理学的用語として用いられる時には，対象者に関して様々な手法を用いて情報収集し，対象者の心理的問題について総合的な査定を行うことをいいます。アセスメントを心理検査と同義に思っている人がいますが，心理検査だけでなく行動観察や面接などを含む多側面の情報を統合して対象者を評価することがアセスメントです。そして，最も重要なのは，評価を行うことに留まらず，それを心理的援助につなげていくことです。

障害児のアセスメントをする場合は，さらに発達と障害の特性を評価する観点が必要になってきますが，このような評価は，アセスメントの中でも特に発達アセスメントと呼ばれています。

2 発達アセスメントの手続き

発達アセスメントの手続きとしては，基本的に，①観察や検査などを実施して必要な情報を収集する，②支援目標や方法を決定する，③支援の妥当性を確認するという段階を含みます。情報収集をするための発達アセスメントの手法には，主に検査法，行動観察法，子どもや保護者に対する面接法があります（表XI-1）。これ以外にも，受診している医療機関から医学的評価を聞くことは欠かせません。また，療育機関，幼稚園，保育所などから保育や遊びの様子について聞くことは，子どもの理解を一層深めることになります。[1] これらの情報収集を行うことによって子どもの発達状況と障害特性を把握したら，次に，それらの情報をもとにして支援目標や方法を決めていきます。また，発達アセスメントは，支援前に行うものと受け取られがちですが，実際に支援を行う中で子どもの発達状況，適応行動，障害特性の変化を定期的にアセスメントし，支援の妥当性を確認することが重要です。支援方法がその子どもにとって適切なものであったのか，あるいは当初の支援目標のままでよいのかなど，支援過程で定期的に支援のあり方を検討していくことが必要です。特に，乳幼児期には，成長に伴って障害の状態が変容することがあるので，定期的なアセスメントから支援の妥当性を検討することによって，最初に決めた方法や自分の得意なやり方に固執することなく，支援方法を柔軟に変更していくことが求められます。

▶1　各機関の連携と情報交換の必要性が認められ，個人ファイルの活用などの取り組みが行われている。倫理的配慮については，XI-9 を参照。

表XI－1　発達アセスメントの手法

面接法	臨床面接法	子どもや保護者の話を聞くことを中心とした非構造化面接
	調査面接法	保護者から情報収集を行うことを目的として，事前に書いてもらった問診票や資料を元に行う半構造化及び構造化面接
行動観察法	自然観察法	日常生活や遊びの場面における子どもの自然な行動を観察する手法
	実験的観察法	日常生活面や遊びの場面に一定の環境や課題を設定して，子どもの行動を観察する手法
検査法	知能検査	WISC-Ⅳ知能検査，田中ビネー知能検査Ⅴ，改訂版鈴木知能検査，KABC-Ⅱ心理・教育アセスメントバッテリー
	発達検査	遠城寺式乳幼児分析的発達検査法，新版K式発達検査2001，日本版ミラー幼児発達スクリーニング検査，DENVER Ⅱデンバー発達判定法，乳幼児精神発達診断法，S-M社会生活能力検査第3版，KIDS乳幼児発達スケール
	言語発達検査	ことばのテストえほん，言語・コミュニケーション発達スケールLCスケール，PVT-R絵画語い発達検査，日本語マッカーサー乳幼児言語発達質問紙
	親子関係検査	TK式幼児用親子関係検査，TK式診断的親子関係検査，CCP親子関係診断検査，FDT親子関係診断検査
	障害診断検査	ADOS-2（自閉症診断観察検査第2版），ADI-R（自閉症診断面接改訂版），CARS（小児自閉症評価尺度），PEP-3（教育診断検査三訂版）
	障害スクリーニング質問紙法	M-CHAT（修正版乳幼児自閉症チェックリスト），ASQ（自閉症スクリーニング質問紙），ASSQ（高機能自閉症スペクトラム・スクリーニング質問紙），AQ（自閉症スペクトラム指数），PARS-TR（親面接式自閉症スペクトラム症評定尺度テキスト改訂版），LDI，ADHD-RS，Conners EC，CHEDY（幼児用発達障害チェックリスト）
	愛着測定法	ストレンジ・シチュエーション法（SSP），愛着Qソート法（AQS），ドール・プレイ，絵画反応法

3　保育現場における発達アセスメント

発達アセスメントには，様々な手法がありますが，それらを全て用いる必要はありません。子どもの年齢，発達段階，障害特性などに合わせて，どれを用いるかを判断します[2]。その場合，一つの手法だけを用いるよりも複数の手法を組み合わせた方がより正確な子どもの把握ができます。しかし，その子どもを把握するために必要な発達アセスメントをどこでも行えるわけではありません[3]。特に，保育現場では，実施可能な方法が限られてきます。たとえば検査の場合，検査器具がないとか訓練を受けた検査者がいないということだけでなく，保護者の同意が得られにくいことからも，保育現場での実施が難しくなります。しかし，子どもを理解するために最も基本となるのは，検査による評価ではなく，直接かかわることによって子どもの特性と実態をとらえていくことです[4]。その点では，保育現場は子どもをとらえるための最も適した場であるといえます。保育現場で実施困難なアセスメントについては，他の専門機関と積極的に連携を図ることによって補い，保育現場では，行動観察や保護者からの情報を中心に発達アセスメントを行うとよいでしょう。また，最近では，様々なスクリーニング尺度が開発されているので，それらを用いることも有効です[5]。

（尾崎康子）

▶2　検査技法の適用については，XI－5 XI－6 XI－7を参照。

▶3　保育におけるアセスメントの限界については，XI－4を参照。

▶4　このようなアプローチは，参加観察法に代表される。参加観察法については，XI－3とコラム10を参照。

▶5　行動観察はXI－3，保護者からの情報収集はXI－2，保育所や幼稚園におけるスクリーニングについてはXI－4を参照。

参考文献

本郷一夫（2008）子どもの理解と援助のための発達アセスメント．有斐閣選書．

尾崎康子他編（2016）知っておきたい発達障害のアセスメント．ミネルヴァ書房．

XI　障害児のアセスメント

2 保護者からの情報による子ども理解

1 面接法による保護者からの情報収集

発達アセスメントを行う場合には，現在の状況を把握するだけでなく，妊娠あるいは出生から現在までの発達過程を調べることが重要な情報となります。たとえば，自閉症スペクトラム障害（ASD）の症状は幼児期中頃に顕著に現れますが，乳児期にすでにASDの手がかりとなる行動が見られていることが最近の研究で明らかになっています[1]。保護者による回顧的な話からも，「赤ちゃんの時は大変おとなしかった」「抱くと反り返って嫌がった」などと，その兆候が読み取れます。また，生育過程で2次的障害を起こしていないか，あるいは日常生活や遊びに不都合が起こっていないかなどを詳細に調べることによって，発達支援の方策を立てることができます。そのため，生育過程を最もよく知る保護者に対する面接が発達アセスメントでは欠かせない方法となります。

面接とは，「面接者と被面接者が，特定の目的をもって，情報交換したり，相談したりすること」という心理学用語です。面接法には，臨床面接法と調査面接法がありますが[2]，発達アセスメントでは，主に保護者に対する調査面接法が行われます。面接において子どもの生育過程を保護者から聞き取る場合に，漫然と聞いていると，聞き落としや，子どもの特性を焦点化できないことがあります。そのため，予め質問内容を決めておき，系統的に聞いていくと効率的です。しかしこの方法では，質問内容にまつわる他の有用な情報や背景にある保護者の思いをじっくり聞けないことがあります。そのため，質問内容を用意するものの，実際の面接の流れに応じて余裕をもって聞いていくとよいでしょう。事前に質問票に記入してもらい，それに沿って面接を進めるとさらに，子どもの理解が的確に行えます。

表XI-2に，保護者から聞き取る際に有用な情報内容の一覧を示します。これらは，乳幼児期の発達過程において留意すべき項目です。乳幼児期は，障害であるかどうかの見極めが大変難しい時期ですから，最初から障害を特定して臨むのではなく，様々な側面から評価することが大切です。そのため，保護者からこれらの項目に関する情報を収集し，まず子どもの全体像をとらえていきます。その後，障害の可能性が出てきた時に，障害種類に特化した内容を聞き，障害の特性を調べる検査[3]を行うとよいでしょう。

▶1　神尾陽子（2007）自閉症の初期発達．心理学評論，50，6-12.

▶2　面接法の分類については，XI-1を参照。

▶3　障害特性を調べる検査については，XI-5を参照。

表 XI－2　保護者からの情報収集内容

生育環境		・家族構成 ・両親の年齢 ・兄弟姉妹の年齢
生育歴	妊娠及び周産期	・妊娠中の健康状態（疾病／流産，早産） ・妊娠中の心理状態（ストレス／妊娠受容） ・出産時の状況（分娩時異常／満期産の有無／未熟児，低出生体重児／仮死） ・出生後の状況（出生体重，身長／保育器の有無／黄疸，交換輸血） ・哺乳の状況（母乳，ミルク／哺乳期間）
	乳児期	・健康状態，既往症（疾病／けいれん） ・運動マイルストン（首の座り／お座り／ハイハイ／歩行） ・言葉（指さし／初語） ・愛着行動（人見知り／後追い） ・母子関係（呼びかけへの反応／視線があうか／模倣をするか） ・育てやすいか否か
	幼児期	・健康状態，既往症 ・生活習慣（トイレット・トレーニング／着替え／睡眠（起床・就寝時間）／食事（食べ方，少食過食，偏食）） ・言葉（単語数／2語文／3語文／赤ちゃん言葉／構音） ・母子関係（愛着・母子分離） ・対人関係（関わり，興味，関心） ・遊びの様子（ごっこ遊び／友達遊び／集団行動）
現在の子どもの様子		・行動特徴，性質 ・習癖
他機関の利用		・健診及び医療機関の受診歴（機関名／治療期間／診断の有無） ・福祉制度の利用（手帳交付／手当） ・相談歴（機関名／期間／内容） ・療育及び保育歴（機関名／通園期間／内容） ・診断（診断名／診断機関／診断年月日）

2 保育現場における保護者からの聞き取り

保育現場では，個人情報保護の観点から，保護者に聞くことが難しい内容があるので，保護者が同意する範囲で聞いていきます。また，子どもの家庭での様子を聞かれることに抵抗を示す保護者もいます。保育者は，少しでも子どもの情報が欲しいため，つい詳しく聞いてしまいがちですが，ただでさえ自分の子どもに障害があるかどうか疑心暗鬼になっている保護者にとって，根掘り葉掘り聞かれることは自分の子どもに障害があると見なされているようで戸惑います。

そこで，最初に行わなければならないのが，保護者との信頼関係を築くことです。保護者が，この保育者であれば自分の子どもを安心して預けられる，あるいはこの保育者なら信頼して話せると思えば，自ずから情報収集に応じてくれることでしょう。また，保育現場では，特定の場所と時間を設定した面接ができないことがありますが，臨機応変に機会を見つけて行うとよいでしょう。しかし，ただ漫然と聞くのではなく，こちらの意図を伝え，必要な内容を尋ねるようにします。

（尾崎康子）

参考文献

下山晴彦編（2009）よくわかる臨床心理学改訂新版．ミネルヴァ書房．

XI　障害児のアセスメント

3 行動観察における子ども理解

1 行動観察法とは

行動観察法とは，対象者の行動を観察し，それを記録し分析することによって，その行動特徴や心理状態などを解明する方法です。行動観察法には，環境操作の程度によって，自然観察法と実験的観察法に分けられます。[1] 自然観察法は，人為的な統制を加えずに，自然な環境で生じる日常の行動を観察する方法です。それに対して，実験的観察法は，目的とする行動が生じるように環境を人為的に統制し，計画的に設定した条件下で行動を観察する方法です。[2]

発達アセスメントとして心理検査，面接法，行動観察法などが用いられますが，心理検査や面接法は言語理解力や言語表現力が低い乳幼児や障害児に適用することが難しい場合があります。その点，発話がなくても普段の姿を全体的に捉えることができる行動観察法は発達アセスメントにおいて子どもを理解する有効な方法です。また，子どもを理解するには，子どもと同じ場所と時間を共有する中で，子どもの状態像を感じ取ることが大切です。この点からも，発達アセスメントに観察法が欠かせないことがわかります。しかし，ただ漫然と子どもを見ているだけでは，子どもの発達的特徴をとらえることができません。行動観察法には，様々な手法があるので（表XI-３），それらを用いて的確な観察を行います。実際には，把握したい行動を観察することができ，かつ観察者が実施可能な手法を選択して行いますが，目的に応じて複数の手法を組み合わせて用いるとよいでしょう。

また，観察者と子どもとのかかわり方によって，参加観察法と非参加観察法に分けられます。参加観察法は，観察者が活動に参加し，子どもとかかわりをもちながら観察する方法であり，[3] 非参加観察法は，観察者は活動に参加せず，客観的な観察だけを行う方法です。ワンウェイミラーやビデオを使用して行う観察がこれにあたります。

▶１　行動観察法の分類については，XI－１を参照。

▶２　幼児の実験的観察法の代表例として，ストレンジ・シチュエーション法（XI－８を参照）があげられる。

▶３　参加観察法の詳しい方法などは，コラム10を参照。

表XI－３　行動観察法の手法

手法の名称	手続き
日誌法	日常的な場面における対象者の行動を詳細に日誌に記録する方法
逸話記録法	特定の個人や事象について，その具体的な出来事や特質をよく表す逸話（エピソード）を記録していく方法
時間見本法	観察対象の事象や行動が生じるかどうか，どのように生じるかを一定の時間間隔で記録する方法
場面見本法	場面や状況を前もって特定しておき，そこで生起する行動を観察する方法
事象見本法	事象や行動を前もって特定しておき，それが生起した時の様子をその前後の出来事とともに記録していく方法

2 保育における行動観察

保育者は，常に子どもを参加観察法で観察しているようなものだともいえますが，だからといって，日常保育の中で，子ども一人ひとりを細かくかつ正確に観察することは難しいものです。発達アセスメントとして行動観察を行う際には，いつ，誰が，誰を，どの手法で行動観察するかについて，計画をたてて臨むとより的確な子どもの把握が可能になります。

保育現場において，従来より行われている観察記録として，保育日誌があります。保育中の子どもの様子を記述することによって，子どもの全体的な成長過程がわかりますが，事実の羅列に終わることが多いものです。発達アセスメントとして活用するためには，観察の観点を明確にすることが必要です。対象児の特徴を最もよく抽出できるように，コミュニケーション，対人関係，情動表出，社会性などの領域に注目したり，発話，こだわり，パニック，多動などの一定の行動に焦点をあてるなど，観察する領域や行動を明確にしておくとよいでしょう。

また，実際の保育現場で，特定の子どもを終始観察することが難しい場合は，観察する保育場面を決めておき，その場面だけ観察する方法が有用です。表XI－4は，「気になる」子どもの行動観察を行う際の保育場面と観察ポイントを示したものです。ここでは，日常の保育場面で自然に生起する行動を見る方法（自由遊び場面と朝のお集まり場面）と人為的に手を加えた場面を設定して観察する方法（ルール遊び場面とコーナー遊び場面）を組み合わせて行っています。このように複数の場面を設定すると，状況による子どもの行動特徴が明確になります。

（尾崎康子）

表XI－4　保育における行動観察場面と観察ポイント

1．自由遊び場面
登所後から「朝のお集まり」までの間の園庭もしくは室内における自由遊び場面。 〈観察ポイント〉 ①誰と遊ぶのか，②どのような遊びをするのか，③1つの遊びの持続時間はどのくらいか，④保育者，他児とのコミュニケーションはどうか，など。
2．朝のお集まり場面
保育室内でのクラスごとのお集まり場面。 〈観察ポイント〉 ①集まりの形態はどのようになっているか，②集まりの内容はどうか，③集まりの時間はどのくらいか，④活動や内容によって注意の持続時間が異なるのか，など。
3．ルール遊び場面
「個人の勝ち負けのあるルール遊び」「グループ対抗で他児との協力が必要なルール遊び」の2種類のルール遊び場面（合計20～30分）。 〈観察ポイント〉 ①どのような遊びの設定と進行がなされているか，②どの程度うまく参加できるか，③逸脱の頻度と程度はどのくらいか，④逸脱のきっかけは何か，⑤逸脱した時，どのような働きかけをするとうまく集団に戻れるのか，など。
4．コーナー遊び場面
ままごと，トランプ，かるた，ブロックなど対象児が他児と一緒に関われるような遊びのコーナーを設定し，コーナー遊びの中に，保育者が入り，対象児と他児とが関われるような働きかけを行う場面。 〈観察ポイント〉 ①どのようなコーナーで遊びが成立しやすいのか，②どのような内容の遊びを展開するのか，③遊びの持続時間はどのくらいか，④子どもたちの関わりを促すのに保育者のどのような働きかけが有効か，など。

出所：本郷（2008）.

参考文献

中沢潤・南博文・大野木裕明（1997）心理学マニュアル観察法．北大路書房．

本郷一夫（2008）子どもの理解と支援のための発達アセスメント．有斐閣選書．

コラム10

参加観察法

1　参加観察法とは

参加観察法（participant observation）は，「観察者自身が，観察対象となっている集団の生活に参加し，その一員としての役割を演じながら，そこに生起する事象を多角的に，長期的にわたり観察する方法」（三隅・安部，1974）と定義され，参与観察法あるいは関与観察法とも呼ばれています。元来，参加観察法は，文化人類学や社会学の技法として発展してきたものですが，近年，質的心理学が盛んになるにつれて，発達心理学や保育学の分野で適用されることが多くなってきました。一方，心理療法の分野では，間主観的アプローチ◁1から対人関係をとらえることが重視されるようになってきました。米国の精神科医であるサリヴァン（Sullivan, H. S.）は，「臨床的観察の特徴は，観察者が対象者とかかわり合って一つの対人関係を作り上げ，そこに自ら参入し，そこで観察者自身が見聞きし，感じたことを記述にもたらすところにある」と述べ，観察における対象者との間主観的関係を重視しています。

参加観察法は，観察者が自分の存在を子どもに示しながら直接観察する方法ですが，観察者と子どもがかかわる程度によって，観察者が子どもにかかわりながら一緒に活動する中で観察する交流的観察と，観察者から子どもへの働きかけを最小にして観察する非交流的観察があります。

2　参加観察の特徴と方法

参加観察法は，外部から距離を置いて見ていたのではわかりにくい現象を，内部に身をおいて行為者の視点から理解しようとする方法であり，この方法の特徴として，1）観察者が，自分の目で見，耳で聞き，肌で感じるなど生の体験をしながら観察する，2）観察対象である子どもとのかかわりを通して子どもを相互主観的に理解する，3）観察者が観察した事柄だけでなく，他の種々の情報収集を併用して，子どもを多角的に理解するなどがあげられます。

一般には，参加観察は次の過程を経て行われます。

⑴ フィールド・エントリー：現場に入ることは，観察者にとっても受け入れ側にとっても緊張や不安をもたらす事態です。そのため，参加観察を始める際には，現場の人々への理解と配慮が欠かせません。

⑵ ラポール形成：参加観察では，観察者が対象となる集団や現場の中でどのような位置にあって，どのような役割をとり，相手からどのような者と見なされているかが重要な条件となります。集団や現場にとけこみ，受け入れてもらうためには，観察対象者とのラポールの形成が重要です。

⑶ 観察と記録：参加観察では，記録のとり方が重要なポイントとなってきます。観察対象と一緒に活動しているので，後から記録しようとすると，現場で様々な事柄が進行している状況や対象者との交流の中で感じ取ったことを詳細に思い出すことができません。そこで，ノートやメモ用紙を常に持ち歩き，行動が起こる度に記録していきます。この記録をフィールドノーツといいます。

⑷ 記録の分析：フィールドノーツを元に分析を行い

ます。一般に，分析作業として，1）ひとまとまりの事象や発話内容をエピソードとしてまとめる，2）各エピソードについての解釈を行う，3）類似したエピソードを集め，分類やカテゴリー化を行うことなどが行われます。

フィールドノーツとは，調査や観察の場で見聞きしたものについてのメモや記録（の集積）のことをいいます。◁2 実際には，出来事が起こっている最中にメモ用紙やカードなどに書き込んだメモ（現場メモ），現場メモなどをもとに一日（あるいは数日）の間の観察や考察をまとめて清書した記録（清書版フィールドノーツ），聞き取りの記録，調査や観察中につけた日記や日誌などをフィールドノーツと呼んでいます。しかし，これらはあくまでもメモや覚書段階のものですから，最終的には，これらをまとめて論文や報告書を作成します。

3　保育現場における参加観察の適用

近年，発達臨床や保育の分野では，子どもの発達状況，適応行動，対人関係，コミュニケーションスキルなどを調べるために参加的観察法が用いられるようになりました。自分の心理状態を的確に言語表現できない子どもの状態を把握するには，子どもに直接かかわり，間主観的に理解することのできる参加観察法は，子どもの的確な情報を収集するための有効な手段です。また，保育現場において，参加観察は大変実施しやすい方法ですから，保育現場に適した発達アセスメントとして活用することが望まれます。

発達心理学や保育学では，参加観察法による事例研究が行われています。これまで発表された主な著者や論文を表C-10-1に示します。　　　　（尾崎康子）

表C-10-1　発達心理学と保育学における参加観察法の事例研究 ◁3

フィールド（場面）	領域および行動	研究者（発表年）
家庭（日常生活）	前言語コミュニケーション	やまだ（1987）
家庭（日常生活）	身振り・共同性	麻生（1992）
幼稚園（保育全場面）	対象児への攻撃・拒否的行動	畠山・山崎（2003）
幼稚園（自由遊び）	「隠れる」行動	刘田（2004）
幼稚園（保育全場面）	仲間関係	池田（2014）
保育所（自由保育）	仲間関係における摸倣	大桑（2014）

▷1　間主観性（intersubjectivity）とは，二者関係において互いに相手の主観的なものを把握でき，互いに通じ合えることをいう。

▷2　フィールドノーツ（field notes）のノーツ（notes）は，メモや覚書きという意味であり，ノート（note）やノートブック（note book）のような帳面を指し示しているわけではない。

▷3　表C-10-1の出所は，やまだようこ（1987）ことばの前のことば—ことばが生まれるみちすじ1．新曜社．；麻生武（1992）身振りからことばへ—赤ちゃんにみる私たちの起源．新曜社．；畠山美穂・山崎晃（2003）幼児の攻撃・拒否的行動と保育者の対応に関する研究—参与観察を通して得られたいじめの実態．発達心理学研究，14(3)，284-293．；刘田知則（2004）なぜ子どもは「隠れる」のか？—幼稚園における自由遊びの参与観察．発達心理学研究，15(2)，140-149．；池田久美子（2014）特別な支援を必要とする子どもの仲間関係の発達に関する事例的検討．保育学研究，52，56-67．；大桑萌（2014）0～2歳児の仲間関係における摸倣の役割．保育学研究，52，28-38．

参考文献

三隅二不二・安部年晴（1974）参加観察法．続有恒・苧阪良二（編）心理学研究10　観察．東京大学出版会．

佐藤郁哉（1992）フィールドワーク—書を持って街に出よう．新曜社．

佐藤郁哉（2002）フィールドワークの技法—問いを育てる，仮説をきたえる．新曜社．

XI　障害児のアセスメント

4 幼稚園や保育所における評価票による子ども理解

▶1　知能検査の種類や内容の詳細は，XI－5 参照。

▶2　スクリーニング質問紙の種類は XI－1 を参照。

▶3　DSM-5では，自閉スペクトラム症の重症度が判断されるが，定型自閉症は，重症度の高いレベルであり，非定型自閉症やアスペルガー症候群は，重症度の低いレベルに相当する。

1 幼稚園や保育所における客観的評価

子どもの能力を調べて，発達段階や障害特性を調べる検査はたくさん開発されていますが[1]，これらの検査を実施するには，1）比較的高価な検査器具が必要である，2）正確に検査を実施し，検査結果を解釈するには，一定の教育や訓練を受けることが必要であることから，幼稚園や保育所で実施することが難しい場合があります。それに対して，発達の遅れや障害の疑いのある子どもを発見するための簡便な方法として，最近では，スクリーニング質問紙[2]が開発されています。これは，質問紙に書かれた項目がその子どもにどの程度該当するかを段階評価する方式ですから，保育現場でも実施可能です。しかし，これらの質問紙の大半は，欧米で開発されたものであり，日本語版が作成されているのは一部に留まっています。また，大半のスクリーニング検査では，質問紙への記入を保育者や親に求めますが，その結果の解釈は専門家が行うことを前提としています。そのため，これらの検査では保育者が自分で解釈したい時には，その質問紙の背景理論や項目が表している意味を学ぶことが必要です。

2 障害のスクリーニング検査

スクリーニング（screening）とは，英語で「ふるい分けをする」ことであり，障害のスクリーニング検査とは，疾病や障害が疑われる者をふるいにかけて選びだし，精密検査につなげていくための検査を示しています。その多くは，障害特性に該当する項目を提示し，保育者や教師あるいは保護者に記入してもらうことによって評価する質問紙方法がとられています。現在では，適用年齢と識別できる障害が異なる様々なスクリーニング検査が作成されています。

なかでも，自閉症スペクトラム障害（ASD）のスクリーニング検査は多数開発されています。M-CHAT（Modified Checklist for Autism in Toddlers）は，ASDのスクリーニングのための，16～30ヵ月を対象にした親記入式質問紙です。この時期のスクリーニング検査として最もよく使われています。ASQ（Autism Screening Questionnaire）は，ASDの診断検査であるADI-Rを基に開発されたスクリーニング質問紙であり，4～5歳時のASDの障害特徴を表した項目から構成されています。ASDとそれ以外の発達障害との識別に優れています。ASSQ（High-Functioning Autism Spectrum Screening Questionnaire）は，

７～16歳を対象にし，知的障害のない ASD を識別するスクリーニング質問紙です。また，PARS-TR（Parent-interview ASD Rating Scale-Text Revision）[4] は，医師などの専門家が親面接によって，幼児期から成人期 ASD の行動をとらえる評価尺度です。

LD の診断検査には，LDDI（Learning Disabilities Diagnostic Inventory）とそれを参考に日本で作成された LDI（Learning Disabilities Inventory）[5] があります。現在は，小・中学生を対象とした LDI-R（2008）に改訂されています。何れも質問紙法によるスクリーニング検査です。ADHD のスクリーニング検査としては，Conners EC，そして DSM-IV を基に ADHD の診断のために米国で開発された ADHD-RS[6] があります。

3　幼稚園や保育所で実施できるスクリーニング検査

近年，幼稚園や保育所で発達が気になる子どもが多く見られるようになりましたが，障害の軽い子どもは障害診断を受けていないことがめずらしくありません。わが国では，乳幼児期における発達障害の第一次スクリーニングは乳幼児健診が担っていますが，３歳児健診から就学時健診までに３年間近い健診の空白期間があります。そこで，この時期に多くの子どもが在籍している幼稚園や保育所でスクリーニング検査を行えることが望ましいです。前項で紹介したスクリーニング検査は医師や心理士などの専門家が評定するものであるため，保育者が評定できるスクリーニング検査があれば，それを基に保育者は子どもの特性に合った適切な保育と援助を行うことができます。そこで，尾崎（2014）は幼児用発達障害チェックリスト（CHEDY）[7] を作成しました。CHEDY は，33項目からなる質問紙検査であり，ASD 尺度の「社会的コミュニケーションの困難さ」「こだわりと過敏性」，ADHD 尺度の「注意散漫」「多動・衝動性」，そして発達の遅れ尺度の「理解・判断の困難さ」から構成されています。各尺度の優劣を調べるとともに（図XI-１），ASD 尺度を使った領域図で ASD の可能性の高さを，ADHD 尺度を使った領域図で ADHD の可能性の高さを判定することができます（図XI-２）。

（尾崎康子）

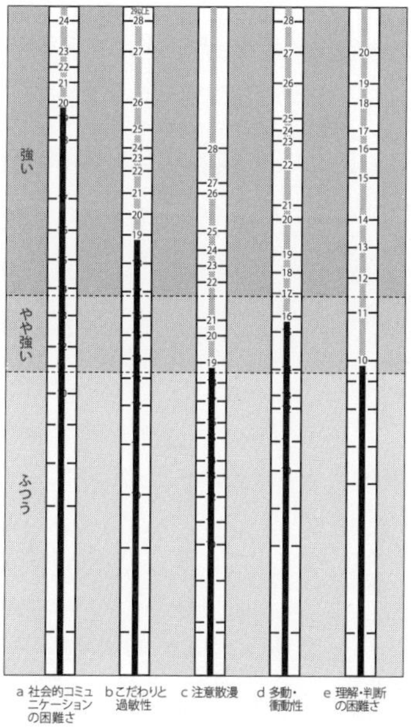

図XI－１　CHEDY の行動特性プロフィール

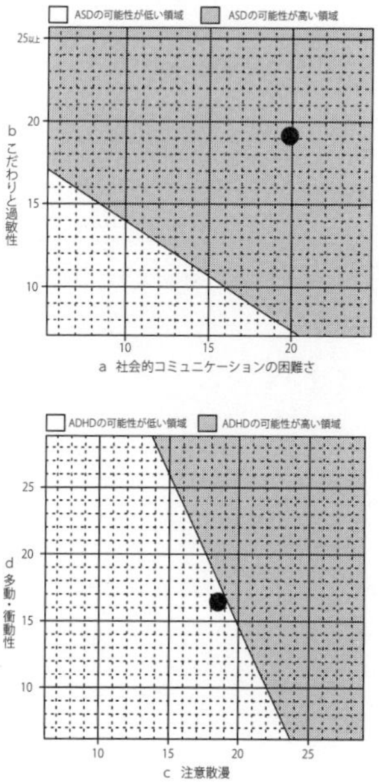

図XI－２　ASD 領域図（上）と ADHD 領域図（下）

▶4　日本自閉症協会編（2004）自閉症・発達障害の行動評価チェックリストとマニュアル2004．日本自閉症協会．

▶5　上野一彦・篁倫子・海津亜希子（2008）LDIRLD 判断のための調査票．日本文化科学社．

▶6　J.デュポール他著，市川宏伸他監修（2008）診断・対応のための ADHD 評価スケール ADHD-RS［DSM 準拠］チェックリスト，標準値とその臨床的解釈．明石書房．

▶7　尾崎康子編（2014）CHEDY 幼児用発達障害チェックリスト　文教資料協会．

参考文献

尾崎康子・三宅篤子編（2016）知っておきたい発達障害のアセスメント．ミネルヴァ書房．

XI　障害児のアセスメント

5 心理検査による子ども理解①
――知能検査

1 知能検査とは

知能検査とは，人間の知的能力をいくつかの観点から測定し，得点化したものです。知能検査には，一斉に実施する集団式検査と，熟練した検査者が用具を使って１対１で実施する個別式検査があります。障害のある子どものアセスメントに用いるのは，主に個別式知能検査です。

個別式知能検査は，さらに概観的な検査と診断的な検査に分かれています。概観的な検査とは，精神年齢（MA）や知能指数（IQ）など，その人の知能の概略を知る検査で，ビネー式知能検査がこれにあたります。診断的検査とは，知的能力を複数の要素に分けて測定し，どの部分が高い（低い）かを詳しく調べ，学習指導や支援プランをたてるための検査です。ウェクスラー式の知能検査や，心理教育診断検査がこれにあたります。診断的検査では，プロフィール図（図XI-３）を用いて各自の能力の得意な部分と苦手な部分をわかりやすく表現しています[◁1]。以下に個別式の知能検査を紹介します。

2 田中ビネー式知能検査（田中ビネーV）

田中ビネー式知能検査の原型は，1905年にフランスでビネー（Binet, A.）とシモン（Simon, T.）が作成した尺度です。これをもとに，アメリカでスタンフォード・ビネー知能検査が作られ，その日本版が作成されました。現在は2003年に発行されたビネーV（ファイブ）が利用できます[◁2]。

適用年齢は２歳～成人ですが，採点・解釈のしかたが２～13歳と14歳以上で異なります。田中ビネー式知能検査の特徴は，言語や数，絵の読み取りなどの総合点で知能指数を求める点にあります。正解した問題の合計点で子どもの知的能力が何歳何か月に相当するか（精神年齢）を求め，実際の年齢（暦年齢）との比をとって，知能指数を算出します[◁3]。

3 ウェクスラー式知能検査

ウェクスラー（Wechsler, D.）は，知能を階層的に分類し，全般的な知能を言語性知能と動作性知能に大きく２種類に分けて，それぞれの知能を測定する下位検査を考案しました。近年の統計学的な研究により，現在のウェクスラー式検査では，知能を４つに分類する考え方を採

▶１　知能検査の場合は，１種類の検査の中に複数の下位検査があり，それらの結果を総合して複数の知能指数（または認知能力の指数）を算出する。その結果を図で表したのがプロフィール図で，下位検査ごとの得点を表示したものや，複数の知能指数等を表示したものがある。図XI-３は，WISC-Ⅳと呼ばれる知能検査のプロフィール図である。

▶２　日本版ビネー式検査には，他に鈴木ビネー式があり，2007年に新版鈴木ビネー式知能検査が発行された。適用年齢は２歳０か月～18歳11か月。

▶３　田中教育研究所（編集）（2003）田中ビネー知能検査V　理論マニュアル，実施マニュアル，採点マニュアル．田研出版．

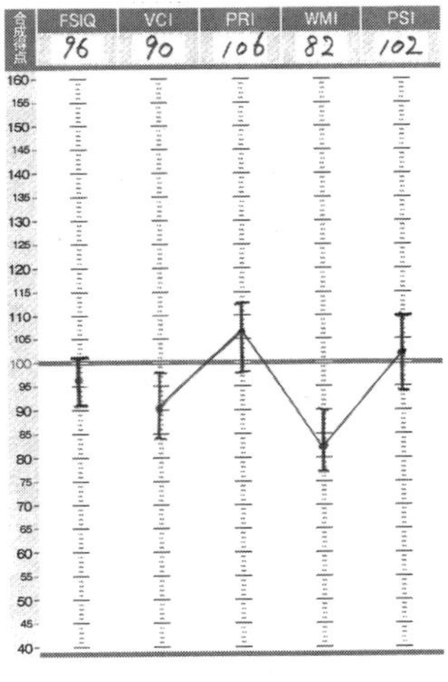

図XI-３　合成得点プロフィール

用しています。

ウェクスラー式知能検査には，適用年齢が３歳10か月～７歳１か月の幼児用（WPPSI），５歳０か月から16歳11か月までの児童用（WISC），16歳０か月～89歳の成人用（WAIS）の３種類があります。日本語版では，WISCは第４版（WISC-Ⅳ），WAISは第３版（WAIS-Ⅲ）が最新となっています。WPPSIは2017年中に改訂版が発行される予定です。また，WAIS-Ⅲも2017年現在，第４版（WAIS-Ⅳ）に向けて改訂が進められているところです。

ウェクスラー式知能検査では，複数のテスト（下位検査）の結果を総合した全検査知能指数の他に，知的機能の領域ごとの指標が算出できます。たとえばWISCであれば，言語理解指標，知覚推理指標，ワーキングメモリ指標，処理速度指標が算出されます。[4] これらの結果により，子どもの知的能力が同じ年齢集団でどこに位置付くのかという「個人間差」に加えて，子どもの得意・不得意な面「個人内差」を知ることができます。

▶4　Wechsler, D.（著）上野一彦・藤田和弘・前川久男・石隈利紀・大六一志・松田修（共訳編著）（2010）日本版WISC-Ⅳ解釈・理論マニュアル．日本文化科学社．

4　KABC-Ⅱ心理・教育アセスメントバッテリー
(Kaufman Assessment Battery for Children Second Edition)

A・カウフマン（Kaufuman, A. S.）とN・カウフマン（Kaufman, N. L.）は，知能を継次処理と同時処理の２つの能力に分類することを提唱し，K-ABCを開発しました。継次処理能力とは，音声や映像などの情報を一度に１つずつ順番に認識し，理解する能力のことです。同時処理能力とは，情報を全体的に統合する能力です。改訂版のKABC-Ⅱでは，さらに学習能力と計画能力を加えた４つの能力を総合して「認知処理過程」の尺度と呼び，これがいわゆる「知能指数」に相当します。さらに，言葉や算数の知識などの経験（学習）によって身につく，基礎的な学力を「習得度」の尺度と呼びます。[5]

▶5　Kafman, A. S. & Kaufman, N. L（著）松原達哉・藤田和弘・前川久男・石隈俊紀（共訳編著）（1993）K-ABC心理・教育アセスメントバッテリー　解釈マニュアル，実施・採点マニュアル．丸善出版．

日本版KABC-Ⅱの適用年齢は，２歳６か月～18歳11か月までです。幼児のアセスメントに利用でき，児童期にかけても定期的に使うことができます。使い勝手にも配慮されており，比較的実施しやすい検査です。子どもの認知処理における強い面と弱い面の情報とともに，子どもに合った学習スタイルに関する情報を得ることができます。

5　DN-CAS認知評価システム
(Das- Naglieri Cognitive Assessment System)

ダス（Das, J. P.）とナグリエリ（Naglieri, J. A.）によって考案された検査で，「プランニング」，「注意」，「同時処理」，「継次処理」の４つの認知機能領域を測定できます。[6]

▶6　Naglieri, J. A. & Das, J. P.（著）前川久男・中山健・岡崎慎治（共訳編著）（2007）日本版DN-CAS認知評価システム．日本文化科学社．

適用年齢の範囲は５歳～17歳11か月です。認知的偏りの傾向をとらえることができ，その援助の手掛かりを得るために有効な検査です。　（和田充紀）

XI　障害児のアセスメント

6 心理検査による子ども理解②
――発達検査

1 発達検査とは

発達検査は，子どもの心身発達の状態や程度を測定・診断するための標準化された検査法です。発達検査は，ビネー（Binet, A.）の知能測定尺度を原型とし[1]，この知能測定尺度を乳幼児に拡張しようとする試みから生まれたものですが，現在の発達検査の基礎を築いたとされるのは，ゲゼル（Gesell, A.[2]）の「発達診断」です。ゲゼルは，自ら行った乳幼児の発達研究をもとに，生後60か月までの各時期における５領域行動（①適応行動，②粗大運動，③微細運動，④言語行動，⑤個人－社会行動）の正常児の発達基準を示し，この発達基準を心身障害の早期発見と適切な治療や指導のために用いました。そして，これ以降今日に至るまで，様々な内容や方法の発達検査が開発されてきました。

このように，発達検査は，知能測定尺度を乳幼児に適用するために改良され発展してきたものですが，知能検査とはその対象年齢や検査領域などに違いがあります。知能検査は，被検者が言語理解と言語表出が可能であることを前提として内容が構成されており，主として就学前期以降の知的発達を調べるものです。それに対して，発達検査は，対象年齢が０歳からであり，言語を媒介とした知的能力だけでなく，運動，生活習慣，対人関係，社会性などの発達に関する項目を含み，子どもの全般的な発達をとえるものです。

発達検査の中には，知能検査の精神年齢と知能指数に類似した，発達年齢（Developmental Age: DA）と発達指数（Developmental Quotient: DQ）を算出するものがあり[3]，それにより個人の発達程度を判断するようになっています。

2 発達検査の種類と特徴

現在，多くの発達検査が開発されていますが（表XI－５），実施方法から大別すると，検査場面を設定し検査者が一定の課題を与えて子どもを直接観察する個人検査と一定項目に対して保育者や親が記入する質問紙法の検査に分けられます。また個人検査の場合でも，低年齢の子どもから直接反応を求めることが困難な項目については，子どもの行動を親から聴取することによって判断していくものがあります。一般に，個人検査は，時間がかかるために子どもが飽きてしまったり，子どもの機嫌に左右されることがありますが，一方では，検査者が子どもを直接調べるために発達状況を的確に把握しやすいという利点があ

▶１　ビネー式知能検査については，XI－５を参照。

▶２　ゲゼル（1880-1961）は，米国の心理学出身の小児科医。正常の乳幼児の発達過程を調べ，発達の正常水準を示した検査の「発達診断」を作成した。

▶３　発達指数は，以下の数式で算出される。
発達年齢（DA）÷生活年齢（CA）×100＝発達指数（DQ）

ります。それに対して，質問紙法は，保育者や親に記入を依頼するので簡単に実施できますが，記入者の評価に左右されて子どもの行動を的確にとらえられないことがあります。どの検査を用いるかは，その場の状況によって判断し，子どもの把握の必要度に応じて選定します。以下，検査方法ごとに主な発達検査の特徴を述べていきます。

❍子どもを対象にした個別検査

(1) 遠城寺式乳幼児分析的発達検査法

遠城寺式乳幼児分析的発達検査法[4]は，1958年に九州大学小児科治療教育部において遠城寺宗徳が考案した分析的発達検査表に改訂を加えて作成されたものであり，現在でも医療や教育現場で広く使われています。検査の特徴として，1）運動，社会性，言語の各機能を分析的に評価できる，2）脳性まひや精神遅滞などの鑑別に役立つ，3）検査法が簡便で短時間でできるがあげられます。

実施方法は，親から子どもの発達状況を聞き取るとともに，子どもを直接観察して，各項目の可否を採点していきます。そして，各領域の発達年齢を求め，障害の状態と問題点を検討します。

表XI－5　発達検査一覧表

名称	著者	発行年	適用年齢	所要時間	形式	項目数・構成領域
遠城寺式乳幼児分析的発達検査法［九大小児科改訂版］	遠城寺宗徳・合屋長英	1977年	0～4歳8ヵ月まで	15分	個別検査。検査者が親の聴取と子どもの直接検査を通して実施。	154項目。①移動運動，②手の運動，③基本的習慣，④対人関係，⑤発語，⑥言語理解
新版K式発達検査2001	新版K式発達研究会	2008年	0～14歳	30分	個別検査。	324項目。①姿勢・運動，②認知・適応，③言語・社会
日本版ミラー幼児発達スクリーニング検査	日本感覚統合学会	2003年	2歳9ヵ月～6歳2ヵ月	30分	個別検査。発達スクリーニング用。	26項目。①感覚運動能力（基礎指標・協応性指標），②認知能力（言語指標・非言語指標），③複合能力（複合課題指標）
DENVER II デンバー発達判定法	W.K.Frank-enburg	2003年	0～6歳	15～20分	個別検査。発達スクリーニング用。検査者が親の聴取と子どもの直接検査を通して実施。	104項目。①個人—社会，②微細運動—適応，③言語，④粗大運動
乳幼児精神発達診断法 1)0才～3才まで 2)3才～7才まで	津守真・稲毛敦子・磯部景子	1)1961年 2)1965年	0～7歳	20分	親・保育者などが記入する質問紙法。	1) 264項目。①運動②探索・操作，③社会，④食事・排泄・生活習慣，⑤理解・言語 2) 174項目。①運動，②探索，③社会④生活習慣，⑤言語
S-M社会生活能力検査 第3版	上野一彦ら		乳幼児～中学生	20分	親・保育者などが記入する質問紙法。	129項目。①身辺自立，②移動，③作業，④コミュニケーション，⑤集団参加，⑥自己統制
KIDS乳幼児発達スケール 1)タイプA：1～11ヵ月 2)タイプB：1～2歳11ヵ月 3)タイプC：3～6歳11ヵ月	三宅和夫(監修)	1991年	1ヵ月～6歳11ヵ月	10～15分	親・保育者などが記入する質問紙法。発達スクリーニング用。	1) 117項目，2) 142項目，3) 133項目。①運動，②操作，③言語理解，④言語表出，⑤概念，⑥社会性(対成人)，⑦社会性（対子ども)，⑧しつけ，⑨食事（タイプA,B)

▶4　遠城寺宗德・合屋長英（1977）遠城寺式乳幼児分析発達検査法（九大小児科改訂版）．慶應通信．

▶5　新版K式発達研究会（2008）新版K式発達検査2001．京都国際社会福祉センター．

(2) 新版K式発達検査2001

新版K式発達検査2001[5]は，1950-51年頃に京都市児童院（現京都市児童福祉センター）で開発された検査の改訂版であり，Kとは京都市を表しています。検査項目は，主に，ゲゼルの「発達診断」，ビューラーらの「発達検査」，ビネーの「知能測定尺度」から採用されているので，精神機能を多側面からとらえられるという特徴があります。これは発達の精密な観察を行い，発達の全体像を的確に把握したいときに有用な検査です。

実施方法は，検査者が個室で子どもに1対1で課題を与え，その反応を調べていきます。各領域の項目ごとに合格・不合格を評価し，そのプロフィールを作成して発達の相対的な進みや遅れを視覚的に把握します。また，各領域別および全領域の得点をもとめ，発達年齢と発達指数を計算します。

(3) 日本版ミラー幼児発達スクリーニング検査

▶6　日本感覚統合学会（2003）日本版ミラー幼児発達スクリーニング検査．

日本版ミラー幼児発達スクリーニング検査[6]（Japanese version of Miller assessment for preschoolers）は，米国の作業療法士ミラー（Miller, L.）が，1982年に発表した中軽度発達障害のスクリーニング検査の日本版です。感覚統合理論，知覚運動理論，非言語的認知発達理論等を基盤として作成された検査で，就学前幼児の発達スクリーニングに用います。問題構成（表XI-6）で示されるように，就学前の感覚統合に重きをおく基礎指標項目が多いのが特徴です。実施方法としては，検査者が子どもに課題を与え，採点基準にしたがって得点をつけていく個別検査です。発達の遅れに対するリスクを早期に発見することを目的にしており能力の程度を測定するものではありません。各領域における評価点から発達プロフィールを作成し，子どもの発達状態をとらえるとともに領域間に顕著な差があるかどうか検討します。

(4) DENVER IIデンバー発達判定法

▶7　W. K. Frankenburg, M. D.（著）社団法人日本小児保健協会（編）（2003）DENVER IIデンバー発達判定法．

DENVER IIデンバー発達判定法[7]は，子どもの異常を早期に発見することを目的に開発された発達スクリーニング検査で，4つの発達領域に分かれた104項目で構成されています。全ての項目には，健常な子どもの25, 50, 75, 90%が可能になる時期が示されていますが，対象児の年齢に相当する項目についてだけ調べていきます。それらの項目について，対象児が同年齢の子どもの90%が通過する内容ができないと不合格となります。不合格の数が一定数を超えると障害のリスクがあると判断します。

❍親や保育者が記入する質問紙法

(1) 乳幼児精神発達診断法

▶8　津守真・稲毛敦子（1961）乳幼児精神発達診断法―0才～3才まで．大日本図書．;津守真・稲毛敦子・磯部景子（1965）乳幼児精神発達診断法―3才～7才まで．大日本図書．

乳幼児精神発達診断法[8]は，乳幼児が発達していく状況を一番よく知っているのは親であり，親が観察した行動を秩序づけるならば精神発達診断の基礎になるという考えのもとに作成された発達検査です。「0才～3才まで」と「3才～7才まで」の2部に分かれています。この検査の特徴は，1)親の観察にもとづ

表XI－6　日本版ミラー幼児発達スクリーニング検査の問題構成

行動領域	感覚-運動能力		認知能力		複合能力
	基礎指標	協応性指標	言語指標	非言語指標	複合課題指標
検査項目	立体覚 手指判別 点線引き 指一鼻 片足立ち 足踏み 線上歩行 背臥位屈曲 体軸の回旋 足の交互反復	積み上げ 線引き 点線引き 線上歩行 舌運動 足の交互反復 構音	一般的知識 指示の理解 文章の反復 数の反復	順列 物の記憶 パズル 図地判別	積み木構成 人物画 肢位模倣 迷路

く報告によって発達診断がなされる，２）検査時の子どもの状態に左右されることなく，ふだんの行動の全般的状況にもとづいて判断されるなどです。実施方法は，基本的には，親や保育者に面接して検査項目を１問ずつ質問し，○△×で評価してもらいます。領域ごとに点数を合計して発達輪郭表を作成し，子どもの発達特徴を知り，どの領域が遅滞しているかを見ていきます。標準化されているので発達指数を算出することも可能ですが，単一の尺度で子どもを評価しないために，あえて発達指数を求めません。

⑵ S-M 社会生活能力検査第３版

新版S-M 社会生活能力検査は，1953年に三木安正と杉田裕によって作成された「S-M 社会生活能力検査」の改訂版であり，さらに2016年にそれを改訂したS-M 社会生活能力検査第３版が作成されました。[9] 社会生活能力とは，社会生活に必要な能力をいいますが，発達に遅れのある子どもの場合，生活年齢や知的能力が同程度であっても，社会生活能力には大きな個人差が見られます。この能力は，社会環境の中で学習することによって獲得され，社会適応に密接に関係するので，この検査で測定された社会生活能力を参考にして生活の中で子どもを指導していくことを目的にしています。実施方法は，親，保育者，教師が検査項目を○×で評価します。領域ごとに合計得点を求め，最終的には，領域別と全検査における社会生活年齢（Social Age : SA）と社会生活指数（Social Quotient : SQ）を算出します。[10]

⑶ KIDS 乳幼児発達スケール

KIDS（Kinder Infant Development Scale）乳幼児発達スケール[11]は，乳幼児の発達を正確にそして速やかに測定できる発達検査として作成されました。子どもの年齢によって，タイプA，B，Cの３部に分かれています。この検査の特徴は，ふだんの生活全体からの評価ができること，また項目が発達順序で並べられているので母親の子育ての参考になることなどです。実施方法は，親や保育者が検査項目を○×で評価します。領域ごとに合計得点を算出し発達プロフィールを作成します。また，各領域と全検査の発達年齢（DA）と発達指数（DQ）を求め，子どもの発達状態を検討します。

（尾崎康子）

▶9　上野一彦・名越斉子・旭出学園教育研究所（2016）S-M 社会生活能力検査第３版．日本文化科学社．

▶10　社会生活指数は次の数式で算出する。
社会生活年齢（SA）÷生活年齢（CA）×100＝社会生活指数（SQ）

▶11　三宅和夫監修，大村政男・高嶋正士・山内茂・橋本泰子（1989）KIDS 乳幼児発達スケール．（財）発達科学研究教育センター．

参考文献

尾崎康子・三宅篤子編（2016）知っておきたい発達障害のアセスメント．ミネルヴァ書房．

XI　障害児のアセスメント

7 心理検査による子ども理解③
——言語発達検査

1 言語発達検査とは

子どもの発達において言語機能は大変重要な側面です。言語発達は知的能力を反映しており，また言語発達の状況は外部から比較的とらえやすいので，言語発達を指標とすることで子どもの発達が評価しやすくなります。そのため，知能検査や発達検査の多くに，言語理解や言語表出を測定する項目が含まれていますが，知能検査や発達検査は，多様な側面を調べて子どもの全般的能力を把握することが目的ですから，言語発達を詳細に調べるものではありません。しかし，言葉やコミュニケーションに問題をもつ場合，その発達状況を正確にアセスメントすることによって，的確な介入が可能になります。そこで，言語発達過程を詳細に調べる言語発達検査が作られるようになりました（表XI-7）。また，最近では，知的遅れのない発達障害が注目されており，軽微な言葉発達遅滞の検出が可能な検査が求められています。

2 言語発達検査の種類と特徴

子どもがどのように言葉を話し，理解しているかを精査するためには，直接子どもの反応を確かめることが必要です。そこで，多くの言語発達検査の場合，個別検査の方法を採用しています。しかし，個別検査では，子どもが日常生活で使っている言葉を全て調べることはできません。そこで，日常生活で使っている言葉を母親に記入してもらう質問紙が作成されています。以下，主な言語発達検査の特徴を述べていきます。

表XI-7　言語発達検査一覧表

名　称	著者	発行年	適用年齢	所要時間	形式	項目数・構成領域
ことばのテストえほん　新訂版　言語障害児の選別検査	田口恒夫・小川口宏	1987年	就学前児，小学1年生	5分	個別検査。	4テスト①ことばの理解力，②ささやき声でのことばを聞き分ける力，③発音，④声・話し方その他の表現能力
言語・コミュニケーション発達スケール増補版　LCスケール	大伴潔ほか	2013年	0～6歳11ヵ月	20分	個別検査。検査者が親の聴取と子どもの直接検査を通して実施。	64課題。①言語表出，②言語理解，③コミュニケーション
PVT-R　絵画語い発達検査	上野一彦・名越斉子・小貫悟	2008年	3～10歳	15分	個別検査。	4つの絵が描かれた図版12枚。計70問。
日本語マッカーサー乳幼児言語発達質問紙 1)「語と身振り」 2)「語と文法」	小椋たみ子・綿巻徹	2004年	8～18ヵ月		親・保育者が記入する質問紙法。	1)1056項目。①理解のはじまり，②指示理解，③はなしはじめ，④語彙（理解・表出），⑤身振り，⑥物のみたて 2)813項目。①表出語彙，②ことばの使い方，③文と文法（くっつき，助詞，助動詞，語結合発話，最大文長，文の複雑さ）

❍子どもを対象にした個別検査

ことばのテストえほん[1]は，「話しことばの異常」をもっている子どもを簡単にかつ的確に選び出すための検査であり，言語障害の種類を大まかに判別することを目的にしています。

言語・コミュニケーション発達スケール増補版[2]（LC スケール：Language Communication Developmental Scale）は，言葉を獲得しつつある発達障害児の言語発達を把握するための検査として開発されました。乳幼児期から学齢前の言語表出・言語理解・コミュニケーションレベルの発達を総合的に評価する検査であり，現在の言語にかかわる研究知見をもとにした多様な項目で構成されています。言語・コミュニケーションの発達年齢（LC 年齢）と発達指数（LC 指数）を算出します。

改訂版絵画語い発達検査[3]（Picture Vocabulary Test-Revised: PVT-R）は，言語発達過程の中で最も基礎的能力である語彙の理解力を指標として言語発達を測定することを目的としています。この検査は，４枚の絵の中から検査者が質問する単語にふさわしい絵を子どもに指させるという大変わかりやすい方法をとっています。そのため，言葉が話せない子どもや検査が苦手な子どもでも実施可能であり，幼児や障害児の言語発達を測定する検査として適しています。正答数の合計得点に修正を加えた後，語い年齢（VA）と評価点（SS）を算出します。

❍親や保育者が記入する質問紙法

質問紙法の言語発達検査としては，日本語マッカーサー乳幼児言語発達質問紙[4]があります。これは，米国で開発されたマッカーサーコミュニケーション発達質問紙（MacArthur communicative developmental inventories）の日本語版であり，乳児期の前言語コミュニケーション発達から幼児期の文法発達まで調べることができます。質問紙は，「語と身振り」と「語と文法」に分かれており，どちらも，詳細にわたる質問項目で構成されています。各項目について子どもの日常生活での可否を親に記入してもらうことにより，下位領域の発達プロフィールを求めて子どもの発達状況や偏りを把握するとともに，言語発達年齢，身振り発達年齢，表出語彙発達年齢，文法発達年齢を求めて発達評価を行います。

（尾崎康子）

▶1　田口恒夫・小川口宏（1987）ことばのテストえほん　新訂版言語障害児の選別検査．日本文化科学社．

▶2　大伴潔・林安紀子・橋本創一・池田一成・菅野敦（2013）言語・コミュニケーション発達スケール増補版　LC スケール．山海堂．

▶3　上野一彦・名越斉子・小貫悟（2008）改訂版 PVT-R 絵画語い発達検査．日本文化科学社．

▶4　小椋たみ子・綿巻徹（2004）日本語マッカーサー乳幼児言語発達質問紙．京都国際福祉センター．

参考文献

尾崎康子・三宅篤子編（2016）知っておきたい発達障害のアセスメント．ミネルヴァ書房．

XI　障害児のアセスメント

8 愛着の評価

1 愛着とは

愛着（attachment）[1]は，ボウルビィが提唱した概念であり，子どもが養育者に対してもつ情緒的な絆のことです。子どもの成長とともに，愛着の形態は変化していきます。乳幼児期早期には，愛着は行動レベルで機能していますが，幼児期後半以降，愛着は内在化され表象レベルとして存在し続けることになります。したがって，愛着を測定する場合，乳幼児期早期では行動レベルで，それ以後は，成人に至るまで，表象レベルで測定することになります。

▶１　愛着については，I－4及びコラム２参照。

2 各年代における愛着の測定法

愛着の測定法として最もよく知られているのは，ストレンジ・シチュエーション法です。これは，愛着の質を調べて愛着型に分類する方法であり，適用年齢は，およそ１～２歳です。２～４歳を対象にした方法には，愛着を量的に調べる愛着Ｑソート法があります。これらが，いずれも行動レベルの測定法であるのに対して，幼児期後半以降には，内的作業モデル[2]を測定する方法が使われます。幼児期後半では，ドール・プレイや絵画反応法が，学童期，思春期，成人期では各時期にふさわしい内容の質問紙法が開発されています[3]。また，成人期の愛着測定法としては，愛着人物（父母）の回想を中心として半構造化された面接法であるアダルト・アタッチメント・インタビュー（Adult Attachment Interview: AAI）[4]があります。このように，愛着の測定法として，乳幼児から成人までの各段階において様々な方法があります。

▶２　内的作業モデルについては，I－4を参照。

▶３　青年期，成人期における質問紙法の愛着測定としては，ハザン（Hazan, C.）らの愛着スタイル質問紙がある。

▶４　アダルト・アタッチメント・インタビューは，メイン（Main, M.）らによって開発された成人の内的作業モデルを具体的に調べるための愛着測定法である。

▶５　ストレンジ・シチュエーション法については，コラム２を参照。

3 乳幼児期の愛着測定の手続きと特徴（表XI－８）

○ストレンジ・シチュエーション法（Strange Situation Procedure: SSP）[5]

エインスワースが，愛着の個人差を測定するために考案した手続きです。実験室における母親との分離再会及び見知らぬ人との対面についての８つのエピソードを行い，母親との分離／再会場面における子どもの反応を評定して愛着の型を回避型（Ａ型），安定型（Ｂ型），アンビヴァレント型（Ｃ型），無秩序・無方向型（Ｄ型）に分類します。

○愛着Ｑソート法（Attachment Q-sort: AQS）

ウォーターズ（Waters, E.）らによって作成された愛着測定法です。評定者

表 XI－8　乳幼児期の愛着測定法一覧表

名　称	主な作成者（発表年）	対象年齢	方　法	分類内容
ストレンジ・シチュエーション法（SSP）	Ainsworth et al.（1978）	1～2歳	実験室での親との分離再会と見知らぬ人との対面の8つのエピソードの手続きを行い，その際の子どもの反応を調べる。	安定型（B），回避型（A），アンビヴァレント型（C），無秩序型・無方向型（D）の4型に分類
愛着Qソート法（AQS）	Waters & Deane（1985）	2～4歳	家庭で観察した親子の行動を元に，カードに書かれている愛着に関する項目がその子どもにあてはまるかどうかを判断し，Qソート法で分類して得点化する。	各項目に対して，最も愛着が安定している場合の標準分類得点がつけられている。標準得点と対象児の得点との相関を求め，それにFisher r to z 変換を施した数値が安定性得点となる。
ドール・プレイ	Bretherton et al.（1990）	3歳	人形を用いて愛着に関する話（McArthur Story-Stem Battery）を演じ，その続きがどうなるかを子どもに尋ねる	安定型（B），回避型（A），アンビヴァレント型（C），無秩序型（D）の4型に分類
絵画反応法	Kaplan（1987）	6歳	愛着に関する絵や写真を見せ，そこに描かれている子どもの気持ちやその後の行動を尋ねる。	臨機応変型（B），活動停止型（A），アンビヴァレント型（C），恐れ型（D）の4型に分類

が，家庭での母子の行動観察をもとに，Qソート法によって愛着を行動評定します。通常の評定法では，対象児を他者と比較することにより評価しますが，Qソート法では対象児の特徴を記述するのに最もふさわしい項目を選ぶために，項目同士の比較を行うところが特徴です。愛着に関する項目がカード化され，カードに書かれた内容の比較，分類を行うことによって評定します。分類によって与えられた各項目の得点とそれらの項目に対して予め研究で示されている標準分類得点との標準化相関係数を算出し，これを愛着安定性得点とします。

❍ドール・プレイ（Doll Play）

ドール・プレイは，父親，母親，男の子，女の子の人形を用いた人形劇を子どもの前で演じて，子どもの応答から愛着を測定する方法です。人形劇の筋書き[◁6]は，愛着にまつわるもので，子どもに筋書きの続きを話させます。たとえば，「ジュースをこぼした話」は，子どもが食卓でジュースを飲もうとした時に，そのジュースをこぼしてしまうものです。子どもには，その後どうなったかを聞き，その話の内容から，子どもが表象レベルとしてもっている内的作業モデルを調べ，愛着を評価します。（尾崎康子）

▷6　劇の筋書きは，McArthur Story-Stem Battery（Bretherton et al., 1990）から採用される。

参考文献

数井みゆき・遠藤利彦（編著）（2005）アタッチメント―生涯にわたる絆．ミネルヴァ書房．

XI　障害児のアセスメント

9 総合的な子ども理解と支援への活用

1 発達アセスメントから子どもの理解と支援へ

現在，様々な発達アセスメントの方法[1]が開発され，子どもの障害特性を調べる方法は一段と向上しています。しかし，これらの方法を駆使しても，子どもの障害状態を十分に把握することができない，あるいはそれらを診断につなげることができない場合が多々あります。その理由として，発達アセスメントを行う人の技術や発達アセスメント自体の精度の問題があげられますが，それだけではなく，子どもは発達途上の存在であるため，障害の状態を識別しにくいという，子ども自体の発達特性があります[2]。これらの点を留意して，発達アセスメントを行うことが大切です。

発達アセスメントの最終目標は，障害診断ではなく，評定した子どもの状態像を発達支援につなげていくことにあります。障害診断の成否にかかわらず，発達アセスメントに基づく適切な支援が行われ，その結果，子どものQOL[3]が高まり，二次障害を防ぐことができれば，発達アセスメントと支援は有効であったといえます。なお，発達アセスメントによって子どもを評価する際に，複数の観点（表XI-9）から子どもをとらえると，発達支援につなげやすくなります。

実際に発達アセスメントと発達支援を行う際には，次の点を留意することが必要です。すなわち，1）専門性を持った人や訓練を受けた人が検査にあたる，2）検査や調査の結果を根拠もなく自分勝手に解釈したり，障害を特定してはいけない，3）複数の手法を用いてアセスメントする，4）本人や保護者の意向や利益を考慮して検査結果から対応を決める，5）発達アセスメントの結果にかかわりなく，自分の得意な発達支援だけを続けない，などです。

▶1　発達アセスメントの方法は，XI-2～XI-8を参照。

▶2　乳幼児期の発達特性については，I-3を参照

▶3　QOL（Quality of Life）は，クオリティ・オブ・ライフといい，物質的な豊かさだけでなく総合的に判断された生活の質のことである。

表XI-9　発達アセスメントにおける評価観点

子どもの特徴	①行動特徴，②認知的特徴，③情動調整，④パーソナリティ特性，⑤障害特性
発達的側面	①認知発達，②言語発達，③運動発達，④社会・情動発達

2 心理検査の効用と限界

発達アセスメントでは，面接と行動観察が基本となり，心理検査は必要に応じて行うものとして位置づけられます。しかし，心理検査では，最終的にIQやDQ[4]などの数値で提出されるため，検査結果を重視してしまう傾向にあります。心理検査の誤用を生じさせないために，心理検査の効用と限界を知った上で実施することが重要です。

▶4　IQは知能指数，DQは発達指数のことである。詳細はXI-5，XI-6を参照。

幼児に心理検査を実施する際の留意点は，１）心理検査は，複数の検査を組み合わせてテストバッテリーとして行うが，多すぎて子どもが飽きないようにする，２）子どもは，新奇な場所や人に対して不安や緊張をもちやすいので，検査場面の工夫と検査者とのラポール形成[5]を心がけるなどがあげられます。幼児は，その時の気分や心理状態によって検査結果が変わることがあるので，それを考慮して検査結果を用いることが必要であり，決して検査の数値だけが一人歩きしないように気をつけます。

▶5　検査者と被検査者との間に築かれる良好な関係をラポール（rapport）という。

3　発達アセスメントにおける個人情報保護と情報管理

発達アセスメントを行うにあたっては，事前に本人や保護者に了解を得なければなりません。また，アセスメントの結果を，本人や保護者の了解を得ずに，他者や他機関に伝えることはできません。アセスメントは，本人や保護者にとって，人生を左右するほど重要な意味をもつことがあるので，個人情報保護に関する倫理的配慮を常に心がけなければなりません。

一方では，子どもが複数の機関で支援をうける場合に，発達アセスメントの情報を各機関で共有することができれば，子どもは何度も同じ検査を受けなくても済み，また，機関ごとに子どもの評価が異なることを防ぐことができます。しかし，複数機関にアセスメント情報が伝わる際に，個人情報が拡散する恐れが否めません。また，機関ごとに保護者の了解を得る必要があるので，現実には複数機関での情報共有は難しい課題となっています。

最近では，幼保小連携事業[6]が全国的に展開され，幼稚園・保育所から小学校への円滑な学校移行ができるような様々な取り組みが行われています。その一つに，就学における子どもの障害状況の情報交換がありますが，これには，個人情報取り扱いの問題が生じてきます。そこで，個人情報保護の対策として，保護者が主体となり，子どもの情報を管理することが提案されています。管理方法としては，保護者が子どもの療育ファイルを作成し，乳幼児期からの相談機関，医療機関，幼稚園・保育所の情報をファイリングしていくことになります。この場合，個人情報保護の問題はなくなりますが，保護者が適切に情報を管理できるか，あるいは確実に教育機関などに情報提供するかが問題となります。それに対して，行政がデータベースにより子どもの情報を管理する方法が考えられます。この場合，確実に情報交換がなされますが，十分な個人情報の保護対策が必要です。

（尾崎康子）

▶6　幼保小連携事業は，文部科学省が主導する事業で，幼稚園と保育所での学びや育ちを小学校につなげ，一貫した教育を行うことを目指すものである。

参考文献

古澤頼雄・斉藤こずゑ・都筑学（2000）心理学・倫理ガイドブック―リサーチと臨床．有斐閣．

自閉症スペクトラム学会編（2005）自閉症スペクトラム児・者の理解と支援―医療・教育・福祉・心理・アセスメントの基礎知識．教育出版．

尾崎康子・三宅篤子編（2016）知っておきたい発達障害のアセスメント．ミネルヴァ書房．

XII　発達支援の技法

1 障害幼児の療育総論

1 療育とは

療育という言葉は，元来，「肢体不自由児の父」といわれた高木憲次[1]が作った造語であり，医療と育成を表しています。したがって，療育は，狭義には，治療教育としてとらえられていますが，現在では，もう少し広い意味で，育児，保育，教育などの領域において，障害のある子どもに対して障害特性を配慮した方法でかかわるアプローチとして用いられています。

▶1　高木憲次（1889-1963）は，東京帝大教授，日本医大教授を歴任した整形外科学者である。身体障害者の社会復帰に関心をもち，1942年に日本最初の療育施設であり，治療・教育・職業訓練を一体化した整肢療護園をひらいた。戦後は日本肢体不自由児協会初代会長などをつとめた。

2 障害幼児の療育の歴史

障害児教育において幼児を対象とした教育が法的に認められるようになったのは，1947年の学校教育法において盲聾学校幼稚部が規定されたことに始まります。それ以後，盲聾学校幼稚部における幼児教育は定着していきますが，知的障害や肢体不自由の養護学校での幼児教育の取り組みは進まず，障害幼児への対応は療育の場を待つことになります[2]。

一方，母子保健において，戦後，障害児の早期発見と早期診断への関心がもたれるようになりました。そして，1965年に母子保健法が公布され，乳幼児健診[3]が義務づけられるようになると，その関心はさらに高まり，健診が早期発見の場として期待されるようになりました。早期発見されれば，当然早期対応が求められ，それを行う機関や施設が必要となります。このような時代背景のもとに，1968年以降，障害幼児のための療育施設が次々と開設され，早期発見や診断を受けた子どもたちに対する療育の場となっていきます。他方，1957年の児童福祉法改正により，６歳以上の就学猶予・免除の知的障害児のための精神薄弱児通園施設が全国にたくさん設立されましたが，1979年の養護学校義務制に伴い，それらの通園施設の多くが，学齢児に代わって障害幼児を受け入れるようになり，早期療育の受け皿となっていきました。

療育に関する行政の通園事業は，1974年に，当時の厚生省が定めた「心身障害児通園事業実施要綱」のもとに始まりました。その後，1996年に，「障害者プラン―ノーマライゼーション７か年戦略[4]」の一つとして障害児（者）地域療育等支援事業が開始します。その内容は，「各都道府県域において，療育に関する専門的指導等を行うことができる，障害療育の拠点となる施設の機能の充実を図るとともに，市町村が行う心身障害児通園施設事業等の地域療育に対し，障

▶2　障害児保育のあゆみについては，II-1 参照。

▶3　乳幼児検診の必要性についてはII-5 を参照。

▶4　1995年に総理府障害者対策推進本部によって発表されたプラン（1996～2002年）である。このプランの「IV各施設分野の推進方向」の「地域で共に生活するために」の項，「2．地域における障害児療育システムの構築」に障害児（者）地域療育等支援事業の内容が書かれている。

害児通園施設等が指導・支援する事業を，概ね人口30万人当たり２ヵ所ずつを目標として実施する」というものです。これらの通園事業により，障害幼児の療育体制が全国的に整備されていきます。

さらに，2005年には発達障害者支援法が施行され[5]，2007年には特別支援教育が本格的に開始されました[6]。これにより，障害児者に対して誕生から死ぬまでの生涯発達にわたる一貫した支援を行うことが求められ[7]，幼児期における療育がますます注目されるようになりました。

また，2012年には，児童福祉法等の改正により，それまでの障害種別ごとに分かれていた施設体系が，通所・入所の利用形態別に一元化されました。障害児通所支援は，医療機能が必要な子どものための医療型児童発達支援とそれ以外の障害児ための児童発達支援に分かれています。児童発達支援は，福祉型児童発達支援センターや児童発達支援事業において実施されます。

▶5 発達障害者支援法については，巻末資料参照。
▶6 特別支援教育については，Ⅱ－7を参照。
▶7 生涯発達にわたる支援については，Ⅱ－4を参照。

3 日本における療育の状況

療育を行っている通所機関には，児童発達支援センター[8]，病院や保健所の関係機関，民間の専門機関，大学や専門機関の相談室などがあります。それらの場で行っている方法は，大きく集団療育と個別療育に分けられます。どちらか一方を行うかそれとも両方を行うかは，それぞれの施設や機関の特性にあわせて選択されます。集団療育では，一般に，１）精神発達の遅れや種々の障害をもつ子どもを対象に，２）子どもの発達段階や特性にあわせた課題を設定し，３）スモールステップで進み[9]，４）少人数のグループやクラス編成によって行われています。一方，個別療育は，集団療育では行えないような一人ひとりの子どもの特性と能力にあわせたきめ細かな対応を行うことが基本です。集団療法と個別療法ともに，子どもの必要に応じて発達支援の技法や訓練の導入を検討していきます。

▶8 通園施設の療育の例はⅡ－3を参照。
▶9 スモールステップについてはⅢ－5を参照。

発達障害幼児に用いられている発達支援には，依拠する理論，対象の障害種，ターゲット行動，個別・集団の形態などが異なる様々な技法があります（表XII-1）。依拠する理論によって，応用行動分析や認知行動療法に基づく行動的アプローチ，発達科学の発達理論に基づく発達論的アプローチ，行動的アプローチと発達論アプローチを合わせた包括的アプローチに分けることができます。また，それ以外にも，コミュニケーション・スキルの習得に特化した療育法や感覚運動に焦点を合わせた感覚／運動による療育法があります。また，形態別では，感覚統合訓練のように個別に対応するもの，ムーブメント教育・療法のように集団で行うことを前提としているもの，ソーシャルスキル・トレーニングのように，個別と集団の両プログラムを有するものなどがあります。また，基本的理論や技法が，集団や個別にかかわらず療育一般に広く取り込まれているものもあります。たとえば，TEACCH プログラムでは，環境を調整する「構造化」

表Ⅻ-1　発達障害幼児に対する主な発達支援の技法

療育タイプ	名称	創始者（創始年代）	対象	内容
行動的 アプローチ	機軸行動発達支援法（PRT）	Koegel, L. K. & Koegel, R. L（1980年代）	ASD	ABAに基づき日常生活で教えるための技術。子どもの発達の鍵（機軸）となる領域に焦点を合わせ支援する。
	ソーシャルスキル・トレーニング（SST）	Liberman, R. P.（1970年代）	発達障害	ソーシャルスキルを習得するために，モデリング，ロールプレイ，実技リハーサルなどを用いる。
	ポーテージ早期教育プログラム	ポーテージ市教育行政援助機関（1960年代）	知的障害	指導技法にABAの原理を用い，子どもの発達に応じたアプローチを行うプログラム。
発達論的 アプローチ	DIR/Floortime モデル	Greenspan, S. & Wieder, S.（1980年代）	ASD, ADHD	発達理論に基づき，遊びを通して，親や他者との相互作用を頻繁に取れるように子どもに働きかける。
	対人関係発達指導法（RDI）	Gutstein, S. E.（1980年代）	ASD, ADHD	社会認知発達プロセスにそって，社会性のスキルと対人関係発達を促す。
包括的 アプローチ	TEACCHプログラム	Schopler, E.（1960年代）	ASD	自閉症に関係した多様なサービスを行う包括的療育プログラム。治療教育では構造化の原理や方法を重視して用いる。
	サーツ（SCERTS）	Wetherby & Prizant（2000年）	ASD	コミュニケーション，情動調整，交流型支援の3領域からなり，社会的関係性などに焦点を当てた介入を行う。
	アーリースタートデンバーモデル（ESDM）	コロラド大学健康科学センター（1981年）	ASD	発達論に依拠し，目標を達成するための行動方略を提示する。社会性，コミュニケーションなどを向上させる。
コミュニケーション・スキルの療育法	絵カード交換式コミュニケーションシステム（PECS）	Bondy & Frost（1980年代）	ASD	絵カードを使ってコミュニケーションを行う方法。
	ソーシャル・ストーリー	Gray, C.（1990年代）	ASD	文章による説明を通じて，相手の気持ちや状況の理解をし，適切な対応を学ぶ方法
	コミック会話	Gray, C.（1990年代）	ASD	人物を線画で描いて会話の様子を図示し，会話のやりとり，応答の仕方を学ぶ方法
感覚／運動による療育法	感覚統合訓練	Ayres, A. J.（1950〜70年代）	発達障害	感覚運動を行い，感覚統合処理過程の改善をはかることにより運動や精神機能の発達を促す訓練方法
	ムーブメント教育・療法	Frostig, M.（1970年）	発達障害	音楽や遊具などを使って楽しみながら体を動かすことで，運動機能，感覚機能を発達させていく方法

という概念が重要なポイントですが，集団療育の教室の場を構造化したり，個別療育のやり方や手順を構造化したりなど，我が国の療育では構造化を積極的に用いています。

発達支援の技法には，様々な種類がありますが，それぞれ背景理論，目的，方法，対象の障害などが異なっており，子どものニーズと特性にあわせてどれを採用するかを決めていきます。子どもにとって必要ならば，幾つかの技法を組み合わせることも有用です。また，子どもの成長ごとに有効な技法が異なることがありますので，適用技法を変えていくなど，発達技法の導入には柔軟な考えで臨むことが大切です。

4　早期発見と早期療育

乳幼児期における早期療育につなげるためには，障害の早期発見と早期診断が必要です。重い障害の場合は，誕生間もない時期に家族が気づきますが，障害が軽い場合は，家族も障害であることがわからないことが多くあります。そこで早期発見として機能しているのが乳幼児健診です。日本の乳幼児健診は，高い受診率を有する他の国に例を見ない優れたシステムであり，この健診で障害兆候を調べれば，早期発見の確率は一段と高まることになります。実際には，大勢の子どもが一度に受診する健診では精密な検査や診断を行うことができないため，健診では問診や観察から障害の兆候をスクリーニングし，後日リスクのある子どもに対して精密な検診を行います[10]。その後，検診結果にもとづいて，療育機関などの早期療育の場につなげていきます[11]。しかし，乳幼児健診で全ての障害をスクリーニングできるわけではありません。特に，最近注目されている，知的遅れのないASD，ADHD，LDなどの発達障害は，従来の健診で早期発見することが難しいため，現在，精度の高いスクリーニング検査を開発したり，新たに5歳児健診[12]を設けるなど，各地で様々な取り組みが行われています。

▶10 精密な検診で用いられる検査については，Ⅱ－5～7参照。

▶11 健診と早期発見については，Ⅱ－9を参照。

▶12 コラム4を参照。

5 療育における留意点

早期療育は，幼少の時から障害特性にあわせた支援ができる点，またそれにより二次障害を防ぐことができる点で，障害児にとって有効な支援です。しかし，やみくもに療育を行うことは慎まなければなりません。療育を行うことによって，子どものQOL[13]を損なったり，家族関係を悪くしたりすることがないように注意します。そこで，療育にあたっての留意点を以下にまとめます。

⑴ 療育理念の基本は，子どもが楽しく行えることにあります。能力を伸ばそうとするあまり，やりすぎて嫌悪体験にならないようにします。

⑵ 療育によって障害が治るわけではありません。子どもの障害特性や能力にあわせた支援をすることで，子どもが適応的に生活できることを目指します。

⑶ 幼児にとって，遊びは生活の大半をしめる最も重要な活動です。それは障害児でも同じであり，子どもの遊びを保障していかなければなりません。

⑷ 愛着形成，規則的な日常生活活動，基本的生活習慣の確立，身体運動発達，コミュニケーション能力の獲得など幼児期の発達課題を子どもに習得させていくことが療育の基本です。それらの習得にあたって発達支援の技法や訓練を導入します。

⑸ 乳幼児の療育においては，家族，中でも親が最良の援助者です。療育内容を親に十分に理解してもらい協働して行っていきます。　（尾崎康子）

▶13 QOLとは，クオリティ・オブ・ライフ（Quality of Life）の略語であり，一般に人の「生活の質」と訳されている。このQOLは，人が自ら理想とする生き方，あるいは人間らしい生活が実現できているかをはかる概念として用いられる。

参考文献

若子理恵・土橋圭子（2005）自閉症スペクトラムの医療・療育・教育．金芳堂．

柴崎正行（1997）発達障害白書―戦後50年史．日本文化科学社．

尾崎康子・三宅篤子編（2016）知っておきたい発達障害の療育．ミネルヴァ書房．

コラム11

自閉症療育の変遷

1　自閉症療育の変遷の背景

1943年に自閉症が，カナー（Kanner, L.）によって初めて報告されて以来，自閉症の原因とその研究における基本的な考えは，幾度も大きく変更されてきました（表C-11-1）。また，当然のことながら，その原因論に基づいて考案される治療法や支援技法も，同じ道をたどってきました。これほど短期間に原因と方法が変わってきた障害種類は他に例がなく，療育や教育に携わる人々を戸惑わせました。しかし，そのような混乱にもかかわらず，多くの人々が自閉症児に対し，常に熱意をもって療育や教育に取り組んできた結果，現在では，自閉症児の特性に合わせた効果的な支援技法が多数編み出され，また，自閉症に関して，多くの分野の研究者を巻き込んだ最先端の研究が行われています。

表C-11-1　自閉症の原因論と支援技法の変遷

年代	原因論・仮説・概念	自閉症に適用された主な支援技法
1940年代～	精神分裂病の最早期発症型 後天性の情緒障害	・受容的非指示的な遊戯療法や心理療法 ・精神分析的技法 ・親への育児指導とカウンセリング
1960年後半～	先天性脳障害 言語・認知障害仮説	・言語療法／言語訓練 ・行動療法／応用行動分析 ・感覚統合訓練 ・動作訓練／動作法
1980年後半～	社会性の障害 心の理論障害仮説 広汎性発達障害（DSM—Ⅲ）	・TEACCHプログラム／種々の構造化技法 ・応用行動分析，ソーシャルスキル・トレーニング ・心の理論の指導
1990年代～	社会性の障害（遺伝と環境要因） 自閉症スペクトラムの概念	・応用行動分析，ソーシャルスキル・トレーニング構造化技法の定着 ・ソーシャルストーリー，コミック会話 ・認知行動療法
2010年代～	社会的コミュニケーションの障害 自閉スペクトラム症（DSM-5）	・発達論的アプローチ ・自然的な発達的行動介入

2　自閉症の原因論と支援技法の変遷

カナーは，児童精神科医として，精神分裂病の一症状である自閉性を呈する子どもがいることに注目し，1943年に「情緒的接触の自閉的障害」という論文で11症例を報告しました。そして，翌年それらの病態を「早期小児自閉症」と名づけました。当初カナーは，自閉症を生得的障害と考えていましたが，この11症例の家族に感情的に冷淡であるという共通の特徴が見られたことから，自閉症は分裂気質の両親の元で育てられたことによる後天性情緒障害であると考えられるようになりました。そのため，自閉症の治療は，受容的な遊戯療法や心理療法が主流として行われ，特に，精神分析家のベッテルハイム（Bettelheim, B.）が実践した，毎日24時間行う絶対受容の施設治療が有名です。このように，1960年前半までの20年間は，母子関係が自閉症の原因と考えられて，母親や家族は大変辛い思いをしいられた時代でした。

しかし，1960年後半頃から，自閉症にてんかん発作の罹患率が大変高いことや脳に障害があることが報告され始めます。さらに，1967年には，ラター（Rutter, M.）によって言語・認知障害仮説が提唱され，自閉症は，先天性脳障害による発達障害であるとの見解に至ります。これによって，自閉症の原因論と支援方法が正反対に大きく向きを変えることになり，受容的な心理療法は批判され，行動療法の考えに基づく言語訓練や，応用行動分析に基づく指導が行われるようになったのです。また，感覚統合訓練など運動面からのアプローチが適用されるようになったのもこの時期です。

しかし，1980年代後半には，言語・認知障害は自閉症状の結果として生じるものであって，その原因ではないことが指摘されるようになり，自閉症の原因論は再度大きな転換を迎えました。この背景には，1980年にアメリカ精神医学会による診断基準（DSM-Ⅲ）において広汎性発達障害が自閉症の上位概念として採用され，自閉症を様々な症状を広汎に伴う障害としてとらえるようになったことがあります。そこでは，自閉症の症状として，1）社会的困難，2）コミュニケーションの問題，3）常同行動の３つの観点が示されましたが，その中でも，自閉症の中核的問題は社会性の障害であることが広く認められることになりました。療育や教育の場では，社会的な機能をどのように引き上げていくかが支援の中心的課題となり，不連続試行訓練（DTT）による早期高密度行動介入やソーシャルスキル・トレーニングなど応用行動分析に基づく支援技法が注目されるようになりました。また，この時期には生涯発達支援システムとしてアメリカで開発されたTEACCHプログラムが，世界中に紹介されていきます。そして，TEACCHプログラムで用いられている構造化の有効性が認められ，種々の構造化技法が開発されました。一方，自閉症の原因を「心の理論」に求める仮説が登場し，世の中の注目をあびたのもこの時期です。その後「心の理論」をもたないことが自閉症の原因であるという説は否定され，現在は自閉症の特性の一つとして考えられています。

1990年代以降には，療育や教育の場で社会性の障害に対応する効果的な取り組みが経験的に積み上げられていき，いかに個々の自閉症児に合った発達支援ができるかが課題となりました。その技法として，応用行動分析，ソーシャルスキル・トレーニング，構造化技法などが臨床現場で定着していきます。

そして，2000年代以降では，さらに大きな変革が起こってきます。20世紀後半に発達科学では，社会的認知の発達研究が盛んに行われるようになり，乳幼児期の自閉症における社会的認知発達とそれに基づく社会的コミュニケーションの様相が明らかになってきました。そして，2013年に発表されたDSM-5では，中核的障害は社会コミュニケーション障害であることが明示されました。このような社会的コミュニケーション障害に対応する経過において，発達論的アプローチ◁1に準拠する発達的介入が注目され，また，応用行動分析でも社会的コミュニケーションへの介入を取り入れた自然的な発達的行動介入（Naturalistic Developmental Behavioral Interventions：NDBI）が提案されました。現在では，自閉症における療育は，発達的介入と行動的介入を包括したアプローチが主流となっています。

（尾崎康子）

▶1　発達論的アプローチは，[XII-11]を参照。

参考文献

尾崎康子・三宅篤子編（2016）知っておきたい発達障害の療育．ミネルヴァ書房．

XII　発達支援の技法

2 ポーテージ早期教育プログラム

1 プログラム開発の背景

米国では，1966年に「ヘッド・スタート[1]（公法89-794経済機会法1966年修正法）」が本格的に実施され，６歳未満の著しく低所得家庭の子どもたちを教育するプログラムに対して助成金が与えられるようになりました。「ヘッド・スタート」のプログラムの特徴は，子どもの発達には親や子どもの家庭生活が重要な役割を果たすため，親の参加が前提となっていることです。この法律は，1972年に修正され，ヘッド・スタートのためのプリスクールに障害児を一定の割合で入れることが義務づけられました。

また，1968年の「障害児早期教育援助法（公法91-230第６条C項[2]）」の制定により，優れたプログラムには助成金が与えられ，数多くの就学前プログラムが開発されました。さらに，1969年には，「障害児早期教育プログラム（公法90-503）」が制定され，親をプログラムに積極的に参加させることが強調されました。

障害児教育推進のために，すぐれたプログラムに連邦政府から助成金が交付され，早期からの教育的対応とプログラムへの親の積極的な参加が必要不可欠であることが特に強調されました。このような流れの中で，米国ウィスコンシン州ポーテージ市において，1969年に障害乳幼児とその親のための早期教育プログラムの開発を目的とした「ポーテージ・プロジェクト」が，連邦政府から助成金を得て組織されました。1972年に実験版プログラム「ポーテージ早期教育ガイド」が完成し，1976年には，改訂版が刊行されました。現在，全米各地のほかに，英国はじめ世界の90カ国でこのプログラムが活用されています。

2 日本版ポーテージプログラム（Portage Program）

日本では1980年から３年間研究がなされ，1983年に日本版「ポーテージ乳幼児教育プログラム」が出版されました。そして，1985年に日本ポーテージ協会が設立され，全国に支部がつくられ，各地にこのプログラムが広められました。さらに2005年に，これまでのプログラムを改訂して「新版ポーテージ早期教育プログラム[3]」が出版され現在に至っています。

日本ポーテージ協会は，毎年，ポーテージ早期教育プログラム研修セミナーを実施し，協会公認の認定相談員の養成に取り組んでいます。障害のある子どもの親，なかでも，本プログラムを受けて子育てをした母親が認定相談員とな

▷1　1964年制定の経済機会法により，1965年から開始されたサービス。小学校に入学後，学習活動に適応し良いスタートができるよう，低所得者層の家庭の就学前の子どもや家族に対して，教育，保健，ソーシャルサービスを提供し，親の関与を求めるプログラムである。

▷2　米国で1968年に制定され，経費的に効率が良いと実証できるような早期からの障害児に対する教育的対応プログラムに対して，助成金を与えるという法律。

▷3　NPO法人日本ポーテージ協会（著）山口薫（監修）（2005）新版ポーテージ早期教育プログラム──0歳からの発達チェックと指導ガイド──チェックリスト．NPO法人日本ポーテージ協会．

り，教室をひらいて指導することもあります。

3 プログラムの特徴

このプログラムは，発達に遅れや偏りのある子どもに早期から教育を行い，教育効果を上げることを目的としており，次の３つの特徴があります。１つ目は，個別のプログラムであることです。発達に遅れや偏りのある子どもは，健常な子どもと比較して個人差や個人内差が大きいため，個々の子どもの発達に応じた対応をする必要があるからです。２つ目は，親が子どもの指導者となり，主に家庭で日常の生活の中で指導していくことです。３つ目は，プログラムの指導技法に，応用行動分析の原理を用いていることです。

１つ目は，指導開始時のアセスメントを記入したチェックリストを基に，個々の子どもごとに行動目標が選択され，実際の指導がなされます。

２つ目は，親子は月に１～２回，相談員から指導を受けますが，基本的には親が家庭で指導します。その理由は，家庭は子どもにとって一番リラックスできる自然な環境であること，子ども一人ひとりの発達は様々であり，子どものことを一番よく知っているのは親であること，教室での指導は回数が少ないが家庭では日常生活の中で毎日指導することができ効果的であること，年齢の幼い時期は親と過ごす時間が一番長いことが挙げられます。

３つ目の応用行動分析[4]とは，米国の心理学者スキナー（Skinner, B. F.）が提唱した行動分析学の原理を応用したものです。指導技法に，応用行動分析の考え方を取り入れているので，親は子どもにそれを使えるように考え方や用語について理解することが求められます。

▶4　Ⅻ－5 を参照。

4 プログラムの構成

新版ポーテージプログラムは，発達を「乳児期の発達」「社会性」「言語」「身辺自立」「認知」「運動」の６つの領域に区別しています。領域ごとに，子どもが達成することが望ましい行動目標がリストアップされ，発達年齢０～６歳までの発達の系列にしたがって配列されています。チェックリストは，領域ごとに色分けされた冊子になっています。各領域の行動目標の項目数は，表Ⅻ-２に示すように，全部で576項目あります。「乳児期の発達」は０～４か月の発達年齢の行動目標からなっています。

また，チェックリストには，発達経過表がついています。この表は，チェックリストの行動目標の１項目が表の１コマに対応するようにつくられています。最初の評定（初回アセスメント）が終わると，

表Ⅻ－2　チェックリストの構成―発達年齢別の行動目標数

発達領域／発達年齢	乳児期の発達	社会性	言語	身辺自立	認知	運動	計
0～4か月	45						45
0～1歳		28	14	14	18	47	121
1～2歳		15	20	12	9	19	75
2～3歳		8	22	26	18	17	91
3～4歳		13	13	16	25	15	82
4～5歳		8	11	22	21	16	78
5～6歳		12	12	15	20	25	84
計	45	84	92	105	111	139	576

チェックリストの子どもがすでに達成している行動目標に所定の色を塗ります。指導経過中も一定期間毎に達成された項目に色を塗り，達成年月日を記入することで，領域毎の行動目標がどの時期にどれくらい達成されたか，その経過がわかるようになっています。

5 指導技法

相談員は，まず，子どもがすでに学習していることは何か，子どもができる技法は何かを明らかにするために，現在の子どもの発達の度合いをアセスメントします。次に，チェックリストを用いて，子どもに何を教えるかを親と一緒に決めます。相談員が準備した課題を子どもに行い，何が何回できたかを活動チャートにベースラインとして記録します。

子どもに最終的にできるようになってほしいと思っている行動を行動目標と呼んでいます。行動目標に到達するためには長い期間を要するため，行動目標をスモールステップに細分し，子どもが１～２週間で達成できるような短期目標（標的行動）を決めます。そして，標的行動のベースラインをチェックし，どのように指導するかを相談員が実際に子どもに行い，その場面を親に見てもらいながら説明し，具体的な指導法について親に習得してもらい，家庭で親に子どもを指導してもらいます。

たとえば，「運動」領域の子どもの発達をアセスメントしたところ，「大人の身体的援助（親が子どもの手を持って支える）があれば，子どもが片足で６～７秒間立てる」とします。そして，子どもの目標行動を「運動」領域の111番目「５回連続して片足跳びで前に進む」とした場合，この目標行動を以下の１～６のように，スモールステップに分けることができます。そして，一つ一つの標的行動を短期目標として指導していきます。

1．最小の身体的援助（子どもが親の身体に手を触れる）で，５秒間片足で立つ。
2．援助なしに５秒間片足で立つ。
3．同じ場所で片足で１回跳び上がる。
4．同じ場所で片足で３回跳び上がる。
5．同じ場所で片足で５回跳び上がる。
6．２回連続して片足跳びで前に進む。

望ましい標的行動ができた時，その直後に好きなおやつやシールなどのほうびを与えたり，子どもにうなずいたり微笑んだり，言葉でほめたりすることによって，望ましい行動を何回も起こさせます。この場合，おやつやほめ言葉を強化子，おやつを与えることやほめることを強化と呼びます。逆に，子どもが望ましくない行動をした場合，その行動を減らしたり，弱めたり，起きないようにするために，その行動を無視します。望ましくない行動を大声で叱ったり，たたいたりすると，かえってその行動を強化してしまうからです。

▶5　子どもが望ましくない行動をしたとき，子どもが強化を受けないような状況におくこと。大人が子どもから離れて部屋から出て行く，あるいは，子どもをその場から離して孤立した場所に置くなどの方法がある。

▶6　バンデュラが提唱した概念で，他者の行動をモデルとして観察することにより，観察者の行動が変容することをいう。ここでは，大人がモデルとなる行動を子どもに示し，子どもが観察して，その行動を模倣すること。

▶7　複雑な行動を教える場合，初めから完全な行動に対してだけ強化したのでは，目標となる行動の学習が難しいので，最初は子どもの行動が完全でなくても強化し，学習に応じて，少しずつ強化の基準をあげていき，最後は，最終目標の行動に対してだけ強化する。

▶8　新しい行動や複雑な行動を教える場合，最終目標を小さなステップに分けて教える。最終目標行動を各ステップに分け，それぞれのステップで，目標となる行動ができたら強化し，順々にステップをあげていき最終目標行動が学習できるようにする。

▶9　「新版S-M式社会生活能力検査」は XI-6 を参照。

▶10　山口薫・金子健・清水直治・土橋とも子・吉川真知子（1999）乳幼児期にポーテージ指導を受けた発達遅滞乳幼児の追跡研究―４事例を中心に．明治学院大学心理学紀要，3，9-25.

また，上記のように行動目標に達するためには，指導のプロセスで必要に応じて，身体的援助，視覚的援助，言語的援助を子どもに与えます。援助において適切な補助を与えるプロンプト，補助を少しずつ減らしていくフェイディングなどの技法も使います。その他，タイムアウト[5]，モデリング[6]，シェイピング[7]，チェイニング[8]などの技法も適時使います。

6 プログラムの効果

山口らが乳幼児期に受けたポーテージプログラムの指導効果をみるために，学齢に達した子どもに「新版S-M式社会生活能力検査[9]」を実施したところ，全体として指導効果を確認できる結果が得られました[10]。なかでも，ダウン症児において指導の効果が高く，小学校高学年時の社会生活能力指数（SQ）を早期教育を受けなかったダウン症児と比較すると，本プログラムを受けたダウン症児の方がSQの高い子どもの割合が多いという結果が得られました。また，指導の効果を発達指数（DQ）[11]の変化から見た場合，早期教育を受けたダウン症以外の発達遅滞児では指導の効果の実証は難しく，DQが上昇している場合も下降している場合もみられ，下降している子どもはてんかん発作が止まらなかったり，自閉傾向の強い子どもなどであったりしたということです。

▶11　発達指数（DQ）については，XI－6を参照。

参考文献

Boyd, R. D. & Bluma, S. M.（著）山口薫（監訳）根ケ山俊介・根ケ山公子（訳）(1986)親のためのポーテージプログラム指導技法．NPO法人日本ポーテージ協会．

山口薫監修　日本ポーテージ協会編著　ポーテージで育った青年たち―発達に遅れのある子の乳幼児からの成長の歩み―　2002　ぶどう社．

清水直治監修　日本ポーテージ協会編著　続・ポーテージで育った青年たち　輝いて今をいきいきと―早期からの発達相談と親・家族支援をすすめて―　2012　ジアース教育新社．

ポーテージプログラムによる指導の実際（ダウン症のあるA君の事例）

A君はダウン症のある子どもで，合併していた心臓疾患の手術が終わり，外出できるようになった生後10か月からポーテージ相談を受け始めました。家族は両親と3歳年上の姉とA君の4人です。母親は育児休業を取得していましたが，A君が1歳9か月になった4月から姉の通う保育園の1歳児クラスに入園でき職場復帰しました。育休中は2週間に1度，職場復帰後は，1～2か月に1度，父母のいずれかが半日休暇を取り指導を受けています。ポーテージで指導された内容を保育園にも伝えて協力してもらっています。

実際の指導では，初回に，標準検査，保護者からの情報も含めた行動観察，チェックリストによりアセスメントを行います。標準検査では，津守稲毛式乳幼児精神発達質問紙（1～12か月）を用いました。A君が10か月時の発達アセスメントは，以下の様でした。【社会性】では，母親の動きを目で追い，傍にいなくなると「アー」と大きい声で呼ぶ，音が出る物を持たせると，振って音を出す。【言語】では，喃語で「アチャアチャ」「ダダダダダ」「アタタタ」，口唇で「ブー」と音を出す。【身辺自立】では，哺乳瓶を自分で持って飲み，家族が食事しているのを見るとほしがり，軟らかく煮た芋類を1口サイズに丸めると手づかみで食べる。【認知】では，両手に一つずつ，同時に物を持つ，物を何度も繰り返し床に落とす，スプーンなど手に持った物で机をたたく。【運動】では，寝返りで室内を移動する，うつ伏せで腕に上体をのせ玩具を手にして遊び，時々肘で支えて頭と胸を床から上げる。

次に，アセスメントに基づき行動目標を立てますが，親が指導に慣れない間は，課題を1～2とし，慣れてくると全ての発達領域から行動目標を選択します。A君の初回の行動目標は，【認知】では，もう1つの物をとろうとして，物を一方の手から他方へ持ちかえる，【運動】では，うつ伏せで片肘で支えて，頭と胸を真っ直ぐに上げる，を選択しました。【運動】では，課題分析により行動目標を細分化し，まずは，うつ伏せで両肘で支えて，頭と胸を数秒間真っ直ぐに上げることを行動目標とし，その時間を30秒，1分，数分と徐々に伸ばしていき，片肘で支えて…を最終の行動目標としました。行動目標を，誰が，どんな条件（援助の方法）のもとで，どの程度上手に（課題が達成されたと判断できる最低の基準），何をする，かについて明記した「活動チャート」を親に渡します。「活動チャート」には，親が家庭で子どもにどのように指導するかを具体的に明記し，毎日の指導の結果についても，どのように記録すればよいかを明記してあります。そして，2週間後の相談時に，記録を持参してもらい，指導効果を評価します。アセスメントを行い，初回と同様の手順で指導します。

（藤井和枝）

XII　発達支援の技法

3 感覚統合訓練

1 感覚統合訓練（Sensory Integration Training）とは

感覚統合訓練は，脳神経生理学に基づく医療的な訓練方法として，発達障害児に対して主に作業療法の場で行われてきました。子どもの発達を脳における感覚間の統合という視点でとらえ，治療訓練を行うものです。

感覚統合理論を構築したエアーズ（Ayres, A. J.）は，感覚統合の例として，みかんの皮をむく場面を取り上げ，みかんを目，鼻，口，手や指の皮膚，さらに指，手，腕，口の内部の筋肉や関節の感覚を通して感じ取り，そのすべての感覚が脳の1か所に集まり，統合されることによって，脳が1つの全体としての「みかん」を経験し，手と指でみかんの皮をむくことを可能にしていると説明しています[1]。このように感覚からの情報を瞬時に脳でとりまとめ，処理し，得られた結論を直ちに動きに反映させて，適応的に環境とかかわる一連の処理過程が感覚統合の働きといえるでしょう。子どもは発達の過程で，より高次な感覚統合ができるようになると考えられます。しかし，生まれつき脳に何らかの機能障害があると，この感覚統合がうまくできず，発達の遅れや行動の困難を抱えることとなります。訓練では，このような発達障害児に対し，脳の感覚統合の働きを促進することを目指します。

▶1　Ayres, A. J.（著）佐藤剛（訳）（1983）子どもの発達と感覚統合．共同医書出版社．

2 エアーズの感覚統合モデル

エアーズは，感覚統合を4つの水準で説明しています[2]。

第1統合水準　触覚を通して，食物を取り込んだり親子のきずなをつくったりする働き，また，前庭覚や筋肉・関節の感覚（固有覚）を通して，姿勢をコントロールし，自分の体が重力の中で安定していられる感覚をつかむ働きが中心となる段階です。

第2統合水準　自分の体を目的的に使って，環境を操作する段階です。触覚，前庭覚，固有覚が十分統合されて，実際に確かめなくても，目的に対しどのように自分の身体を操作するのがよいのか判断できるようになります[3]。

第3統合水準　触覚，前庭覚，固有覚に，視覚，聴覚が組み込まれ，言葉が発達し，目と手の協応動作がスムーズにできるようになります。目的に応じた活動が，より拡大する段階です。

第4統合水準　小学校に入る頃になると，感覚統合機能はほぼ完成します。

▶2　エアーズの感覚統合のモデルについては，本項末に挙げた参考文献に詳しい。

▶3　エアーズは，子どもが目的に対し自動的に身体の操作ができるようになることを「運動企画」と呼び，それができるためには，脳に感覚を通して，自分の身体各部やその動き，また身体各部間の関係についての情報が組織された「地図」が備えられる必要があると述べている。

3 感覚統合訓練の実際

◯アセスメント

訓練を行うにあたり，子どもの感覚統合過程の状態を把握する必要があります。子どもの行動を直接観察し，集中力や感覚刺激に対する反応，遊びのようす，目や手，足の協応性，姿勢，バランス，人とのかかわり方など，子どもの得意な面，苦手な面を総合的に整理します。日本では，２歳９か月から６歳２か月までの子どもを対象に「日本版ミラー幼児発達スクリーニング検査[4]」が標準化されています。

◯主な内容

アセスメントに基づき，触覚，固有覚，前庭覚を中心に様々な質と量の刺激を与えます。

発達障害児に多く見られる触覚防衛のある子どもは，さわられることを非常に嫌がったり，泥や砂，のり，絵の具などが手に触れることに強い拒否感を示したりします。このような子どもは，遊具で人と一緒に体を触れて遊ぶことも苦手で，情緒不安定になりがちです。このような子どもに対しては，たとえば，柔らかく気持ちのよい刷毛等でなでたり，こすったり，シェービングクリームを塗ったりします。また，マットに挟む等の圧迫刺激，バイブレーターの振動刺激，ボールプールの中で動き回って全身に触刺激を与えたりします。

また，高さや動き，姿勢の変化に強い不安を感じる子ども，原始的な姿勢反射が残っていて，進展や屈曲の姿勢がうまくとれない子ども，立ち直りやバランス能力が不十分な子どもなどには，図XII－1のような器具を用いて，様々な揺れ刺激を与えます。これにより，触覚，固有覚，前庭覚からの刺激が統合され，姿勢保持，バランス，協応性の発達が促進されます。

運動企画が難しい子どもについては，自分の体の動きについて子ども自身がイメージをもち，実際に試してみる様々な活動を準備します。

◯実施にあたって

感覚統合訓練は，基本的には治療的な介入として行われるものですが，その考え方は発達支援理論として保育現場で生かせるものです。保育活動に取り入れることができる様々な感覚運動遊びも開発されています。医療機関と連携を進め，作業療法士のアドバイスを受けながら，保育の中で様々に応用することにより，障害のある子どもの効果的な支援につながると考えられます。　（阿部美穂子）

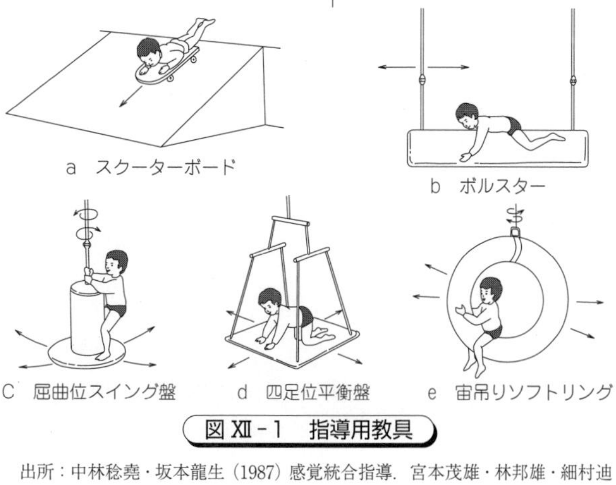

図XII－1　指導用教具

出所：中林稔堯・坂本龍生（1987）感覚統合指導．宮本茂雄・林邦雄・細村迪夫・武田洋（編著）障害児のための指導技法ハンドブック．コレール社，p.97.

▶４ 「日本版ミラー幼児発達スクリーニング検査」については，XI－6を参照。

参考文献

木村順（2014）保育者が知っておきたい発達が気になる子の感覚統合（Gakken 保育 Books）．学研プラス．

太田篤志（2012）イラスト版発達障害児の楽しくできる感覚統合―感覚とからだの発達をうながす生活の工夫と遊び．合同出版．

XII　発達支援の技法

4 ムーブメント教育・療法

1 ムーブメント教育・療法（Movement Education and Therapy）とは

子どもの身体運動能力は，認知能力やコミュニケーション能力，情緒と密接不可分な関係にあります。楽しい身体運動を目的的にプログラムして体験することで，子どもの多様な側面の発達を有機的に促進できるとする考えに立つことが，この教育・療法の特徴です。ムーブメント教育・療法を体系づけたフロスティッグ（Frostig, M.）は，「この教育・療法の中心的な目標は，健康と幸福感を高め，感覚―運動の諸技能や自己意識を発達させることである[1]」と述べています。ムーブメント教育・療法は，子どもが自らの動きを通して主体的に環境とかかわる中で，様々な感覚を活用し，想像力を発揮して，問題を解決し，活動の主体者たる自分自身の有能感を獲得していく過程を重視します。命令型，訓練型の活動でなく，自発型の活動により，可能な限り集団の中で「動き作り」のみならず「動きによる活動」で，全人的な発達を促進するというものです。

▶1　Frostig，M.（著）小林芳文（訳）（2007）フロスティグのムーブメント教育・療法―理論と実際．日本文化科学社．

2 ムーブメント教育・療法の達成課題

フロスティッグは発達を４つの段階でとらえています。それぞれの分野の発達が最も促進する時期を中心に，生まれてから２歳ぐらいまでの感覚運動段階，１歳，あるいは１歳半ぐらいからおよそ３，４歳までの言語発達段階，およそ３歳から11歳半ぐらいまでの知覚発達段階，そして，およそ６歳以降の高次認知機能発達段階です。加えて，情緒・社会性面の発達については，生涯を通じて発達していくと述べています（図XII－２）。

この発達観を踏まえ，ムーブメント教育・療法では，発達を支援するにあたり，以下の４つの達成課題を設定しています。

○感覚運動機能の向上

これは，発達の土台づくりの機能をいいます。動きを通して環境にかかわることで感覚が刺激を受け，統合されます。これにより，さらに動きの循環が生まれ，感覚が育ち，身体能力や基本的な運動能力が確立していきます。

○身体意識の形成

身体意識は，身体像（感じられるままの体のイメージ），身体図式（体の位置や方向などを意識し，意図したように姿勢や動きを調節できるスキル），身体概念（体の名称や機能に関する知識）の３つからなっています。身体意識を獲得するこ

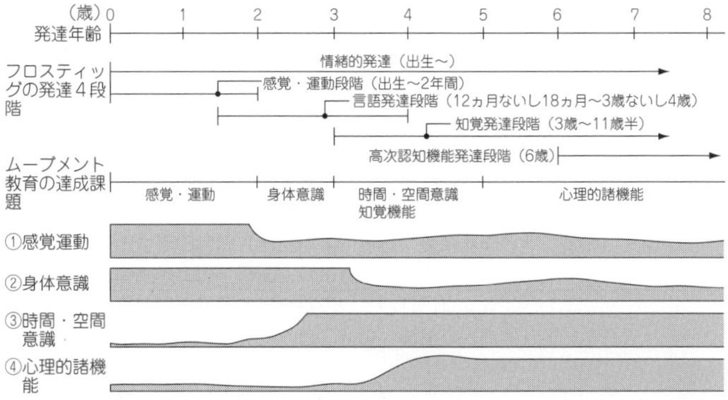

図XII-2　フロスティッグの４つの発達観とムーブメント教育の達成課題

出所：小林芳文ほか（1985）動きを通して発達を育てるムーブメント教育の実践．学研，p.19.

とで，子どもは自分を中心に環境を把握し，自分を独立した，環境に働きかける存在として意識していきます。

○時間・空間・その他の因果関係意識の形成

時間と空間の中で起こる事象とその因果関係を運動を通して理解します。この理解は，身体意識能力をベースに育ち，文字や数概念の習得に発展します。

○心理的諸機能の形成

連合能力（視覚や聴覚など，感覚からの情報を運動と結びつけて表出する力），言語，社会性，創造性，問題解決能力などを獲得します。

▷2　小林芳文他（2005）MEPA-R（ムーブメント教育・療法プログラムアセスメント）．日本文化科学社．

3　ムーブメント教育・療法の実際

○アセスメントにもとづいて

実践にあたっては，まず，子どもの多様な側面の発達を把握し，その発達課題を明らかにする必要があります。MEPA-R（ムーブメント教育・療法プログラムアセスメント）[2]を活用することにより子どもの実態を評価し，支援の手がかりを得ることができます。MEPA-Rでは，０歳（０か月）から６歳（72か月）までを７つのステージに分けて，運動・感覚，言語，社会性の３つの発達の分野から，子どもの行動を「できる（＋）」「芽生えが見られる（±）」「できない（－）」の３レベルでチェックします。結果をプロフィール表（図XII-3）に整理することで，子どもの発達の全体像をつかみ，プロフィール表のパターンから，子どもの発達の特徴に即してプログラムを組み立てます。[3]

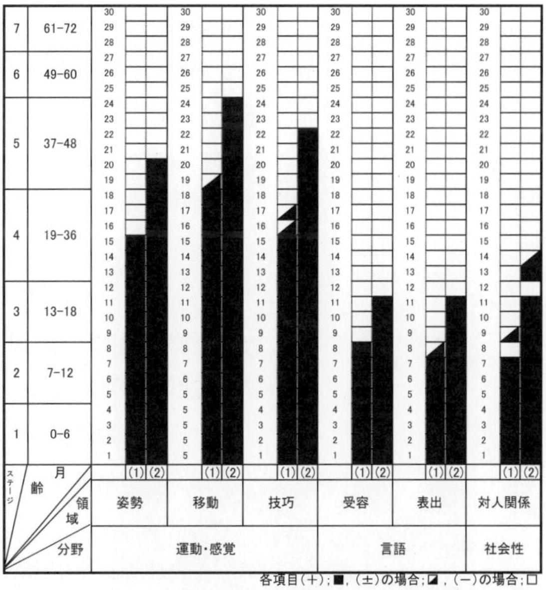

氏名	Ａ　児	男・女	20XX年　3月　10日生
第1回評定	(1)　20XX＋3年　5月　15日	年齢	満　3歳　2カ月
第2回評定	(2)　20XX＋4年　5月　18日	年齢	満　4歳　2カ月

図XII-3　MEPA―Rプロフィール表の例

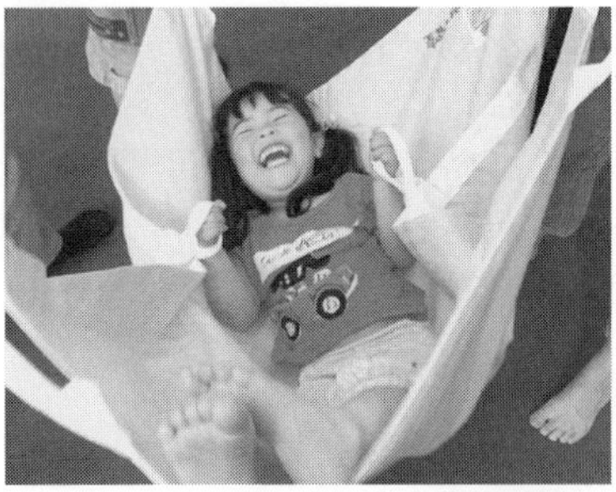

図Ⅻ－4　ユランコで揺れを楽しむ

その際，発達の遅れている部分だけに目を向けるのではなく，芽生えが見られる項目や発達の進んでいる側面に注目しながら，子どもの強みを生かした内容となるようにします。子どもが楽しんでできる活動を取り入れ，それを通して苦手なことにもチャレンジできるようにプログラムを構成します。たとえば感覚・運動分野が高く，言語，社会性分野につまずきがある場合には，子どもが得意な運動面を中心に，言語活動や人とかかわる要素を取り入れます。逆に言語や社会性分野が高く，感覚・運動分野につまずきがある場合には，集団での楽しい活動や言葉による手がかりを用いて，運動への意欲を引き出すようにします。

▶3　発達がほぼ第3ステージまでの子どもに対応する感覚運動プログラム，第4，5ステージにある子どもに対応する知覚運動プログラム，第6，7ステージにある子どもに対応する精神運動プログラムがある。詳しくは，小林芳文ほか（2017）MERA-R 活用事例集―保育・療育・特別支援教育に生かすムーブメント教育・療法―．日本文化科学社を参照されたい。

▶4　固有感覚は，身体や腕，足を動かす（動かされる）時に生ずる関節や筋肉などの感覚である。運動時に様々に変化する身体や姿勢の意識に役立っている。

▶5　前庭感覚は，重力方向や加速度に対する感覚で，動きに伴う揺れを感じとる感覚である。

❍発達が乳幼児期（0～2歳ぐらい）にある子どもの感覚運動プログラム

触感覚，筋感覚，固有感覚[4]，前庭感覚[5]などへの刺激を中心に，身体意識を育て，抗重力姿勢（重力に対して垂直に姿勢を保持する）とともに，寝返り，四つ這い，歩行などの確立を目指します。活動例として，マッサージやタッピング，プールでのムーブメント，ぶら下がり，バルーン・トランポリン・ローリングカーでの腹ばいや座位での揺れ，毛布ブランコやユランコ（持ち手が付いた長方形の布製シート）での揺れ等のプログラムがあります（図Ⅻ－4）。

❍発達が2～4歳ぐらいにある子どもの知覚運動プログラム

歩く・走る・跳ぶ・転がる・投げるなどの粗大な運動を確立し，見て動く・聞いて動く連合能力，空間の意識，言葉の基礎力を育てます。活動例として，ロープ，フープ，平均台やマット，積木等を様々に構成して，渡る，くぐる，跳ぶ等の活動や，ボールや形板，ビーンズバッグなどを用いて，投げる，転がす，分類する活動，また，色や形，音や数などの違いに気づき，それを手がかりに動く活動等のプログラムがあります（図Ⅻ－5，図Ⅻ－6）。

図Ⅻ－5　積木を落ちないようにわたる

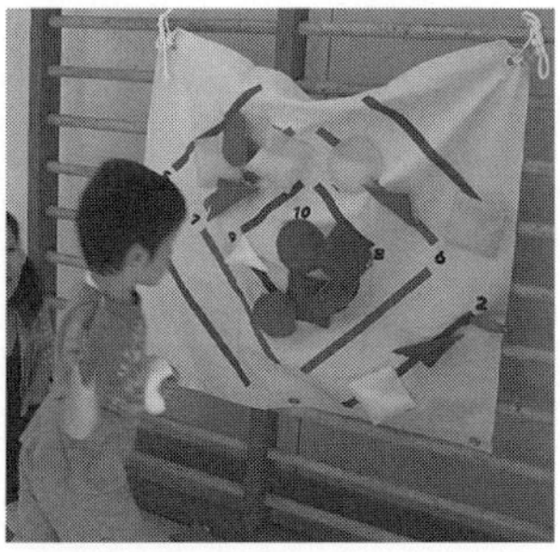

図Ⅻ－6　ビーンズバッグを的に当てる

図Ⅻ-7　フープを相手に届くように転がす

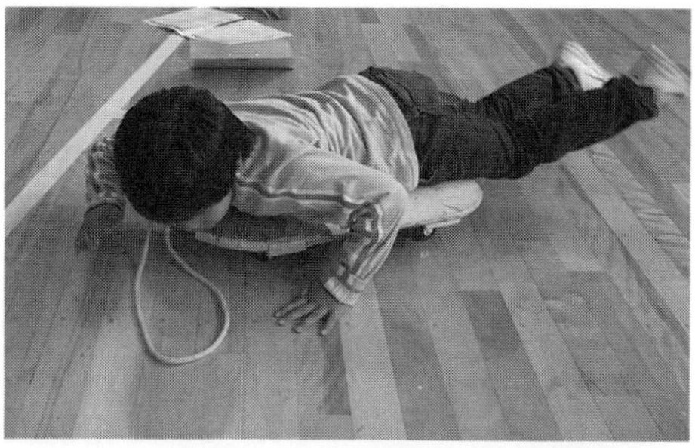

図Ⅻ-8　キャスターボードに乗り，スピードを変えながら，ぶつからないように移動する

発達が5～6歳ぐらいにある子どもの精神運動プログラム

課題解決や自己表現，挑戦の機会を通して，応用的な動きを身につけるとともに，記憶力，思考力，社会性，創造性などを育てます。活動例としては，動物などのまねや，ロープ，スカーフ，フープなどでイメージを表現する，高さやスピードを随時変えて動く，他者と協力しながら動く活動等のプログラムがあります（図Ⅻ-7，図Ⅻ-8）。

実施にあたって

最も大切なことは，子どもが自主的に環境とかかわって出した動きや表現を認め，生かすようにすることです。そのためには，スモールステップで柔軟な課題設定が必要です。さらに，プログラムを繰り返しながら少しずつ変化させていくことや，活発な活動と静かな活動を交互に組み入れること，勝ち負けなどの競争にこだわる要素を取り除くことなどによって，子どもが集中して意欲的に取り組み，喜びと成功感を生む活動展開が大切です。

ムーブメント教育・療法では，遊具を有効に活用します。トランポリンやキャスターボードのように大型のものや，ロープやスカーフのように小型のものなど多様な遊具がありますが，本来遊具として開発されたもの[6]だけでなく，公園や広場などにある屋外環境や，教室にある机やいす，身近な生活で使う毛布，風呂敷，ナイロン袋や新聞紙等，保育者の工夫次第で，いろいろな素材が遊具となります。遊具をうまく使うことで集団の中で個に応じた支援環境を創り出すことができ，また，子ども同士のかかわりを促進することができます。特に，インクルーシブ保育において，障害のある子どもも，ない子どもも，ともに楽しめる集団活動プログラムとして導入することができます。

ムーブメント教育・療法は多様な活動展開が可能であるため，遊びとしての活動はもとより，子育て支援活動，親子活動，国語，算数，体育などの教科学習[7]や，医療機関でのセラピー[8]，障害者施設での療育活動など，様々な場面で実践され，その成果が確認されてきています。保育者の工夫次第で，障害のある子どもに限らず，幼児から年長者に至るまで発達支援の場で広く活用できる支援方法といえましょう。

（阿部美穂子）

▶6　市販されているムーブメント遊具については，（有）パステル舎（http://pastel4.web.fc2.com）を参照のこと。

▶7　根立博（2008）横国式国語・算数ムーブメント．特集　動きを通した学びと育ち．月刊実践障害児教育，第36巻第1号，2-16．学研．参照。

▶8　小林芳文ほか（2014）発達障がい児の育成・支援とムーブメント教育．大修館書店，参照。

参考文献

小林芳文ほか（2006）ムーブメント教育・療法による発達支援ステップガイド―MEPA-R実践プログラム．日本文化科学社．

小林芳文ほか（2010）発達の遅れが気になる子どものためのムーブメントプログラム（ヒューマンケアブックス）．学習研究社．

XII　発達支援の技法

5 応用行動分析アプローチ

1 応用行動分析（Applied Behavior Analysis）アプローチとは

応用行動分析学[1]の理論や技術に基づいて，障害のある人の生活の向上を目指す支援方法です。不適応な行動を予防して，早い段階に修正を図ります。さらに，生活していく上で有用で適応的な行動・技能を習得させて継続するように援助します。そして，家庭や地域の中で実行できるように支援や環境を整えます。

2 積極的な行動支援の枠組み

子どもの行動を，図XII−９に示した４つ部分からなる枠組み（４項行動随伴性[2]）でとらえて，支援を計画します。

セッティング事象（状況要因）は，行動の直接のきっかけではないですが，行動の結果の効果に影響を与える事柄です。たとえば，子どもの気分や体調，周囲にいる人，気が散る場所，予想外の日課やスケジュール等です。

直前のきっかけは，行動が起きる場面の特徴です。時間帯，場所，参加している活動，そばにいる人，物や道具等です。

子どもの行動は，その具体的な様子です。起こった回数や継続時間，その程度も記録します。問題行動，代替行動（問題行動と同じ意味をもち，それに代わる行動），より望ましい適切行動に分けて考えていきます[3]。

結果事象は，子どもが行動を行うことで生じ，行動の生起に影響する事柄で

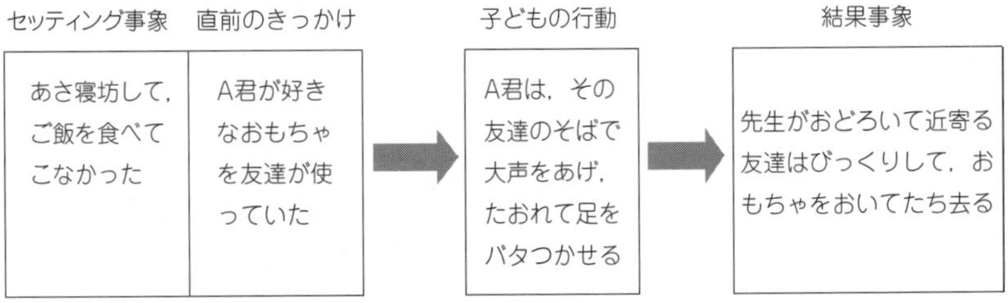

図XII−９　４項行動随伴性の枠組みによる分析例

出所：オニール，R. E.，ホーナー，R. H.，アルビン，R. W. スプラギュー，J. R.，ストーレイ，K. & ニュートン，J. S.（著）茨木俊夫（監修），三田地昭典・三田地真実（訳）（2003）問題行動解決支援ハンドブック―子どもの視点で考える．学苑社より改変．

▷1　応用行動分析学：スキナー（Skinner, B.F.）が創始した行動原理に基づく。観察可能な行動を対象とし，環境における事象を重視して，行動を測定したり，介入を行ったりする。

▷2　４項行動随伴性：子どもの行動はいったん強化（結果事象）を受けると，その強化が効果的となる状況（セッティング事象）で，その強化が得られる場面（直前のきっかけ）で繰り返し起こるようになる。このような「セッティング事象」−「直前のきっかけ」−「子どもの行動」−「結果事象」の関係。

▷3　問題行動の意味については VIII−4 を参照。

▷4　確立化操作：行動の生起にかかわりある文脈や状況を，行動の結果が効力を発揮しやすく変更する。たとえば，子どもが自ら要求をするように，手の届かないところに欲しい物を置いておく。ゲームをごほうびにするとき，しばらくゲームをさせないでおくなど。

▷5　刺激統制：行動を起こす直接のきっかけとなる手がかりを行動が生じやす

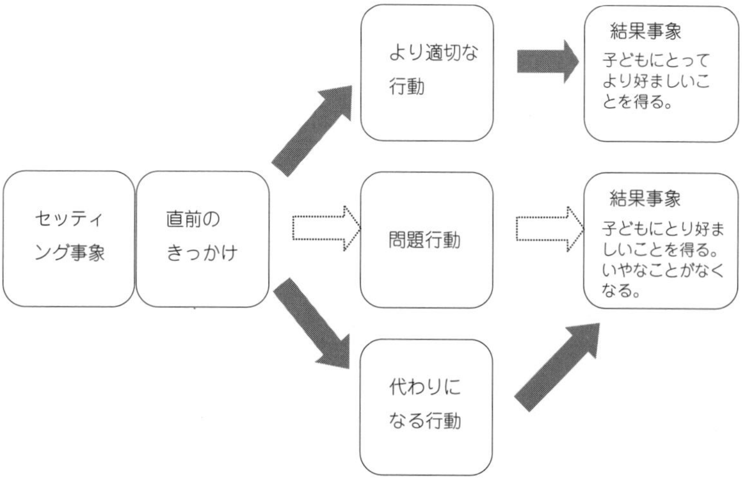

図XII-10 積極的な行動支援の枠組み

出所：藤原義博（監修）平澤紀子・山根正夫・北九州市保育士会（編）(2005) 保育士のための気になる行動から読み解く子ども支援ガイド．学苑社を参考に作成．

す。行動を行うことで子どもにとって，好ましいことを得る場合と，好ましくない・嫌なことから逃げる場合とに大きく分けられます。

3 積極的な行動支援の計画と実行

積極的な行動支援を効果的に行うために，情報を収集して，それを要約し，支援の仮説を立てます。情報の収集は，子どもの様子を観察したり，子ども本人をよく知る人に，インタビューしたりして行います。

積極的な行動支援は，「セッティング事象」－「直前のきっかけ」－「子どもの行動」－「結果事象」のそれぞれに介入方法を工夫し，それらを統合して，全体としてまとまりのある支援を計画して実行します（図XII-10）。

セッティング事象では，適切な行動が起こりやすくなるように，子どもの体調を管理し，関わり方を共通理解し，生活環境や日課を整えて，子どもが気分を乱したり，混乱したりすることがないようにします（確立化操作◁4）。

直前のきっかけでは，適切な行動がスムーズに起こるように，手がかりを工夫します。やる気を高めるために，課題の選択機会を設けたり，内容や量に変化をつけたり，易しい課題・難しい課題を組み合わせたりします（刺激統制◁5）。

子どもの行動では，問題行動の代わりとなる行動，より適切な行動を教えて切り替えを図ります。子どもが少しでも適切な行動に取り組もうとしたら，それを認めて励まし，確かなものとします（適応行動の形成）。

結果事象では，問題行動を行っても意味がないことを示し，行わせないようにブロックします。適切な行動をすれば，より好ましい結果が起こるように計画します。日常生活の中にある直接的で自然な報酬と結びつける（随伴する）ことです（結果操作）。

（武蔵博文）

いものに変更する。たとえば，スケジュールを自分で確かめることで行いやすくする。課題を小分けにすることで取り組みやすくする。

参考文献

ケーゲル，R. L.，ケーゲル，L K.（著），小野真，佐久間徹，酒井亮吉（訳）(2016) 発達障がい児のための新しいABA療育：PRT〈Pivotal Response Treatment の理論と実践〉．二瓶社．

クローン，D. A.，ホーナー，R. H.（著），野呂文行，大久保賢一，佐藤美幸，三田地真実（訳）(2013) スクールワイドPBS：学校全体で取り組むポジティブな行動支援．二瓶社．

藤原義博，平澤紀子 (2011) 教師のための気になる・困った行動から読み解く子ども支援ガイド．学苑社．

アルバート，P. A.，トルートマン，A. C.（著）佐久間徹・谷晋二・大野裕史（訳）(2004) はじめての応用行動分析　日本語版第2版．二瓶社．

XII　発達支援の技法

6 ソーシャルスキル・トレーニング

1 ソーシャルスキル・トレーニング（Social Skills Training: SST）とは

発達障害児や知的障害児は，人間関係を構築したり，よい関係を保ったりすることが苦手です。友だちとの関係を構築・維持すること，集団生活に適応することを指導する技法の一つにソーシャルスキル・トレーニングがあります。

2 幼児へのSST

ソーシャルスキルとは，他者とうまくかかわる行動（技能）の総称です。図XII-11に見られるように，幼児の自己主張行動は3～4歳にかけて発達して，その後はほぼ横ばいになります。しかし自己抑制行動は6歳まで徐々に発達していきます。[1] 4歳代後半になれば，子どもはある程度の自己主張能力を獲得しますが，自己抑制能力はまだ発達の途中にあります。そこで，状況に合わせて自分の行動を制御する力を育てていくことが保育の中での重要な課題になります。そのためにSSTの実施が効果的です。

SSTの基本的な流れは，1）ある場面に関するスキルを提示して，その必要性を子どもたちに感じさせる，2）その場面で，どのように行動すればよいか，何と言えばよいかを考えたり話し合う，3）行動・セリフの練習をする（リハーサル）という部分からなっています。幼児に新しいスキルを提示する際には，なるべく子どもの日常生活でよく見られる場面を取り上げます。その際に，絵本や紙芝居，ペープサートなどを使うと場面の理解を深めることができます（図XII-12）。[2]

また，SSTで大切なことは，実際に何度もリハーサルをして，コミュニケーションのしかたを体で覚えることです。保育現場や小学校でSSTを行うときには，どうしても話し合いが中心になってしまうため，行動の練習をする時間が少なくなります。しかしスキルというのは実際の行動として表れるものな

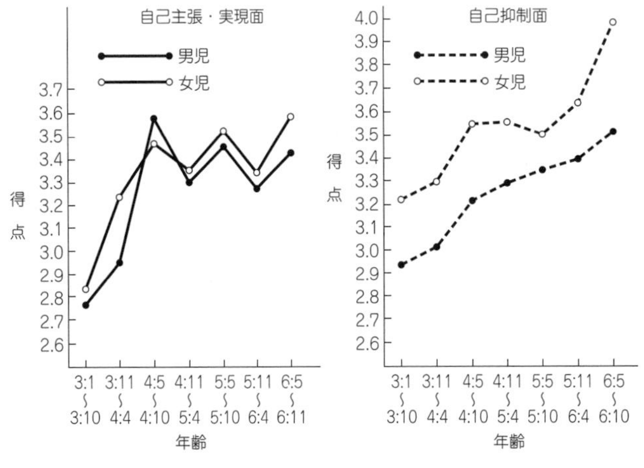

図XII-11　自己主張と自己抑制の発達

出所：柏木ほか（1996）.

▶1　柏木惠子・古澤頼雄・宮下孝弘（1996）発達心理学への招待，ミネルヴァ書房.
この図は保育者から見た幼児の姿である。柏木は幼児の自己制御能力を自己主張と自己抑制という2つの観点からとらえており，この2つは，集団生活を送る上で大切なスキルである。

▶2　富山県教育委員会（2002）おはなしの木（幼・保・小連携教材）より抜粋。

▶3　小林真・河合裕子・廣田仁美（2005）幼稚園における向社会的行動を促進する教育実践―改良型VLFプログラムの導入．富山大学教育学部附属教育実践総合センター紀要，6，21-31.

ので，何度も練習することによって自然に優しい言葉が出てきたり，思いやりの行動が取れるようになります。もし子どもが役になりきることが難しいようであれば，役を表すプレートや小道具を利用してもかまいません。できるだけロールプレイの機会を増やすことが大切です。[3]

図XII-12　幼児向けSSTの図版例

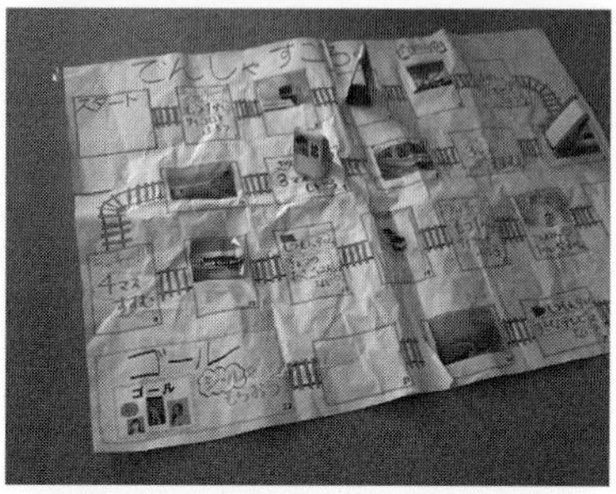

図XII-13　多動児と行ったすごろく盤の例

3　障害児を対象としたSST

知的障害児や自閉症児は，集団を対象としたSSTに参加することが難しい場合も多いでしょう。また，架空の場面を想像することが苦手な場合が多いので，口頭の説明だけでロールプレイをするのは難しいでしょう。やはりその子どもの生活の中で育てたいスキルを絞り込み，個別あるいは少人数で指導することが必要になります。その際に，子どもが困った行動を起こす場面・相手の気持ち・望ましい行動などをイラストで説明したソーシャルストーリーを用いて，必要なスキルを教えることが有効です。[4]

4　ゲーム活動を通したSST

ロールプレイに抵抗を示す子どもや，自分の順番がくるまで待てない子どもがいる場合には，みんなで楽しく遊ぶ中でソーシャルスキルを身につけてもらう必要があります。ルールのあるゲームやみんなで何かを作り上げる活動（調理や協同制作など）を通して，お互いに協力しあうこと，友だちに優しくすること，順番を守ることなどを指導していく方がよいでしょう。

図XII-13は多動の子ども２名を対象に実施したすごろくゲームの盤です。模造紙２枚に線路を書き，いくつかのマスには子どもの好きな電車・汽車の写真を貼りました。ゴールには，先生の顔写真や子どもの好きなキャラクターの絵を貼り，ゴールへ向かう動機づけを高めました。先生と子ども２人の計３人ですごろくをしたので，待たせる時間が短くてすみます。そして，サイコロを次の子どもに渡せたときや，自分の番を待てたこと，友だちを応援できたことなどをその都度褒めます。

こうして少人数のSSTで実行できたことを，日常生活の中で他の友だちに対して実行できたときには必ずそこで褒めます。また，その日にうまくできたことを連絡帳に書いて，家庭でも褒めてもらえるように情報を提供することも大切です。個別・小集団SSTだけでなく，日常生活の中でソーシャルスキルを定着させていくことが必要なのです。[5]　（小林　真）

この論文では，幼稚園におけるSSTの実践例が紹介されている。この論文中のVLFプログラムとは，向社会的行動の形成をねらったSSTである。

▷4　ソーシャルストーリーについては XII－7 を参照。

▷5　宮城和代・小林真（2000）LD（学習障害）児及びその周辺児のソーシャルスキル・トレーニング―社会的妥当性について―．富山大学教育学部研究論集，3，55-62.

この研究では，発達障害の小学生を対象としたSSTにで，保護者との交換日記を用いた。指導者がSSTの実施後に「その日の良かったこと」をカードに記入し，保護者はどんな点で子どもを褒めたかを記入して，次回に持ってきてもらった。“子どもを褒める”宿題を課して，さらに「保護者が子どもを褒めたこと」を指導者が賞賛し，練習したスキルの定着を図った。

XII　発達支援の技法

7 ソーシャルストーリー

1 ソーシャルストーリー（Social Stories™）とは

ガイドラインに定められた文体や形式の文章による説明を通じて，相手の気持ちや考え，自分を取り巻くその場の状況について理解を深めて，自分から適切に振る舞い，受け応える仕方を学ぶ方法です。[1]

2 ソーシャルストーリーの基準とガイドライン

ソーシャルストーリーの目的は，社会的な場面で重要な情報をわかりやすく見つけやすくすることです。相手から見た視点について解説し，物事のつながりや見通しを説明し，その理由や意味を教えることです。そして，子どもが自分でやり遂げられるように仕向け，行ったことを認めて褒めることです。[2]

子どもの困難やつまずきを指摘し，行動を指導するためではありません。こうした誤解を起こさないように，表XII-3に示した基準がまとめられています。

表XII-3　ソーシャルストーリーズ™10.0の基準とガイドライン

1. 正確な社会的情報や対人関係の情報を，わかりやすく丁寧に伝えるものです。全体の少なくとも50%は，子どもが達成したことを賞賛するものです。
2. テーマをはっきりさせる導入部，詳しく説明する主部，情報を補強してまとめる結論部があります。
3. 子どもの疑問（5W1H）に答えるものです。
4. 1人称あるいは3人称の視点で書きます。
5. 前向きな表現を用います。
6. 必ず事実文を入れ，あとの5文型（見解文，協力文，指導文，肯定文，調整文）からいくつかを選んで使います。
7. ソーシャルストーリーの公式に従って，指示よりも説明を多くします。
   公式：説明的内容（事実文，見解文，協力文，肯定文）／指導的内容（指導文，調整文）≧2
8. 読み手の子どもの特性と興味・関心に合わせた書式スタイルになっていて，字義通り正確な表現にします。
9. 文の意味を補強する写真やイラストを挿入することもあります。
10. ストーリーのタイトルも，この基準に従います。

出所：グレイ，C.（著）服巻智子（訳）（2006）お母さんと先生が書くソーシャルストーリー™―新しい判定基準とガイドライン．クリエイツかもがわ．より作成．

3 ソーシャルストーリーの文型と公式

ソーシャルストーリーで使う文には6つの文型があります。文型にはそれぞれ役割があり，ソーシャルストーリーの公式にそって用います。

▶1　ソーシャルストーリー：アメリカの自閉症教育専門の教師グレイ（Gray, C.）が，自閉症スペクトラム障害の教育法として開発し，登録商標したものである。現在では，文を理解できる発達障害児の支援に広く用いられている。本来，「ソーシャルストーリーズ™」と表記すべきところであるが，本文中では読みやすくするために「ソーシャルストーリー」と省略して表記している。

▶2　ソーシャルストーリーの題材と内容：自分について，家族や家庭での生活，学校での生活，地域社会等の子どもの身の回りに起こる事柄で，理解を奨励しうることを題材とする。

事実文（5W1Hの文）は，いつどこで，誰が何を，どうする，「なぜ？」を示すものです。場面の状況や人の関係等の事実について説明します。

見解文は，相手が思い知っていること，考え感じていること，動機，体調や健康状態等について説明します。目に見えないその場の雰囲気，暗黙の了解や社会的常識等も文で示します。

指導文（提案文）は，応答の仕方についての提案や選択肢を示して，どのように行動すべきか，さりげなく導きます。

肯定文は，文の意味を強調するのに使われる表現です。一般的な価値観や意見を表現するのにも使われます。そのほかに，協力文，調整文があります。

ソーシャルストーリーの公式には，事実の説明や根拠を示すことに重点をおき，指示的な内容を最小限に留めるための目安が定められています。[3]

4　ソーシャルストーリーの作成と読み

ソーシャルストーリーは，作文や堅苦しい文章を書くのとは異なります。会話をするように，見てきたままに書きます。その際に，導入部，主部，結論部をはっきりと示します。前向きな言葉を使い，取り組む意欲が起こるように書きすすめます。さらに，子どもの学習スタイル，読む力，注意が続く時間，興味・関心を考えに入れて，文の難易度や長さを考えることが大切です。[4]

一緒に楽しんで，ストーリーを読みましょう。活動の始まりやおやつのとき等のちょっとした時間を使います。読むことが苦手なら，読んで聞かせるだけでもよいでしょう。

（武藏博文）

どんなとき「ありがとう」というのかな？

ときどき，まわりの人（ひと）がわたしに良（よ）いことをしてくれることがあります。だれかに何（なに）かをしてもらって，うれしかったときは，「ありがとう」といいます。

ときどき，だれかがわたしのおてつだいをしてくれることがあります。だれかにおてつだいをしてもらったときは「ありがとう」といいます。

何（なに）かを分（わ）けてもらうこともあります。だれかに何（なに）かを分（わ）けてもらったときも，「ありがとう」といってみようと思（おも）います。

「ありがとう」というと，いい気（き）もちになります。
「ありがとう」といわれた人（ひと）も，いい気（き）もちになります。

「ありがとう」というのはいいことです。「ありがとう」といわれた人（ひと）は，わたしのことを良（よ）い人（ひと）だと思（おも）うでしょう。

図XII-14　ソーシャルストーリーの例

出所：グレイ，C.（著），服巻智子，大阪自閉症研究会（訳）（2010）ソーシャルストーリー・ブック　入門・文例集【改訂版】．クリエイツかもがわ，より作成．

▶3　ソーシャルストーリーの文型と公式：1つのストーリーにすべての文型を使うとは限らない。通常は，事実文や見解文を主として作成する。事実の説明を主として，指導文や調整文がまったくないストーリーもあり得る。

▶4　ソーシャルストーリーの文の難易度や長さ：対象となる子どもの能力や取り上げる題材の内容による。ひらがなだけの数文から，仮名漢字交じり文で書かれ数頁におよぶ文章まで様々である。

参考文献

グレイ，C.（著）服巻智子（訳）（2006）お母さんと先生が書くソーシャルストーリー．クリエイツかもがわ．

グレイ，C.（著），服巻智子，大阪自閉症研究会（訳）（2010）ソーシャルストーリー・ブック　入門・文例集【改訂版】．クリエイツかもがわ．

グレイ，C.，ホワイト，A.L.（著）安達潤・柏木諒（訳）（2005）マイソーシャルストーリーブック．スペクトラム出版社．

XII　発達支援の技法

8 コミック会話

1 コミック会話（Comic Strip Conversation）とは

単純な線画で会話の様子を図示し，会話のやりとり，相手の思いや感情を視覚的に補って，応答の仕方，問題解決の方向を学ぶ方法です[1]。吹き出しの描き方や言葉に色をつけることで，背後の意味や意図を識別しやすくします。

2 コミック会話の手順

○会話の準備

まず，絵を描き，文字を書く道具・画材を準備します[2]。子どもと共に画材に向かい，子どもの横に座るか，少し後ろに位置します。

○会話への導入

最初は，普通の会話のように世間話から入ります。たとえば，今日の天気，子どもの体調，昨日見たテレビのこと等です。絵を話題の要点だけに限ってしまうと，会話を唐突に途中から始めるのと同じとなります。会話の始めから，絵を描いていくことは，対人関係を進める上で大切です。

あらかじめ枠を並べて書いておいて次の枠に移ったり，頁をめくって新しい紙を出したりして，話題の転換を図り，会話の本題に入りましょう[3]。

○会話の展開

会話は，大人が先導しますが，その主導権はなるべく早く子どもに譲ります。大人の役割は，表XII-4にあげたような質問をして子どもの会話を広げて，意味づけし，順序を整えて，子どもが他者の思いや感情，動機に気づくようにさせることです。

まず，画面に，時間か場所を示すシンボルを書き込みます。子どもが描くのに助けとなる質問をしながら，子どもに描くように促します。子どもが描けないときは，「それはこういうことかな」と，言葉や絵を描いて見せます[4]。

表XII-4　コミック会話で助けとなる質問

1．あなたはどこにいるの？	6．他の人は何と言ったの？
2．他に誰がいるの？	7．あなたは，そう言ったときどう思ったの？
3．あなたは何をしているの？	8．他の人は，そう言ったときどう思ったの？
4．何が起きたの？	
5．あなたは何と言ったの？	

出所：グレイ（2005），p.11より作成.

▶1　コミック会話：ソーシャルストーリーと同じく，グレイ（Gray, C.）が，自閉症スペクトラム障害への支援法として開発した。自閉症児が視覚的情報の理解が得意である特性を活かしたコミュニケーション法である。

▶2　会話に用いる道具・画材：ホワイトボードに色マーカーなら，描き直しが柔軟に行える。スケッチブックや画用紙に色鉛筆，色サインペン，クレヨンなら，付箋紙を活用して，描き加えや修正を行うとよい。

▶3　会話のコマ枠：子どもにより，枠を意識せず描き進むことも多いが，あらかじめ枠を書いておいて，描くエリアを示す。4コマ漫画のようなコマ枠を書いて，順番に描かせていくのも方法である。

▶4　会話の展開：1つの絵だけの場合や，いくつもの絵を次々に描く場合のように様々である。言葉と絵が散乱したり，込み入りすぎたりしないように進める。会話通りになると思いこむことがあるので，変更の可能性を言葉や絵で示しておくことも大事である。

▶5　会話の要約の仕方：描いてきた絵を整理し，出来事の順に番号をふる。言葉や絵を指しながら，会話

子どもが一方的な思いこみで偏った判断を示すことがあります。子どもの応答は受け止めて，別の見方を言葉や絵で書き足しましょう。

❍会話の要約と解決策の検討

会話の結論を出す前に，言葉や絵の要点をまとめて，それまでの会話の内容を要約します。子どもが自分で会話を要約するように促します。[5]

最後に解決策のリストをつくって，その場面での解決策を決めます。子どもが見つけることができないときは，大人が示唆します。１つだけでなく，他にも使えそうな解決策がないかをいっしょに考えます。実行できそうもない解決策は消し，可能な解決策には優先順位や試す順をつけます。[6]

同じような場面や問題に出会ったときに，次回から対応する方法とするように，子どもを励まします。

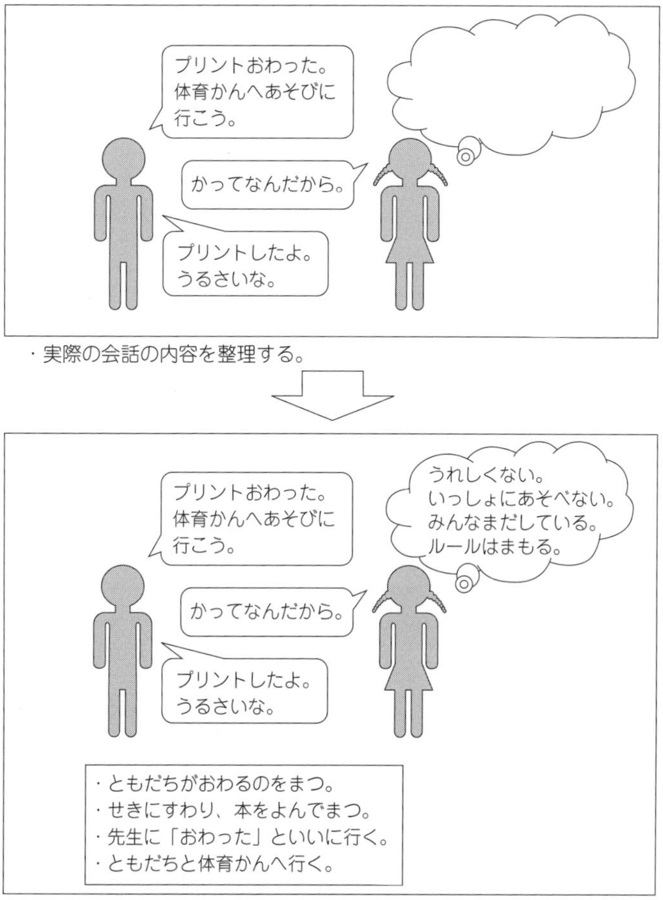

・相手の思いはふきだしを変えて描く。
・解決策のリストをいっしょに考える。
・どの方法を試すかを選ばせて，試すように励ます。

図XII－15　コミック会話の例

3 コミック会話のシンボルと色

基本的な会話シンボルには，図XII-15に示したように，「発話」「思い」のふきだしがあります。そのほかに，大声と小声，全体と特定の人に向けた発話，人の話の途中に割り込み等が使われます。加えて，その子がよく使う特別な人・場所・物・思い・体験等を，その子だけのシンボルとして活用するとよいです。会話を繰り返す間に，その子ども専用のシンボル辞書を創ります。

会話で書き込む言葉に色をつけると，感情が明確になり，言葉の意図がはっきりします。たとえば，赤は怒り，悪い考え。緑はうれしい，よい考え。青は悲しい，落ち着かない。黄は驚き，オレンジは疑問，黒は事実のようにします。

（武藏博文）

のアウトラインをたどる。マーカーで関連する内容を囲んだり，下線をつけたりして強調する。会話をまとめる言葉を書き足す。

▶６　解決策の検討の仕方：一つ一つの解決策のよい点，よくない点を話し合う。１つずつ別の紙に描き直して，見渡せるようにする。

参考文献

グレイ，C.（著）門眞一郎（訳）(2005) コミック会話―自閉症など発達障害のある子どものためのコミュニケーション支援法．明石書店．

XII　発達支援の技法

9 サポートブック

1 サポートブックとは

子どもの支援者が，子どもについての理解を深めるための手段です。複数の支援者の間で，子どもの様子，接し方や支援の仕方を共通理解するためのものです[1]。コミュニケーションのとり方や，積極的なかかわりに必要なこと，子どもが影響を受けやすいこと等を具体的に示したものです。

2 サポートブックの書き方のコツ

サポートブックは，使う目的や見せる支援者に合わせて作成します。支援者が支援を行うのに必要とする内容を伝えるように心がけることです。子どもの様子は成長により変わるので，定期的に書き換えて，今，支援してほしい点に絞って伝えることが大切です。書くときに，共通する注意点は表XII-５にまとめたようなことです。

子どもの行動はいろいろなことに影響を受けるものです。影響しやすい場面や状況をはっきりと示し，子どもの行動の変化に対して，どのように応じたらよいかを具体的に記述します。それほど問題でないことも「○○はいつものこと，見守っていて」と書いてあると，支援者はホッとします[2]。

サポートブックは，多くの支援者に活用してもらうためのものです。個人情報は最小限にして，活用の仕方を考えましょう[3]。

表XII-５　サポートブックを書くときの注意点

1．対応の仕方について，具体的な例を挙げて説明します。
2．何をどのようにしたらよいかを簡潔にはっきりと伝えます。
「○○（場面・状況）のときに，子どもが△△（行動・状態）になったら，□□（具体的な対応）のようにしています。」
3．困ったときの対応だけでなく，子どもとかかわるときの手がかりも書きます。
4．積極的なかかわりにプラスになることも含めます。たとえば，好きなこと，得意なこと，興味や関心，コミュニケーションの取り方，普段の過ごし方等々。
5．支援者に一番わかってほしいこと，起きたら特に困ることに絞って書きます。
6．支援者のできること，負担に耐えることを書きます。
7．たまにしか起こらないこと，それほど問題でないことは，程度に応じて書き分けます。
8．見やすさ，使いやすさを工夫して，活用しやすい形に仕上げます。

出所：武蔵博文・高畑庄蔵（2006）発達障害のある子とお母さん・先生のための思いっきり支援ツール．エンパワメント研究所，より作成．

▶１　サポートブックと生育記録の違い：サポートブックは，支援者が支援を行うときに役立つ内容をまとめたもの。参加する活動や支援者にあわせて作成する。子どもが生まれてからの成長の様子を記録したものではない。

▶２　サポートブックの書き方のコツ：普段の様子をただ伝えることが目的ではない。子どもに影響しやすい要因をまとめて，それに対する初期の対応を示すことが大切である。「事前にわかれば，大事に成らずに済んだのに」はよくあることである。

▶３　サポートブックと個人情報：サポートブックは相談記録やカルテ，そのフェイスシートではない。名前・愛称や連絡先等の最小限のことがあれば十分である。支援者に広く共通理解してほしい内容を載せる。

3 サポートブックの内容

サポートブックの内容は次のようです。a）名前・愛称や連絡先，障害の様子等の基本的な情報。b）子どものコミュニケーションのとり方，要求や拒否の仕方。c）興味・関心や好き・得意なこと。普段の過ごし方，苦手・嫌なこと。d）影響を受けやすいこと。そのときの子どもの様子と，とりあえずの対応の仕方。さらに，e）食事やトイレ等の支援者が必要とする情報。宿泊を伴うなら，着替え，風呂，就寝，夜のトイレ等も含めるとよいです。

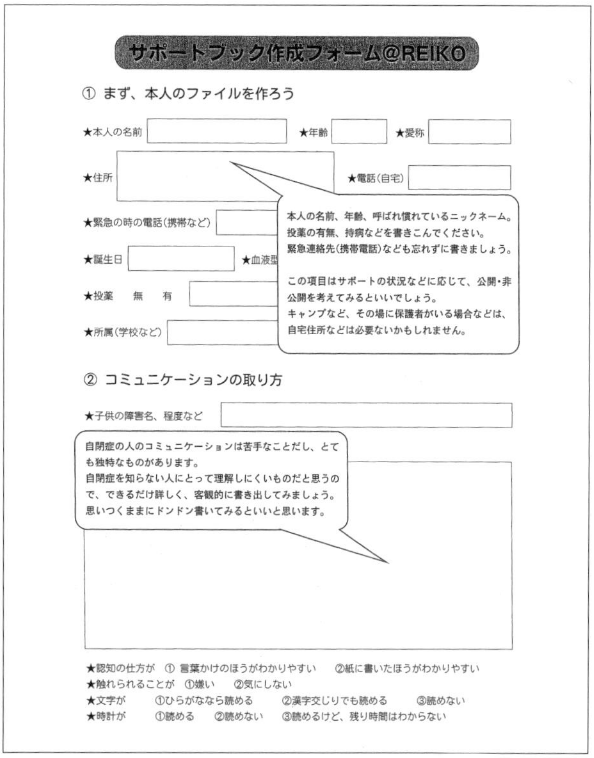

サポートブック作成フォーム@REIKO

① まず、本人のファイルを作ろう

★本人の名前　★年齢　★愛称

★住所　★電話(自宅)

★緊急の時の電話(携帯など)

★誕生日　★血液型

★投薬　無　有

★所属(学校など)

本人の名前、年齢、呼ばれ慣れているニックネーム。
投薬の有無、持病などを書きこんでください。
緊急連絡先(携帯電話)なども忘れずに書きましょう。

この項目はサポートの状況などに応じて、公開・非公開を考えてみるといいでしょう。
キャンプなど、その場に保護者がいる場合などは、自宅住所などは必要ないかもしれません。

② コミュニケーションの取り方

★子供の障害名、程度など

自閉症の人のコミュニケーションは苦手なことだし、とても独特なものがあります。
自閉症を知らない人にとって理解しにくいものだと思うので、できるだけ詳しく、客観的に書き出してみましょう。
思いつくままにドンドン書いてみるといいと思います。

★認知の仕方が　① 言葉かけのほうがわかりやすい　②紙に書いたほうがわかりやすい
★触れられることが　①嫌い　②気にしない
★文字が　①ひらがななら読める　②漢字交じりでも読める　③読めない
★時計が　①読める　②読めない　③読めるけど、残り時間はわからない

図Ⅻ-16　サポートブックの例

出所：丸岡玲子（2005）サポートブックの作り方・使い方—障害支援のスグレもの．おめめどう．

4 サポートブックの作成と活用

サポートブックの作成フォームの例を図Ⅻ-16に示します。サポートブックを作るときは，まず目的をはっきりさせることが大切です。参加する活動で，子どもに必要な支援を具体的にイメージしましょう。

次に，伝えたい内容をリストアップします。ぜひ伝えたいと思う項目に絞ります。あまり必要を感じない項目は削りましょう。絞り込んだ項目について，具体的に，簡潔に，今伝える必要のあることを書きます。[4]

試しに，子どもを知る人に見てもらい意見を聞きましょう。意図したとおりに伝わるか，どんな印象をもったか，よりわかりやすい表現はないか等です。[5]

使いやすいように仕上げます。システム手帳やはがきサイズのファイル，一目でわかるA４あるいはB４判の一覧シート，首にかけたりバックにつけたりするカード，要点を絞ってアピールする名刺等のように工夫します。

持って出かけましょう。子ども自身に持って歩いてもらうのも方法です。支援者に話すときは，サポートブックを間において説明します。[6]

5 相談・支援手帳（ファイル）との違い

保健・医療，教育，福祉等の支援機関が，連携して一貫した支援を行うための手立てとして，相談・支援手帳があります。それまでの支援の経過，子どもの成長や評価の記録を，保護者が記入して残し，以後の支援を検討するのに生かすのです。サポートブックとは内容・利用の仕方が異なります。

（武藏博文）

▶４　項目を絞り込む：必要な情報を必要な人に必要なだけ伝えることが，共通理解の常道である。

▶５　第３者の意見：当事者が気づかない視点，当たり前すぎて注意を払っていない点が明らかになることもある。書きたいことが整理され，どのような書き方が伝わりやすいかがわかる。

▶６　サポートブックで理解を図る：サポートブックを介して説明することが大事である。支援者が記入する記録欄を設けるとか，子どもの好きな物の絵や写真，コミュニケーションのためのシンボル等を入れると，活用の範囲が広がる。

参考文献

服部陵子・宮崎清美（2008）家族が作る自閉症サポートブック—わが子の個性を学校や保育園に伝えるために．明石書店．

Ⅻ　発達支援の技法

10 TEACCH（ティーチ）プログラム

1 TEACCHとは

TEACCH（Treatment and Education of Autistic and related Communication handicapped Children）とは，1960年代に，米国のノースカロライナ大学のショプラー（Schopler. E.）によって研究開発された自閉症スペクトラム障害（ASD）の療育プログラムです。1972年には，ノースカロライナ州における自閉症支援の包括的方策として同州から公式指定を受け，ノースカロライナ大学医学部精神科TEACCH部を中心に行われる研究，療育・教育，福祉支援の総合的プログラムとして発展してきました。同州の各地域にあるTEACCHセンターは，地域の療育・教育，福祉の中枢的な存在となっており，診断，アセスメント，療育・教育などのサービスを行っています。また，TEACCHセンターは，実際の日常サービスを担う学校の教師や福祉関係者に対して，教育訓練プログラムによる専門家養成を行うとともに，その後も継続してセンターのスタッフが地域の学校や関係機関に出向いてコンサルテーションを行います。さらに，家族への相談や指導を行ったり，定期的に両親のための勉強会を開催したりします。このように，TEACCHは，自閉症に関係したあらゆるサービスを行う地域の包括的プログラムです。そして，TEACCHの有効性は広く世界に認められるようになり，わが国でも各地の学校や諸機関でTEACCHの手法を活用した実践が行われています。

2 TEACCHの基本理念

TEACCHにおける基本的な考えは，ASDの人に合わせて環境を整備し，情報の提示方法を工夫した上で，社会適応と共存の努力を求め，そのために必要な援助を生涯発達にわたって行うことです。

その理念と実践について整理すると以下のようになります[1]。1）障害特性を理論よりも実際の観察から理解し，実際の問題解決に努力する，2）専門家と両親との緊密な協力のもとに行う，3）新たな機能やスキルを教え，弱点を補うように環境を整え，情報の提示方法を工夫することにより適応能力を向上させる，4）療育・教育の個別プログラムを作成するために正確かつ入念な診断や評価を行う[2]，5）療育・教育などの支援では，構造化された方法を重視した上で，感覚統合など有効な方法の導入を検討する，6）認知理論と行動理論を評

▶1　内山登紀夫（2002）TEACCHの考え方．佐々木正美（編）自閉症のTEACCH実践．岩崎学術出版社。

▶2　TEACCH独自の検査が開発されている。CARS（小児自閉症評定尺度）で，自閉症の診断を行う。自閉症と診断された子どもには，PEP-3（自閉症・発達障害児教育診断検査三訂版）を行い，個別教育計画の目標を決める。

価する，7）専門家はスペシャリストではなく，ジェネラリストであることが求められる，8）コミュニティに基盤をおいて，居住，職業，余暇活動のバランスを配慮した生活の援助を生涯にわたって継続して行う。

3 TEACCHにおける構造化

TEACCHでは，構造化（structuring）の原理と方法が用いられます。構造化とは，環境を再構成し，そこで自分が何をすべきかをわかりやすくするものです。構造化は，時間的空間的側面に対して行われ，自立的に活動できるように援助します。また，これらの構造化を，学校，職場，家庭などASD児者を取りまく全ての環境で行うことによって，生涯にわたる一貫した支援が可能になります。そのため，TEACCHプログラムでは，両親，専門家，諸機関，行政との協働や連携を重視して，サービスを総合的かつ継続的に提供することを行っています。構造化には，場所の構造化，時間の構造化，作業課題の構造化，作業課題のやり方の構造化がありますが，これらを一人ひとりの特性に合わせて実施します。

場所の構造化　物理的な空間環境を整備し，場所と活動を1対1対応させることによって，その場所で何をすればよいかをわかりやすくする方法です。たとえば，ある場所が多目的に使われていると，使うたびに場面の活動目的が変わって混乱してしまいます。間仕切りなどを利用して，1つの場所に1つの活動目的を与えるとわかりやすくなります。

時間の構造化　時間の推移にともなって何が起こり，何が要求されるかを予告的に提示する方法です。ASD児は，予期しないことが起きることへの恐れや混乱が大きい特性をもっています。また，一方では，聴覚情報処理が不得意なので，時間推移を視覚的に提示する構造化が有効です。たとえば，その日のスケジュールを文字，絵，写真等を組み合わせて提示し，予定やその順番をわかりやすくします。

作業課題の構造化　学習や課題に取り組む際に，何を，どのように，どれだけやればよいかがわかるワークシステムを設定する方法です。たとえば（図XII-17），各課題が入ったトレイを整理箱に順番に収納するようにします。それにより，整理箱に並べられた順番に課題を行うことができ，整理箱の順番をみることで終了までの見通しをもつことができます。

作業課題のやり方の構造化　作業のやり方がわかるようにする方法です。たとえば，作業課題の理解が難しい場合に，作業の内容を絵や写真で示したカードを作成し，それを見ながら作業を行います。　（尾崎康子）

参考文献

佐々木正美・宮原一郎（編著）（2004）自閉症児のための絵で見る構造化──TEACCHビジュアル図鑑．学習研究社．

尾崎康子・三宅篤子編（2016）知っておきたい発達障害の療育．ミネルヴァ書房．

図XII-17　TEACCHにおける作業課題の構造化の例

XII　発達支援の技法

11 発達論的アプローチ

▶1　自閉症スペクトラム障害の発達支援の体系については，XII-1 を参照。
▶2　応用行動分析については，XII-5 を参照。
▶3　不連続試行訓練とは，子どもに手がかりを与え，適切な反応について強化する，応用行動分析の訓練手法である。
▶4　早期高密度行動介入とは，幼児期早期において応用行動分析による指導プログラムを長時間にわたり高密度に行う介入法である。

1 発達論的アプローチとは

発達論的アプローチ（developmental approach）は，20世紀終わり頃から提唱されるようになった自閉症スペクトラム障害（ASD）児への発達支援の体系です。[1] それ以前の ASD 児への発達支援は，行動療法や応用行動分析[2]に基づく行動的アプローチ（behavioral approach）が主流でした。特に，1980年代には，ロバース（Lovaas, O. I.）に代表されるような不連続試行訓練（DTT）[3]を用いた早期高密度行動介入[4]が注目されていました。このような構造化された環境における長時間にわたる訓練に対して異を唱えたグリーンスパン（Greenspan, S）が，発達理論に基づいた支援である DIR/Floortime モデルを開発しました。これが発達論的アプローチの始まりであると言われています。DIR/Floortime モデルは，自然な環境において遊びを通して親や他者との相互作用を頻繁に取れるように子どもに働きかける方法です。この特徴は名称通りに，大人が子どもと同じフロアーに座って一緒に遊ぶことにあります。

その後，発達科学の急速な進展にともない，社会的認知発達の道筋が明らかになってきます。この社会的認知は，社会的コミュニケーションの基盤です。これらの研究と時期を同じくして，ASD に社会的認知発達や社会的コミュニケーションの偏りや障害があることが指摘されるようになりました。そして，2013年の DSM-5では，ASD の中核的障害が社会的コミュニケーションの障害にあることが明示されたのです。そのため，21世紀が始まって以降，発達論的アプローチは，これらの発達科学の知見を基づいた支援方法として定着しています。

2 発達論的アプローチにおける発達支援の技法

発達論的アプローチをとる主要な発達支援としては，前述の DIR/Floortime モデルや対人関係発達指導法（Relationship Development Intervention：RDI）があります。RDI は，ガットステイン（Gutstein, S. E.）が開発し，米国テキサスにある Connections Centre を中心に広めている発達支援法です。関係発達アセスメントに基づき，個別プログラムを作成し，コーチとして位置づけられた親は，プログラムに沿って，子どもに対してスキルの習得を支援するための訓練を受けます。また，定型発達のコミュニケーションに関して社会語用論研究が進み，それらの知見を基にした発達的社会－語用論モデル（Developmental Social-Pragmatic Model：DSP）に準拠した発達支援法が開発されました。これらの支援は，日常の親子相互作用を使って，コミュニケーションを促す方法であり，様々な楽しい活動を通じて，子どもの自発的な社会的コミュニケーションを発達させることを目的にしています。

3 包括的アプローチへの流れ

発達論的アプローチの理念は定着してきましたが，現在は，それを単独で行うよりもむしろ行動的アプローチと統合した包括的アプローチが主流となっています。発達的介入では，自然な環境での遊びを通して行うため，長いスパンでのポジティブな影響は想定されますが，子どもが示す直近の問題行動に対応することは難しいです。そのため，自然な環境で対人相互作用を促す発達的介入を中心にしながらも，行動調整のための行動的介入を組み合わせる方法が取られています。

一方，行動的アプローチにおいても，多くの発達科学研究から ASD の中核的障害が社会的コミュニケーション障害であることが明示されたことから，支援のターゲットを社会的コミュニケーション行動にする流れが起こっています。それは，自然的な発達的行動介入（Naturalistic Developmental Behavioral Interventions：NDBI）と呼ばれ，行動的アプローチでも共同注意や相互的関わりなどをターゲット行動にして応用行動分析（ABA）の技法で行うものです。この NDBI の例としては，機軸行動発達支援法（Pivotal Response Treatment：PRT）[◁5]，アーリースタートデンバーモデル（Early Start Denver Model：ESDM）[◁6]などがあります。

このように，子どもにとって効率的で効果的な方法を目指して，発達論的アプローチと行動的アプローチは互いに歩み寄り，両者を統合した包括的アプローチとして多くの発達支援の技法が行われています。

4 社会的コミュニケーション介入のペアレント・プログラム

社会的コミュニケーション行動をターゲットにしているのは，子どもを対象にした発達支援だけではありません。社会的コミュニケーションへの介入は乳幼児期早期に行うことが有効であるとされていますが，この時期に子どもの近くにいて最も多くの時間を過ごす親が，この介入方法を習得することが効果的であるとの考えから，社会的コミュニケーションの介入方法を教えるペアレント・プログラムが注目されています。国際的には，カナダの More Than Words や米国の SCERT など多くのプログラムが開発されており，国内では，尾崎（2015, 2018）が開発した社会的コミュニケーション発達を促すペアレント・プログラムがあります。

（尾崎康子）

▶5 機軸行動発達支援法とは，他の多くの行動に影響を及ぼす中核的行動である機軸行動を重点的に教えることにより，他の行動の発達も促す方法である。

▶6 アーリースタートデンバーモデルは，幼児期のデンバーモデルを乳幼児期早期に行うために改良された，対人関係発達モデルや応用行動分析の手法を統合した包括的な発達支援である。

参考文献

尾崎康子・三宅篤子編（2016）知っておきたい発達障害の療育．ミネルヴァ書房．

尾崎康子・森口佑介編（2018）発達科学ハンドブック9　社会的認知の発達科学．新曜社．

藤野博・東條吉邦編（2018）発達科学ハンドブック10　自閉症スペクトラムの発達科学．新曜社．

尾崎康子（2015）社会的コミュニケーション発達を促すペアレント・プログラム．相模女子大学子育て支援センター．

尾崎康子（2018）自閉スペクトラムの子育てがわかるふれあいペアレントプログラム．ミネルヴァ書房．

資料

教育基本法（抄）

平成18年12月22日法律第120号

第１章　教育の目的及び理念

第４条　２　国及び地方公共団体は，障害のある者が，その障害の状態に応じ，十分な教育を受けられるよう，教育上必要な支援を講じなければならない。

学校教育法（抄）

昭和22年３月31日法律第26号

最終改正：平成29年５月31日法律第41号

第８章　特別支援教育

第72条　特別支援学校は，視覚障害者，聴覚障害者，知的障害者，肢体不自由者又は病弱者（身体虚弱者を含む。以下同じ。）に対して，幼稚園，小学校，中学校又は高等学校に準ずる教育を施すとともに，障害による学習上又は生活上の困難を克服し自立を図るために必要な知識技能を授けることを目的とする。

第74条　特別支援学校においては，第72条に規定する目的を実現するための教育を行うほか，幼稚園，小学校，中学校，義務教育学校，高等学校又は中等教育学校の要請に応じて，第81条第１項に規定する幼児，児童又は生徒の教育に関し必要な助言又は援助を行うよう努めるものとする。

第75条　第72条に規定する視覚障害者，聴覚障害者，知的障害者，肢体不自由者又は病弱者の障害の程度は，政令で定める。

第76条　特別支援学校には，小学部及び中学部を置かなければならない。ただし，特別の必要のある場合においては，そのいずれかのみを置くことができる。

②　特別支援学校には，小学部及び中学部のほか，幼稚部又は高等部を置くことができ，また，特別の必要のある場合においては，前項の規定にかかわらず，小学部及び中学部を置かないで幼稚部又は高等部のみを置くことができる。

第77条　特別支援学校の幼稚部の教育課程その他の保育内容，小学部及び中学部の教育課程又は高等部の学科及び教育課程に関する事項は，幼稚園，小学校，中学校又は高等学校に準じて，文部科学大臣が定める。

第80条　都道府県は，その区域内にある学齢児童及び学齢生徒のうち，視覚障害者，聴覚障害者，知的障害者，肢体不自由者又は病弱者で，その障害が第75条の政令で定める程度のものを就学させるに必要な特別支援学校を設置しなければならない。

第81条　幼稚園，小学校，中学校，義務教育学校，高等学校及び中等教育学校においては，次項各号のいずれかに該当する幼児，児童及び生徒その他教育上特別の支援を必要とする幼児，児童及び生徒に対し，文部科学大臣の定めるところにより，障害による学習上又は生活上の困難を克服するための教育を行うものとする。

②　小学校，中学校，義務教育学校，高等学校及び中等教育学校には，次の各号のいずれかに該当する児童及び生徒のために，特別支援学級を置くことができる。

一　知的障害者

二　肢体不自由者

三　身体虚弱者

四　弱視者

五　難聴者

六　その他障害のある者で，特別支援学級において教育を行うことが適当なもの

③　前項に規定する学校においては，疾病により療養中の児童及び生徒に対して，特別支援学級を設け，又は教員を派遣して，教育を行うことができる。

幼稚園教育要領（抄）

平成29年３月31日

第１章　総　　則

第５　特別な配慮を必要とする幼児への指導

１　障害のある幼児などへの指導

障害のある幼児などへの指導に当たっては，集団の中で生活することを通して全体的な発達を促していくことに配慮し，特別支援学校などの助言又は援助を活用しつつ，個々の幼児の障害の状態などに応じた指導内容や指導方法の工夫を組織的かつ計画的に行うものとする。また，家庭，地域及び医療や福祉，保健等の業務を行う関係機関との連携を図り，長期的な視点で幼児への教育的支援を行うために，個別の教育支援計画を作成し活用することに努めるとともに,個々の幼児の実態を的確に把握し，個別の指導計画を作成し活用することに努めるものとする。

保育所保育指針（抄）

平成29年３月31日

第１章　総　　則

３　保育の計画及び評価

（２）指導計画の作成

キ　障害のある子どもの保育については，一人一人の子どもの発達過程や障害の状態を把握し，適切な環境の下で，障害のある子どもが他の子どもとの生活を通して共に成長できるよう，指導計画の中に位置付けること。また，子どもの状況に応じた保育を実施する観点から，家庭や関係機関と連携した支援のための計画を個別に作成するなど適切な対応を図ること。

第４章　子育て支援

２　保育所を利用している保護者に対する子育て支援

（２）保護者の状況に配慮した個別の支援

ア　保護者の就労と子育ての両立等を支援するため，保護者の多様化した保育の需要に応じ，病児保育事業など多様な事業を実施する場合には，保護者の状況に配慮するとともに，子どもの福祉が尊重されるよう努め，子どもの生活の連続性を考慮すること。

イ　子どもに障害や発達上の課題が見られる場合には，市町村や関係機関と連携及び協力を図りつつ，保護者に対する個別の支援を行うよう努めること。

ウ　外国籍家庭など，特別な配慮を必要とする家庭の場合には，状況等に応じて個別の支援を行うよう努めること。

（３）不適切な養育等が疑われる家庭への支援

ア　保護者に育児不安等が見られる場合には，保護者の希望に応じて個別の支援を行うよう努めること。

イ　保護者に不適切な養育等が疑われる場合には，市町村や関係機関と連携し，要保護児童対策地域協議会で検討するなど適切な対応を図ること。また，虐待が疑われる場合には，速やかに市町村又は児童相談所に通告し，適切な対応を図ること。

発達障害者支援法（抄）

平成16年12月10日法律第167号

最終改正：平成28年６月３日法律第64号

（目的）

第１条　この法律は，発達障害者の心理機能の適正な発達及び円滑な社会生活の促進のために発達障害の症状の発現後できるだけ早期に発達支援を行うとともに，切れ目なく発達障害者の支援を行うことが特に重要であることに鑑み，障害者基本法（昭和45年法律第84号）の基本的な理念にのっとり，発達障害者が基本的人権を享有する個人としての尊厳にふさわしい日常生活又は社会生活を営むことができるよう，発達障害を早期に発見し，発達支援を行うことに関する国及び地方公共団体の責務を明らかにするとともに，学校教育における発達障害者への支援，発達障害者の就労の支援，発達障害者支援センターの指定等について定めることにより，発達障害者の自立及び社会参加のためのその生活全般にわたる支援を図り，もって全ての国民が，障害の有無によって分け隔てられることなく，相互に人格と個性を尊重し合いながら共生する社会の実現に資することを目的とする。

（定義）

第2条　この法律において「発達障害」とは，自閉症，アスペルガー症候群その他の広汎性発達障害，学習障害，注意欠陥多動性障害その他これに類する脳機能の障害であってその症状が通常低年齢において発現するものとして政令で定めるものをいう。

2　この法律において「発達障害者」とは，発達障害がある者であって発達障害及び社会的障壁により日常生活又は社会生活に制限を受けるものをいい，「発達障害児」とは，発達障害者のうち18歳未満のものをいう。

3　この法律において「社会的障壁」とは，発達障害がある者にとって日常生活又は社会生活を営む上で障壁となるような社会における事物，制度，慣行，観念その他一切のものをいう。

4　この法律において「発達支援」とは，発達障害者に対し，その心理機能の適正な発達を支援し，及び円滑な社会生活を促進するため行う個々の発達障害者の特性に対応した医療的，福祉的及び教育的援助をいう。

（基本理念）

第2条の2　発達障害者の支援は，全ての発達障害者が社会参加の機会が確保されること及びどこで誰と生活するかについての選択の機会が確保され，地域社会において他の人々と共生することを妨げられないことを旨として，行われなければならない。

2　発達障害者の支援は，社会的障壁の除去に資することを旨として，行われなければならない。

3　発達障害者の支援は，個々の発達障害者の性別，年齢，障害の状態及び生活の実態に応じて，かつ，医療，保健，福祉，教育，労働等に関する業務を行う関係機関及び民間団体相互の緊密な連携の下に，その意思決定の支援に配慮しつつ，切れ目なく行われなければならない。

（国及び地方公共団体の責務）

第3条　国及び地方公共団体は，発達障害者の心理機能の適正な発達及び円滑な社会生活の促進のために発達障害の症状の発現後できるだけ早期に発達支援を行うことが特に重要であることに鑑み，前条の基本理念（次項及び次条において「基本理念」という。）にのっとり，発達障害の早期発見のため必要な措置を講じるものとする。

2　国及び地方公共団体は，基本理念にのっとり，発達障害児に対し，発達障害の症状の発現後できるだけ早期に，その者の状況に応じて適切に，就学前の発達支援，学校における発達支援その他の発達支援が行われるとともに，発達障害者に対する就労，地域における生活等に関する支援及び発達障害者の家族その他の関係者に対する支援が行われるよう，必要な措置を講じるものとする。

3　国及び地方公共団体は，発達障害者及びその家族その他の関係者からの各種の相談に対し，個々の発達障害者の特性に配慮しつつ総合的に応ずることができるようにするため，医療，保健，福祉，教育，労働等に関する業務を行う関係機関及び民間団体相互の有機的連携の下に必要な相談体制の整備を行うものとする。

4　発達障害者の支援等の施策が講じられるに当たっては，発達障害者及び発達障害児の保護者（親権を行う者，未成年後見人その他の者で，児童を現に監護するものをいう。以下同じ。）の意思ができる限り尊重されなければならないものとする。

5　国及び地方公共団体は，発達障害者の支援等の施策を講じるに当たっては，医療，保健，福祉，教育，労働等に関する業務を担当する部局の相互の緊密な連携を確保するとともに，発達障害者が被害を受けること等を防止するため，これらの部局と消費生活，警察等に関する業務を担当する部局その他の関係機関との必要な協力体制の整備を行うものとする。

（国民の責務）

第４条　国民は，個々の発達障害の特性その他発達障害に関する理解を深めるとともに，基本理念にのっとり，発達障害者の自立及び社会参加に協力するように努めなければならない。

（児童の発達障害の早期発見等）

第５条　市町村は，母子保健法（昭和40年法律第141号）第12条及び第13条に規定する健康診査を行うに当たり，発達障害の早期発見に十分留意しなければならない。

２　市町村の教育委員会は，学校保健安全法（昭和33年法律第56号）第11条に規定する健康診断を行うに当たり，発達障害の早期発見に十分留意しなければならない。

３　市町村は，児童に発達障害の疑いがある場合には，適切に支援を行うため，当該児童の保護者に対し，継続的な相談，情報の提供及び助言を行うよう努めるとともに，必要に応じ，当該児童が早期に医学的又は心理学的判定を受けることができるよう，当該児童の保護者に対し，第14条第１項の発達障害者支援センター，第19条の規定により都道府県が確保した医療機関その他の機関（次条第１項において「センター等」という。）を紹介し，又は助言を行うものとする。

４　市町村は，前３項の措置を講じるに当たっては，当該措置の対象となる児童及び保護者の意思を尊重するとともに，必要な配慮をしなければならない。

５　都道府県は，市町村の求めに応じ，児童の発達障害の早期発見に関する技術的事項についての指導，助言その他の市町村に対する必要な技術的援助を行うものとする。

（早期の発達支援）

第６条　市町村は，発達障害児が早期の発達支援を受けることができるよう，発達障害児の保護者に対し，その相談に応じ，センター等を紹介し，又は助言を行い，その他適切な措置を講じるものとする。

２　前条第４項の規定は，前項の措置を講じる場合について準用する。

３　都道府県は，発達障害児の早期の発達支援のために必要な体制の整備を行うとともに，発達障害児に対して行われる発達支援の専門性を確保するため必要な措置を講じるものとする。

（保育）

第７条　市町村は，児童福祉法（昭和22年法律第264号）第24条第１項の規定により保育所における保育を行う場合又は同条第２項の規定による必要な保育を確保するための措置を講じる場合は，発達障害児の健全な発達が他の児童と共に生活することを通じて図られるよう適切な配慮をするものとする。

（教育）

第８条　国及び地方公共団体は，発達障害児（18歳以上の発達障害者であって高等学校，中等教育学校及び特別支援学校並びに専修学校の高等課程に在学する者を含む。以下この項において同じ。）が，その年齢及び能力に応じ，かつ，その特性を踏まえた十分な教育を受けられるようにするため，可能な限り発達障害児が発達障害児でない児童と共に教育を受けられるよう配慮しつつ，適切な教育的支援を行うこと，個別の教育支援計画の作成（教育に関する業務を行う関係機関と医療，保健，福祉，労働等に関する業務を行う関係機関及び民間団体との連携の下に行う個別の長期的な支援に関する計画の作成をいう。）及び個別の指導に関する計画の作成の推進，いじめの防止等のための対策の推進その他の支援体制の整備を行うことその他必要な措置を講じるものとする。

2　大学及び高等専門学校は，個々の発達障害者の特性に応じ，適切な教育上の配慮をするものとする。

（権利利益の擁護）

第12条　国及び地方公共団体は，発達障害者が，その発達障害のために差別され，並びにいじめ及び虐待を受けること，消費生活における被害を受けること等権利利益を害されることがないようにするため，その差別の解消，いじめの防止等及び虐待の防止等のための対策を推進すること，成年後見制度が適切に行われ又は広く利用されるようにすることその他の発達障害者の権利利益の擁護のために必要な支援を行うものとする。

第13条　都道府県及び市町村は，発達障害者の家族その他の関係者が適切な対応をすることができるようにすること等のため，児童相談所等関係機関と連携を図りつつ，発達障害者の家族その他の関係者に対し，相談，情報の提供及び助言，発達障害者の家族が互いに支え合うための活動の支援その他の支援を適切に行うよう努めなければならない。

（発達障害者支援センター等）

第14条　都道府県知事は，次に掲げる業務を，社会福祉法人その他の政令で定める法人であって当該業務を適正かつ確実に行うことができると認めて指定した者（以下「発達障害者支援センター」という。）に行わせ，又は自ら行うことができる。

一　発達障害の早期発見，早期の発達支援等に資するよう，発達障害者及びその家族その他の関係者に対し，専門的に，その相談に応じ，又は情報の提供若しくは助言を行うこと。

二　発達障害者に対し，専門的な発達支援及び就労の支援を行うこと。

三　医療，保健，福祉，教育，労働等に関する業務を行う関係機関及び民間団体並びにこれに従事する者に対し発達障害についての情報の提供及び研修を行うこと。

四　発達障害に関して，医療，保健，福祉，教育，労働等に関する業務を行う関係機関及び民間団体との連絡調整を行うこと。

五　前各号に掲げる業務に附帯する業務

2　前項の規定による指定は，当該指定を受けようとする者の申請により行う。

3　都道府県は，第一項に規定する業務を発達障害者支援センターに行わせ，又は自ら行うに当たっては，地域の実情を踏まえつつ，発達障害者及びその家族その他の関係者が可能な限りその身近な場所において必要な支援を受けられるよう適切な配慮をするものとする。

（専門的な医療機関の確保等）

第19条　都道府県は，専門的に発達障害の診断及び発達支援を行うことができると認める病院又は診療所を確保しなければならない。

2　国及び地方公共団体は，前項の医療機関の相互協力を推進するとともに，同項の医療機関に対し，発達障害者の発達支援等に関する情報の提供その他必要な援助を行うものとする。

人名索引

事項索引

サ行

タ行

ナ行

執筆者紹介（五十音順，★印編者，氏名／よみがな／現職／資格／主著／専門分野）

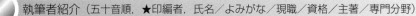

★阿部美穂子（あべ みほこ）山梨県立大学看護学部 教授
公認心理師，臨床心理士，臨床発達心理士，ムーブメント教育・療法士
『MEPA－R活用事例集――保育・療育・特別支援教育に生かすムーブメント教育・療法』（編著，日本文化科学社），『コミュニケーションの支援と授業作り』（共著，慶應義塾大学出版会）
障害のある子どもの発達支援臨床とその家族（親・きょうだい）支援・発達に気がかりがある子どもの保育コンサルテーション

★尾崎康子（おざき やすこ）相模女子大学名誉教授
公認心理師，臨床発達心理士スーパーバイザー，臨床心理士
『知っておきたい発達障害のアセスメント』および『知っておきたい発達障害の療育』（編著・ミネルヴァ書房）
乳幼児期における発達障害の発達支援と子育て支援

★小林 真（こばやし まこと）富山大学教育学部 教授
臨床発達心理士，特別支援教育士
社会的スキル，ストレス対処，子育て支援
『特別支援教育における授業づくりのコツ――これならみんな分かって動ける』（共著，学苑社），『子ども生き活き支援ツール――きっとうまくいくよ，移行・連携』（共著，明治図書）

坂本正子（さかもと まさこ）認定こども園上庄保育園 園長
保育士，幼稚園教諭，富山県福祉サービス第三者評価評価調査者
『子どもの成長を保障する保育実践――スモールステップアップによる基本的生活習慣の育成に着目して』（学校教育研究）

野手ゆかり（のて ゆかり）氷見市 子ども発達サポートセンターくるむ主任保育士
保育士

羽柴ひかる（はしば ひかる）富山県児童相談所
児童心理司，公認心理師，臨床発達心理士
主な論文に，「知的・発達障害成人の選挙をめぐる現状と課題：保護者を対象とした意識調査から」（富山大学人間発達科学研究実践総合センター紀要，11）など。
幼児教育・臨床発達心理学

東 泉（ひがし いずみ）富山県教育委員会学校教育課主事
公認心理師，臨床発達心理士
主な論文に，「自閉症スペクトラム障害児・者の適応的な社会生活を送るきょうだいの様相とその適応への要因」（『小児保健研究』，75（5）），「自閉症スペクトラム障害のある成人に対する積極的行動支援の一事例」（『LD研究』，26（1））など。
特別支援教育・臨床発達心理学

藤井和枝（ふじい かずえ）東洋英和女学院大学大学院 非常勤講師
臨床心理士，臨床発達心理士，特別支援教育士
『知っておきたい発達障害の療育』（分担執筆，ミネルヴァ書房）
乳幼児期～青年期の発達障害のある人への支援・障害児者のきょうだい支援

★水内豊和（みずうち とよかず）島根県立大学人間文化学部 准教授
公認心理師，臨床発達心理士
『ソーシャルスキルトレーニングのためのICT活用ガイド』（編著者，グレートインターナショナル），『よくわかるインクルーシブ保育』（編著者，ミネルヴァ書房），『新時代を生きる力を育む知的・発達障害のある子の道徳教育実践』（編著者，ジアース教育新社）など。
特別支援教育・臨床発達心理学・教育情報学

宮 一志（みや かずし）富山大学教育学部 教授（兼富山大学附属病院小児発達神経科 診療指導医）
医師（小児科医）
障害のある子どもたちの医療と教育の連携

武藏博文（むさし ひろふみ）香川大学教育学部 名誉教授
公認心理師，特別支援教育士スーパーバイザー
『楽しく学べる怒りと不安のマネジメント』（編著，エンパワメント研究所），『分かって動けて学び合う授業デザイン』（監修，ジアーズ教育新社）
知的障害児者および発達障害児者の生活支援とコミュニケーション支援

執筆者紹介（五十音順，★印編者，氏名／よみがな／現職／資格／主著／専門分野）

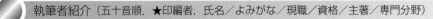

村瀬　忍（むらせ しのぶ）岐阜大学教育学部 教授

公認心理師，言語聴覚士・臨床発達心理士

『こどもがどもっていると感じたら』（共著，大月書店），『特別支援教育を学ぶ　第３版』（共著，ナカニシヤ出版）など

吃音やディスクレシアの原因・特性の解明と支援方法の開発

柳田由紀（やなぎだ ゆき）元・特別支援学校教員

聴覚障害教育

和田充紀（わだ みき）富山大学教育学部 准教授

公認心理師，臨床発達心理士

特別支援教育

やわらかアカデミズム・〈わかる〉シリーズ
よくわかる障害児保育［第２版］

2010年７月30日　初版第１刷発行　〈検印省略〉
2017年１月20日　初版第12刷発行
2018年２月10日　第２版第１刷発行
2024年12月25日　第２版第10刷発行

定価はカバーに
表示しています

編　者　尾崎康子
小林　真
水内豊和
阿部美穂子

発行者　杉田啓三
印刷者　藤森英夫

発行所　株式会社　ミネルヴァ書房
607-8494　京都市山科区日ノ岡堤谷町1
電話代表（075）581-5191　振替口座01020-0-8076

亜細亜印刷・新生製本

ISBN978-4-623-08124-0
Printed in Japan